理学、家族、地方社会与海外回响

Neo-Confucianism, Lineages, Local Society, and Echoes from Abroad

许齐雄 著

ZHEJIANG UNIVERSITY PRESS
浙江大学出版社

图书在版编目（CIP）数据

理学、家族、地方社会与海外回响 / 许齐雄著.
—杭州：浙江大学出版社，2019.7（2020.10）
ISBN 978-7-308-19361-0

Ⅰ.①理… Ⅱ.①许… Ⅲ.①理学－研究－中国－明
代②家族－研究－中国－明清时代③儒学－研究－新加坡
Ⅳ.①B248.05②K820.9③B339.4

中国版本图书馆 CIP 数据核字（2019）第 147791 号

理学、家族、地方社会与海外回响

许齐雄　著

责任编辑	宋旭华	
责任校对	金晓刚　蔡　帆	
封面设计	浙江时代出版服务有限公司	
出版发行	浙江大学出版社	
	（杭州市天目山路 148 号　邮政编码 310007）	
	（网址：http://www.zjupress.com）	
排　　版	浙江时代出版服务有限公司	
印　　刷	广东虎彩云印刷有限公司绍兴分公司	
开　　本	710mm×1000mm　1/16	
印　　张	21.25	
字　　数	370 千	
版 印 次	2019 年 7 月第 1 版　2020 年 10 月第 2 次印刷	
书　　号	ISBN 978-7-308-19361-0	
定　　价	65.00 元	

序:从思想史说起

　　齐雄教授的新著即将由浙江大学出版社出版,来索数言,以为代序。考齐雄以研究中国思想史起家,近年发展,已经摆脱过去,另辟蹊径,自成一家。

　　过去学术界对思想史的研究,有颇多不同的意见。以往谈到中国的"思想史"研究,一般都会举20世纪50—60年代侯外庐主编的经典巨著《中国思想通史》。我的学生年代,对思想史的认识,是从钱穆、侯外庐开始的。"文革"期间中国内地的书籍流通不广,香港盗版的精装六大册《中国思想通史》,是我大学时期时常翻阅的读本。但侯氏《中国思想通史》对中国思想史的范围和界定没有明确的说明。在不到两千字的"序"中,编者开宗明义地交待了该书的内容和特点:"这部《中国思想通史》是综合了哲学思想、逻辑思想和社会思想在一起编著的,所涉及的范围显得比较广泛;它论述的内容,由于着重基础、上层建筑和意识形态的说明,又显得比较复杂。因此,我们的研究只是初步尝试的性质,虽然曾用了些功夫,但不敢说对中国民族丰富的遗产做出了科学的总结。"侯外庐的"序"表明他们的中国思想史综合了哲学思想、逻辑思想和社会思想。我当时就想:这是不是"思想史"的组成部分和研究方法的学理要求?

　　侯外庐主编的《中国思想通史》出版后,半个世纪以来,对于中国思想史研究来说,一直处于领导的地位,形成所谓"侯外庐学派"的思想史研究。2008年人民出版社出版了新版的《中国思想通史》,重新肯定其在国内的学术地位。有些学者指出《中国思想通史》的学术价值与成就,是将中国社会史和思想史的研究熔为一炉,其思想史研究的特征是以中国学术思想自身内在发展规律为依据,运用马克思唯物史观方法论为指导思想,借鉴西方一切积极的思想观点与方法,进行中西学术思想的比较研究。当年侯外庐的思想史研究,可以说是跨领域的。这种"垄断"现象,直至葛兆光先生的《中国思想史》出现,才有了新的范式转移,为过去的研究方法注入了新的元素。海外学者如狄百瑞(William de Bary)、牟复礼(Frederick Mote)、余英时等人,又对中国思想史的研究,提出个人的不同看法,甚至形成尖锐的学术论争。怎样研究思想史?甚至什么是思想史?学术界至今对此仍然存在分歧。思想史的研究不可避免地受到个人的兴趣和背景的影响,读齐雄的新著便不难发现这一点。他的新著的第一篇,便是谈"明代思想史研究的新视野"。

齐雄毕业于新加坡国立大学中文系,求学期间,已经以读书、研究为毕生志业,勤奋好学,一直名列前茅,最终以一级荣誉优异成绩结业,为全班之冠。毕业后获奖学金继续留校攻读硕士,探讨近50年北美地区的明代思想史研究,剖析东西方学者在思想史研究方法上的差异。之后又获得新加坡国立大学海外奖学金,被保送到海外著名学府深造,成为大学指定培养的年青一代。齐雄后来选定美国哥伦比亚大学,师从韩明士(Robert Hymes)教授,并以薛瑄为题,专门研究明初北方儒学,以期改变学术界对明初儒学发展的误解。但他刚到美国的第一年,即遇上美国的"911",当时他身在纽约,难免不受影响,但他还是以读书人的心情,临危不乱,专注学业,四年后顺利毕业回国。哥伦比亚大学是美国研究明史的重镇,20世纪60年代因为主导 *Dictionary of Ming Biography*(《明代名人传》)计划,遍搜世界各地收藏明人文集及史料,加上有William de Bary, RobertHymes,王德威等名师坐镇,提供了很好的学术环境。他在美国经过5年训练,耳濡目染,研究工作也有脱胎换骨的改变。其博士导师韩明士教授,师承郝若贝(Robert Hartwell),对南宋以来地方精英的研究有精辟的见解,在学术界影响深远。有学者认为齐雄与郝若贝、韩明士的学风是一脉相承的,而我们读齐雄的文章可见,虽然他的思想史研究加入了地方史的特色,却又凸显了历史上南北差异的问题,而且,他的研究涉及的面向更为广泛。

齐雄对思想史的研究,也有自己的看法。他曾说:"思想史研究应该朝向哲学概念和其它史学领域(尤其是社会史研究)合作。"又认为:"既然跨学科的研究是大家基本认同的态度,在思想史研究中,我们至少应该努力做到跨越史学领域的尝试。毕竟无论是哲学史、社会史、经济史、宗教史等都是史学专业的分支。思想史研究也许尚不能完成史学和人类学的合作,或者史学和地理学的结合;但是在目前社会史等史学领域提供了不少可供利用的成果后,思想史研究不宜只是继续将它们当成背景介绍来处理,而是应该考虑善加利用其方法、视野、问题等。同不同意各别社会史家的结论是另一回事。新视野的合理性并不表示旧方法一定要摒弃。我并不是主张今后的'思想史'研究不能再走传统的'哲学史'或'概念史'的路子。只是希望可以看到更多的跨史学领域的尝试。在史学研究中自然一直会有新的主张出现;或者主张看起来不新,但是其具体的操作其实是不同的方法。"这样的看法,可能与齐雄在新加坡所打的基础有关,新加坡国立大学中文系与许多大学的中文系不同,课程结构所强调的是文史哲不分家,任职老师来自不同的著名学府,各有专长,多元视角已经是教学、科研中的常态。在他的众多著作中,最能代表齐雄的学术地位的,是他对明初理学家薛瑄的研究,该博士论文后来在哈佛大学出版,题为 *A Northern Alternative*:*Xue Xuan (1389—1464) and the Hedong School*,这是学术界研究薛瑄和明初儒学发展最重要的著作,在学术界评价甚高,如美国加州大学 Richard von Glahn 教授便认为该书"makes a significant contribution to the study of Ming intellectual and cultural history, and provides an important corrective to the prevailing narratives of Ming Neo-Confucianism that have been solely fixated on developments in South China",其学术成就可见一斑。

齐雄学成归来转瞬有十载,本书可以说是其过去 10 年的学术结晶。从书名到内容结构,处处反映他的研究兴趣和思路。纵览全书,主要分成四大部分,同时也是他目前涉猎的四个学术领域:理学、家族、地方社会、海外儒学。虽然各成章节,研究对象的时间跨度也有数百年,但从儒学和地方发展的脉络去看,又能互相呼应,一脉相承。我们可以看到思想史、宗族史、地方史、海外华人史的交叉互动和影响。读其书,见其人,知其学,在新书出版之际,草草数言,以志其成。

李焯然
2019 年开斋节写于狮城忞彦斋

目　录

理学研究

明代思想史研究的新视野：以薛瑄(1389—1464)研究为例 ………… (3)

明初"理学之冠"薛瑄的"自振起"兼论明初北方理学 ……………… (15)
　　一、薛瑄的理学背景 …………………………………………… (16)
　　二、薛瑄和李贤："自振起"的延续 …………………………… (20)
　　三、结语 ………………………………………………………… (27)

薛瑄的"道统观"和"复性论" …………………………………………… (29)
　　一、导论 ………………………………………………………… (29)
　　二、道统观 ……………………………………………………… (31)
　　三、复性论 ……………………………………………………… (35)

国家政治目的和理学家教育理想在官学与科举上的结合：以薛瑄思想为例
………………………………………………………………………… (38)
　　一、引言 ………………………………………………………… (38)
　　二、科举/官学，以及理学/书院的对立 ……………………… (38)
　　三、国家政治目的和理学家教育理想的结合 ………………… (41)
　　四、结论 ………………………………………………………… (56)

河东学派：区域与跨区域的思想网络 ………………………………… (58)
　　一、跨越黄河之东：作为区域传统的河东学派 ……………… (58)
　　二、中分其盛：跨区域网络的河东学派 ……………………… (61)

"我朝真儒"的定义：薛瑄从祀孔庙始末与明代思想史的几个侧面
………………………………………………………………………… (79)
　　一、成化、弘治年间 …………………………………………… (80)

二、嘉靖年间 ………………………………………………… (84)

三、隆庆年间 ………………………………………………… (94)

四、结语 ……………………………………………………… (100)

转变时期的金华名儒：章懋 …………………………………… (102)

一、前言 ……………………………………………………… (102)

二、章懋生平简述 …………………………………………… (103)

三、理学理想主义者 ………………………………………… (108)

四、致仕后的章懋：仕途与官场 …………………………… (110)

五、地方社会的参与，以及给门人的建议 ………………… (115)

六、结语 ……………………………………………………… (118)

理学与家族

吴与弼的宗族观念 ……………………………………………… (123)

一、明代理学与宗族理念 …………………………………… (123)

二、族谱序的书写与私人网络 ……………………………… (128)

三、强调修谱复姓 …………………………………………… (134)

四、重视宗族来历 …………………………………………… (138)

五、家族的学术渊源 ………………………………………… (142)

六、总结 ……………………………………………………… (148)

理学家的思想与家族实践：李光地与安溪湖头李氏家族 ………… (151)

一、李光地研究与明清家族史 ……………………………… (151)

二、明清时期的湖头旌义李氏 ……………………………… (154)

三、旌义李氏在清初的宗族重建 …………………………… (157)

四、李光地的祭礼原则 ……………………………………… (161)

五、结语 ……………………………………………………… (172)

《清溪李氏家世学派》和李氏家学的建构 ……………………… (176)

一、引言 ……………………………………………………… (176)

二、李清馥《闽中理学渊源考》 …………………………… (178)

三、从发迹到人文踵起 ……………………………………… (181)

四、潜修亮节之士 …………………………………………… (183)

五、明代仕宦高峰与家学端倪 ……………………………… (186)

六、明清之际的过渡与传承 ………………………………… (188)

七、不存在的《国朝编录》 ………………………………… (189)

八、结语 …………………………………………………… (192)

家族与地方社会

"东南衣冠之会"的背后:漳州霞中社研究 ………………… (197)

一、漳州霞中社 …………………………………………… (197)

二、张燮作品所反映的霞中社活动 ………………………… (201)

三、有关霞中社的研究 ……………………………………… (203)

四、不平静的 17 世纪初 …………………………………… (205)

五、三任南路参将 ………………………………………… (208)

六、躲不掉的明末政治 ……………………………………… (214)

七、结论:诗社还是吾党? ………………………………… (217)

论山西洪洞苏堡刘氏从清初到民国时期的六次修谱 ………… (221)

一、修谱的传统目的 ……………………………………… (222)

二、修谱的时间间隔 ……………………………………… (223)

三、修谱者的身份变化和具体执行 ………………………… (224)

四、修谱的新使命 ………………………………………… (229)

五、结语 …………………………………………………… (231)

从宗谱世系图与行序探讨宗族实力:以洪洞苏堡刘氏为例 ……… (233)

海外回响

实得力孔教会前期史简述 ………………………………… (249)

一、宏观的历史与文化背景 ………………………………… (249)

二、20 世纪初的英国海峡殖民地与实得力孔教会 ………… (254)

三、结语 …………………………………………………… (269)

孔教会与 20 世纪初的新加坡社会 ……………………… (271)

一、社会影响与对外关系 …………………………………… (271)

二、宣扬孔子思想 ………………………………………… (282)

三、《国粹日报》始末 ……………………………………… (285)

四、"孔教"为何"教"? ……………………………………… (290)

五、比较宗教研究下的"Confucianism" ………………… (294)

六、向英殖民地政府沟通的策略:孔教是宗教 ………… (295)

七、为孔教辩护:孔教不是那种宗教 …………………… (297)

八、结语 …………………………………………………… (300)

商人与新加坡的孔教会 ……………………………………… (302)

一、会员籍贯与背景 ……………………………………… (302)

二、董事与方言群体 ……………………………………… (303)

三、历届会长与主要董事小传 …………………………… (310)

四、领袖的哀荣与替补 …………………………………… (321)

理学研究

明代思想史研究的新视野：
以薛瑄(1389—1464)研究为例

薛瑄(1389—1464)，山西河津人，是明代最早从祀孔庙的明儒，也是明代四位从祀孔庙的明儒中唯一的一位北方理学家。黄宗羲(1610—1695)在《明儒学案》中虽然率先确立了"河东"一派的规模，但是由于他本人对阳明学派的推崇和对明代程朱理学的不以为然，所以其对薛瑄的评价不高。黄宗羲不仅断章取义地引述了高攀龙(1562—1626)对薛瑄和河东学派殿军人物吕柟(1479—1542)的"无甚透悟"的讨论误导读者，也以"恪守宋人矩矱"总结薛瑄的学术。①

后一断语对于后世学者影响深远，近代学者在论及薛瑄时，基本上依循黄宗羲所言。例如容肇祖虽然也推崇薛瑄"言行一致的精神"，但对于薛瑄思想的分析也处处指出其"是恪守宋人矩矱的"，"人性论与复性论，亦是宗张(载)、(二)程、朱(熹)的人性论的"。② 陈祖武也认为"明初诸儒恪遵朱子学矩矱，守成多于创辟"，尤其是认为"自考亭以还，斯道已大明，无烦著作，直须躬行耳"的薛瑄"所代表的这样一种为学倾向，显然是不利于学术发展的"。③ 王健在《中国明代思想史》中也认为薛瑄"还是谨守'宋人矩矱'的，没有超出宋学的范围"④。

但是薛瑄毕竟是明初理学的领袖人物，对于他的研究和评价迟早会有新的思路出现。1966年，一群美国学者先后在伊利诺伊和哥伦比亚大学召开了两场有关明史研究的会议，会议论文后来结集出版，就是狄百瑞主编的 *Self and Society in Ming Thought*，其中就包括了陈荣捷的文章《明初的程朱学派》("The Ch'eng-Chu School of Early Ming")。⑤ 他在文章中呼吁学者重视明初四位理学家，即北方的曹端(1376—1434)和薛瑄，以及南方的吴与弼(1391—1469)和胡居仁(1434—1484)。陈荣捷是文的主

---

① 黄宗羲：《明儒学案》，台湾中华书局1970年版，第7卷，第1a页；第10卷，第1a页。
② 容肇祖：《明代思想史》，文津出版社1993年版，第47—74页。
③ 陈祖武：《中国学案史》，东方出版中心2008年版，第49页。
④ 王健：《中国明代思想史》，人民出版社1994年版，第26页。
⑤ Chan Wing-Tsit, "The Ch'eng-Chu School of Early Ming," (New York: Columbia University Press, 1970), pp. 29-52.

旨在说明明初理学不是简单地继承宋代理学,而是经历了重要的发展,锁定了新方向,并开启了后来由王阳明(1472—1529)集其大成的心学的先声。对陈荣捷来说,虽然薛瑄在太极、阴阳、理气等课题的讨论上几乎没有偏离朱熹的范畴,但是即便是被视为明初最忠实的程朱理学追随者的河东学派在两处隐晦但至关重要的地方和朱熹(1130—1200)也是不一致的。意即对薛瑄来说,"格物"行为中对外物的认知活动已经不再占据绝对的位置。而且"格物"已经不是认知心到外物上去发现理,而是本身就内含理的认知心到外物上和理取得统一。虽然河东学派不及吴与弼等崇仁学派走得那么远,却无疑也是偏离了朱熹原来的立场。① 我们也许不一定同意陈荣捷对薛瑄理学思想的分析,但他无疑提醒了我们要注意薛瑄理学思想中的变异性。只可惜陈荣捷提出的重视明初理学家的呼吁并未引起太大的回响。

到了 1984 年,张岱年在一次场合上就呼吁山西学者"要重视研究薛瑄,正确评价薛瑄"。② 其呼吁引起了山西地区的学者们的重视。不久之后,第一届薛瑄研讨会便在 1987 年召开了。随后,山西学者在 1990 年也重新校对、编辑,并出版了《薛瑄全集》。而第二届薛瑄研讨会也在同年内举行。学界最早的一部以薛瑄为研究对象的专著是李元庆的《明代理学大师:薛瑄》。是书在 1993 年付梓。第二届薛瑄研讨会的论文集则是在 1997 年出版的。此外山西地区的主要学术刊物如《晋阳学刊》《山西大学学报》《运城师专学报》等也陆续刊登了不少研究薛瑄的文章。③

在讨论薛瑄的理学思想和其在中国思想史上的地位时,学者们有两个反复强调的议题。其一是辩驳上引黄宗羲对薛瑄学术的断语。他们认为薛瑄绝对不是简单地"恪守宋人矩矱"。他们主张其理学思想,尤其是"理气观",是对朱熹有所修正和发展的,甚至还开启了后来罗钦顺(1465—1547)与王廷相(1474—1544)的"气学"。第二个议题有比较明显的时代烙印,就

① Chan Wing-Tsit, The Ch'eng-Chu School of Early Ming, (New York: Columbia University Press, 1970), pp. 34-35.

② 李元庆:《明代理学大师:薛瑄》,山西高校联合出版社 1993 年版,第 6 页。

③ 赵北耀:《薛瑄学术思想研究论文集》,山西古籍出版社 1997 年版,第 4-5、263-265 页。

是他们认为薛瑄思想的性质属于"朴素的唯物主义"。①

以李元庆为例，他将薛瑄置于一个明中叶朱熹理学面临危机的脉络下讨论。他认为当时的理学家"继承发扬张载'太虚即气'的思想传统，掀起了以气本论为中心的理学唯物主义思潮"。但是由于薛瑄"既要从根本上坚持维护朱学正统，又须对它批判改造或修正"，所以是"时代造成薛瑄思想矛盾的重要根由之一"。同时因为薛瑄"一方面不能不从维护朱熹理学的正统地位出发，对朱学体系进行深刻的反思和辨析"，而"另一方面，由于不是根本性质的批判改造或否定"，所以"不可能真正克服朱学体系的矛盾，而是在一定程度上承袭了这些矛盾"。这正是"时代造成薛瑄思想矛盾的又一重要根由"②。在李元庆的研究框架下，薛瑄是一个时代的产物，其个人的主体性是不重要的。这个时代所产生的理学家薛瑄既继承朱熹理学的基本立场，又处在明中叶后土木堡时代的变局之中而不得不求变，但却无法从根本上突破朱学的藩篱。其结果就是成为一个不是简单坚守宋人理学窠臼的朴实唯物主义论者。在这样的研究视野下，只有对时代背景的抽象描述才具备和一个个体的思想内容产生因果关系的条件。因此该个体的主体性与具体生活空间，以及其对不同社会生活的举措和回应等无不缺席了。

研究薛瑄思想的主要文献是其《读书录》和《读书续录》。我在另一篇文章中处理过薛瑄的"道统观"和"复性论"。③ 其中一个核心的观点就是我们应该特别留意薛瑄思想本身的发展变化。所以在处理他于中年和晚年两个不同人生阶段的读书心得时，是不可以混为一谈的。我从《读书录》和《读书续录》中得出了薛瑄的"道统观"和"复性论"是平行发展，而且到晚年方臻至成熟的结论。④ 简单地说，由于薛瑄没有任何哲学专著或者为任何儒家经

① 例如：李元庆：《明代理学大师：薛瑄》，第 6—7、128—220 页；谷方：《论薛瑄哲学的基本特征》，《运城师专学报》1990 年第 1 期，第 15—21、59 页；郭润伟：《薛瑄和程朱道学的终结》，《晋阳学刊》1988 年第 5 期，第 58—62 页；郭润伟：《薛瑄理学的宗旨》，《山西大学学报》1987 年第 4 期，第 65—67 页；姜国柱：《薛瑄的理学思想》，《孔子研究》1995 年第 2 期，第 62—69 页；李元庆：《薛瑄决非仅仅"恪守宋人矩矱"的理学家：对黄宗羲一条断语的辨析》，《运城师专学报》1987 年第 3 期，第 1—7、13 页；蒙培元：《薛瑄哲学思想与程朱理学的演变》，《晋阳学刊》1982 年第 6 期，第 73—78 页；宁志荣：《略论薛瑄的理气观》，《山西大学学报》1988 年第 4 期，第 74—77 页；魏宗禹：《薛瑄思想特点三论》，《山西大学学报》1987 年第 4 期，第 59—64 页；杨宗礼：《薛瑄对朱熹哲学最高范畴"理"的改造》，《运城师专学报》1990 年第 1 期，第 54—59 页；赵北耀：《薛瑄是一位具有唯物主义倾向的理学家》，《运城师专学报》1990 年第 1 期，第 60—61 页；周庆义：《薛瑄对朱熹理学的发展》，《晋阳学刊》1988 年第 4 期，第 76—80 页。
② 李元庆：《明代理学大师：薛瑄》，第 134—139 页。
③ 许齐雄：《薛瑄的"道统观"和"复性论"》，《明清史集刊》2007 年第 9 卷，第 49—61 页。
④ 许齐雄：《薛瑄的"道统观"和"复性论"》，《明清史集刊》2007 年第 9 卷，第 60 页。

典作注,其读书笔记《读书录》和《读书续录》就成为研究他的思想的最佳文献。而《读书录》是薛瑄中年之作。是时他出仕仅三年有余,是录记载了他宦游沅、辰时读书之所得。另一方面,反观《读书续录》则不同。《续录》为薛瑄晚年之作,两录成书年份相去几近三十年。而在这三十年期间,薛瑄的人生历练和学术观点不可能原地踏步、一成不变。在面临诸如大太监王振(?—1449)的迫害而几乎丧命、在无法营救于谦(1398—1457)而对政治越发失望、在体验了从负责一方学政到主持大理寺到入阁而来的种种政治经验等等之后,他的思想自然会产生变化。更何况没有人有任何理由主张其理学思想在中年时已经定型。①

在讨论薛瑄的理学思想时,最常为学者引述的就是其以"日光飞鸟"比喻理气的聚散问题之一条。按薛瑄的说法:

> 理如日光,气如飞鸟。理乘气机而动,如日光载鸟背而飞。鸟飞而日光虽不离其背,实未尝与之俱往,而有间断之处;亦犹气动而理虽未尝与之暂离,实未尝与之俱尽而有灭息之时。"气有聚散,理无聚散",于此可见。②

薛瑄将理比喻为日光,而气则是飞鸟。日光虽然由飞鸟所背载,但是两者之间毕竟还不是同一事物。而且飞鸟飞逝如同气散,日光却未尝与之俱尽,所以理还是理。薛瑄以此喻说明朱熹有关理无聚散而气有聚散的主张。黄宗羲就认为这样的比喻不妥当。他认为:"理为气之理,无气则无理。若无飞鸟而有日光,亦可无日光而有飞鸟,不可为喻。"更重要的是,"盖以大德敦化者言之,气无穷尽,理无穷尽,不特理无聚散,气亦无聚散也;以小德川流者言之,日新不已,不以已往之气为方来之气,亦不以已往之理为方来之理,不特气有聚散,理亦有聚散也。"③

黄宗羲的批评自然是建立在不同理学传统的基础上而发的。但是也因为这个比喻被黄宗羲直接引述,所以就引起了后世学者的注意。④ 李元庆在讨论薛瑄的"理气无缝隙"的理气观时,也指出了薛瑄"以日光与飞鸟等为

① Koh Khee Heong, *A Northern Alternative：Xue Xuan* (1389—1464) *and the Hedong School* (Cambridge：Harvard University Asia Center, 2011), pp. 33-40.
② 薛瑄:《读书录》,《薛瑄全集》,山西人民出版社 1990 年版,第 1145 页。
③ 黄宗羲:《明儒学案》,第 7 卷,第 3a 页。
④ 黄宗羲在《明儒学案》对薛瑄理学提出批评时,还引述了薛瑄另一个将理比喻为物、心比喻为镜的说法。为了行文的流畅,故于此省略。见黄宗羲:《明儒学案》,第 7 卷,第 3a—4b 页。

喻,反复进行了论证"。① 除了这个著名的比喻外,李元庆也罗列了其他一些相关的比喻,为了说明"薛瑄理气观的矛盾和不彻底性",因为"他明确主张理气相即无缝隙的同时,却又重复朱熹的说法",强调"气载理,理乘气"和"气有聚散,理无聚散"等命题。②

事情的关键在于,李元庆无论是在重构薛瑄理学中的理气相即或者矛盾的聚散问题时,并不区分《读书录》和《读书续录》。所以为了力证薛瑄不是简单恪守朱熹学说,他引用了 17 条《读书录》的记录和 8 条《读书续录》的说法。③ 而在讨论薛瑄视理、道、太极为"万古永恒的绝对和先于万物的主宰"时,各从两书中引述了 10 条资料。④ 接着笔锋一转批评上引薛瑄的矛盾和不彻底性时,所引日光飞鸟等 5 条比喻,则均出自《读书录》。⑤

实际上如果善加利用《读书录》和《读书续录》,反而更可以整理出薛瑄理学思想中对理的统一性的追求脉络。我在拙作中对薛瑄理学思想中的理气聚散、先后,以及相关的道器等问题进行分析,结论是在《读书录》与《读书续录》中我们可以看到道器问题的一贯性。另一方面,在理气的先后问题上,到了《读书续录》时,只见"理与气一时具有,不可分先后。若无气,理定无止泊处"或"理气真实不可分先后"之类的简短笔记。⑥ 而在理气的聚散问题上,《读书续录》基本上不再讨论,遑论出现诸如在《读书录》里薛瑄试图通过自己的比喻去解释理气聚散问题的尝试。⑦

在 20 世纪 80 年代以后出现的薛瑄研究著作中,学者们在引述薛瑄的思想时,无不将《读书录》和《读书续录》一视同仁。换言之,只要是有利于自己之论证的,学者们便自由地从两书中引用薛瑄的话语,而且并没有意识到两书应该分别处理。从我的角度来看,理气聚散说是中年薛瑄的看法,他认真地对待"理无聚散,气有聚散"的命题,所以多方比喻说明之。但是这个议题到了老年薛瑄书写和编辑《读书续录》时就已经放弃了。相反地,他对道器问题和理气先后议题的看法是高度一贯的。而这个发展脉络,加上到了《读书续录》中才正式提出的复性说,正反映了薛瑄理学思想的成熟过程。

① 李元庆:《明代理学大师:薛瑄》,第 156 页。
② 李元庆:《明代理学大师:薛瑄》,第 155—156 页。
③ 李元庆:《明代理学大师:薛瑄》,第 141—144 页。
④ 李元庆:《明代理学大师:薛瑄》,第 153—155 页。
⑤ 李元庆:《明代理学大师:薛瑄》,第 155—156 页。
⑥ 薛瑄:《读书续录》,《薛瑄全集》,第 1324、1329 页。
⑦ Koh Khee Heong, *A Northern Alternative: Xue Xuan* (1389—1464) *and the Hedong School*, pp. 48—54.

道器、理气的统一性和最终回复一性的追求，也正是薛瑄理学思想的最终归宿。① 对于薛瑄理气观是自相矛盾等的论述，恐怕有重新检视和商榷的余地。

虽然我之前提到过去的薛瑄研究缺乏给予其思想的主体性和具体生活空间足够的重视，但似乎也有矫枉过正的。常裕的《河汾道统：河东学派考论》就是显例。② 该书十分重视河汾这一地区，因为在这一地理范围内，隋代的王通（约584—617），唐代的柳宗元（773—819），以及明代的薛瑄，形成了一个所谓的"河汾道统"。在常裕建构的框架中，这个主要以王通开启，薛瑄继承的所谓河汾道统"贯穿于儒学发展的全过程，是儒学发展史，乃至中国哲学发展史上不可缺少的一条主线"③。他主张了解和把握了"河汾道统"的演化发展，也就把握了儒家思想发展的主动脉。更重要的是，常裕指出"人们习惯上讲'道统'多局限于'洙泗道统''伊洛道统'，但'洙泗道统'与'伊洛道统'只能说明理学在南方的发展情况，至于北方理学的发展，我们认为，'河汾道统'延绵千余年，正说明了北方理学发展的全过程"④。

姑且不在知识性的问题上纠缠，我倒是十分同意在目前的理学研究成果中存在严重的重南轻北现象。这也是促使我从事薛瑄和河东学派研究的主要原因之一。然而笼统地将不同时代的思想家组成一个学派，而其中的联系只是因为他们的活动空间相近，这是十分牵强的。这样重构起来的所谓"河汾道统"，非但无助于我们了解北方地区的理学发展，反而让人犹豫北方是不是没有可以认真探讨的课题，所以才需要人为地虚构出这样的一套论述。薛瑄虽然在两首游山玩水的诗作中表达了一些对王通的正面意见，但是这不是一个地域学派的存在证据，更无法支持一个道统的说法。其实作为一个晋南人在家乡地区旅游时留下一些对当地先贤的赞辞，薛瑄此举不足为奇。关键在于对道学谱系的建构中，薛瑄从未提及王通，甚至不同意其学孔子著经的做法。薛瑄将王通与扬雄相提并论，批评"圣人未尝有自圣之心，后世儒者，未有所至，即高自品置。如扬雄之《法言》，王通之《续经》，皆以孔子自拟也。二子非特不知圣人，亦不自知为何如人矣。自今观之，岂能以逃识者之鉴？"⑤

---

① Koh Khee Heong, *A Northern Alternative：Xue Xuan（1389—1464）and the Hedong School*, pp. 54-56.

② 常裕：《河汾道统：河东学派考论》，人民出版社 2009 年版。

③ 常裕：《河汾道统：河东学派考论》，第 10 页。

④ 常裕：《河汾道统：河东学派考论》，第 29 页。

⑤ 薛瑄：《读书录》，第 1028 页。

《河汾道统》简单地讨论了王通和柳宗元的思想,然后花了极大篇幅讨论薛瑄的理学观念。可惜在薛瑄的理学思想讨论中,是书基本上延续了 20 世纪以来山西学者已经提出的几个议题,也并没有超出他们的成果,却同样地将《读书录》和《读书续录》混为一谈。20 世纪 80 年代以降,伴随着中国经济复兴的还有对民族文化的重新追求,这自然包括对各地的重要物质和非物质文化的宣扬,以及历史名人的重新认识与评估。以此作为出发点的地方学者们在努力披荆斩棘地重新检视自己区域的历史和文化之同时,却又难免为时代的氛围所局限。当其目的是要重新予以薛瑄正面的评价时,除了强调他不是像黄宗羲所批评的是"恪守宋人矩矱",而且是一个朴实的唯物主义者外,其极致就是虚构一个不存在的道统以为"河东"争取中国思想史上的核心地位。

我在另一处曾经提出思想史研究应该向哲学概念和其他史学领域(尤其是社会史研究)合作的主张。[1] 同样是在 20 世纪的 80 年代,从 Robert Hymes 的专著开始,近 30 年来的北美学界的宋史研究关注的一个重点就是两宋之间中国社会的地方化问题。[2] 当然这个提法在北美学界受到重视的同时,也遭受不少批评。就江西抚州的个案是否还有多少商榷的余地不是本文所能涉及的问题。但是,更需要引起我们注意的其实还包括其他学者在回应此一问题上的研究成果:南宋以后南方士大夫和各个阶层与领域的社会领袖/精英在经营各种政治、家族、宗教、慈善、经济、防御、教育、文化等等事业时,受到时代的新条件,包括科举、出版、运输、城市发展等等的影响,而推衍出新的应对组织与策略,是历史发展的自然现象。这其中许多成果是直接或间接地受到 Hymes 的启发或者刺激,也是毋庸讳言的。

而在南宋以迄明清的这段时期里,理学家是无法置身于时代变迁之外的。他们固然可以继续抽象地讨论性命理气,甚至虔诚地推广之。但如何推广就不得不和时代的发展发生联系。南宋理学家以书院和乡约作为对王安石的三舍法和保甲法的回应即是显例。[3] 此外,其他诸如地方志和家谱

---

[1] 许齐雄、王昌伟:《评包弼德〈历史上的理学〉:兼论北美学界近五十年的宋明理学研究》,《新史学》2010 年 6 月第 21 卷第 2 期,第 221—240 页。

[2] Robert Hymes 的代表作为 *Statesmen and Gentlemen:The Elite of Fu-chou,Chiang-hsi,in Northern and Southern Sung*(Cambridge;New York:Cambridge University Press,1986).

[3] 当然还包括以社仓回应青苗法的主张。Robert P. Hymes and Conrad Schirokauer eds., *Ordering the World:Approaches to State and Society in Sung Dynasty China*,(Berkeley:University of California Press,1993),pp. 12-30;以及 Richard von Glahn, "Community and Welfare:Chu Hsi's Community Granary in Theory and Practice," in *Ordering the World*,pp. 221-254.

等文献所反映出的地方化和家族策略,以及两者之间的紧密联系也不容忽视。① 理学在宋代只是诸多思潮的一种,它在科举场域上和其他学术潮流的竞争也说明了理学历史的复杂性。② 但是目前的研究还是以南方理学家的活动和态度为主。至今可见有效回应地方史的"北方问题"的唯独王昌伟的著作。但是其视野并不以理学为中心,而是通过关中的例子梳理各种地方性在不同时期和士人上的呈现与变化。③

因此在回顾我自己的薛瑄和河东学派研究时,我觉得自己基本上在回应两个议题:一是北方理学和南方的差异;二是如何结合研究对象的哲学概念和社会实践。

拙著共7章,包括了导论和结论。导论回顾了理学研究的方法,南北问题的提出,以及薛瑄研究的背景。第一章的重点则在于进一步整理薛瑄的生平,在分期上注意到两次《读书录》的书写和编辑都和薛瑄的政治生涯有着密切的关系。更重要的是要将薛瑄本身的理学思想的获取置于一个元末明初的北方语境中去理解。薛瑄本身不属于任何学派。他虽然早年曾经和一批南方士人有过接触,但没有证据显示这些人属于任何具体的理学学派。所以其理学的习得主要就是依据"自得",即自己通过理学书籍,尤其是《大全》的阅读获得。将薛瑄放在这样一个元末明初的北方语境中去理解,对我们理解河东学派或者明代北方理学的特质是至关重要的。

因为认为研究对象的理学概念和其社会实践或者主张有着内在的联系,所以接着要寻找的就是一个足以用来涵盖薛瑄的理学思想的框架。诚如之前提到,薛瑄的理学思想主要散见于其《读书录》和《读书续录》。而通过对其道统观、理气先后和聚散问题、道器关系、复性论等课题的小心阅读,则不难发现从中年薛瑄到晚年薛瑄的理学发展无疑反映出他对于理气的统

① Peter Bol, "The Rise of Local History: History, Geography, and Culture in Southern Song and Yuan Wuzhou," *Harvard Journal of Asiatic Studies* 61.1 (Jun., 2001): 37-76; Peter Bol, "Local History and Family in Past and Present," in Thomas H. C. Lee ed., *The New and the Multiple: Sung Senses of the Past* (HongKong: The Chinese University Press, 2004), pp. 307-347.
② 有关理学和其他学术潮流在科举场域的竞争,见 Hilde De Weerdt, *Competition over Content: Negotiating Standards for the Civil Service Examinations in Imperial China* (1127—1279) (Cambridge: Harvard University Asia Center, 2007)。有关北宋时期的多个竞争思潮,见 Peter Bol, "*This Culture of Ours*": *Intellectual Transitions in T'ang and Sung China* (Stanford: Stanford University Press, 1992)。
③ Ong Chang Woei, *Men of Letters Within the Passes: Guanzhong Literati in Chinese History*, 907—1911(Cambridge: Harvard University Asia Center, 2008).

一性的追求。这基本上还是继承了朱熹的主要意见。然而虽道理气的统一性是其终极关怀,但是其对"气"的认识则未必和朱熹一致。在很大的意义上,薛瑄对于"气"以及其物质世界的呈现之认知是秉承张载(1020—1077)的。在这个"气"的观念下,物质世界的存在,包括政治体制和关系都是"合理"的。① 如此一来,就为下文中对于薛瑄和河东学派的思想和行为的重构,尤其是他们和南方理学家颇为不同的现象定下解释的基调。

接下来两章以宗族和学派作为主题展开讨论。我主要是通过分析薛瑄在别人所写的家谱序去讨论其宗族观念。对薛瑄而言,家族中的长幼秩序的辨别自然重要,而宗族的荣耀以获得功名为主要目标。除此以外,宗族就没有其他功能了。这和南方理学家认为宗族可以发挥安定社会的作用,而宗族领袖自然可以在这个介于政府和核心家庭或个人之间所存在的空间发挥影响的立场有别。这其实不仅仅是南北理学家的不同,基本上更是一个显见的南北差异。因为在南方,纵使是不属于理学传统的士人在这个问题上的看法也是相对一致的。而考察山西河津薛氏的历史,也不难发现其内部的组织性是十分薄弱的,甚至在处理许多和薛瑄有关的建筑之修复问题时,也需要仰赖地方政府的资助才得以完成。这样一个需要仰仗地方政府才能够完成各种建设的弱势薛族,其实很符合觉得宗族的荣耀以国家的各种认可为准,也不认为宗族和其领袖应该扮演任何社会角色的薛瑄的意思。此外,在薛氏家族中也看不出其他在南方宗族中普遍存在的婚姻策略、族产管理、地方事务的参与等证据,甚至是对宗法的坚持也是缺席的。

在理学史的研究中,学派的发展是一个重要的课题,但是对拙著而言,更为关键的是理学家对(理学家)网络的态度。在南方,明初的金华学派有着明显而强烈的学派意识。以朱熹嫡传自居的金华学派虽然随着方孝孺(1357—1402)和亲族、门人的不幸牺牲而式微,这种对学派的正统性的肯定还是为士人所认可。另一方面,无论是对程朱理学或者陆王心学而言,书院在南宋以后一直是理学家进行教育与学术活动的中心。虽然书院和政府的关系会因时因地而不同,但许多书院无疑是私立的。与薛瑄同时的南方理学领袖吴与弼的学术活动即主要在私人领域内的书院展开。这和薛瑄以官学系统为传播理学思想,尤其是推广其复性论的主张,就形成了强烈的对比。对薛瑄而言,理学思想不仅应该在官学中进行,也要与科举选举人才一

---

① Ong Chang Woei, "We are One Family: The Vision of 'Guanxue' in the Northern Song", *Journal of Song-Yuan Studies* 35 (2005), pp. 29-57, pp. 45-46.

致。这种将理学的传播使命和国家体制完全结合的理念和实践,使得薛瑄与同时期的南方理学家的活动空间迥异。① 更何况,薛瑄对于学派或者正式的师生关系是抱有极大的保留态度的。

我们今天所谓的"河东学派"是现代学者的方便说法。其端起于《明儒学案》中的《河东学案》。当我们说一群人属于某一个学派时,不仅仅是指他们共同接受某一个学说的立场,也意味着他们自己应该有相关的自我意识。明初的金华学派和明末的阳明学派都是明显的例子,即使阳明学派内部尚有分支,但他们彼此之间的竞争恰恰说明"阳明学派"的认同对他们的重要性。② 而所谓的"河东学派"并不如此。虽然五传至吕柟后,清人还可以知道其"师事渭南薛敬之,接河东薛瑄之传"③,但是这里只有一群北方士人因为薛瑄的关系而继承了对程朱理学的坚持,并没有那种相互标榜,自我意识强烈,网络明确的学派。陆世仪(1611—1672)对于明代其他几位理学家的活动的分析对于理解这个"学派"的特质很有帮助。他提到邵宝(1460—1527)时说:

> 文庄之生,在陈白沙之后,而稍前于王阳明。一时讲学之风已盛。公喜道学而未尝标道学之目,不喜假道学而未尝辞道学之名。循循勉勉,为所当为而已。此薛文清一派也。后辈所极当效法。④

这里所讲的"薛文清一派"自然不是我们一般所理解的"学派"。邵宝和薛瑄并没有任何师承或再传的关系。这里的"派"指的是作风,一种如何处理自己的学术活动和师生关系的态度。陆世仪评蔡清(1453—1508)曰:"蔡虚斋是一儒者,不聚徒党而日潜心理道,有薛文清之风。"⑤ 而谈到魏校(1483—1543)时则说:"庄渠虽讲学而不聚徒,但勤职事,是薛文清一派。"⑥ 无论是"薛文清之风"或是"薛文清之派",当我们将此数语综合起来时,我想在陆世仪的理解中,薛瑄的教学活动和明中叶以后的阳明学派是截然不

① 许齐雄:《国家政治目的和理学家教育理想在官学和科举的结合:以薛瑄思想为例》,《汉学研究》2009年第27卷第1期,第87—112页。
② 关于阳明学派内不同分支的竞争,可参考吕妙芬:《阳明学士人社群:历史、思想与实践》,"中研院"历史语言研究所2003年版。
③ 纪昀:《泾野子内篇提要》,《文渊阁四库全书》内联网版,第1页。
④ 陆世仪:《思辨录辑要》下,广文书局1977年版,第232—233页。
⑤ 陆世仪:《思辨录辑要》下,第233页。
⑥ 陆世仪:《思辨录辑要》下,第235页。

同的。

薛瑄将理学的传播中心放在学校,纵使他致仕时也有学生来从游,但他本人并不愿意在官学系统外将自己的私人教学活动制度化为"书院",也无意建构自己的学派。他的门人秉承师志,也不见任何学派意识。而且接下来可考的几代门人的教学活动也是以官学系统和科举为舞台,或者虽教学但不聚徒党、不建书院。① 这样异于朱熹以来的理学活动,尤其是有别于明代南方理学家的组织方式的现象,是和薛瑄本人的教育理念,乃至其理气观一脉相承的。

薛瑄将焦点投注在国家,希望理学的传播和官学制度与科举能够完美结合,不赞同官学体系外的有组织士人团体。这和其理气观中所追求的统一性是互为表里的。薛瑄对宗族组织的漠视,以及对于国家在宗族荣耀中的绝对地位也与此息息相关。

拙著第五章则侧重讨论薛瑄从祀孔庙的事。在明儒讨论从祀标准的演变过程中,从注重著作的多寡和是否嫡传朱熹,到强调讨论对象的实践才是明儒对理学发展的贡献,到最后结合各方力量以薛瑄压制王阳明,都让我们更清楚地看到薛瑄对明儒来说是占据一个什么样的位置。虽然支持薛瑄从祀者亦经常以《读书录》等文献为例说明不可谓薛瑄没有著作,但是核心的论述还是强调薛瑄的身体力行,而无须在意他是否属于任何学派。这样的理解和薛瑄本人的态度是一致的。②

拙著的书名为 *A Northern Alternative*,意指薛瑄和河东学派所呈现出来的概念、组织方法、对明儒的意义等都和目前学界中有关南方理学活动的研究成果不同。尊重这个不一样的北方形态的存在,自然有助于我们更全面地理解中国思想史,尤其是明代的理学史。

而完成此一任务的方法,除了时时和南方形态进行比较之外,更关键的问题就是如何进行研究才能够有效地了解薛瑄。我认为借助社会史学家所提出的问题、视野和成果是重要的。唯有由内至外,从理学思想的精髓的掌握到对核心的宗族以及教育组织等问题进行分析,才能够掌握一个血肉更

① 当然,到了明代中晚期,吕柟所处的时代以及面临的挑战已经迥异,所以其策略也有相应的调整。Koh Khee Heong, "The Hedong School: Regional and Translocal Intellectual Network", *Minq Qing Studies*(2010): 121-160.

② 有关薛瑄从祀孔庙始末,见 Koh Khee Heong, "Enshrining the First Ming Confucian", *Harvard Journal of Asiatic Studies* 67.2(Dec., 2007), pp. 327—374;许齐雄:《我朝真儒的定义:薛瑄从祀孔庙始末与明代思想史的几个侧面》,《中国文化研究所学报》2007 年第 47 期,第 93—114 页。

为饱满的理学家薛瑄和他的河东学派，如此在和南方形态进行比较时才不会流为无的放矢。

本文只是想说明既然跨学科的研究为大家所基本认同，在思想史研究中，我们至少应该努力做到跨越史学领域的尝试。毕竟无论是哲学史、社会史、经济史、宗教史等都是史学专业的分支。思想史研究也许尚不能完成史学和人类学的合作，或者史学和地理学的结合。但是在目前社会史等史学领域提供了不少可供利用的成果后，思想史研究不宜只是继续将它们当成背景介绍来处理，而是应该考虑善加利用其方法、视野、问题等。同不同意个别社会史家的结论是另一回事。新视野的合理性并不表示旧方法一定要摒弃。我并不是主张今后的"思想史"研究不能再走传统的"哲学史"或"概念史"的路子。只是希望可以看到更多的跨史学领域的尝试。在史学研究中自然一直会有新的主张出现；或者主张看起来不新，但是其具体的操作其实是不同的方法。

（原载复旦大学文史研究院：《中国思想文化史研究的新视野》，北京中华书局 2015 年版，第 24—35 页）

明初"理学之冠"薛瑄的
"自振起"兼论明初北方理学

　　1571 年农历九月,即大明隆庆五年的秋天,在言官的反复要求以及廷议上的压倒性胜利后,礼部在上呈给明穆宗的奏疏中说道:"逮于我朝治化休明,德教沦浃,名贤辈出,辉映后先。乃其力任斯道,卓然为一代理学之冠者,则惟故礼部侍郎薛瑄为最焉。"①礼部最后要求穆宗皇帝批准薛瑄从祀孔子庙廷,而穆宗也应允了。薛瑄(1389—1464),字敬轩,谥文清,山西蒲州河津人,是有明三百年间第一位从祀孔庙的明朝人,也是明代北方最重要的理学系统河东学派的奠基人。当然争取薛瑄从祀是一项跨越五代人且历经百年的努力,其中涉及种种明代的思想、政治、地域势力和家族历史的复杂问题。笔者于他处已有详论,在此无法赘言。②

　　薛瑄作为明代第一位从祀孔庙的明儒,其在当时的巨大影响力以及在明代儒学史上的重要意义都是毋庸置疑的。但是后世学者却往往因为黄宗羲在《明儒学案》中对于薛瑄"恪守宋人矩矱"的批评而对他多有微词,也不甚重视。③这自然使得学界错失了了解明代北方儒学异于南方儒学之特殊性的机会。本文的主要目的就是希望能够致力于弥补这一部分缺失。

　　必须指出的是,薛瑄的地位和评价虽然在明代程朱学者和薛瑄门人中是崇高的,他却不是一开始就获得政治权力的认可。在隆庆年间,穆宗同意了礼部官员对于薛瑄是"一代理学之冠"的评价。但是在嘉靖年间,穆宗的父亲明世宗对于薛瑄的认识却略有不同。

　　嘉靖十八年(1539),御史杨瞻(1491—1555)上疏请世宗皇帝从祀薛瑄。世宗命诸儒臣讨论此事。到了次年,虽然大多数上疏表态的儒臣们都支持

①　吴达可重刊:《薛文清公行实录》,《薛瑄全集》,第 1645 页。

②　许齐雄:《"我朝真儒"的定义:薛瑄从祀孔庙始末与明代思想史的几个侧面》,《中国文化研究所学报》第 47 期,第 93－114 页;Koh Khee Heong, "Enshrining the First Ming Confucian", *Harvard Journal of Asiatic Studies* 67. 2(Dec. , 2007), pp. 327-374.

③　黄宗羲:《明儒学案》,第 7 卷,第 1a 页。关于后世学者对于薛瑄的研究之问题,见 Koh Khee Heong, "East of the River and Beyond: A Study of Xue Xuan (1389—1464) and the Hedong School" (Ph. D. dissertation, Columbia University, 2006), pp. 34-43。

薛瑄从祀,但是世宗最后还是没有应允。不过,世宗的批文却值得玩味。他
说:"圣贤道学不明,士趋流俗,朕深有感。薛瑄能自振起,诚可嘉尚。但公
论久而后定,宜候将来。"①世宗以"公论"并未一致为理由拒绝了薛瑄的从
祀,但是他还是认为薛瑄"诚可嘉尚",因为薛瑄能够"自振起"。

那么,到底明世宗所讲的"自振起"是指什么? 薛瑄是在什么样的环境
下"自振起"? 什么样的背景迫使当时的儒者需要"自振起"? 而薛瑄的"自
振起"又如何影响他个人对于理学的传承之体认,进而左右了以他为宗的河
东学派之发展? 这一切又向我们反映了明初理学,尤其是明初北方理学的
什么问题?

本文首先将重构薛瑄的求学背景,因为对于判断是不是"自振起"的一
个关键就是在于薛瑄对理学的学习和体认之全过程是通过自己的勤勉而掌
握之,还是依据任何师承家法的授受。换言之,他是通过一己的努力自得自
任于理学系统中的圣人之道,抑或是隶属某学术宗派。在重构了薛瑄个
人的理学背景后,本文接着将探讨薛瑄个人的经验如何左右他对于师承家
法或学术宗派的态度。他在这方面的立场对于河东学派的发展和性质是起
着深远的影响的。

一、薛瑄的理学背景

"自振起"和薛瑄个人的学习经验息息相关。据薛瑄后来的得意弟子阎
禹锡(1426—1476)为其所撰的《行状》载:薛瑄的祖父名仲义(? —1419),
"通经史,值元乱,教授乡里,不求仕进。"而薛瑄在大概六七岁时,是由祖父
"教以小学、《四书》"。② 所以薛仲义可以说是孙子薛瑄的启蒙老师。但是
薛仲义本人只是一个教授乡里的乡先生,也没有任何线索显示他属于哪一
个知名的理学宗派。

薛瑄的父亲,薛贞(1355—1425)长期担任地方县学的教谕,其家人也经
常都伴随着他到不同的任所。永乐七年(1409),薛贞转调玉田县。于是 21
岁的薛瑄也来到了玉田,史称"玉田多贤豪长者,济南王素亨、大梁范汝舟、
东莱魏希文、永嘉徐蕴夫、安阳范仲仁、海昌李大亨诸公,皆年德老成"。而
这些人和薛瑄又是什么关系呢? 据载:"先生礼延之家,讲论经书子史,涉及
天文、地理、二氏之谈。"薛瑄将众人请到家中一起钻研学问后,他们对薛瑄

---

① 《明世宗实录》,《明实录》,"中研院"历史语言研究所 1962—1966 年版,第 235 卷,第 4806 —
4807 页。
② 阎禹锡:《礼部左侍郎兼翰林院学士薛先生行状》,《薛瑄全集》,第 1611 页。

的印象和看法如何？薛瑄的《年谱》记录道"诸老退谓人曰：此子聪明，特异力行可畏，圣门有人矣"。他们甚至"皆避师席，结为友，与习宋诸儒性理诸书"。而在薛瑄个人，"久之，先生叹曰：此道学正脉也"。于是他进而"尽焚诗赋草，专精性命，至忘寝食"①。

虽然这些当时都身在玉田的长者不敢担任薛瑄的老师，而只是退居一种学友的位置，但是薛瑄对于宋代理学的接触，又无疑和他们有密切关系。甚至是薛瑄最后放弃了对文学诗赋的追求，而将身心完全投入到对于理学性命的探讨中，以致废寝忘食的地步，也自然是因为受到了他们的感染或启发。但是他们彼此间毕竟没有正式的师徒名分，遑论形成任何学派了。

到了黄宗羲（1610—1695）编撰《明儒学案》时，关于薛瑄早年求学活动的认识就显然已经模糊。黄宗羲谓薛瑄"闻魏、范二先生深于理学（魏纯字希文，山东高密人。范，俟考）。俾先生与之游处，讲习濂洛诸书。叹曰：'此问学正路也。'因尽弃其旧学"②。单单从这段更为简略的叙述来看，似乎完全就是魏和范两人向薛瑄开启了理学殿堂的大门。但是对于这些早年和薛瑄一起论学的几个人具体是谁，则已经不尽知之了。

而全祖望（1705—1755）后来不只是以为魏纯和薛瑄有直接的师生传承关系，甚至还认为黄宗羲误读史料。他说："文清受理学于高密魏范。盖魏姓而范名，故字希文。诸书皆同。先生以为魏纯字希文，别有一范姓者，恐误也。纯字与范字，其形相近而讹。此虽偶失考据，亦不可不改正也。"③清初大儒的误会已是如此，后人对于薛瑄早年求学的历史之了解就可想而知了。

因此，要了解薛瑄的"自振起"首先就必须整理清楚其师承渊源之面貌，甚至是有无任何师承可言。那几位和他论学的人究竟是谁？我们又能够知道多少有关他们本身的师承历史？据阎禹锡载，他们"皆元耆儒，为御史等官，谪戍玉田"④。薛瑄在严格意义上不是这几位元代耆儒的弟子，而只是从他与他们的论学活动中受益。如前所述，"自振起"的其中一层意义是指薛瑄在理学上的自得自任，而不是受教于某位老师。另一方面，明代还是有特别强调师承或学脉的理学社群，如南方的金华学派就是显例。那么，启发

① 杨鹤：《薛文清公年谱》，《薛瑄全集》，第 1701 页。
② 黄宗羲：《明儒学案》，第 2a 页。
③ 全祖望：《鲒埼亭集外编》，《续修四库全书》，上海古籍出版社 1995 年版，第 44 卷，第 12 页。
④ 阎禹锡：《礼部左侍郎兼翰林院学士薛先生行状》，《薛瑄全集》，第 1161 页。

薛瑄的元代耆儒如果同样属于某一支特定的理学宗派的话，则薛瑄理学的"自振起"就会受人质疑，至少其思想会无可避免地留下某一宗派的烙印。所以本文就不得不先尽可能地辨识和介绍这几个人。可是遗憾的是，六人中，王素亨与范仲仁在现存史料中已经湮没无迹。

在经过多手引述后，关于这六人的讯息自然开始出现混乱。上引薛瑄的《年谱》以范汝舟为大梁人，而阎禹锡在薛瑄的《行状》中却以范汝舟为海宁人。① 而《明史》亦以为范汝舟是海宁籍。② 此外，最早将六人的姓名简化的应该是李贤(1409—1467)。他在为薛瑄撰写的神道碑中称"公闻魏、范二先生深于理学"③。

对于范汝舟究竟何许人也，就连海宁人也搞不清楚。康熙版的《海宁县志》引谈迁语谓："永嘉徐怀玉，高密魏希文，济南王泰亨，海宁李大亨、范汝舟皆元旧儒，谪戍玉田。贞礼为瑄师，从讲伊洛之学。文清为一代大儒，亦吾宁有以启之。第不知范汝舟者，果何人也。贤者声名不传，诚可深惜。"④ 明代原始资料显示是薛瑄自己前往拜访这几位前辈学者，而《海宁县志》则说是薛贞礼聘为薛瑄的老师，恐不可信。《海宁县志》也因为海宁人李大亨和范汝舟都曾经予以一代大儒薛瑄启发而感到自豪。可是《海宁县志》也为启发过薛瑄的前辈海宁人范汝舟的默默无闻感叹。

其实问题的关键在于，范汝舟根本不是海宁人。在这一点上，薛瑄《年谱》是而《行状》非。范济，字汝舟，是开封祥符人。他是众人中唯一的一位元代进士。他在元至正甲午年(1354)及第后便闲居不仕。直到洪武年间才以儒士起用，任江西广信府知府。之后坐累而谪戍兴州。兴州左屯卫置于洪武中，且在永乐元年(1403)徙治玉田县。范济在宣德年间因为有机会谒阙言事而出为儒学训导。⑤

以下本文再分别通过各种资料，尤其是方志方面的证据，重构我们对魏希文、徐怀玉和李大亨的认识。魏纯，字希文，高密人。其父为绩溪令，魏纯

---

① 阎禹锡：《礼部左侍郎兼翰林院学士薛先生行状》，《薛瑄全集》，第 1161 页。

② 张廷玉等：《明史》，北京中华书局 1997 年版，第 282 卷，第 7228 页。

③ 李贤：《通议大夫礼部左侍郎兼翰林院学士直内阁薛公瑄神道碑铭》，见焦竑：《国朝献征录》，台湾学生书局 1964 年版，第 432 页。另见李贤：《古穰集》，《文渊阁四库全书》，内联网版，第 13卷，第 2 页。

④ 许三礼：(康熙)《海宁县志》，《中国方志丛书》，台湾成文出版社 1983 年版，第 1203—1204、1720页。

⑤ 黄舒昺：《祥符县志》，哥伦比亚大学东亚图书馆特藏 1898 年版，第 4 卷，第 3a 页，第 17 卷，第19a 页；秦尧曦：《开封府志》，哥伦比亚大学东亚图书馆特藏 1863 年版，第 23 卷，第 7a 页；张廷玉等：《明史》，第 16 卷，第 907 页，第 52 卷，第 4443—4447 页。

就学于其任所。后来他到了南京，为某达官延入府中为子弟之师。后来在别人的斗争中被语及，因而谪戍蓟州。史料对于魏纯到底因为何人何事而遭受池鱼之殃语焉不详，本文也无从推断。当薛瑄来到玉田时，魏纯在玉田学宫旁训导将官子弟。后来有人举荐其至吏部，可是魏纯因为同膺荐者有所不和所以没有成功，并回到了玉田。到了宣德元年（1426），魏纯再次被举荐并试于吏部。虽然其文合格而当吏部正准备将其名字上报朝廷并委任以官职时，魏纯却暴卒于旅舍。①

永嘉徐怀玉则是洪武二十三年（1390）庚午举人。原任兴国教谕，调沛县，以言事升调山东都司断事，再改湖广都司经历，后以讹误谪戍玉田数十年。洪熙改元（1424）诏求贤。徐怀玉愿就教职，于是授建宁训导。5 年后丁内艰归，遂致仕。② 而李贞，字大亨，海宁人，为洪武年间生员。建文初因为揣知国家必有内难，于是赴南京上用兵方略。建文帝义之，赐宴光禄，并授其湖广道监察御史。靖难事起，李贞归隐临平山，后谪戍玉田。到了宣宗时，起为扬州知府，3 年乞归并获皇帝勅谕，卒后祀乡贤祠。③

就薛瑄的学习经历而言，予以启蒙的祖父并不属于任何特定的学派；就薛瑄的理学背景来说，和他论学（而我们能够掌握其资料）的几位学友同样不具备任何师承明确或家法严谨的学脉成员之身份。明初北方理学纵使在个别地方还可以偶见元儒许衡（1209—1281）和刘因（1249—1293）的影响，但是北方无疑没有诸如浙东金华学派似的理学宗派或脉络。因此世宗皇帝承认薛瑄"自振起"的难得正反映了明人对于明初北方学术相对寂寥的认识。而这认识并不是来自世宗一人的睿智，因为他的评价是建立在嘉靖十九年（1540）诸多上疏讨论薛瑄从祀孔庙问题，尤其是多数表态支持的儒臣对于明初理学的陈述。因此说"自振起"的评价在一定意义上是明代中叶明人对于明初"理学之冠"薛瑄的共同认识，甚至说是他们对于明初北方理学

① 薛瑄：《魏纯传》，《薛瑄全集》，第 641—643 页；傅赉予：《高密县志》，哥伦比亚大学东亚图书馆特藏 1896 年版，第 4 卷，第 3a 页，第 17 卷，第 19a 页；唐枢：《国琛集》，《丛书集成初编》，北京中华书局 1985 年版，第 74 页。《国琛集》以魏纯于景泰年间（1450—1457）被举荐。本文从薛瑄所撰和方志所载，以其被举、赴吏部、暴卒为 1426 年之事。
② 张宝琳：《永嘉县志》，哥伦比亚大学东亚图书馆特藏 1882 年版，第 16 卷，第 7b—8a 页；黄淮：《黄文简公介庵集》，《四库全书存目丛书》，齐鲁书社 1997 年版，第 26 页。
③ 许湘祥：《海宁乡贤录》，哥伦比亚大学东亚图书馆特藏 1903 年版，第 42a 页；许三礼：《海宁县志》，第 543 页；金鳌：(乾隆)《海宁县志》，《中国方志丛书》，第 390、1121、1203—1204、1720 页；嵇曾筠：《浙江通志》，《文渊阁四库全书》，第 167 卷，第 5—6 页。

的特质之掌握也未为不可。①

二、薛瑄和李贤:"自振起"的延续

那么,薛瑄个人在明初北方的特定环境下之"自振起"的学习经历和理学背景如何左右他对于理学传承的看法?这又对于河东学派的性质与发展起着什么影响?

在薛瑄的儒学思想系统中,有两个重要的命题,一个是他的"道统观",一个是其理学思想的核心"复性论"。薛瑄的"道统观"允许后代儒者在没有师承背景下,通过掌握宋儒文字中的"道",即可掌握"天命之性",并同时也继承了理学的道统。这和明初北方儒者给自己在理学传统中定位的心理和理论需要是互为表里的。而薛瑄的"复性论"就是对这个"天命之性"的掌握之理学描述。换言之,对薛瑄而言,后代贤人儒者既然可以,也应该"复"这个"性",那么他们自然也可以无需师承,完全从宋儒文字中自得之。笔者并不是主张薛瑄的理学宗旨完全且单纯地是为其"道统观"服务的。只是两者在薛瑄的思想体系中是相辅相成、互为表里的。②

明人对薛瑄的评价中说他"诚文行一致,学业大成之真儒也"③。在理学传承这个问题上,薛瑄的"思想"和"行为"也是一致的。笔者觉得体现这一部分内容的有效方式之一,包括探索薛瑄和李贤两人之间的有趣关系。

李贤,河南邓州人,官至华盖殿大学士。一生虽然难逃物议,却无疑是英宗、宪宗时期之重臣。④ 后人在对李贤的评论中,鲜少提及其理学上的成就。但是他和明初理学大师薛瑄却有过一段准师生关系。方志资料上载李贤在 1434 年"奉使河东,因谒薛文清公,讲论弥月,归乃大肆力于学,脱然有悟"⑤。但是二人在学术上的关系并不仅仅局限于薛瑄在那段时期内对于李贤的启发和激励。在 1443 年至 1449 年之间,薛瑄因为在大理寺少卿的

---

① 嘉靖十九年支持薛瑄从祀孔庙的儒臣包括:霍韬(1487—1540)、张邦奇(1484—1544)、陆深(1477—1544)、孙承恩(1481—1561)、王教(1479—1541)、张治(1488—1550)、胡世忠(生卒年不详)、杨维杰(生卒年不详)、龚用卿(1500—1563)、屠应埈(1502—1546)、徐阶(1503—1583)、邹守益(1491—1562)、李学诗(1503—1541)、秦夏鸣(1508—1557)、闵如霖(1503—1559)、阎朴(1532 年进士)、谢少南(1532 年进士)、吕怀(1532 年进士)、王同祖(1497—1551)、赵时春(1509—1567)、唐顺之(1507—1560)、黄佐(1490—1566)和胡经(1529 年进士)。"中研院"历史语言研究所校印:《明世宗实录》,《明世实录》,第 235 卷,第 4806 页。
② 许齐雄:《薛瑄的"道统观"和"复性论"》,《明清史集刊》2007 年第 9 卷,第 49—61 页。
③ 许赞:《崇真儒以隆圣治疏》,《薛瑄全集》,第 1630—1631 页。
④ 本传见张廷玉等:《明史》,第 176 卷,第 4673—4677 页。
⑤ 潘庭楠:《邓州志》,《天一阁藏明代方志选刊》,台湾新文丰 1985 年版,第 840 页。

职务上得罪王振(? —1449)而被削籍家居。李贤自问道：

> 本朝仕途中能以理学为务者，才见薛大理一人。盖其天资美处，某尝欲从游，以官鞅弗果。斯人疏于处世，直道见黜，已就闲矣。未知造诣何如也？①

李贤对薛瑄的推崇是显而易见的，其崇敬倒不是因为薛瑄的不畏强权，而是集中在薛瑄的理学成就上的。这自然和李贤早年在河东与薛瑄的直接接触有关。但是李贤说自己本想"从游"，即列于薛瑄门下为弟子，却因为公务的关系不能实现，这是否可信呢？李贤对薛瑄的推崇尚可见于其所撰之神道碑。其曰：

> 吾道正脉实由近世周、程、张、朱，有以倡明之也。至我太宗文皇帝，乃始表章其言行天下。由是天下士习一归于正。呜呼，盛哉！然，今之君子能忻慕而笃信之，则河东薛公其人也。②

而对于自己无缘真正成为薛瑄的入室弟子，李贤如是回忆：

> 宣德甲寅秋，予始识公于河津，知其造诣之深。自后仕途南北，弗获相从。有时同朝，亦各守职务。或有所疑，但手书质问而已。天顺初，公入内阁，予亦滥与其间。曾未数月，公致仕去矣。有道者之难遇也如此。③

李贤始终将自己未入薛瑄门下解释为因为公务的关系，他也透露了自己和薛瑄通过书信往来问学一事。但是只要仔细阅读他们二人的书信，我们不难发现，其实李贤被薛瑄所拒的原因并不是两人因公务关系而各处南北，而是薛瑄认为在理学的学习和实践上，其实是不需要任何师生相承的。这就是本文所谓的薛瑄"自振起"的理学内涵。现存他们二人的 2 次往来共 4 封书信，分别收录于《薛瑄全集》和《古穰集》之中。李贤在书信中称薛瑄为"薛金宪"，因此可以推论这 2 次交流发生在薛瑄提学山东之时，即 1436

---

① 李贤：《古穰集》，第 28 卷，第 2 页。
② 李贤：《古穰集》，第 13 卷，第 1 页。
③ 李贤：《古穰集》，第 13 卷，第 5 页。

年至 1441 年之间。换言之，就是发生在李贤于 1434 年见薛瑄于河津，以及薛瑄 1443 年削籍家居中间的一段往事。

用现代的话来说，李贤给薛瑄的第一封书信就像履历表外加申请书。在其《与薛金宪书一》中，李贤首先反复说明对于有志于学的人而言，能不能遇见杰出的老师是至关重要的。他说：

> 尝窃以为，天下之士无不可与为善者。特以圣贤不世出而无有成就之者。孔子不出，则七十子终晦于当时；程子不出，则游杨诸公不显于后世。夫天下之士，如七十子、游杨诸公者，未尝无也。惟其不遇圣贤，故无以自立于世。士之不幸，无大于此。
>
> 昔罗仲素闻杨中立得伊洛之学，遂不惮千里往学焉。既三日，惊汗浃背，曰："几虚过一生。"使仲素当时不遇中立，未必能传其道，显名后世。呜呼！天下之士如仲素而不遇中立者多矣。固知虚过一生而莫由也已。其志可哀焉。

那么，这些道理和遗憾与薛瑄和李贤本人又有什么关系呢？李贤继续说道：

> 如某之不肖，安敢自列于游杨诸公。意者，使得游于程子之门，虽不敢望游杨诸公，庶几于圣贤之道得闻万分之一，必不为程子所弃矣。岂至如此而已。虽然圣贤之生关乎气运。以今之世观之，气运可谓盛矣。而未有圣贤者出，岂方出而未显，亦虽有之而人不知；若曰有之，未必不知。意者，其方出而未显也。今天下之士有志于道学，方出而未显者，岂阁下其人欤。
>
> 某幼时务农，十八始入学。乏良师友，无所发明。在学七年，为有司催迫赴试，不幸而中。既而以公务至山西，得见阁下。议论渊源，心窃自喜。以为天假此遇，使知造道之方也。

李贤显然认为只有从游于名师门下才有可能窥得理学之究竟。而这个名师就是他曾经有缘结识的薛瑄。那么接下来要做的自然是正式拜薛瑄为师。在提出要求前，李贤先引述孟子道："孟子曰：我犹未免为乡人也；是则可忧也。"李贤继而感叹"呜呼！孟子之不为乡人亦明矣，而忧之如是。若夫中人以下之质，设使其心如孟子，则其忧当何由哉？"

所以李贤接着表示：

> 此某之所以大惧也。然虽愚昧，所择亦明。默观四方贤士大夫，其于道学见之明、求之切者，无如阁下。于是愿游其门，冀无虚过一生。惟阁下察此心，怜此志，引而进之。倘不见阻，自当质疑，不敢怠，不敢忽。①

李贤提出了拜师的要求，却为薛瑄所拒绝了。细读他们往来的书信不只是为了知道一个要求拜师、一个拒绝这么简单，而是要掌握李贤在要求从游薛瑄之门时所采用的劝说策略，更重要的是理解薛瑄拒绝的理由以及理由背后的意涵和其在明初儒学史上的意义。薛瑄如是总结了李贤的来信并发挥道：

> 辱书累数百言，大意以道学显晦见推为念。词志高远，迥出恒人所见。窃惟此道出于天而赋于人，全尽于圣贤。凡六经四书，以及周、程、张、朱之说，无非明此而已。号称儒士，而读圣贤之书者，曷尝不欲明是道、体是道、行是道、推是道于人哉？若读其书而舍其道，乃先儒"买椟还珠"之喻，非真读书者也。

薛瑄接着和李贤分享了自己的经验，并自谦其理学修为不足为人道。更重要的是，他在拒绝李贤的同时，也点出了掌握理学的方法。他说：

> 瑄自少时，尝有志于此。非敢自谓能与是道也。但觉心之所存，言之所发，身之所履，小有违理，即一日若不能安其身。此盖出于道之不能自己者，岂敢借拟古人，而以道学自居哉？阁下过与，乃尔云云，徒使瑄抚己增愧耳。若以是声号于人，必且见怪见鄙，不斥之以为狂，即笑以为迂矣。深愿阁下不以云云者布于人也。
> 往年河汾之会，漫语及此，亦六经、孔、曾、思、孟、周、程、张、朱之书，世儒之所共读共谈者耳，非瑄之所独见也。阁下遽而云云，岂以瑄诚深于是哉？而今而后，更愿阁下以众人视瑄。或欲往来讲求是道，但当熟读凡圣贤之书，一字一义，灼见下落，而体之心、体之身，继之以勿

---

① 李贤：《与薛金宪书一》，《古穰集》，第 3 卷，第 1—2 页。

息,则推之人者不外是,而所学皆为实理。虽不言道,而道即在是矣。①

所以在薛瑄看来,李贤根本无须从游门下。除了一段谦辞外,关键就在于圣贤之道具载在册,有志者自然可以读其书,然后验之于身心,付诸于实践。这其实正是薛瑄本身"自振起"的体验和领悟。所以薛瑄拒绝了李贤对于建立师徒关系的请求。

可是李贤丝毫没有放弃的意思,他在写给薛瑄的第二封书信中,不但再次提出拜师请求,甚至使用更大的篇幅来试图说服薛瑄。关于薛瑄回复中所点出的"造道之方",李贤表示推崇却显然无法遵循,还是亟待于建立一种师承关系。他说道:

> 向者不揣无状,辄敢请教于左右。已而赧然恐惧待罪。不意阁下衿其愚昧,辱赐教墨,示以造道之方。于是敛衽起敬而披诵累日,不能释泊。阁下来京,幸欲相从,冀闻咳唾之音。奈拘于职务,未及再会而阁下行矣。付之怅然。

客套话说完之后,李贤开始从几个方面立论,无非反复论说有志于理学者,尤其是像他这样的人,是绝对需要列于名师门下才能有所得的。李贤先以薛瑄的话为切入点:

> 来喻谓"读书而不由其道,不免买椟还珠之敝"。仆初未之觉,已而留意,验之身心,开卷便觉与圣贤不相似,始大惭惧。乃知向日诵其书,解其义,未尝求是道,体之身心。真无用之糟粕耳。宜乎,于圣贤之道,无异于梦中冥冥茫茫,莫知所之?
>
> 来喻谓"但觉心身存履,少有违理,则一刻不能安其身"。若于道理不实见得,乌能如是?仆之所以愿承教者,亦求如是而已。
>
> 窃惟先儒论求道之方非一端,至言立身进步之要,独曰"涵养须用敬,进学则在致知",又言"敬以直内,义以方外";及言所以用力之方,则以《中庸》"戒谨恐惧"为持敬之本,《大学》"格物致知"为明义之端。此圣贤造道的实紧切工夫。有志于学者,舍此无所用其力也。

---

① 薛瑄:《复李原德书》,《薛瑄全集》,第 659—660 页。

为什么非要师承？李贤接着说："然惟豪杰之士，虽无文王犹兴。若中人以下之资，安能自振拔邪？必得师友朝夕讲明，相亲而善。如此琢磨十数年后，万一可望。"李贤对自身不能"自振"而需要投入师门的说法，正点出了薛瑄本身"自振起"的特质，以及他们两人在追求圣贤之道上的根本分歧。

李贤继而引用《孟子》中学齐语的比喻进一步说明师生授受的重要性。其谓："嗟夫！欲学齐语，一齐人教之，众楚人咻之，虽日挞求之不可得。况于楚咻之中无一齐人之教，而求齐语得乎？仆之所行有类于是。"而李贤自身还有其他缺点阻碍自身的"自振"。他说自己"且志又不能胜气。每于经书，读未终篇，已欠伸思睡。纵强之不克，是以一暴十寒，卒无次第。望于道理有豁然贯通处，何由得哉？"李贤进一步自剖以试图感动薛瑄："然忠孝大节固不敢亏。惟圣贤细腻工夫、精义妙理，见于行己接物之际，决不能到。非敢自弃也，素无涵养思索讲明之功，实理不能得之于心故耳。然非不知为己、为人、为义、为利之分。凡有动作，欲体为己为义之真，但不能灼见，辨之不精，毫厘少差，忽不自知，已坠于为人为利之域矣。此仆之所以凛凛也。敢不就有道而正之？"最后，李贤希望以先儒典范打动薛瑄，并再次提出拜师的请求：

> 所贵乎君子者，以其能成己成物也。古之先儒，莫不惓惓，欲接引成就。人不追既往，不逆将来，以是心至，斯受之耳？望阁下以是存心，启迪来学。若夫人之斥笑，乃世俗常态，非所恐也。
>
> 来喻所谓"熟读圣贤诸书，一字一义，灼见下落，体之身心，继以勿怠"。自今以往，敢不服膺。仆之所以愿游其门，不肯他适者，以阁下见道分明故也。伏惟察其志而教之，幸甚。①

薛瑄回复给李贤的书信也不含糊，总的来说是拒绝李贤的请求，而主要的原因就是薛瑄反复强调李贤自己也可以进入理学堂奥，根本无须师承。在简单地重温他们以前的交流后，薛瑄指出李贤的来信"首论居敬穷理之功，次喻所得之大，终及省察之要、义利之分，而谦谦又若不敢与斯者，益见足下所志者，皆古人之志；所求者，皆古人之道；与汲汲于寻常之所争者，相去百千等矣。第书旨宏博，未易了悉，谨取其中三四条，奉答于右，伏惟择焉"。而薛瑄接下来所言，既是对李贤的鼓励，亦是薛瑄本身对于追寻圣贤

① 李贤：《与薛金宪书二》，《古穰集》，第3卷，第2—5页。

之道的方法陈述：

> 是道之大，原于天，具于人心，散于万事万物，非格物致知，则不能明其理。故《大学》之教，以是二者居八条目之首。然非此心大假虚明宁静，则昏昧放逸，又无以为格物致知之本。程夫子所谓"涵养须用敬，进学则在致知"者，正欲居敬穷理，交互用力，以进于道也。足下论为学之道，首及于此，诚得程夫子教人之要旨矣。又能寻此而进焉，他日所至，其可量乎？

> 足下又谓"忠孝大节，固不敢亏，圣贤细腻工夫，决不能到"。乃足下自谦之辞耳。朱夫子有言"愈细密，愈广大；愈谨确，愈高明"。是则大节固所当尽，而细腻功夫，或者亦不可不勉也。

> 足下又谓"动作毫厘小差，忽不知坠于为利之域矣"。足下省察工夫，至此已极为亲切。更加以精辩持守之力，必能为己而不为人，为义而不为利也。

薛瑄最后勉励李贤"惟足下气清而才敏，识高而志笃。切切焉，恒以是道、是知、是行、是相讲磨为务。所谓汲汲于寻常之所争，无以于其中。譬之入海者，既识江河之正道，又得舟楫之利器，循焉而不已，其至也不难矣"。换言之，圣贤之"道路"为李贤所知，只要躬行实践，必能有所得于是道。这条路原就为所有有志振起的士人而存在，根本无须从游于他人。毕竟"孟子所谓'豪杰之才'，朱子所谓'百世之下，神会而心得'者，百千年间，岂无其人乎？非瑄所敢知也"。薛瑄接着倒过来表示是自己受益于和李贤的交流以绝其心。而李贤始终未能如愿拜师，只是获赠若干诗篇。①

薛瑄和李贤的往来是为人所知的。所以当三杨无法说服薛瑄前去拜谢王振时，他们便转而让李贤前去劝说，因为他们清楚两人的关系密切。② 明中叶以后，王世贞（1526—1590）甚至还误以为两人真的是师徒关系。他在其《弇山堂别集》中的《师弟同居内阁》一则中称"李文达贤，以吏书学士入内阁；而薛文清瑄，以礼侍学士继之。李公，薛公之讲学门人也"③。但是我们现在知道，薛瑄始终没有接纳李贤为门下弟子。核心的原因是：薛瑄因自己的理学是自得自任自振，所以他希望有志于此的士人也能如此；而且他对学

---

① 薛瑄：《答李贤司封书》，《薛瑄全集》，第 663—664 页。
② 朱睦㮮：《皇朝中州人物志》，台湾学生书局 1970 年版，第 119 页。
③ 王世贞：《弇山堂别集》，《文渊阁四库全书》，第 3 卷，第 8 页。

派师承也不以为然。

三、结语

明初"理学之冠"薛瑄的"自振起"可以从两方面来理解。其一，就薛瑄本身的理学背景而言，他不属于任何理学宗派，早年虽然曾经有过一段和一群前辈学者论学的经历，但是仔细检视这些后来已经鲜为人知的几个人的背景，则不难发现他们其实亦无任何理学宗派的历史；其二，就薛瑄本身对理学传承的途径之思想来说，他并不认为任何师承家法或者学脉谱系是必要的。所以，纵有诸如李贤这样的人物屡次表示希望投入薛瑄门下，薛瑄还是拒绝了。因为，"自振起"原来只需要依据先圣前贤所言去实践与体验即可。

和南方相比，明初北方没有像金华学派那样具有明确谱系的理学宗派。因此明初北方儒士中有志于理学者，都必须在没有这样的宗派存在的客观环境下去自己摸索和实践理学。这一环境一方面造就了像薛瑄这样的人物；另一方面，其学术传播的模式也由这样的经历所形成的思想所塑造。和差不多同时期南方的其他理学大师，如吴与弼（1391—1469）、胡居仁（1434—1484）和陈献章（1428—1500）相比较，北方儒者所持有的独特风范就更为明显了。这些南方理学大师充分利用了书院讲学这一平台广招门徒。如小陂书院，即后来的康斋书院之于吴与弼。或者如胡居仁在礼吾书院、南谷书院、碧峰书院所扮演的主导角色，以及对棠溪书院和丽泽堂，甚至是白鹿洞书院的影响。抑或如陈献章对兴建书院的积极参与，以及他和其他书院兴建者的紧密联系。① 这一切都使得南方儒者在理学传播和学派形成上成为人们所熟知的主流模式。

虽然在书院内引领一群门徒讲学的动机可以很单纯，但是他们具有一定的组织性以及同门之间会产生具备排他性的认同感与向心力却也毋庸讳言。较于另一位明初北方理学大师曹端（1376—1434）主要是在其儒学教官的身份上在霍州和蒲州儒学中讲授理学②，南方各学派的形成、兴起、发展

① 白新良：《中国古代书院发展史》，天津大学出版社1995年版，第68页。胡居仁：《胡文敬集》，《文渊阁四库全书》，第2卷，第10—14、18—20、38—57页；第3卷，第1、4—5、16页。陈献章：《陈白沙集》，《文渊阁四库全书》，第1卷，第23—24、31—41、44—49页；第2卷，第18—20、65页；第6卷，第61—62页；第7卷，第44页。另见 Koh Khee Heong, "East of the River and Beyond: A Study of Xue Xuan（1389—1464）and the Hedong School"（Ph. D. dissertation, Columbia University, 2006）, pp. 189-192.
② 张信民：《曹月川先生年谱》，《曹端集》，中华书局，第271—302页。

和持续无疑都远远超越之。薛瑄对师承宗派的怀疑也严重阻碍了其学术宗派的形成。后来虽然因为其他人的努力而勉强形成了所谓的河东学派,却无奈始终是先天性营养不良。

明初北方理学因为薛瑄的"自振起"而为明代理学史留下重要的篇章。薛瑄不得不"自振起"背后的历史环境和其对薛瑄思想的左右,均导致明初北方理学在传播和影响上都不如南方,或者可以说是呈现了迥然不同的面貌和形态。这一切对明代理学的发展史自然是影响深远的。甚至北方谨守程朱传统的理学在内部组织上的薄弱何尝不为后来王学的崛起和北传提供了方便? 可是那已经属于一个更为复杂的问题,本文就无法于此详论了。

薛瑄的"道统观"和"复性论"

一、导论

薛瑄(1389—1464),山西河津人,是明代四位获准从祀孔庙的明儒中最早获得该项殊荣者(1571),也是 4 人中唯一的一位北方人。作为河东学派的鼻祖,薛瑄无疑是明初北方最重要的儒者。但是黄宗羲(1610—1695)在《明儒学案》中对他的主要评价为其学"恪守宋人矩矱"。[①] 此一断语对于后代学者影响深远,近现代学者在论及薛瑄时,基本上依循黄宗羲所言。[②]

1984 年,内地著名学者张岱年先生在一次场合上呼吁山西学者"要重视研究薛瑄,正确评价薛瑄"。[③] 不久,第一届薛瑄研讨会便在 1987 年召开。随后,山西学者在 1990 年也重新校对、编辑,并出版了《薛瑄全集》;同年,第二届薛瑄研讨会召开。李元庆有关薛瑄研究的专书在 1993 年付梓。1997 年,第二届研讨会的论文集出版。此外山西地方性质的学术杂志如《晋阳学刊》《山西大学学报》《运城师专学报》等也陆续刊登了不少研究薛瑄的文章。[④]

在讨论薛瑄的理学思想和其在中国思想史上的地位时,这些学者有一个反复强调的议题,即辩驳上引黄宗羲对薛瑄学术的断语。他们认为薛瑄绝对不是简单地"恪守宋人矩矱"。他们想要论证:其理学思想,尤其是"理气观",是对朱熹(1130—1200)有所修正和发展的;甚至还开启了后来罗钦顺(1465—1547)与王廷相(1474—1544)的"气学"。学者们的研究主要是依据薛瑄的《读书录》和《读书续录》。可是他们无法解释薛瑄在不同地方对

---

① 黄宗羲:《明儒学案》,第 7 卷,第 1a 页。

② 容肇祖:《明代思想史》,第 13－18 页;陈祖武:《中国学案史》,第 59 页;王健:《中国明代思想史》,第 26 页;陈荣捷:《宋明理学之概念与历史》,"中研院"文哲所筹备处 1996 年版,第 364 页;Koh Khee Heong, "East of the River and Beyond: A Study of Xue Xuan (1389—1464) and the Hedong School" (Ph. D. dissertation, Columbia University, 2006), pp. 38-39.

③ 李元庆:《明代理学大师:薛瑄》,第 6 页。陈荣捷先生也曾经呼吁学者注意包括薛瑄在内的明初四位儒者对朱熹思想的改造,和他们对明代理学发展的影响。见 Chan Wing-tsit, "The Ch'eng-Chu School of Early Ming", in Wm. Theodore de Bary ed., *Self and Society in Ming Thought* (New York: Columbia University Press, 1970), pp. 29-51.

④ 赵北耀:《薛瑄学术思想研究论文集》,第 4－5,263－265 页。

"理气"问题所采取的相反立场。于是便不得不承认薛瑄作为"朴素的唯物主义哲学家",还是有他的局限性的。①

必须注意的是,学者们在引述薛瑄的思想时,无不将《读书录》和《读书续录》一视同仁。换言之,只要是有利于自己之论证的,学者们便自由地从两书中引用薛瑄的话语,完全不认为两书应该分别处理。实际上,《读书录》是薛瑄中年之作。是时他出仕仅三年有余,是录记载了他宦游沅、辰时读书之所得。另一方面,反观《读书续录》则不同。《续录》为薛瑄晚年之作,两录成书年份相去几近三十年。而在这三十年期间,薛瑄的人生历练和学术观点不可能原地踏步、一成不变。在面临诸如大太监王振(? —1449)的迫害而几乎丧命、在无法营救于谦(1398—1457)而对政治越发失望、在从负责一方学政到主持大理寺到入阁而来的种种政治经验等等之后,他的思想自然会产生变化。更何况没有人有任何理由主张其理学思想在中年时已经定型。②

限于篇幅,本文不打算对薛瑄的"理气观"进行分析。之前提出质疑的目的是想要点出研究薛瑄的思想,尤其是依据《读书录》和《读书续录》在探讨其理学思想时,一定不可将二书一视同仁、混为一谈。只要小心阅读、仔细分析,则二书所反映的思想变化与发展,其实更有研究的意义。本文选择"道统观"和"复性论"来进一步发挥,也是有其理学史上的意义的。

明初的北方学术基本上不存在任何严格意义的师承与学派。所以明世宗后来承认薛瑄最难能可贵之处在于他在道学不明时可以"自振起"。③ 另一方面,南方随着方孝孺(1357—1402)十族被灭,金华学派的传承也宣告结束。那么对出生或活跃于永乐朝以后的明儒而言,他们所掌握的理学是否

---

① 例如:李元庆:《明代理学大师:薛瑄》,第 6—7、128—220 页;谷方:《论薛瑄哲学的基本特征》,《运城师专学报》1990 年第 1 期,第 15—21、59 页;郭润伟:《薛瑄和程朱道学的终结》,《晋阳学刊》1988 年第 5 期,第 58—62 页;郭润伟:《薛瑄理学的宗旨》,《山西大学学报》1987 年第 4 期,第 65—67 页;姜国柱:《薛瑄的理学思想》,《孔子研究》1995 年第 2 期,第 62—69 页;李元庆:《薛瑄决非仅仅"恪守宋人矩矱"的理学家:对黄宗羲一条断语的辨析》,《运城师专学报》1987 年第 3 期,第 1—7、13 页;蒙培元:《薛瑄哲学思想与程朱理学的演变》,《晋阳学刊》1982 年第 6 期,第 73—78 页;宁志荣:《略论薛瑄的理气观》,《山西大学学报》1988 年第 4 期,第 74—77 页;魏宗禹:《薛瑄思想特点三论》,《山西大学学报》1987 年第 4 期,第 59—64 页;杨宗礼:《薛瑄对朱熹哲学最高范畴"理"的改造》,《运城师专学报》1990 年第 1 期,第 54—59 页;赵北耀:《薛瑄是一位具有唯物主义倾向的理学家》,《运城师专学报》1990 年第 1 期,第 60—61 页;周庆义:《薛瑄对朱熹理学的发展》,《晋阳学刊》1988 年第 4 期,第 76—80 页。

② Koh Khee Heong, "East of the River and Beyond: A Study of Xue Xuan (1389—1464) and the Hedong School" (Ph. D. dissertation, Columbia University, 2006), pp. 44-55.

③ "中研院"历史语言研究所校印《明世宗实录》,《明实录》,第 235 卷,第 4806—4807 页。

还有传承上的"合法性"?"道统"问题对明初儒者,尤其是北方儒者而言,自然是一个无法逃避的问题。而"复性论"是薛瑄理学思想的核心。其大弟子阎禹锡(1426—1476)便说老师"以复性为教"。① 更重要的是,本文不仅主张薛瑄的"道统观"和"复性论"在《读书录》和《读书续录》二书之间有所发展,借以说明其思想变化;并将论证其"道统观"和"复性论"其实是相辅相成且平行共同发展的。只有掌握到这两点,薛瑄研究才可以避免无的放矢。

二、道统观

道统问题是薛瑄关心的课题。早在《读书录》中,他便开始考虑和讨论宋儒的道统问题。下面数段引言全来自《读书录》中的同一则,也是薛瑄在《读书录》中对"道统"问题最长的一次发挥。他想要解决的问题是为什么周敦颐(1017—1073)、张载(1020—1077)、邵雍(1011—1077)不在朱熹所重构的道统系统中,并借此发表他个人对主要的宋儒和元儒的评价。因此他问道:"尝观周子、二程子、张子、邵子,皆与斯道之传者也。而朱子作《大学》《中庸》序,惟以二程子继孟氏之统,而不及三子,何邪?"②对于这个问题,薛瑄其实自己有答案。他紧接着表示自己的看法,推测道:

> 盖三子各自为书,或详于性命、道德、象数之微,有非后学造次所能窥测。二程则表彰《大学》《中庸》《语》《孟》,述孔门教人之法,使皆由此而进。自"洒扫应对""孝弟忠信"之常,以渐及乎"精义入神"之妙。循循有序,人得而依据。此朱子以二程子上继孔孟之统,而不及三子欤?③

在薛瑄的理解中,其实朱熹对这3位宋儒与程颢(1032—1085)、程颐(1033—1107)两兄弟是等量齐观的。只不过他们在理学传统中扮演分工的角色。他指出:"然朱子于《太极图》《通书》,则尊周子;于《西铭》《正蒙》,则述张子;于《易》,则主邵子。又岂不以进修之序,当谨守二程之法;博学之功,又当兼考三子之书邪?"④

实际上,明儒在讨论道统问题时是必须将其划分为两个阶段的。首先,

---

① 阎禹锡:《礼部左侍郎兼翰林院学士薛先生行状》,《薛瑄全集》,第 1611—1618 页。
② 薛瑄:《读书录》,《薛瑄全集》,第 1026 页。
③ 薛瑄:《读书录》,《薛瑄全集》,第 1026—1027 页。
④ 薛瑄:《读书录》,《薛瑄全集》,第 1027 页。

孟子之后得道统之传者为谁？在这个部分上，薛瑄的立场自然是依循朱熹的重构，虽然他坚信其他宋儒同样重要。而对他来说，在二程之后则无疑是朱熹。所以他认为"及朱子又集《小学》之书，以为《大学》之基本；注释《四书》，以发圣贤之渊微。是则继二程之统者，朱子也"①。

其次，从明儒所处的时代和立场出发，由孟子而二程，由二程而朱熹的公式是普遍可以接受的，问题的真正棘手之处在于朱熹之后又如何？而解决这个由理学家所重构的道统问题之第二阶段，即后朱熹时代的问题，对明儒如何定位和理解自己在理学传统中所居位置是直接相关的。尤其对明初北方儒者来说，在不可能像金华学派一样宣称是朱熹嫡传师承的背景下，他们应该如何确立自己的位置，乃至地位？在北方儒者的心目中，许衡（1209—1281）自然是关键角色。薛瑄认为："至许鲁斋专以《小学》《四书》为修己教人之法；不尚文辞，务敦实行。是则继朱子之统者，鲁斋也。"②

那么，无法回避的问题是：许衡是通过什么途径来继承朱熹之统的呢？从薛瑄的整段论述，不难发现，二程和朱熹均是有所发微，而许衡只需要掌握和推广宋儒之文献。对薛瑄而言，二程继孔、孟之统是因为他们表彰"四书"并且确立了学者进学的秩序。而朱熹继二程之统表现在他分别编辑和注释《小学》《四书》上。可是到了后朱熹时代的第二阶段，许衡只需要确立和推广朱熹的《小学》《四书》为"修己教人之法"。必须强调的是，于此，许衡继承朱熹之统已经可以通过对具体的文献的掌握而完成。那么，许衡之后的儒者呢？没有任何师承可言的明初北方儒者呢？

对中年薛瑄而言，道统的传承是有所依据的。这依据虽然不是什么具体信物的相传，而是指宋儒的理学著作，但是正因为是特定人物的著作，所以任何人都有可能继承这个道统，无论他与宋儒有多少时间和空间上的距离。中年薛瑄坚信"《四书》《五经》，周、程、张、朱之书，道统正传。舍此而他学，非学也"③。

使用通过文献以继承道统来解释许衡的理学地位有其逻辑性。虽然说跨越时空的道统传承是理学家道统论述中的老传统（毕竟孟子而二程，二程而朱熹，就是跨越时空的）；将其途径具体化为宋儒的著作，一方面确实是因为宋儒在明初许多儒者心目中有崇高的地位，另一方面也是鉴于明初儒者自我定位的心理需要。中年薛瑄深信通过文字（文献）是可以传承道统的。

---

① 薛瑄：《读书录》，《薛瑄全集》，第 1027 页。
② 薛瑄：《读书录》，《薛瑄全集》，第 1027 页。
③ 薛瑄：《读书录》，《薛瑄全集》，第 1143 页。

就许衡继承朱熹一事,他还指出"自朱子没,而道之所寄不越乎言语文辞之间。能因文辞而得朱子之心学者,许鲁斋一人而已"①。

薛瑄的理学思想和学术活动均透露出对所谓师承关系的强烈怀疑。②甚至对于他十分推崇的许衡,薛瑄也不认为其弟子中有可以继承者。他说:"鲁斋学徒,在当时为名臣则有之;得其传者,则未之闻也。"③

如前所述,《读书续录》是薛瑄晚年之作。是时,他已经远离政治,里居讲学。所以《续录》所记无疑是其成熟之思想。和《读书录》比较,《续录》中关于道统问题的讨论明显增多。这反映了该问题对晚年薛瑄来说是更为重要的。总的来说,《续录》对于道统断于孟子而由北宋诸儒,尤其是二程所重新继承;之后又跳越至朱熹,而后又跳越至许衡的宏观论述并没有改变。④不过在深度上却增添了两个层面。首先,薛瑄在《读书录》中只是直接谈到道统的继承,于绝续问题并未涉及。在《续录》中,他明显认识到有一客观的最高原则是生生不息的,但人们对于这原则的把握则没有必然性。所谓"道体于穆而不已,道统有绝有续。"⑤其次,也是更重要的,和《读书录》中简单地将道统的传承视为对某些文献的掌握比较,《续录》中的侧重点转移到对"人"的因素之关注。薛瑄先以程子之问发端:

> 春秋之时有孔子,斯道大明;战国之时有孟子,斯道有寄。自秦汉以降,世儒以知谋功利相高,不知道为何物。故韩子曰:"轲之死,不得其传。"程子曰:"退之必有所见,不知所传者为何事?"

他答道:

> 窃谓天命之性,道也。圣贤明此道,行此道,是以道得其传。不明,不行,则天命之性虽未尝不具于人心;然人既不明,不行,则道失其传矣。⑥

---

① 薛瑄:《读书录》,《薛瑄全集》,第 1222 页。
② Koh Khee Heong, "East of the River and Beyond: A Study of Xue Xuan (1389—1464) and the Hedong School"(Ph. D. dissertation, Columbia University, 2006), Chapter 1-3.
③ 薛瑄:《读书录》,《薛瑄全集》,第 1066 页。
④ 薛瑄:《读书续录》,《薛瑄全集》,第 1342、1483 页。
⑤ 薛瑄:《读书续录》,《薛瑄全集》,第 1412 页。
⑥ 薛瑄:《读书续录》,《薛瑄全集》,第 1377—1378 页。

薛瑄所理解之道的相传显然不是通过任何具体的物体或信物的传承，而必须是通过不同人之间对道体或天命之性的了解和参与。所以他还说：

> 道学相传，非有物以相授也。盖"性者万物之一原"，而天下古今公共之理，即所谓道也。但先觉者能明是道，行是道；得其人而有以觉之，使之明是道，行是道，则道得其传。无其人，则道失其传矣。①

薛瑄此处所描绘的"道学相传"是一个理想典型。毕竟，从上引论述中自然可以看出薛瑄和其他程朱理学家一样，不得不承认道统在历史上的断绝和二程、朱熹的跳跃式继承。所以他在其他地方经常发出诸如"游程、朱之门，得其传者，有其人与？"和"程、朱在当时，知者甚少"，甚至"程、朱之书，得其门者鲜矣"的感慨。② 薛瑄也在多处反复提及自二程兄弟从周敦颐处得太极之传后，不以语人；须待朱熹出方能得之之事。③ 而且二程弟子非但未能得其真传，且有流入佛家者。总而言之，得二程之传者为朱熹，其中无须人与人的直接师承。④ 而能够"尊程、朱之学者，许文正也"。而且"朱子之后，诸儒有失朱子之本义者。至鲁斋许氏，尊朱子之学至矣"⑤。

虽然对于许衡的评价在历史上和当代学界都有不同的意见。但是薛瑄无疑以许衡为遥继朱熹之统者。薛瑄本身虽然没有直言自己则是继承许衡者，其弟子中持此意见者大有人在。例如陕西韩城的王盛（1475年进士）就认为"道学之真，许公继之。我朝百余年来，应天斯文之寄，接朱、许道统之传，其宗师文清（薛瑄谥）先生者乎！"⑥

在对金华地区的"地方性转变"和"地方认同"的研究中，包弼德指出是吴师道（1283—1344）在元代推广了金华地区拥有朱熹嫡传的道学之概念。而需要如此建构并向外人如此推销金华的原因是为了和其他地区的道学正脉竞争。这其中就包括了北方的许衡和江右的吴澄（1249—1333）。⑦

薛瑄对许衡继朱熹之统的论述是不是也有一个泛北方关怀呢？纵观薛

---

① 薛瑄：《读书续录》，《薛瑄全集》，第1429页。
② 薛瑄：《读书续录》，《薛瑄全集》，第1334、1342页。
③ 薛瑄：《读书续录》，《薛瑄全集》，第1410、1423、1464、1472页。
④ 薛瑄：《读书续录》，《薛瑄全集》，第1447—1448、1474—1475页。
⑤ 薛瑄：《读书续录》，《薛瑄全集》，第1342、1445页。
⑥ 王盛：《薛文清公书院记》，《薛瑄全集》，第1655—1656页。
⑦ Peter Bol, "The 'Localist Turn' and 'Local Identity' in Later Imperial China", *Late Imperial China*, Vol. 24, No. 2(Dec., 2003), p. 11.

瑄文字,他确实对于金华学派从未发过一言。我想他对许衡的推崇应该有两方面的原因。其一,许衡和薛瑄都是北方人。更重要的是,薛瑄所要重构的道统传承之框架,受到其自身的为学经验影响,以及明初北方不存在任何师承学派的客观环境所左右。因此,他所理解的道统传承,虽然也需要由人去掌握天命之性;但是对天命之性的掌握是可以得之于宋儒,乃至元儒的文辞之中。这种跳跃式的传承不仅比诸金华学派的师承更接近朱熹所重构的模式,也吻合明初北方学界的现实环境。与此同时,薛瑄对道统问题的讨论是年岁愈晚愈臻于成熟。这点可以从上文中将《读书录》与《读书续录》分别论述而正可以完整重构其道统观中看出。

三、复性论

复性论是薛瑄理学的核心。同样地,要了解薛瑄的复性论必须依据《读书录》和《读书续录》。而二录同样反映出薛瑄理学的发展轨迹,可作为在研究薛瑄思想时应该将二录个别分析之另一例证。薛瑄的复性论和其道统观是相辅相成的,本文之后会对此进一步加以论述。作为薛瑄理学的"宗旨",复性论自然是其晚年心得。其弟子阎禹锡在《行状》中如是记述老师的第一次退隐:

> 家居七年,闭门不出,虽邻里罕得窥其面。江西、陕西诸省弟子来学者百有余人。先生拳拳诲以从事小学以及大学,由洒扫应对以至于精义入神。居敬以立其本,由经以求其道;不事语言文学,而必责诸躬行之实效。问及科举之学,则默然不对。[1]

由此可见在薛瑄第一次退隐之后,其教人的内容基本上是宋儒旧法,尚未发展出自己的独见。但是在他晚年第二次退隐时,则明确以"复性为教"。[2] 薛瑄理学以"复性"为宗旨,基本上也是明人的共识。[3] 那么复性论在《读书录》中有无踪影呢?答案是否定的。《读书录》中多次出现对"性"的讨论,但往往是作为"气"的对立面被提及的。"性"是太极,也是理;而"气"

---

① 薛瑄:《薛瑄全集》,第 1614 页。
② 薛瑄:《薛瑄全集》,第 1617 页。
③ 李贤:《薛公瑄神道碑铭》,见焦竑:《国朝献征录》,台湾学生书局 1964 年版,第 433 页;《明儒学案》,第 7 卷,第 3a 页;张廷玉等:《明史》,岳麓书社 1996 年版,第 4096 页。

则为恶之所由出。① 仅有一处可以同时见到"复"与"性":

> 圣贤垂世立教之意,大要欲人复其性而已。而后之学者读圣贤之书,但资以为词章之用,利禄之阶;而不知一言之切于身心。圣贤垂世立教之意果何在哉?②

纵观《读书录》全书,上引一则是孤立的,而且即使单独言之,其重点除了表示人的复性的重要性,更可以将之理解为薛瑄对后来学者读书只为逐利的批评。这样的批评在宋明理学家中又属老生常谈,是司空见惯的。也就是说,无论是从其学生的理解,或通过对《读书录》的细读,都不难得到"复性论"在中年薛瑄的思想中尚未成型的结论,遑论成为其为学教人的宗旨。

薛瑄对"复"和"性"的讨论在《续录》中是明显而具体的。而诸如"今早读书,得一'性'字""读书吾得其要:'天命之性'是也""中夜因思:天赋我惟一'性'。苟不能全,是逆天也。可不惧哉!"和"吾得性之善,念念不忘"等自得体验的悟道式短语,更能反映出薛瑄晚年修身和为学之鹄的。③

在薛瑄的理学思想中,道是"圣人'性之'而无不尽,贤者'复之'而求其至,凡民则'日用而不知'也";换言之,"'性之'者圣人也,'复之'者贤人也,百姓则'日用而不知'矣"④。"复性"是后儒的成圣之道,亦即理学家共同的追求。毕竟"尽性者圣人,复性者贤人、至于圣人。圣人相传之道,不过于此。"⑤总之"千古圣贤教人之法,只欲人复其性而已"⑥。而"复性则可以入尧、舜之道"⑦。最终"求复仁义礼智之性,即是道学"⑧。据载薛瑄临终前有诗曰"七十六年无一事,此心惟觉性天通",这也正是他一身理学修为的明证。⑨

从《读书录》和《读书续录》中得出薛瑄的"道统观"和"复性论"是平行发展,而且到晚年方臻至成熟的结论,是没有问题的。薛瑄"道统观"在很大程度上之所以异于南方理学家除了因为他本身的为学经历外,也和明初北方

---

① 薛瑄:《读书录》,第 1054 页。
② 薛瑄:《读书录》,第 1202 页。
③ 薛瑄:《读书续录》,《薛瑄全集》,第 1370、1406、1436、1449 页。
④ 薛瑄:《读书续录》,《薛瑄全集》,第 1306、1309 页。
⑤ 薛瑄:《读书续录》,《薛瑄全集》,第 1426 页。
⑥ 薛瑄:《读书续录》,《薛瑄全集》,第 1423 页。
⑦ 薛瑄:《读书续录》,《薛瑄全集》,第 1460 页。
⑧ 薛瑄:《读书续录》,《薛瑄全集》,第 1480 页。
⑨ 杨鹤:《薛文清公年谱》,《薛瑄全集》,第 1729 页。另见黄宗羲:《明儒学案》,第 7 卷,第 1a、3a 页。

的学术环境有关。那么,作为薛瑄理学核心而且同样成熟于晚年的"复性论",和"道统观"又是一种什么关系呢?

本文多次强调薛瑄的"道统观"和明初北方儒者给自己在理学传统中定位的心理和理论需要互为表里。其"道统观"允许后代儒者在没有师承背景下,通过掌握宋儒文字中的"道",即可掌握"天命之性",并同时也继承了理学的道统。而"复性论"就是对这个"天命之性"的掌握之理学描述。后代贤人儒者既然可以,也应该"复"这个"性",那么他们自然也可以无需师承,完全从宋儒文字中自得之。本文并不是主张薛瑄的理学宗旨完全且单纯地是为其"道统观"服务的。只是,两者在薛瑄的思想体系中显然是相辅相成的,而且同时成熟于薛瑄晚年退隐里居之后。

薛瑄思想体系中的"道统观"和"复性论"对后来河东学派发展的模式,以及所面对的局限,都有深远的影响。例如薛瑄因为对师承的怀疑,所以虽然讲学但不兴建书院;相反地,他寄望官学体系可以完成朝廷育才和理学家传承正学的结合。这一倾向和同时期南方儒者的选择比较,实可谓"南辕北辙"。[①] 但是因为文章主题和篇幅的关系,对此就无法深入分析了。

(原载《明清史集刊》2007 年第 9 卷,第 49—61 页)

---

① Koh Khee Heong, "East of the River and Beyond: A Study of Xue Xuan (1389—1464) and the Hedong School"(Ph. D. dissertation, Columbia University, 2006), pp. 174-192.

国家政治目的和理学家教育理想
在官学与科举上的结合:以薛瑄思想为例

一、引言

自宋代以来,各代朝廷对于从中央到地方的教育投资以及对于科举制度的支持无不有一个明显的政治目的。即不管是"育才""储才",还是"选才",朝廷最终的政治目的就是希望参与其中的士子能为其所用,以充实庞大的官僚系统。理学家的教育理想则不同。"为己之学"一直是理学家对教育的根本认知和立场。[①] 本文将先勾勒这段时期程朱理学、书院、官学和科举之间的关系,进而讨论薛瑄(1389—1464)在明初北方的环境下所代表的不同立场。[②]

二、科举/官学,以及理学/书院的对立

在中国教育史的研究框架中,自宋代以降,科举、官学和书院就一直处在非常紧密而复杂的关系之中。一方面,科举和官学作为政府取才和育才的途径与场所,其互动和相辅相成更是不言而喻。尤其是在明代"科举必由学校"的制度下,所有想通过科举入仕的士子都必须在较早的阶段就有官学诸生的身份。[③] 所以对以科目为尊的明代政府和士子来说,科举和官学自然是互为表里的。

另一方面,书院和科举的关系就更为复杂,有些书院确实是为科举服务的。可是好些书院,尤其是由宋明理学家所创建、重修、主持或讲学其中者,往往是对于当时的科举制度或者官学系统的一种回应。在南宋的理学脉络中,理学家们回应的方式不仅是通过在书院的讲学教育活动传播他们的思想和学术,Robert Hymes 甚至认为朱熹(1130—1200)等所倡导的书院是他

---

① Wm. Theodore de Bary, *Learning for One's Self* (New York: Columbia University Press, 1991), pp. 11-16; Thomas H. C. Lee, *Education in Traditional China, a History* (Leiden: Brill, 2000), pp. 2-9.

② "官学"是指国家教育体系下的官方教育机构,而明人其实多以"儒学"称之。为了避免误会,本文一概用"官学"一词。

③ 张廷玉等:《明史》,第 69 卷《选举一》,第 1675 页;第 70 卷《选举二》,第 1693 页。

们为士子所提供的一个直接且公开的官学系统以外的替代教育途径。①

本文所谓的"理学"主要还是指"程朱学"这一学术传统和立场而言。当然，在整个"道学"或者"新儒家"的范围内，在南宋还有以陆九渊（1139—1192）为首的"心学"传统，而在明代则有以王阳明（1472—1529）为宗的新学派。但是 Hymes 指出陆氏由于家族背景的关系，本对于书院这样的机构无甚兴趣。② 另一方面，王阳明出生于本文所要探讨的主要人物薛瑄之后，所以于此不论。更何况，薛瑄是程朱学派的诚笃信徒也是学界熟知的事。③

而学界将理学家的书院和官学对立起来是有一定的根据的。毕竟，在理学创始之初，书院就是理学家们传播其学说的主要舞台。④ 例如朱熹对白鹿洞书院的重修是在理学发展史上至关重要的事。⑤ 或者从另一个角度来说，书院在南宋的复兴其实得力于以朱熹为代表的南宋理学家之提倡。李弘祺指出朱熹不仅一手恢复了书院的私人讲学传统，他也是第一个将精舍和书院两个不同的传统联贯起来，并将"为己之学"的理想和"私人讲学"的民间制度相结合的人。⑥ 李氏的研究也显示：南宋书院的私人讲学有别于官方教育传统的特色其实要直到朱熹等理学家的倡导才成立。⑦ 那么我们就更有理由接受宋代以后，尤其是南宋以后的书院的性质一开始就为理学家的教育理想所左右。书院作为一个传播理学的平台甚至可以让理学家借此影响地方文化。⑧

在国家方面，John Chaffee 论证了中央政府在南宋时期十分明显地抽离了对地方教育的参与。尤其是在高宗朝（1127—1162）之后，朝廷甚至不

---

① "Introduction", Robert Hymes and Conrad Schirokauer eds., *Ordering the World: Approaches to State and Society in Sung Dynasty China* (California: University of California Press, 1993), pp. 22-23.

② Robert Hymes, "Lu Chiu-yuan, Academies, and the Problem of the Local Community", Wm. T. de Bary and John W. Chaffee eds., *Neo-Confucian Education: The Formative Stage* (California: University of California Press, 1989), p. 456.

③ 黄宗羲：《明儒学案》，第 7 卷《河东学案》，第 3a 页。

④ Chan Wing-tsit, "Chu Hsi and the Academies", *Neo-Confucian Education: The Formative Stage*, p. 413.

⑤ John W. Chaffee, "Chu Hsi in Nan-K'ang: Tao-hsueh and the Politics of Education", *Neo-Confucian Education: The Formative Stage*, pp. 414-415.

⑥ Thomas H. C. Lee, "Chu Hsi, Academies and Private chiang-hsueh", *Chinese Studies* 2.1 (1984): 301-330；李弘祺：《精舍与书院》，《汉学研究》1992 年 12 月第 10 卷第 2 期，第 332 页。

⑦ 李弘祺：《范仲淹与北宋的书院传统》，台湾大学文学院编：《范仲淹一千年之诞辰国际学术研讨会论文集》，台湾大学文学院 1990 年版，第 1399—1426 页。

⑧ 李弘祺：《宋元书院与地方文化：吉州地方学统与民间宗教关系试析》，杭州大学历史系编：《徐规教授从事教学科研工作五十周年纪念文集》，杭州大学出版社 1995 年版，第 26—49 页。

再积极参与地方官学的事务。但是官学一落千丈的水平并不影响其作为士子准备应付科举考试的场所。而这自然进一步刺激了书院的发展。① 整体而言，正是因为宋元时期官学在科举制度中的角色日益加重，所以 Linda Walton 因此主张书院的兴起正是基于理学家们对官学教育的不满和回应。②

当然，官学和书院在南宋的关系不一定就是简单的非此即彼。虽然经过"朱熹的努力，书院成为中国教育史上一个永久性的机构，负担起地方教育的主要工作"，因此"书院是理学思想最重要的传播工具"；但是在诸如人事安排和经济资源的管理等问题上，书院还是仿效官学的。③ 陈雯怡则进一步点出"南宋书院在制度上仍是朝向官方支持发展，而成为官学制度与私学精神的结合"。④

除此之外，书院在祭祀活动方面也和官学系统有着一定的互动。理学家一方面在书院内效仿官学而于其地进行祭祀典礼，另一方面，其祭祀对象则不一定是朝廷所颁布的庙学从祀人物。⑤ 所谓"庙学"者，即"文庙"或者"孔庙"，以及"讲堂"的合称。前者是祀典举行的场所，后者则是教育活动进行的地方。虽然一般行文中所谓"官学"者，尤其是在唐宋以后的时间框架中，是指称国家的官方教育机构，但是仔细分析起来，"官学"者其实是指"庙学"，因为国家的教育机构是包含宗教和教育两个空间的。或者按高明士的说法庙学就是"由庙（即祭祀园地）与学（即教学园地）两园地所构成的学校制度"。⑥

虽然胡务质疑从唐代开始就有完善的"庙学"制度，但是他认为"庙学"

① John W. Chaffee, *The Thorny Gates of Learning in Sung China: a Social History of Examinations*(Albany: State University of New York Press, 1995), pp. 84-94.
② Linda Walton, "The Institutional Context of Neo-Confucianism: Scholars, Schools, and Shu-yuan in Sung-Yuan China", *Neo-Confucian Education*, p. 458.
③ 李弘祺:《宋代官学教育与科举》,台湾联经出版事业公司 1993 年版,第 28—29 页。
④ 陈雯怡:《由官学到书院:从制度与理念的互动看宋代教育的演变》,台湾联经出版事业公司 2004 年版,第 43 页。
⑤ Linda Walton, "Southern Sung Academies as Sacred Places", Patricia B. Ebrey and Peter N. Gregory, eds. *Religion and Society in T'ang and Sung China*(Honolulu: University of Hawaii Press, 1993), pp. 335-363.
⑥ 高明士:《中国中古的教育与学礼》,台大出版中心 2005 年版,第 60—61 页。另外,可参考高明士:《唐代东亚教育圈的形成》,台北编译馆 1984 年版。高明士认为"庙学"制的存在,是东方文化中的普遍性要素。当然,东亚各国从祀孔庙者不同,此为普遍要素中的特殊要素。见高明士:《东亚古代的政治与教育》,台大出版中心 2004 年版,第 348 页。

制度到了元代就逐步完善起来了。① 在元代完善了的庙学，基本上为明代所继承。胡氏也指出，元代庙学无论是在数量，或者配享和从祀制度，以及教官俸禄的发放形式都存在一定的南北差异。这些差异和元代统一之前南北长期的政治隔阂，学术发展的不同情况，以及南北经济生产的距离有关。这些差异的消除直到明代才完成。②

中外学者对于官学、科举、书院的研究成果不可谓不丰硕。但是直到21世纪出版的有关中国教育史、科举和书院研究等中文专著中，还是有不少人简单地将官学与科举，以及书院放在一种直接的对立关系中。例如当有学者说"统治者既主要以科举和学校为取才之道，士人也为功名利禄而甘趋此途，则书院的冷落不振是必然结果"时，无疑就是基于这种二元法。③科举和官学是为教育服务的，而这里的教育是为政治效劳的。所以在明代，真正致力于传播理学的学者们，有不少还是利用书院作为他们教育活动的舞台。有学者在批判明代政府将书院纳入科举的轨范时就认为"本来，在科举制度的影响之下，唐宋以来学校名存实亡，使学术荒疏，人才日弊。书院的出现可以补救学校之失，是专门讲学和传授儒家思想的地方"。④ 或者又有学者在比较明代的学校和书院时，判断学校是"专以科举取第为务"，书院则是"贵育真才，续道脉"。⑤ 总之，对一些学者来说，和腐败的官学比较，明代的书院先是"讲求程朱理学的基地"，后来也成为"推崇陆王心学"的地方。⑥

三、国家政治目的和理学家教育理想的结合

（一）明初的理学家和官学系统

在这科举、官学、书院和理学的错综复杂关系中，科举和官学在明代自然是紧密相连的。由于理学的高尚人文情怀和学术传统，理学家们普遍对科举所带来的弊端颇有微词。例如薛瑄就认为"道之不明，科举之学害之也"。⑦ 诚然，书院从宋代开始就是理学家进行其教育活动的主要舞

---

① 这一方面的讨论可参考胡务：《元代庙学：无法割舍的儒学教育链》，巴蜀书社2005年版，第2—6页。
② 胡务：《元代庙学：无法割舍的儒学教育链》，第162—165页。
③ 张惠芬、金忠明：《中国教育简史》，华东师范大学出版社2001年版，第350页。
④ 李纯蛟：《科举时代的应试教育》，巴蜀书社2004年版，第269页。
⑤ 陈宝良：《明代儒学生员与地方社会》，中国社会科学出版社2005年版，第146—150页。
⑥ 朱汉民等：《长江流域的书院》，湖北教育出版社2004年版，第436—449页。
⑦ 薛瑄：《读书录》，《薛瑄全集》，第1222页。

台，因此书院和理学在这个意义上是互为表里的，并在某一个程度上同时成为官学和科举的对立面、竞争者或者替代选择。① 这样的情况在明初还是存在的，诸如吴与弼（1391—1469）、胡居仁（1434—1484）和陈献章（1428—1500）等南方理学大师便充分利用了书院讲学这一平台广招门徒。其中的明显例子包括吴与弼的小陂书院，即后来的康斋书院。或者又如吴与弼的弟子胡居仁在礼吾书院、南谷书院、碧峰书院所扮演的主导角色，以及对棠溪书院和丽泽堂，甚至是白鹿洞书院的影响。抑或如吴与弼的另一位学生陈献章对兴建书院的积极参与，以及他和其他书院兴建者的紧密联系。②

但是从南宋朱熹一直到明初南方理学大师虽然都利用书院作为传播其理学思想的舞台，并对于官学有所回避，这是不是理学在教育体系或机构中传播的唯一形式和选项呢？对于明初的理学大师而言，国家育才和选才的政治目的以及理学家传播理学的教育理想是必然南辕北辙、水火不容的吗？国家的政治目的和理学家的教育理想可以合二为一吗？

由于无论是在明代书院研究或者理学研究中，学界长期将视角和焦点锁定在南方的文化圈子和活跃于南方的理学大师上，所以上述官学/科举和书院/理学的二元法是很容易为人所接受的。本文的主旨就在于指出，北方儒者，至少是明初北方理学之翘楚——薛瑄，对这个问题其实有着非常不同的主张和立场。对这个问题的研究不仅有助于我们了解薛瑄的思想，也将深化我们对于南北理学传统的差异之认识，并且允许我们从另一个角度思考南北教育和学术的发展史。

薛瑄，字敬轩，谥文清，山西蒲州河津人，是有明三百年间第一位从祀孔

---

① 虽然从南宋末期开始就出现了所谓"书院官学化"的现象，但是无可否认的是各代学者，尤其是理学家，一直都有从事兴建和主导独立于官学系统外的书院的努力。关于"书院官学化"，可参考陈雯怡：《由官学到书院》，第 155—195 页；John W. Chaffee, *The Thorny Gates of Learning in Sung China*, pp. 93-94；徐梓：《元代书院研究》，社会科学文献出版社 2000 年版，第 126—145 页。

② 白新良：《中国古代书院发展史》，第 68 页。胡居仁：《胡文敬集》，《景印文渊阁四库全书》，台湾商务印书馆 1983 年版，第 2 卷，第 10—14、18—20、38—57 页；第 3 卷，第 1，4—5，16 页。陈献章：《陈白沙集》，《景印文渊阁四库全书》，第 1 卷，第 23—24、31—41、44—49 页；第 2 卷，第 18—20、65 页；第 6 卷，第 61—62 页；第 7 卷，第 44 页。另见 Koh Khee Heong, "East of the River and Beyond: A Study of Xue Xuan (1389—1464) and the Hedong School" (Ph. D. dissertation, Columbia University, 2006), pp. 189-192。

庙的明朝人，也是明代北方最重要的理学系统河东学派的奠基人。① 薛瑄在天顺元年(1457)由大理卿升任礼部右侍郎兼翰林院学士，并入文渊阁参预机务。同年二月，薛瑄便参与了主持该届的会试。在《会试录》完成后，薛瑄负责写了一篇序。可是有同考官批评他的《序》中"'正学复性'数字，久不言，恐非时文。请易之。"② 薛瑄到底在该篇《会试录序》中写了些什么？这和本文希望理清的官学和理学家之关系的目的又有什么关系呢？

简单地说，在薛瑄的观念中，国家育才和取才的政治目的和他作为一位理学家希望传播圣人之道的教育理想是可以结合的。而且他主张政府的政治目的和理学家的教育理想是应该在官学教育，乃至科举制度中相结合的。抽象地说，在理学的传统中，"体"和"用"的统一，"内圣"和"外王"的结合，都是理学家所追求的最高境界。③ 但是最高境界的理论追求是一回事，理学家具体的教育主张和实践又是另一回事。所以薛瑄这样的一种寻求国家政治目的和理学家教育理想在国家体制中的官学结合统一的立场，不仅和朱熹以来理学传统中对于书院的重视不同，和同时期南方儒者的事业也迥异。书院，从来就不曾出现在薛瑄的教育蓝图之中。后来在薛瑄里居时虽然也有不少人慕名前来从学，但是薛瑄未尝将自己教授学生的住所提升为"书院"，或是另谋一处地方兴建书院来授徒。换言之，在薛瑄有限的教授活动中，他一直没有将其活动"机构化"或者"体制化"。薛瑄本身允许自己有私人教授的活动，却始终不愿意在国家官学系统之外另辟机构。在他的诸多有往来的士人中，也不见他为任何其他人创建或重修书院的事迹作记。因为作记本身就是一种认可和支持，所以在薛瑄的思想世界里，"书院"彻底缺席了。

(二)分析薛瑄所撰的相关记文

本文接着将通过集中分析薛瑄所撰写的 15 篇各地官学或文庙重修的

---

① 有关薛瑄从祀孔庙始末，见许齐雄：《我朝真儒的定义：薛瑄从祀孔庙始末与明代思想史的几个侧面》，《中国文化研究所学报》第 47 期，第 93－114 页；Koh Khee Heong, "Enshrining the First Ming Confucian", *Harvard Journal of Asiatic Studies* 67.2(Dec., 2007), pp. 327-374.

② 杨鹤：《薛文清公年谱》，《薛瑄全集》，第 1725 页。

③ 李弘祺在讨论宋代太学生的政治活动时就指出他们的"活动的理论和实践带有非常强烈的理学色彩"。李弘祺：《宋代官学教育与科举》，第 221 页。

记文来进一步了解薛瑄在这个问题上的立场。① 从表 1 中不难发现,除了
《邵阳县重修庙学记》1 篇是为了位处南方的邵阳县庙学所作外,其余各篇
主要是为平阳府辖区内的官学而作,其次是为与平阳府仅一河之隔的西安
府境内各地所作。薛瑄虽然被视为河东学派的奠基人,可是其学术活动其
实并不以河东这一地理范围为限。河东学派的实际势力范围其实是一个跨
越黄河之东,并且是以山西平阳、陕西西安和河南三府为核心的学术潮流。
其中,位处黄河小北干流西岸的西安府和河东(位处黄河小北干流东岸的山
西平阳)关系最为紧密。②

表 1　薛瑄所撰儒学与文庙重修记文

	篇名			地点	撰写年代③
	省	府	州	县		
01	山西	平阳	绛州		1421	《绛州重修庙学记》④
02	山西	平阳	蒲州	河津	1429—1435	《河津县重修庙学记》⑤
03	湖广	宝庆		邵阳	1429—1432	《邵阳县重修庙学记》⑥
04	山西	平阳	蒲州		1447	《蒲州重修庙学记》⑦

① 如前所引高明士的研究,左庙右学或前庙后学是国家教育机构官学的基本形式,"庙"和"学"是
　一个整体。所以本文也将薛瑄对文庙的重修活动的记述同样视为足以反映他对"官学"的立场
　之资料。而且很多时候,"庙""学"是同时修整的。
② 有关河东学派的跨地域性质,见 Koh Khee Heong, "East of the River and Beyond: A Study of
　Xue Xuan (1389—1464) and the Hedong School", pp. 153—162。"小北干流"是历史地理学家
　的用法,见王元林:《明代黄河小北干流河道变迁》,《中国历史地理论丛》1999 年 3 月第 14 卷第
　2 期,第 187—199 页。
③ 这里所谓的"年代"不一定就是记文撰写的那一年,因为在资料中往往并未标示具体的撰写年
　份。我们从文中所能掌握的多是修整计划开始的年份,而无从知道相关人士是什么时候前来
　向薛瑄求文,遑论薛瑄到底是何时动笔。各个庙学整修的时期介于 5 到 13 个月之间,庙学记
　的撰写在理论上也不应该拖延太久。所以本文便将庙学整修的年代当成记文大略的撰写年
　代,更何况本文最为关心的其实是这些文章在时间轴上的相对位置。有些时候,记文中甚至没
　有透露整修工程的年代。所以在第 2 篇记文中,本文就只好以相关知县在职的年代替代之。
　又例如在第 3 篇记文中,我们从文中知道薛瑄是在到邵阳县方应学官之请而作记,所以本文便
　以薛瑄在湖广期间的年代代替之。总之,这 15 篇记文并不是依照严格的时间先后次序排列
　的,只是一个大概的相对年代。关键是,本文将论证这 15 篇记文其实可以分为在两个不同时
　段内的两组作品,而且体现了薛瑄前后两个时期的思想发展。因此只有其相对年代是重要的。
④ 薛瑄:《薛瑄全集》,第 810—811 页。
⑤ 薛瑄:《薛瑄全集》,第 812—813 页。
⑥ 薛瑄:《薛瑄全集》,第 815—816 页。
⑦ 薛瑄:《薛瑄全集》,第 836—837 页。

续表

	篇名			地点	撰写年代
	省	府	州	县		

	省	府	州	县	地点	撰写年代
05	山西	平阳	绛州		1436—1449	《绛州大成庙碑》①
06	陕西	庆阳	宁州		1458	《宁州重修庙学记》②
07	山西	平阳	蒲州	河津	1458	《重修儒学记》③
08	陕西	西安	华州		1457	《华州重修庙学记》④
09	山西		泽州	陵川	1457	《陵川县庙学重修记》⑤
10	山西	平阳	隰州	大宁	1457	《大宁县儒学重修记》⑥
11	陕西	西安	干州	永寿	1457	《永寿县大成庙碑》⑦
12	山西	平阳			1461	《平阳府儒学重修记》⑧
13	陕西	西安	同州	韩城	1461	《韩城县重修学碑》⑨
14	山西	平阳	蒲州		1460	《蒲州庙学重修碑》⑩
15	山西	平阳	解州	安邑	1463	《安邑县修孔子庙碑》⑪

从这个角度观察,唯邵阳县一篇是薛瑄以御史监湖广银场的身份而为该邑所撰写的,意即只有这一篇是薛瑄以国家官僚的身份写作。在撰写其余各篇时,薛瑄是以一位在地人或者乡贤的身份为之的。薛瑄在1421年中进士,是年五月便回河津,直到1424年才又从河津往河内县从其父。所以第1篇应该是新科进士回到家乡时所撰写。第2篇是记录薛瑄家乡河津县之庙学在1429到1435年期间内的某一时段所进行的整修工程。薛瑄于1433年便回乡为其继母守孝,所以是篇极有可能是薛瑄在守制时以一个在家乡贤的身份撰写。之后,薛瑄在1444年削籍归里,直到1449年方才重新

① 薛瑄:《薛瑄全集》,第884—885页。
② 薛瑄:《薛瑄全集》,第848—849页。
③ 沈千鉴:(嘉庆)《河津县志》,《稀见中国地方志汇刊》,中国书店1992年版,第9卷,第29—30页。
④ 薛瑄:《薛瑄全集》,第850—851页。
⑤ 薛瑄:《薛瑄全集》,第854—856页。
⑥ 薛瑄:《薛瑄全集》,第856—857页。
⑦ 薛瑄:《薛瑄全集》,第886—887页。
⑧ 薛瑄:《薛瑄全集》,第852—854页。
⑨ 薛瑄:《薛瑄全集》,第892—893页。
⑩ 薛瑄:《薛瑄全集》,第894—896页。
⑪ 薛瑄:《薛瑄全集》,第896—897页。

起用。所以撰写于 1436—1449 年之间的第 4 和第 5 篇极有可能也是其里居时所作。至于最后 10 篇,则无疑是薛瑄晚年致仕归里后的作品。① 无论如何,其以乡贤身份撰写这些记文的论断是可以成立的,他毕竟不曾任职于这些地方。

而从一个乡贤的角度来撰写和地方子弟的教育息息相关的官学重修记文时,薛瑄的字里行间并没有呈现我们在南方士大夫,尤其是理学家的文字中所流露出来的地方意识。② 在薛瑄的文字中,基本上只有对于国家育才和取才的政治目的之关注,以及他寄予其中的理学家之理学教育理想。

本文将薛瑄的 15 篇相关记文分成两组来讨论。第一组包括前 5 篇,它们基本上作于薛瑄中年之前,而后 10 篇均是薛瑄致仕以后的晚年之作。在对于薛瑄的“道统观”和“复性论”之讨论中,我认为薛瑄的思想有着十分显著的前后发展。③ 这是任何研究薛瑄的思想课题都必须注意到的问题。将此认识用诸本文目前的讨论也是可以成立的。

薛瑄是关注教育课题的,在授职之初,他便曾经“上章愿就教职,以卒所学”,可是没有成功。后来在调任提督山东学政时,他欣然表示“此吾事也”。④ 因此在薛瑄思想尚在发展阶段时所撰写的第一组记文中基本上都表现出他对教育“事有似缓而实急,似迂而实切者,学校是已”的重视,这其实并不令人觉得意外。⑤ 像许多此类记文一样,这组文章主要的内容莫过于完成复述重修的缘起、范围、过程、人员等等始末细节。其重点其实还是在赞许发起和主持官学重修计划的官员。毕竟对薛瑄而言,学校的事务至关重要而地方官员却往往忽略之,所以有睿智而郑重其事者自然值得嘉许。他亦曾引用《春秋》之例来说明其重要性:

> 窃观《春秋》,凡用民力,虽时且制亦书,见劳民为重事也。当时鲁

① 杨鹤:《薛文清公年谱》,《薛瑄全集》,第 1702、1707—1708、1715—1717、1726 页。
② 有关中国南方的理学和地方意识,可参考 Peter K. Bol, "The 'Localist Turn' and 'Local Identity' in Later Imperial China", *Late Imperial China*, Vol. 24, No. 2(Dec., 2003), pp. 1-50; Peter K. Bol, "Neo-Confucianism and Local Society, Twelfth to Sixteenth Century: A Case Study", in Paul Smith and Richard von Glahn eds., *The Song-Yuan-Ming Transition in Chinese History* (Cambridge: Harvard University Press, 2003), pp. 241-283.
③ 许齐雄:《薛瑄的“道统观”和“复性论”》,《明清史集刊》2007 年第 9 期,第 49—61 页。
④ 杨鹤:《薛文清公年谱》,《薛瑄全集》,第 1704、1710 页。
⑤ 薛瑄:《绛州重修庙学记》,《薛瑄全集》,第 810 页。

僖公尝修泮宫矣，而不《经》见者，以学校为政之先务，虽用民力，不可废也。①

当然，参与修整工程的除了官员外，还有就学其中的诸生。他们"始终尽心尽力，无懈于其间"或"尽心竭力，无所懈怠"也是应该夸奖的。② 此外，在"科举必由学校"的明代，国家育才和取才的政治目的其实是不言而喻的。可是薛瑄并没有在第一组文章中特别强调这层意思，虽然他在复述蒲州庙学的重修时曾指出"念庙学实国家崇建教道，人才所自出，关系甚大。一州之政，宜莫先焉"。③

如果说薛瑄的第一组记文中主要的内容还是记述性质的，他在第二组记文中就显著地开始发表许多议论。例如对于国家兴建庙学的政治目的，他发挥道：

> 夫以国家建庙学，有关于治道重且急如彼……故知隆治道，必本于养贤才；养贤才，必本于崇圣道。则为师者，必当以道率人；为生徒者，必当以道治己。教以道立，才以道成，推之于用，斯道之泽，无往不被。庶几有补于治道，而上不负国家建立庙学之意。④

在薛瑄看来，"隆治道""养贤才"和"崇圣道"是环环相扣的，所以无论是官学教官之率人或者官学生员之治己都必须以道为基础。而以道立教自然可以以道成才，这些成才之人就可以为国家所用。所以在薛瑄看来，国家兴建庙学固然有其政治目的，但是这个政治目的之根本必须还是圣人之道。当然，将国家育才和取才的政治目与理学家自己的教育理想相互结合，所呈现的其实也可以说是理学家的理想政治蓝图。像这样的论述和发挥不见于薛瑄早年的同类文章之中（第一组记文）。

薛瑄在《华州重修庙学记》中就总结道：

> 予惟大莫大于道，吾夫子备是道，为贤于尧舜之圣。我朝以道治天下，崇夫子之道，俾通祀于内外学校。盖欲以道育贤才，而资世用

---

① 薛瑄：《蒲州重修庙学记》，《薛瑄全集》，第 837 页；《绛州重修庙学记》，《薛瑄全集》，第 811 页。
② 薛瑄：《绛州重修庙学记》，《薛瑄全集》，第 811 页；《河津县重修庙学记》，《薛瑄全集》，第 813 页。
③ 薛瑄：《蒲州重修庙学记》，《薛瑄全集》，第 836 页。
④ 薛瑄：《宁州重修庙学记》，《薛瑄全集》，第 849 页。

也……则为师者，必当以道率人；为士子者，必当以道自励。讲是道，求是道。士子之汇进于明时者，咸以道忠于国而爱乎民。或至俾大化，建大节，亦卓然惟道之舆归。①

薛瑄反复强调的国家以之育贤才、资世用的道不是一个模糊抽象的道，而是理学家心目中扎扎实实的圣人之道。而薛瑄心目中的明代教育就是本诸这个圣人之道来育才、取才。这个他心目中明代教育中的道和宋明理学传统中的"道统"是相呼应的。② 而薛瑄心目中这个正确的教育原则的命运和道统一样坎坷。他指出：

自汉唐以来，英贤之君亦未尝不以兴学为急务。但其时道绝于孟轲氏，百千载之间，而教人之法或溺于专门词章，或杂于异端术数，视三代学校之政为有间矣。③

所以在薛瑄看来，明代官学之最为成功的地方，就是国家的教育方针以理学圣人之道为圭臬，并一扫前代之弊端。他自信而骄傲地宣称：

逮我皇明统一万方，道隆千古，内建国子监，外设府州县学。而师弟子之所讲习《小学》《四书》、诸经史之义理，皆本于周、程、张、朱之说，以求尧、舜以来千古圣贤之道。而前季训诂词章、异端功利、偏区支离诸说，皆不得淆杂乎其真。由是濂、洛、关、闽之学，得以备施于学政，盛行于天下，而大有以复古昔明道明伦之盛。④

而这种对于明代教育完美而且完整地通过宋明理学传统中程朱一派的系统，进而恢复到三代的理想境界的理解和信心，在薛瑄处是真诚的。他在另一篇记文中谓：

---

① 薛瑄：《华州重修庙学记》，《薛瑄全集》，第 851 页。
② 有关理学道统的讨论，可以参考 Wm. Theodore de Bary, *Neo-Confucian Orthodoxy and the Learning of the Mind-and-Heart* (New York: Columbia University Press, 1981); Wm. Theodore de Bary, *The Message of the Mind in Neo-Confucianism* (New York: Columbia University Press, 1989); 陈荣捷：《朱子新探索》，华东师范大学出版社 2007 年版，第 287—291 页；Thomas H. C. Lee, *Education in Traditional China, a History*, pp. 255-276。
③ 薛瑄：《重修儒学记》，沈千鉴：(嘉庆)《河津县志》，第 9 卷，第 29—30 页。
④ 薛瑄：《平阳府儒学重修记》，《薛瑄全集》，第 854 页。

> 我朝初即稽古建学。教人之法以为接孟氏之传，惟程朱之学之道
> 为至醇。于是既内建大学，又外设郡县学。教人取士之法，必以程朱氏
> 之说为主。而上溯尧、舜、禹、汤、文、武、周、孔、思、曾、孟氏立教垂世之
> 典。由是三代教人之法，焕然复明于世，猗与盛哉！①

薛瑄对于明代的官学教育所呈现出来的过度乐观和自信，诚然有近乎
自我陶醉甚至催眠的地步。但是薛瑄是否正确地评估明代官学教育是一
事，薛瑄如何理解明代官学教育和理学的关系，意即他如何看待国家政治目
的和理学家教育理想的关系是另一事。本文所关注的是第二个问题。因此
对他来说，"为师为生徒者，其必仰思朝廷建学之意，笃志讲明正学而无怠。
庶几人才所出有实用，而风化之美亦延及于支属。"②国家的政治目的始终
是为其所关注的。

(三)"复性"与明代学政

从第一组记文中的记叙性文字，到第二组记文的议论性内容，我们不难
得出晚年薛瑄对于国家政治目的和理学家教育理想相结合的立场是他后期
思想成熟后之产物的结论。虽然在其《读书录》和《读书续录》中有不少批评
士子只关注登科入仕或沉溺词章的文字；③但是这反映了他和朱熹等理学
家一样，并不反对科举考试，或是无视国家取才的需要。在薛瑄的思想中，
对于理学圣人之道的学习和掌握，以及应试入仕是不矛盾的。批评汲汲追
求科第者，恰恰正是因为他们割离了理学理想与政治责任。

到目前为止，薛瑄的议论只是反映了其将国家的政治目的和程朱一派
的理学之道的传承发扬结合起来的立场。对于这一套和国家政治目的相结
合的理学思想，他是否有提出更为精确的描述或者详细的内容呢？答案是
肯定的。

---

① 薛瑄：《重修儒学记》，(嘉庆)《河津县志》，第 9 卷，第 30 页。
② 薛瑄：《平阳府儒学重修记》，《薛瑄全集》，第 854 页。
③ 薛瑄：《读书录》，《薛瑄全集》，第 1033、1040、1049、1069、1075、1122、1222 页；《读书续录》，《薛
瑄全集》，第 1299—1300、1327、1397、1466、1475 页。

薛瑄理学思想的核心就是"复性"二字。① "复性"之于薛瑄,就如"良知"之于王守仁。② 在薛瑄的理学思想中,"道"是"圣人性之而无不尽,贤者复之而求其至,凡民则日用而不知也";换言之,"性之者圣人也,复之者贤人也,百姓则日用而不知矣"。③ "复性"就是后儒的成圣之道,亦即理学家共同的追求。毕竟"尽性者圣人,复性者贤人,至于圣。圣人相传之道,不过于此"。④ 总之"千古圣贤教人之法,只欲人复其性而已"⑤,而"复性则可以入尧、舜之道"⑥。最终"求复仁义礼智之性,即是道学"⑦。据载薛瑄临终前有诗曰"七十六年无一事,此心惟觉性天通",此正是他一身理学修为的明证。⑧

那么,薛瑄的"复性"思想和他的教育理念又有什么关系呢? 在本文人为地划分的第一组记文和第二组记文的框架中,其实还有进一步细分的余

---

① 陈荣捷认为薛瑄"复性"思想得自张载(1020—1077)的学说,见 Chan Wing-Tsit, "The Ch'eng-Chu School of Early Ming", in De Bary, *Self and Society in Ming Thought* (New York: Columbia University Press, 1970), p. 37. 而侯外庐则认为他同时受到周敦颐(1017—1073)和张载的影响,见侯外庐等主编:《宋明理学史》,人民出版社 1984 年版,第 127 页。张学智则认为薛瑄综合周、程、张、朱之性论,而在人性论方面,取自朱熹者最多,见张学智:《明代哲学史》,北京大学出版社 2000 年版,第 16—17 页。古清美则认为薛瑄论学虽守住"性"之宗旨,但在心性的体验上已经跨出一步。她也认为这使得明代后学知道心性之说一定需要脱离理论往前走,而这体现了理学入明后渐渐显现的不同风貌及变化的端倪。古清美:《明代理学论文集》,大安出版社 1990 年版,第 18 页。同时,陈荣捷也提醒学者注意包括薛瑄在内的明初理学家的转变,见 Chan Wing-Tsit, "The Ch'eng-Chu School of Early Ming"。关于薛瑄"复性论"的讨论,还可以参考容肇祖:《中国历代思想史:明代卷》,文津出版社 1993 年版,第 62—72 页;李元庆:《明代理学大师:薛瑄》,第 221—290 页。在薛瑄思想的研究中,也有学者强调他在"理气论"上对于朱熹学说的改造。李元庆:《薛瑄决非仅仅"恪守宋人矩矱"的理学家:对黄宗羲一条断语的辨析》,《运城师专学报》1987 年第 3 期,第 1—7、13 页。不过也有学者指出上述部分研究成果在方法和视角上存在一定的问题。Koh Khee Heong, "East of the River and Beyond: A Study of Xue Xuan (1389—1464) and the Hedong School" (Ph. D. dissertation, Columbia University, 2006), pp. 40-43, pp. 53-75. 总之,我认为薛瑄的"理学"思想即使和朱熹的观点有一些差异,且这些细微的差异虽然有助于我们注意明初的变化,却不足以改变薛瑄整体上还是坚守程朱立场的事实。另一方面,目前也没有证据显示这些细微的理学差异足以解释薛瑄在教育理念,尤其是对官学系统的态度上之所以异于朱熹的原因。

② 薛瑄的哲学思想以"复性"为宗旨,见黄宗羲:《明儒学案》第 7 卷,《河东学案》,第 3a 页;张廷玉:《明史》第 282 卷,《儒林一》,第 7229 页;李贤:《古穰集》,《景印文渊阁四库全书》,第 13 卷,第 1—6 页。

③ 薛瑄:《读书续录》,《薛瑄全集》,第 1306、1309 页。

④ 薛瑄:《读书续录》,《薛瑄全集》,第 1426 页。

⑤ 薛瑄:《读书续录》,《薛瑄全集》,第 1423 页。

⑥ 薛瑄:《读书续录》,《薛瑄全集》,第 1460 页。

⑦ 薛瑄:《读书续录》,《薛瑄全集》,第 1480 页。

⑧ 杨鹤:《薛文清公年谱》,《薛瑄全集》,第 1729 页。另见黄宗羲:《明儒学案》第 7 卷,《河东学案》,第 1a、3a 页。

地。即薛瑄 3 篇致仕里居时所撰写的记文在第二组中其实还可以，也必须另外处理。这 3 篇撰写于 15 世纪 60 年代的记文，确实是薛瑄一生中所作的最后几篇文字。它们异于第二组中其他篇章之处就在于薛瑄正式在其中提出"复性"思想和官学教育的关系。也就是说，到了薛瑄一生中的最后几篇文字中，他认为国家的政治目的必须和薛瑄自己的哲学思想之核心结合。

所以薛瑄指出"余惟爱自隆古，神圣御极，未尝不以学政为先"。但是这个学政是有哲学理据的，意即它是建立在理学家所认识的人性论的基础之上，而且是三代盛治时的产物。之后当然就体现在圣贤相传的思想之中。薛瑄说：

> 盖以人之性出于天，而性即理，理无不善。其气质则有清浊之异，故不能皆知其性之所有，而全之以复其初。圣神君师亿兆必施治教，俾气质清浊不齐者，皆有以变化之而复其性。若唐、虞之司徒典乐；夏、商、周之庠序学校，皆教人之政也。是以当时治化，人才极其隆盛。时至东周，学政不修，有若孔子之大圣，虽不得位以行其道，而其教人之法曰"仁"曰"性与天道"之类，则皆本于复性。故颜、曾、思、孟者，宗其教而与乎。斯道之传，及孟子没，性学不明。

那么，孟子没后，中国千年来的学政应该如何评价呢？薛瑄坚持"汉唐间，虽或建学立师，而教人之法则异乎古矣"。那么对他而言，重新掌握和发挥圣人之道的自然是宋代理学家了。他认为"至宋，周、程、张、朱，真儒继出，大有以发挥尧、舜、三代、洙泗教人之法。虽亦不得施之学政，而性理以之大明"。那么要将圣贤教人之法贯通于学政，恐怕要等到明代吧？薛瑄认为"我皇明统一寰区，大兴文治，内自国都，外薄四海，莫不建学立师。其学政则纯用圣贤教人之法。治化人才之盛，聿追隆古。夫岂汉唐所能仿佛其万一哉！列圣相承，咸重斯道，数申敕天下，以时修举学政，勿神废弛"。那么读书其间的士子们，只要依据国家学政的课程就能够穷理复性，自可为忠臣孝子。薛瑄说：

> 为生徒者，其深体圣朝隆古教法，究濂洛关闽之学，以上溯洙泗、尧、舜、禹、汤、文、武、周公之道，必由经以穷理，穷理以复性。为臣尽

忠,为子尽孝;与凡职分之所当为者无不尽。①

薛瑄前后为蒲州庙学的重修活动写过2篇记文。第一篇是一般的记述性文字,第二篇的主要内容简直就是薛瑄的教育宣言。而贯穿后者的,就是坚持明代学政足以和三代盛治媲美,而明代学政之所以能够如此,是因为明代儒学"以复性为教",官学教育和科举都以之为本。所以他不厌其烦地详细发挥道:

> 余惟古之学政,考之载籍,可见已。盖自夏、商、周以上之教法,皆可以复人性之善。孟子所谓"学则三代共之,皆所以明人伦"者是也。汉唐历代,虽或建学,而道学不传,又为异端杂术所淆,而知以复性为教者,鲜矣。至宋,道学复明。朱子序《大学》有曰:"治而教之,以复其性"。如唐、虞司徒之职、典乐之官,以及三代小学、大学教人之次第节目,皆所以复其性。故又曰:"学焉者,无不有以知其性分之所固有,职分之所当为,而各俛焉以尽其力者",此也。洪惟我天朝,道隆前古,治底文明,内外建学,其所以育天下之英才者,皆以复性为教。故凡《五经》《四书》《小学》、性理书,自周、张、程、朱之说,以达乎尧、舜、禹、汤、文、武、周公、孔子、颜、曾、思、孟之道。学校之讲学者既一于是,科目之取人者亦一于是;推之礼乐政治者,莫不一于是。是以学政粹然一出于正,而异端杂术不得以淆乎其间。岂汉唐历代之学而鲜知以复性为教者之可拟哉!②

又或者当他说"我皇明建学,纯法隆古。既正圣贤之祀典;教人之方,则自周子、张、程、朱子,以上遡孔、颜、曾、思、孟子、尧、舜、禹、汤、文、武、周公之道,以复性为先,明伦为本。而异端杂学皆不得以淆乎其间。是其学政又非汉唐历代可拟"时,也是这层意思。③

如果从另一个角度观察,也可以说薛瑄晚年进一步将自己的哲学思想之核心的传播(即其教育理想),寄托于国家的官学和科举制度(两者为政治目的服务)之中了。除了这几篇记文的分析外,关于薛瑄结合国家政治目的和理学家教育理想于官学与科举的重要证据就是前面提到的《会试录序》。薛瑄谓:

---

① 薛瑄:《韩城县重修学碑》,《薛瑄全集》,第892—893页。
② 薛瑄:《蒲州庙学重修碑》,《薛瑄全集》,第894—895页。
③ 薛瑄:《安邑县修孔子庙碑》,《薛瑄全集》,第897页。

> 臣切惟为治莫先于得贤，养士必本于正学。而正学者，复其固有之性而已。性复则明体适用，大而负经济之任，细而厘百司之务，焉往而不得其当哉。[①]

可见对于薛瑄而言，无论是科举，还是官学，都是为了国家育才和取才，而国家要有效地达到这个政治目的，就必须以"复性"为学政教育之根本。"复性"既是薛瑄哲学思想之核心，自然也是他积极希望推广的理学思想之呈现。[②] 所以即使有同考官请他更易这些内容，薛瑄也以"某平生所学，惟此数字而已"拒绝了。[③]

（四）书院、人口和思想

薛瑄作为明初北方最具影响力的理学家，其表现出的教育视野和南方儒者有着明显的差异。薛瑄的教育理想紧密地依附于国家体制（科举与官学），这和宋代以来理学家利用书院以传播其思想的传统无啻迥异。我们不能简单地以入明以后，理学已经成为官方教育和考试的标准内容来解释其不同。因为，如本文之前已经举证说明，和薛瑄同时期的南方儒者所呈现的形态就和他南辕北辙。例如吴与弼等崇仁学派中人还是通过兴建或出掌书院来传播其思想，或是和其他书院建设者有着密切往来。[④] 所以症结还是

[①] 《会试录序》中关于三代理想学政、汉唐教育失误、程朱理学扮演的角色和明代学政的正确性等的讨论与上引第二组最后几篇记文的内容大致相同，故不繁引。见薛瑄：《文集》，《薛瑄全集》，第 796－797 页。
[②] 关于理学传统中"性"和"复性"的讨论很多，由于本节主要是分析薛瑄认为其"复性"思想和官学教育系统应该具备的关系，所以对于"复性"的哲学分析就无法于此深入探讨。
[③] 杨鹤：《薛文清公年谱》，《薛瑄全集》，第 1725 页。
[④] 学界一般都以吴与弼和胡居仁为程朱理学一脉的学者，而以陈献章为明代"心学"的起始。所以黄宗羲在《明儒学案》中也将"崇仁"和"白沙"学案分离。他认为"而作圣之功至先生（陈献章）而始明，至文成（王阳明）而始大"，黄宗羲：《明儒学案》第 5 卷，《白沙学案》，第 2b 页。也有学者强调吴与弼的"笃志力行……至其大端，与陈献章并无实质的区别"，侯外庐：《宋明理学史》，第 145 页。此外，虽然胡居仁和陈献章的风格和学问风貌确实存在极大的差异，但是学者也承认他们共同师事吴与弼，并效法其师"绝意科举，慨然志于道"的作风。所以就他们二人"思想的内容与特质而言，学问是已分派，然而得之于同门的笃践和静修却仍隐约焕发着一种密契的精神"。吕妙芬：《胡居仁与陈献章》，文津出版社 1996 年版，第 107－111 页。我认为在同样的基础上，他们三人对于私人的书院活动的立场也是一致的。学者认为吴与弼教学的小陂书院就是一个私人性质的"义塾"。到了 1430 年，因为前来学习的生徒日众，吴与弼立《学规》以管理。学者进一步指出，吴与弼为学生提供的是一个在习文和科举以外的"替代的教育方式"。其生徒多数也绝意科举，并以教授乡里为志业。M. Thereresa Kelleher, "Personal Reflections on the Pursuit of Sagehood" (Ph. D. dissertation, Columbia University, 1982), pp. 243-245, pp. 250-262；吴与弼：《康斋集》，《景印文渊阁四库全书》，第 8 卷，第 43 页。

在于薛瑄和南方儒者对国家教育体制(科举与官学)与私人性质的教育机构(书院)所持的不同态度。①

书院的兴盛程度在中国南方和北方本来就不同。到了明初,书院的复兴历程自然也呈现不一样的面貌。例如依据白新良的研究,我们可以看出明初山西和江西在兴建和重修书院上就有天壤之别(表2)。② 在薛瑄有生之年,山西地区的书院建设活动实是凤毛麟角。

表2 明初晋、赣两省书院的统计数字

年号	山西		江西	
	兴建	重修	兴建	重修
洪武(1368—1398)	0	1	7	4
永乐(1403—1424)	0	1	2	4
宣德(1426—1435)	1	0	1	1
正统(1436—1449)	0	0	4	3
景泰(1450—1457)	0	0	3	6
天顺(1457—1464)	0	1	0	4
总数	1	3	17	22

Hymes主张,既然中国南方的人口密度远远超过中国北方,其城市文化更为蓬勃,商业活动更加活跃;那这样的人口、文化和经济背景自然为中国南方的书院提供了一个允许其更为兴盛地发展的环境。③ 依照这样的逻辑,则我们将不得不得出薛瑄高度仰赖国家教育体制而忽视书院的原因仅仅是因为北方缺乏有利于书院发展的土壤之推论。

但是这样的推论还是可以商榷的。书院的建设无疑需要3个重要的条件:资金、需求、意愿。没有一定的经济支持,兴建和重修书院自然不可能办到;没有足够的学生来源,书院也没有开办的意义;没有主事者的意愿,当然

① 我之前已经提到从南宋开始就已经出现"书院官学化"的现象。到了元代,这个趋势就更为明显了。但是我们并不能依据这样的发展历史而否定理学家一直以来都有兴建自己的书院以进行讲学活动的努力。关于元代书院官学化和科举考试的关系,可参考李兵:《书院与科举关系研究》,华中师范大学出版社2005年版,第124—136页。
② 白新良:《中国古代书院发展史》,第56—65页。
③ 见 Robert Hymes, "Some Thoughts on Plague, Population, and the Sung-Yuan-Ming Transition: The McNeill Thesis after Twenty Years", unpublished paper presented at Conference on Sung-Ming Transition, org. Richard von Glahn and Paul Smith, Los Angeles, summer 1997, revised version 2001, pp. 15-16.

谈不上任何具体的行动。就第一个条件而言，薛瑄个人虽然并不富裕。可是从内阁学士职位上退休回家的一代理学大师如果寻求地方政府和乡绅的支持，想必倒也不难。就第二个条件来说，北方的人口密度虽然比较低，这并不表示该区域的士子就没有在官学系统以外寻求名师指导的需求。薛瑄退休后，虽是"家居不出"，但"四方从学者日众，至市馆不能容"。因此希望从学于薛瑄的"市场"是存在的。而薛瑄"拳拳以复性教人"，所以其理学的教育理想也是存在的。①

因此，关键其实是在于唯一欠缺的第三个条件，即薛瑄没有将其教学的场所和行为制度化为书院体制的意愿。历史上，在河津县城确实有一座文清书院。但是在薛瑄生前，此处其实只是"薛先生旧宅一区，乃先生退休讲学明理之处"，而不是一所书院。② 没有书院之名，自然就没有随之而来的学规、学田。没有这一切，就自然不是一个体制化的教学活动而继续是属于严格的私人行为。如此则不会和国家教育体制下的官学系统形成竞争的状态。

不仅如此，通过分析薛瑄一生中所撰写的特定文类，即庙学重修记文，本文主张薛瑄对于官学和科举以及理学思想的关系之认识应该分为两个阶段。在第一阶段中，中年薛瑄其实并没有特别期望表达的主张，所以第一组记文的内容都是记叙性的。而晚年薛瑄对于这个问题就已经形成自己的一套看法。他在第二组记文中，时时要求国家育才、取才的政治目的和理学家对于传播理学圣人之道的教育理想结合起来。尤其是在他最后几篇文字中，更是直接将其哲学核心"复性"和明代国家学政统一起来。

薛瑄异于其尊崇备至的宋儒，以及与其同时期的南方儒者的教育事业，不是简单地基于诸如人口、经济、文化等客观条件之有无与否。本文主张，事情的关键应该是薛瑄的教育思想本身。③ 他既然主张国家的政治目的和理学家的教育理想应该结合，他就自然没有去推动书院教育的必要。所以长期以来的官学/科举和书院/理学的二元划分法是需要检讨的。至少对明

---

① 杨鹤：《薛文清公年谱》，《薛瑄全集》，第 1726 页。
② 王盛：《薛文清公书院记》，《薛瑄全集》，第 1655 页。
③ 关于薛瑄教育思想的讨论，可以参考郭振有：《略论薛瑄的教育思想》，赵北耀主编：《薛瑄学术思想研究论文集》，第 116－129 页；郝星久：《薛瑄的教育思想》，《晋阳学刊》1983 年第 6 期，第 98－102 页。到目前为止，学者对于薛瑄的教育思想之讨论还是通过抽象地分析其相关方法论的形式进行。本文在方法上的一个尝试就是希望在将薛瑄的教育思想放到整个宋代以后的教育史框架中考察的同时，也要结合他对具体的教育机构和自己的理学宗旨之关系的理解来加以剖析。

初北方儒者的代表人物薛瑄而言,书院并无存在的必要,因为他认为其他各项是应该统一的。

薛瑄的这种将理学教育理想投射在国家教育体制上,并寻求与国家政治目的相结合的视角,反映出的其实不仅仅是他的教育思想,而且是他对于国家与社会,或者说国家权力与体制和社会精英的空间之间的关系之态度。例如在宗族问题上,南方儒者会强调士绅在其中的领导地位,并将宗族组织视为家庭和国家之间的一种社会空间。而在这个空间之内,权力基本上属于士绅阶层。但是在薛瑄对宗族组织的认识和讨论中,这种空间也是不存在的,就如同书院的空间也是缺席的一样。① 在薛瑄的整体思想之中,在个人和家庭之外,就是国家的体制和权力的运作;南方士人阶层的地方性倾向和社会空间的建构于此是不存在的。这里又涉及一个更大的南北社会史差异之课题,对此就无法深论了。

四、结论

在宋代以后的教育史发展中,一方面,我们看见越来越成熟的官学系统与科举制度,以至最终在明代出现了"科举必由学校"的局面;另一方面,我们也看见南宋理学家对书院的复兴,并以之作为传播其理学思想的空间。在这个双行的发展过程中,官学和科举的关系越来越密切,理学家积极推动书院建设和讲学以实现其"为己之学"的教育理想的努力也愈来愈投入。虽然中间难免出现日益普遍的"书院官学化"的情况,但是理学家的私人教育活动也未曾终止过。这样的现象在明初也是如此。

官学和科举自然是为了国家育才和取才的政治目的而服务的。官学和科举所代表的国家政治目的,以及理学家在书院推动理学思想的教育理想是容易被人们理解为处在一种对立之中的。但是北方大儒薛瑄对于这个问题的立场激发我们进一步思考这个问题。尤其是当和他同属一个时代的南方儒者依旧使用过去的手段,即在书院进行私人教育活动来达到理学家的教育目的,而薛瑄晚年却强烈地主张理学传播,尤其是其"复性"思想应该和官学与科举结合起来时,我们就不得不检视我们固有的想法了。

本文论证了薛瑄不同于其他儒者的立场,于此本文将进一步讨论薛瑄何以会呈现这样的态度。我们或许可以从两个方面考虑。一方面,通过对

---

① Koh Khee Heong, "East of the River and Beyond: A Study of Xue Xuan (1389—1464) and the Hedong School"(Ph. D. dissertation, Columbia University, 2006), pp. 76-152.

薛瑄的"道统观"和"复性论"的讨论，我认为薛瑄的"道统观"和明初北方儒者给自己在理学传统中定位的心理和理论需要其实是互为表里的。而薛瑄的"道统观"允许后代儒者在没有师承背景下，直接通过掌握宋儒文字中的"道"，即可掌握"天命之性"，并同时也继承了理学的道统。而"复性论"就是对这个"天命之性"的掌握之理学描述。后代贤人儒者既然可以，也应该"复"这个"性"，那么他们自然也可以无需师承，完全从宋儒文字中自得之。薛瑄的"道统观"和"复性论"显然地在其思想体系中是相辅相成的，而且同时成熟于薛瑄晚年退隐里居之时。① 薛瑄这方面的思想成熟于晚年，也正是本文所强调的其将"复性"思想之传播公开地寄望于官学系统的同时。于此，其哲学和教育立场完成了一定程度的结合。

　　另一方面，薛瑄认为理学的教育理想和国家的政治目的是可以结合的。更重要的是，他觉得这个结合应该发生在国家的官学体系，而不是私人的书院传统中。这不仅折射出其对国家机器的认同，更凸显了一定程度的南北差异。在薛瑄的思想体系中，既然理学的传播本不需要建立在任何师承关系上，那么理学家的教育理想，在这里就是指薛瑄对于"复性"思想的普及，就不一定需要在理学家私人兴建或者主导的书院中实现。换言之，在教育理想的层面，薛瑄认为，对于理学的掌握既然不需要倚赖在书院中建立起属于私人性质的师承关系，那么学官在官学中教导宋儒的著作即可，而生员在官学中学习宋儒的著作并以之应试即可。在这样的认识下，理学思想的传播是可以与官学系统和科举制度结合的，只要国家的学政明确地坚持以程朱理学为育才和取才的圭臬。理学家的教育理想和国家的政治目的在这里的结合于理论上是没有问题的，至于实际运作时会面对什么难题则是薛瑄未及思考的问题，本文也就无从分析了。

（原载《汉学研究》2009年第27卷第1期，第87—112页）

---

① 许齐雄：《薛瑄的"道统观"和"复性论"》，《明清史集刊》2007年第9卷，第61页。

河东学派：
区域与跨区域的思想网络

　　不同学派都有自己的组织方式。有时一些地方学者是围绕同府或同县的学术领袖的。此类地方性的学派的活动与关注会聚焦于地方，并且和地方主义的兴起或者复兴息息相关。[①] 另一种情况是地方学术网络的领袖人物虽然也有一种全国性的学术平台和视野，但邻近地区的竞争也许会促使他们创造和捍卫一种属于地方性的传统。[②] 在另一些具体案例中，我们甚至看到在一府之内，不同的学术网络会因为组织的方式不同而拥有不一样的寿命和影响范围，其主要原因是和宗族的关系不同。[③]

　　上举研究中的空间不同，有一郡内之两县的研究，或集中在一个府的讨论，或一个省的通论等等。但是研究者基本上视其所处理的空间为一个整体。换言之，其视野是将研究空间当成一个区域。在明代，理学作为科举范围是全国性的，但不同的学派如何组织则是不同的。本文所讨论的是一个从明初的区域（Local）学术网络，发展到 16 世纪的跨区域（Translocal）网络的学派。这两种不同的模式影响了该学派的发展。

一、跨越黄河之东：作为区域传统的河东学派

　　河东学派由明代主要北方理学家薛瑄（1389—1464）所创。薛瑄是有明三百年间首位从祀全国性系统的孔庙的明儒。作为朱熹（1130—1200）学术的忠实支持者，薛瑄自然被理解为处在王阳明（1472—1529）的对立面。明儒在讨论孔庙从祀问题时就已经清楚地如此理解。[④] 明末清初学者汤斌（1627—1687）也视二人为明代最为重要的理学家。[⑤] 也有人将薛瑄和王阳

---

① Peter Bol, "Neo-Confucianism and Local Society, Twelfth to Sixteenth Century: A Case Study", in Paul Smith and Richard von Glahn eds., *The Song-Yuan-Ming Transition in Chinese History*(Cambridge and London: Harvard University Press, 2003), pp. 241-283.

② 吕妙芬：《阳明学士人社群：历史、思想与实践》，第 369—416 页。

③ 张艺曦：《社群、家族与王学的乡里实践：以明中晚期江西吉水、安福两县为例》，台湾大学出版委员会 2006 年版，第 111—273 页。

④ Koh Khee Heong, "Enshrining the First Ming Confucian", *Harvard Journal of Asiatic Studies* 67.2(Dec., 2007), pp. 327-374.

⑤ 汤斌：《汤子遗书》，《文渊阁四库全书》，内联网版，第 7 卷，第 29—30 页。

明视为明代理学和心学的代表，但全祖望（1705—1755）认为这是无稽之谈。① 他拒绝将理学和心学决然二分与黄宗羲（1610—1695）反对在《明史》中单独设立道学列传如出一辙。道学列传首见于《宋史》，是理学家推崇和界定自己的学术传统的重要手段。在黄氏和其门人处，判别明代理学和心学，并将程朱学者归入《明史》道学列传，自然无助于为王阳明树立其在明代理学中之正统性的努力。

河东者，黄河之东也。在分析了前去求学于薛瑄门下的四方学子的背景之后，我们不难发现河东学派的涵盖范围远远超过了黄河东岸的地理界线。薛瑄虽出生于位于今日河北省境内的真定府元氏县，并且在河南省诸县之间度过其童年和少年时期，他和河津县的联系从未断绝。薛瑄不仅送其父归葬河津，全家也在其继母于1433年去世后迁回河津定居。不仅仅是葬其父母于河津并在此丁忧守丧，薛瑄在被除籍和年老致仕时都是回到了河津。河津是他教导四方学子的地方，也是他最终长眠之处。②

明代河津县隶属蒲州。黄河中段在接近潼关处转而向东，即山西、陕西、河南三省交会之处。这最后一段向南流的黄河被称为小北干流。③ 其大致位置是从龙门到潼关。龙门在河津县，潼关则在对岸的陕西。三省交会处的州级行政单位为山西蒲州、陕西同州、河南陕州。府级单位则为山西省平阳府、陕西省西安府、河南省河南府。

有两条河流对河津县至关重要。在县西，黄河向南流去；而县城往南八里，汾河穿过河津县向西汇入黄河。④ 县城虽在汾河之北，薛瑄故里平原村则在汾河之南。平原村位处河津县东南角。薛瑄父母均葬于汾河之南，其后人应该也集中在平原村，且薛瑄祠堂建于村中。但是薛瑄里居时教授学生的地点则在县城。按将薛瑄故居重建为专祠并重新将之命名为文清书院的王盛（1475年进士）的说法："河津县城内大街西有文清薛先生旧宅一区，乃先生退休讲学明理之处。"⑤

① 全祖望：《鲒埼亭集外编》，《续修四库全书》，第44卷，第14页。明代思想史的区域划分自然是比北方传统和南方的阳明学的粗略二分来得复杂。例如有学者认为以蔡清（1453—1508）为核心人物的福建程朱理学是自成一个体系，是除了北方传统和以吴与弼为主的南方传统之外的闽学。李清馥：《闽中理学渊源考》，《文渊阁四库全书》，内联网版，第59卷，第4页。
② 杨鹤：《薛文清公年谱》，《薛瑄全集》，第1697—1704、1707—1709、1716—1717、1726—1729页。
③ 王元林：《明代黄河小北干流河道变迁》，《中国历史地理论丛》1999年3月第14卷第2期，第187—199页。
④ 沈千鉴：（嘉庆）《河津县志》，第2卷，第6—7页。此外，见顾祖禹：《读史方舆纪要》，京都中文出版社1981年版，第1752—1753页。
⑤ 王盛：《薛文清公书院记》，《薛瑄全集》，第1655页。

河津县北、东、南三面为平阳府其他属县,西面黄河对岸即西安府的韩城县。薛瑄虽在统称河东的地方,尤其是汾河与黄河交汇处教授学生,从学者却从全国各地纷至沓来。当然,其中又以山西、陕西、河南三省为主。①按阎禹锡(1426—1476)为薛瑄所撰《行状》,称其"家居七年,闭门不出,虽邻里罕得窥其面。江西、陕西诸省弟子来学者百有余人"②。另外,薛瑄的《年谱》谓秦(陕西)、楚(湖广)、吴(南直隶)及越(浙江)间来学者以数百。③再者,其退休居家的最后8年间,"四方从学者日众,至市馆不能容"④。

王盛留有一份从学于薛瑄的学生名录。名录不是完整的,也不包含个别学生的重要信息。因此在从诸多地方志和薛瑄作品中的进一步整理中,笔者也找到更多学生的资料。本文共掌握了88名学生的资料,其中13人是笔者搜索所得。当然,这份名录也不是完整的。如果我们按这些学生的地理分布分析,那么,薛瑄的学生无疑主要来自秦、晋、豫三省,即山西(49%)、陕西(23%)、河南(13%)。若往细里探究,则其学生主要是来自平阳、西安、河南三府之地。⑤

薛瑄的学生主要来自三府之地,自然和它们与河津在地理上的距离相关。在平阳府内,来自蒲州的学生又占多数。西面黄河对岸的韩城县则是西安府地区的主要学生来源地。显而易见的是,河东学派因为河津县的位置而得名,它却无疑不是一个纯粹的"地方"思想运动。它其实是一个以黄河小北干流附近为最初的中心的区域性学术网络。

与河东地区相应的另一个现代地名是晋南。这个地区是西安和其东面的中原地区联系的门户,所以此地区和西安的联系是非常紧密的。从战国时代以降,渡过黄河入蒲州是从西安进出的重要路线之一。稍北一点,便是由陕西这边的韩城过河进山西那边的河津。入河津之后,又可北上太原。

---

① 明代陕西包括今日之宁夏与甘肃,本文依据明代制度均谓之陕西。此外,有关河津县和平原村的描述都是按当时的情况进行书写。今天的平原村隶属于当时尚未建立的万荣县。可参考两县的当代地方志。山西省万荣县志编撰委员会:《万荣县志》,海潮出版社1995年版,第629、632—633、709—710页;河津县志编撰委员会:《河津县志》,山西人民出版社1989年版,第356、501—502页。

② 阎禹锡:《礼部左侍郎兼翰林院学士薛先生行状》,《薛瑄全集》,第1611—1618页。

③ 薛瑄:《薛瑄全集》,第1717页。

④ 薛瑄:《薛瑄全集》,第1617、1726页。

⑤ 来自河南府的学生人数不算多,但是最重要的第二代河东学派学者中有两位来自这里。因此虽然来自怀庆府的学生人数和河南府相当,但此三府之地还是河东学派的核心地域。有关薛瑄学生的名录,见 Koh Khee Heong, "East of the River and Beyond: A Study of Xue Xuan (1389—1464) and the Hedong School" (Ph. D. dissertation, Columbia University, 2006), pp. 231—240.

虽然蒲州路线在明朝时期因为黄河的多次改道而不再重要,河津路线却始终是重要的途径之一。[1] 实际上,河津之名便有黄河要津的意思。

从此处我们再次看到行政区域的划分并不能很好地反映实际的社会活动的区域。至少在学术活动的领域,蒲州和韩城的关系,比其和省会太原的关系更为密切。实际上,这段黄河的两岸的人们在许多其他社会生活的层面也是紧密联系着的。虽然这些议题远远超出了本文的范围,但也许还是值得稍微谈论一下地方方言在我们了解地方史时扮演的重要角色。

按当代语言学的研究,晋南二十余县是汾语区。这个地区的很多地方志都提及他们的在地方言和长安话之间的密切关系。现实中,包括韩城在内的关中地区东面的地方方言,和汾语区的方言是高度相似的。[2] 这个当代的语言现象是可以反映黄河两岸诸县在历史上的密切联系的。

与此相关的证据还包括地方戏曲的传播。山西梆子便是在明代由西秦腔发展而来。两地的地方戏曲关系紧密,甚至有山陕梆子的统称。黄河两岸的演员是可以同台合演的。梆子也向中国北方其他地区传播,尤其是通过黄河南岸的河南府地区。[3]

薛瑄的多数学生来自黄河三面的不同府县。在以上分析的基础上,由于范围跨越了省界,所以我们不能简单地将其学术网络定义为地方性的。这个扩大了的河东区域涵盖了运输和人流都紧密相连的地区,甚至是同一方言区。河东学派的起点是一个主导该地区的学术活动的区域性学术网络,尤以平阳与西安为中心。实际上,联系较弱的河南府就是三府中最早出现河东学派的发展断裂现象的地方。[4]

二、中分其盛:跨区域网络的河东学派

上文提及薛瑄的许多学生来自黄河对岸的陕西西安。到了 16 世纪,河东学派的几位领袖人物即是陕西的学者。这并不意味着他们的学术活动仅局限于陕西,因为跨省份的学术活动和交流仍在进行,只是如同改道的黄河,河东学派的中心逐渐转移到黄河对岸。

在陕西的河东学派之长时段的有效传播的关键人物是兰州的段坚

---

[1] 李孝聪:《中国区域历史地理》,北京大学出版社 2004 年版,第 180 页。

[2] 乔全生:《论晋方言区的形成》,《山西大学学报》2004 年第 27 卷第 4 期,第 17—21 页。

[3] 李孝聪:《中国区域历史地理》,第 225—226 页。

[4] 有关河东学派在河南的发展,见 Koh Khee Heong, "East of the River and Beyond: A Study of Xue Xuan (1389—1464) and the Hedong School" (Ph. D. dissertation, Columbia University, 2006), pp. 193-200。

（1419—1484）。段坚的弟子柴升（1487 年进士）在为老师建立祠堂并撰写的记文中称其历官有声迹是因为"公少尝师河东薛文清公，得伊洛之传"①。而这一脉传承中最重要的人物莫过于偶会被误写成"周桂"的周蕙（生卒年不详）。来自秦州的周蕙是军籍，即其始也是自学成才的。后来听说段坚居家讲学，所以便前去聆听。一开始，他只是个站着的听众，但后来诸儒让他坐听，之后还让他加入讨论。

然而段氏不是周氏得河东学派之传的唯一来源。周蕙也曾师事安邑李昶（1456 年举人）。李昶是薛瑄门下最杰出的学生之一，当时在秦州清水县县学任教谕。学使视学时，因自叹自己不及而向朝廷上奏推荐李昶取代己位，但是朝廷尚未授命，李昶便已去世。② 由于受过段坚和李昶的启发，周蕙之学因此是属于河东学派的传统的。③ 李昶对师门的最大贡献也许就是将其学传授周蕙。

陕西河东学派的第四代成员中，薛敬之（1435—1508）的角色举足轻重。薛敬之师从周蕙，1466 年以贡生身份入国子监读书。④ 陈献章（1428—1500）当时也在监，据说二人在京师时是齐名的。⑤ 薛敬之在 1500 年左右致仕，之后到了长安。吕柟（1479—1542）刚好在开元寺（亦称正学书院）读书。因为薛敬之来到了长安，吕柟才有了从学门下的机会。吕氏不仅从薛敬之那里得到河东学派之传，同时也从其师处听闻有关周蕙的事迹。⑥

吕柟是 16 世纪第五代河东学者中最有力的阳明学派挑战者。传自薛敬之门下的吕柟是薛瑄学说的继承人为人们的共识。⑦ 虽然四库馆臣因为对李梦阳（1473—1530）的偏见而批评受其风格影响的吕柟的文学作品，却

---

① 柴升（1487 年进士）：《段太守祠》，李濂：《嘉靖河南通志》，国立北平图书馆珍本缩微胶卷 1555 年版，第 18 卷，第 58b—59b 页。

② 沈佳：《明儒言行录》，《文渊阁四库全书》，内联网版，第 2 卷，第 78 页；储大文：（雍正）《山西通志》，纪昀等：《文渊阁四库全书》，第 139 卷，第 37—38 页；费廷珍：《直隶秦州新志》，《中国方志丛书》，第 938 页。

③ 沈佳：《明儒言行录》，第 2 卷，第 84 页；冯从吾（1556—1627）：《周廷芳蕙传》，焦竑：《国朝献征录》，第 114 卷，第 40 页。

④ 曹季凤：《新续渭南县志》，哥伦比亚大学东亚图书馆特藏 1892 年版，第 10b、6a、13a、14a、16b 页。

⑤ 曹季凤：《新续渭南县志》，第 10b、14a 页。可参考吕柟所撰墓志铭的另一版本，文中提及王云凤（1484 年进士）同意此观点。朱大韶：《皇明名臣墓铭》，台湾学生书局 1969 年版，第 1636—1637 页。

⑥ 曹季凤：《新续渭南县志》，第 10b、18a 页。

⑦ 张廷玉等：《明史》，北京中华书局 1997 年版，第 282 卷，第 7244 页；《雍正山西通志》，第 99 卷，第 30 页；张承熊：《解州志》，哥伦比亚大学东亚图书馆特藏 1881 年版，第 5 卷，第 42b 页。

也承认吕柟的哲学体系传自薛瑄。① 吕柟曾将薛瑄与元代理学家相比较时认为其不如许衡（1209—1281）却胜吴澄（1249—1333），也曾将薛、许并称。② 对于吕氏而言，薛瑄是明代士人中无人可出其右的理学大家。③

吕柟是1508年的状元，授翰林修撰。之后因为在1522年为大礼议进谏而贬为平阳府解州判官。时值知州去世，故吕柟代摄州事。他在解州德政众多，最为人称道者为其对教育的重视。在巡按御史为他兴建解梁书院后，其弟子的人数愈增。1527吕柟升调南京吏部。其解州弟子称："续朱子者鲁斋一人而已，继鲁斋者敬轩一人而已，继敬轩者先生（吕柟）一人而已。"④

虽然吕柟在解州留下了为民感怀的烙印，但其在教育上的最大成就是在南京。在理学的世界中，吕柟并不掩饰他不认同王阳明的立场，也颇为轻视陈献章。⑤ 吕柟对王阳明"致良知"说的批评广为人知。黄宗羲甚至需要在《明儒学案》中为之辩护。刘宗周（1578—1645）也不得不承认：

> 关学世有渊源，皆以躬行礼教为本，而泾野先生实集其大成。观其出处言动，无一不规于道，极之心术隐微无毫发可疑，卓然闵、冉之徒无疑也。当时阳明先生讲良知之学，本以重躬行，而学者误之，反遗行而言知。得先生尚行之旨以救之，可谓一发千钧。时先生讲席几与阳明氏中分其盛，一时笃行自好之士多出先生之门。⑥

身为阳明学中人的刘宗周不认为阳明哲学有误，而是后学误入歧途。他甚至认为吕柟之学可以救阳明后学之弊端，也承认吕氏的影响力和王阳明一样大。而当时"笃行自好"的学子其实多投在吕柟门下。

离开解州之后，吕柟大概在南京的不同闲职上度过了五六年的时间。他在1535年升任北京国子监祭酒，当时在北京的学术影响引人注目。但他在北京停留的时间不长，之后又升调南京礼部侍郎，所以再次回到了南方。

---

① 纪昀等：《四库全书总目》，第36卷，第15—16页；第93卷，第17—18页；第176卷，第29页。
② 吕柟：《泾野子内篇》，《文渊阁四库全书》，内联网版，第5卷，第1页；薛瑄：《薛瑄全集》，第1650—1653页。河东学派以薛瑄为明代的"许衡"，故将二人相提并论，此本不足为奇。但主张薛瑄超越了许衡就不是常有的态度。当然，薛瑄在他们心目中的地位是在其他例如吴澄那样的元儒之上的。
③ 吕柟：《泾野子内篇》，第2卷，第14—15页；第6卷，第7页。
④ 张承熊：《解州志》，第14卷，第9a—9b页。
⑤ 沈佳：《明儒言行录》，第4卷，第28页。
⑥ 黄宗羲：《明儒学案》，《师说》，第6b页。

此为他 3 年之后致仕前的最后一个任官。① 除了北京国子监的短暂任命之外,吕柟于 1527 到 1539 年之间在南京度过了 10 年。

当时同样活跃于南京的两位理学大师为湛若水(1466—1560)和邹守益(1491—1562)。② 湛若水虽曾经从学于章懋(1437—1522),却无疑是陈献章学术的主要传承者。而邹守益则为阳明高弟。③ 除在 1529 到 1533 年之间任职北京之外,湛若水从 1524 到 1540 年之间主要都在南京。他先后出任过南京国子监祭酒、礼部侍郎和礼部、吏部、兵部尚书等职。邹守益的经验也相似,除了 1538 到 1540 年之间在北京,他从 1527 到 1541 年之间在南京担任过好些不同职务,其最后的任命为南京国子监祭酒。

吕柟、湛若水、邹守益 3 人来自不同的学术传统,但都在殿试上一举成名。湛若水是 1505 年的榜眼,吕柟是 1508 年的状元,而邹守益则为 1511 年的探花。更为巧合的是,3 人都曾出任国子监祭酒,虽然具体地点不同。在 16 世纪 20 年代末,以及 16 世纪 30 年代,3 人都在南京任职,并且积极推广各自的学术。有一个说法称吕柟在南京 9 年"与湛甘泉、邹东廓,共主讲席。东南学者,尽出其门"④。

对一些人而言,吕柟既属于历史,也属于区域。他是薛瑄的河东学派在明中叶最重要的成员,在激烈的学术思想的角逐中代表河东传统。但他也是最重要的关中子弟,复兴了关中地区的学术。一篇关于他的传记宣称:"真醇道学在关中,可继张横渠者泾野一人而已;在我朝,可继薛文清者亦泾野一人而已。"⑤

传记作者称吕柟继承张载是着眼于地方认同之上。而吕柟对薛瑄的继承则是立足于明代河东学派传承的论述之中。在整体的理学传统中,吕柟的地位也是崇高的。其来自三原的友人马理(1514 年进士)甚至将他抬到一个超过许衡与薛瑄的高度。马理在吕柟的墓志铭中提到:"自元以来及今,见道而能守者,唯鲁斋许氏及我明薛文清公数人而已……(吕柟)如文清

① 沈佳:《明儒言行录》,第 4 卷,第 24—25 页;焦竑:《国朝献征录》,第 37 卷,第 25—27 页;吕柟:《高陵县志》,中国西北文献丛书编辑委员会:《西北稀见方志文献》,兰州古籍书店 1990 年版,第 257 页。

② 张廷玉:《明史》,第 282 卷,第 7244 页;沈佳:《明儒言行录》,第 4 卷,第 31 页;黄宗羲:《明儒学案》,第 8 卷,第 1b 页;焦竑:《国朝献征录》,第 37 卷,第 25 页;吕柟:《高陵县志》,第 257 页。

③ 有关湛若水的英文传记和思想之讨论,见 Goodrich, L. Carrington ed., *Dictionary of Ming Biography*, 1368—1644 (New York: Columbia University Press, 1976), pp. 36-42;邹守益,见 *Dictionary of Ming Biography*,第 1310—1312 页。

④ 黄宗羲:《明儒学案》,第 8 卷,第 1b 页。

⑤ 吕柟:《高陵县志》,第 255 页。

而知新之业则广。"①

虽然在晚明关中学者的建构中,吕柟是关中传统的传人,但其学术成就显然代表了河东传统的第二个高峰。和区域性色彩浓厚的早期河东学派相比较,该学派在 16 世纪中的领军人物吕柟则是在南京讲学时期发挥了最大的影响。当刘宗周承认"讲席几与阳明氏中分其盛"时,主要是指在南京讲学时期。

若将吕柟学生和薛瑄学生做一比较的话,其最为明显的差异便是地理分布的中心转向了南方。吕柟 31％ 的学生来自南直隶地区,13％源自江西,另外 8％ 和 4％ 分别来自湖广和浙江。加上福建、广东、广西、四川的 7％,则其南方学生共占总数的 63％。北方学生的比例下降到 34％。其中 15％来自吕柟家乡陕西,11％属邻近的山西,4％从河南来,剩余的 1％ 和 2％分别来自直隶和山东。② 河东学派在北方三省区域的影响范围还在,可是吕柟学术散播的中心显然在南方。大都会南京不仅在政治上仍保有首都的象征地位,也是南方城市中最具活力的城市之一。当然,其实际政治地位早已式微,但各部所聘文官和国子监的太学生保障了其文化与学术中心的地位。无数官宦、文人、商贾、监生、僧道等往来进出南京。有些像吕柟一样,流寓多年。这些人所形成的网络是跨区域的。南京当然也会有其地方的网络、在地的宗族。但那些跨区域网络是建立在人群的流动上,而不是对一地的桑梓情怀或认同感。

吕柟的跨区域影响范围源于其学生来自明朝的广袤地区,所覆盖的省份远远超过了薛瑄。但是此一河东学派的第二高峰却是其消沉的前奏。尽管吕柟的影响力是跨区域的,河东学派却在吕柟去世之后开始式微。这个跨区域的网络为什么没有将河东学派转型成一个拥有更广的基础而在 17 世纪继续发展呢?为什么吕柟在南京的十年努力并没有衍生出更多可持续发展的网络呢?

笔者认为薛瑄门下的学生网络之所以在北方的思想世界中有更深远的影响,是因为其主要的活动区域实为一个跨越省界的共同文化与语言地区。这个区域的学生人数也足够众多以保证老师的学术可以流传更久。相比之

① 马理:《溪田文集》,《四库全书存目丛书》,第 5 卷,第 170—171 页。沈佳引述马理的文字略有出入,但基本意思不变:吕柟著作多于许商,知识广于薛瑄。沈佳:《明儒言行录》,第 4 卷,第 27—28 页。考虑到此文献的特殊性质,马理的溢美之词也许并非公论。有关明代关学传统的建构,见 Ong Chang Woei, *Men of Letters Within the Passes: Guanzhong Literati in Chinese History*, 907—1911 (Cambridge: Harvard University Asia Center, 2008), pp. 167—178。
② 吕柟学生的名单见本文附录。

下,吕柟学术的传承情况不佳有几个可能的因素。首先是阳明学说在直隶、山东、河南的传播削弱了河东学派在北方的影响。此外,之后像冯从吾(1556—1627)这样的新一代陕西学者有了别的关怀或许也是原因之一。这两点可以解释河东传统在 16 世纪后半叶的北方为何疲弱不振。但另一方面的疑团始终费解:吕柟在南方学生众多,何以河东学派在南方没有生根发展呢?笔者认为主要的原因还在于吕柟学术网络的性质。其跨区域的网络在全国范围撒开时无可避免地过于单薄,无法在任何一处,尤其在南方,形成任何一个有效的聚集点。吕柟学生所属的南方诸县又远离河东学派在北方的传统基地的现实,只会让形势更严峻。

换言之,吕柟跨区域的学术网络在全国范围内看似辉煌,实际上是一个无法持续的网络。为更好地理解这一跨区域网络为何无法持续,本文将以 5 个南方府县为例,讨论吕柟的学生。选择它们是因为各县都有最少 5 个属于此网络的成员。它们分别是应天府的上元县(即南京城),扬州府的江都县,徽州府的歙县、休宁、祁门。诸府在明代均隶属于南直隶。

(一)上元县

读者从本文附表中会看到共有 5 名学生来自应天。但地方志中只查到金瀚、宋元博、葛清、谢少南 4 人。地方志只记录了葛清、宋元博、金瀚中举的年份,以及他们专攻的五经和该场的名次。读者也可得知葛清出任县学教谕,而宋元博为县令。[①] 在这些南京籍士人之中,谢少南是吕柟最重要的学生之一。据载门人谢少南为吕柟在陕西出版的重要论经专著《泾野经说》作过序。[②] 但地方志中只字未提及谢少南和吕柟的关系。谢少南简短的传记属地方志的儒林卷,且叙述重点为其在广西任副使的事迹。[③]

(二)江都县

笔者在县志中找到吕柟江都籍的 10 名弟子中的 9 人,黄沐名字不见于方志。在另一个和吕柟无关的人物之传记中,提到了史起蛰、葛涧和另二人以博学著称。[④] 但是除了科第年份和其任职礼部的信息之外,我们对于史起蛰别无所知。[⑤] 而葛涧的吕柟门人身份也存在可疑之处,因为县志称其

---

① 唐开陶:《上元县志》,《稀见中国地方志汇刊》,第 6 卷,第 54—55 页。
② 朱彝尊:《经义考》,《文渊阁四库全书》,内联网版,第 248 卷,第 1 页。
③ 唐开陶:《上元县志》,《稀见中国地方志汇刊》,第 19 卷,第 46 页。
④ 陆君弼、张宁:《江都县志》,《稀见中国地方志汇刊》,第 17 卷,第 12—13 页。
⑤ 陆君弼、张宁:《江都县志》,《稀见中国地方志汇刊》,第 5 卷,第 46、53—54 页。

为湛若水的高足之一。①

9人中多数没有传记,对于阎传、王廷祀、褚宗禄等,和史起蛰一样,只知道他们中举的年份。王廷祀出任判官,褚宗禄拜知县,而阎传则为了侍母而不仕。② 高相虽有传,却仅仅谈其人品而只字未曾提及吕柟。③

众人中唯曹守贞、何城、何坚3人传记明确说明他们是吕柟的学生。并无证据显示曹守贞尝致力于推广吕柟的学说。地方志仅提及他致仕里居之后闭门著作。何城同样没有传播师说的相关记载。其弟何坚的学问在同县士子中倒似享有更高的地位。何坚"不与时相竞辨",吕柟去世之后,面对其他学派的横行,何坚只是发出了"吾谁与归"之叹。④

另一方面,除了葛涧,另一位江都人沈珠(1516年举人)也是湛若水重要的学生之一。他积极讲学,从游者众。地方志甚至宣称宋代江都儒者李衡(1100—1178)之后"数百年,惟珠一人为理学真儒焉"⑤。

(三)歙县

学生12人之中只有4人可在地方志中找到踪迹。其中程默的名字只是出现在《选举志》的"科目"之下,而许象先的事迹也仅仅在《人物志》的"孝友"类下有寥寥几笔的记录。⑥ 传记见于"士林"的仅有王献芝和张廷材二人。而张廷材同时从学于吕柟和湛若水。⑦ 王献芝倒是"闻吕仲木讲学留都,特往师之"。他的学问和志向"以躬行为先,以经世匡时为己任",可惜"未及施行而卒"。⑧

相比之下,地方志的"士林"收录了8名湛若水门人或是与阳明学派重要人物关系密切者的传记。例如郑烛(生卒年不详)同时师事湛若水和邹守益。而吕海(生卒年不详)除了从学于湛若水及其门人洪垣(1532年进士)之外,也是阳明学派王畿(1498—1583)的学生,吕海是被地方志誉为"一时领袖"的人物。其他如吴林(生卒年不详)则是湛若水,以及阳明学派的耿定向(1524—1596)和钱德洪(1469—1574)门下。尚有如吴熙(生卒年不详)、程嗣光(生卒年不详)、程宏忠(生卒年不详)和洪启蒙(生卒年不详)等,都是

① 陆君弼、张宁:《江都县志》,《稀见中国地方志汇刊》,第17卷,第13页。
② 陆君弼、张宁:《江都县志》,《稀见中国地方志汇刊》,第5卷,第46—47页。
③ 陆君弼、张宁:《江都县志》,《稀见中国地方志汇刊》,第17卷,第7—8页。
④ 陆君弼、张宁:《江都县志》,《稀见中国地方志汇刊》,第17卷,第19—21、25—26页。
⑤ 陆君弼、张宁:《江都县志》,《稀见中国地方志汇刊》,第17卷,第5页。
⑥ 石国柱、许承尧:《民国歙县志》,《中国方志丛书》,第4卷,第19a页;第8卷,第10b页。
⑦ 石国柱、许承尧:《民国歙县志》,《中国方志丛书》,第10卷,第3a页。
⑧ 石国柱、许承尧:《民国歙县志》,《中国方志丛书》,第10卷,第6a页。

阳明学派著名学者王畿、耿定向、邹守益、王艮(1483—1541)、罗汝芳和胡直(1517—1585)等人的学生。而毕珊(生卒年不详)则受益于王阳明的亲教。①

(四)休宁县

和歙县同郭的休宁县共有9名吕柟的学生。有关詹敬、胡文孚、胡大器3人,地方志中仅有他们的中举年份和所任官职的简短记录。"程爵"之名若非妻子名列"列女"则根本不见于方志之中。② 唯有汪威具有明确的从学于吕柟和邹守益的记载,但是其传记列于"笃行"之下。而且连汪威的传记也没有证据显示他有推广吕柟学说之举。③

与之对比,地方志中有8名与湛若水的学说或者阳明学派之间拥有不同程度之联系者的记载。有些同为湛若水和邹守益的学生,有些则从学于其他著名阳明学者耿定向、钱德洪或王畿。④ 其中的黄金色(1568年进士)不仅及于钱德洪和王畿门下,他还曾经与反对王阳明从祀孔庙者展开辩论。⑤

(五)祁门县

祁门县的情况也与之相似。在5名学生中,地方志只是大略提及谢应熊和谢顾,也没有涉及他们和吕柟的关系。⑥ 相比之下,方志中的《儒林》和《宦迹》二卷却有5则湛若水和邹守益门人在地方上发挥了更大影响力的传记资料。其中谢芊(生卒年不详)最为引人瞩目,其传记不仅提及"归与东南人士讲道,从者益众",也提到他去世之后从祀于湛若水讲学其中的新泉书院。⑦

根据上述吕柟学生比较集中的南方5县的讨论,本文对于16世纪中叶河东学派的跨区域学术网络有一些观察。河东学派的第二个发展高峰比第一次涵盖了更多行政单位,也真的具备跨区域特性。这一跨区域性当然不是一个自觉的策略,而是源于吕柟将其学术生涯中最精彩的10年投入在全国学术中心之一的南京的讲学上。因此若仅从学生原籍分布的比例来看,

① 石国柱、许承尧:《民国歙县志》,《中国方志丛书》,第10卷,第2b、4b—6a、8a页。
② 石国柱、许承尧:《民国歙县志》,《中国方志丛书》,第16卷,第11a页。
③ 石国柱、许承尧:《民国歙县志》,《中国方志丛书》,第15卷,第23a—b页。
④ 石国柱、许承尧:《民国歙县志》,《中国方志丛书》,第14卷,第60a—60b、62a—62b页;第15卷,第22b、23b、30a页。
⑤ 石国柱、许承尧:《民国歙县志》,《中国方志丛书》,第13卷,第33a—b页。
⑥ 王让:《祁门县志》,《中国方志丛书》,第22卷,第6a页。
⑦ 王让:《祁门县志》,《中国方志丛书》,第23卷,第8b—11b、15b页;第25卷,第29b—31a、43a页。

河东学派的中心转移到了南方。但是河东学派在南方的盛况亦仅仅是就数目而言,或是给予了一些观察者的印象。该学术网络自身并无法持续发展。笔者认为这基本上是由河东学派的跨区域网络的本质所前定的。学生们纷纷前往全国性的学术中心从学于著名的学者,而大多数学生并非来自同一个地方。这无可避免地限制了河东传统之后在学生们的家乡传播的能力,毕竟他们不具备必要的人数基础。

纵使如之前5县的案例,河东学派在某县具备一定之人数时,有两个特点值得注意。首先这些士人多数在地方上名不见经传。有些足以在方志记上一笔者,信息往往非常简略。即便那些拥有传记的人物,又未提及他们的从学经验或师生关系。这不禁令人质疑这些士人也许并未积极从事传播河东学术的工作,或是效果甚微。甚至像吕柟高弟谢少南也不见任何在乡里从事学术传播活动的记录。在诸志中,甚难找到受到吕柟启发的重要地方士人。其次,有较多学生集聚一处而依然不见河东传统的积极传播除了这些士人在地方上影响力甚微之外,还有竞争者势力的因素。吕柟的学术也许和王阳明一样受欢迎,从学吕柟门下的学生也许和湛若水与邹守益一样多,但从本文上举的例子之中可以看到,竞争者的学生在各自的乡里更为活跃与显赫的现象。虽然一些竞争者是吕柟学生的后辈,但是湛若水,尤其是阳明学派的优势是显而易见的。

《明儒学案》载有几位吕柟学生的资料。他们分别是泾阳的吕潜、张节(? —1582)和郭郛,以及咸宁的李挺和建安的杨应诏。[1] 这几位第六代的河东学派理学家遭到了来自竞争者更为苛刻的讨论和严厉的批评。

明末清初阳明学传统中的黄宗羲在评价福建杨应诏时的敌意便是一例。黄宗羲指出杨应诏"卒业南雍"时正逢湛若水、吕柟"诸公皆讲学"于南京时,而杨氏"独契泾野,出其门下",而且"于心斋、龙溪为阳明之学者,皆有微訾"。在简短引述杨应诏为学要旨之后,黄宗羲讥"其言多自夸大,而雌黄过甚。亦非有道气象"[2]。这样的评论本身是一个也许无法证明的主观攻击。黄宗羲接着讨论杨应诏有关"工夫即本体"以及镜与刮磨的比喻,毫不犹豫地认为此"似是而非"的学说"不通也"。[3]

河东学派是15世纪领导北方理学的学派。薛瑄的学生代表了其第一个高峰。作为一个学术网络,它是区域性的。整体而言,该网络集中于一个

---

[1]　黄宗羲:《明儒学案》,第8卷,第10b—12b页。
[2]　黄宗羲:《明儒学案》,第8卷,第11a页。
[3]　黄宗羲:《明儒学案》,第8卷,第11a—11b页。

至今仍然关系紧密的区域。虽分成 3 个发展脉络，它们既在地方上积极传播，也进行跨越省界的流动。这样的一个具备强烈地方色彩的区域网络允许河东学派一直发展到 16 世纪。

到了 16 世纪，中国社会和思想世界发生了巨大的变化。其中最显著的莫过于阳明学派的兴起和其复杂的师生网络。河东学派在 1530 年代随着其当时的领军人物吕柟在全国中心之一的南京讲学十载而迎来第二个高峰。四方学子，尤其是南方省份的学生，纷至沓来从学其门。河东学派在此一时期也因此发展出一个不同的跨区域网络。吕柟之学因为和王阳明中分其盛，所以是阳明学派的主要挑战者之一。但这一表象之后却是一个无法持续其发展势头和持续兴盛的跨区域学术网络。河东传统在吕柟去世之后便式微了。其衰颓之势有好几个原因，但其不能在南方传播的关键恰恰是因为其跨区域特性，使得河东学派无法在任何一处落地生根。因此这一跨区域模式正是河东学派发展的绊脚石。

河东学派在两个不同历史时段经历了两种模式的学术网络。其经验似乎说明一个和地方社会没有某种程度的关联性的跨区域学术网络将会失败。除非是像阳明学派那样，一个由多个在地方上有效运作的次级网络建构起来的跨区域网络会有不同的表现。

附录：吕柟学生表①

原籍				姓名	官职	功名/年份
省	府	州	县			
陕西	西安		咸宁	李挺		生员
陕西	西安		高陵	周官		生员
陕西	西安		高陵	权世用		贡生
陕西	西安		高陵	张云霄		贡生
陕西	西安		高陵	吉士	训导	
陕西	西安		高陵	杨九功		生员
陕西	西安		高陵	高玺		生员

---

① 名单以《泾野子内篇》资料为主，见吕柟：《泾野子内篇》，北京中华书局 1992 年版，第 296—299 页。这些学生的额外信息，以及《泾野子内篇》所未录的学生名字是从本文所参考的诸部地方志、《泾野先生文集》和《明儒学案》中整理出来的。从这些文献中又得吕柟学生 14 名。

续表

原籍				姓名	官职	功名/年份
省	府	州	县			
陕西	西安		高陵	高士华	训导	
陕西	西安		高陵	陈嘉言		生员
陕西	西安		高陵	崔官	知县	
陕西	西安		高陵	墨达	训导	
陕西	西安		高陵	李洙		生员
陕西	西安		渭南	张伊		生员
陕西	西安		渭南	刘爵		贡生
陕西	西安		渭南	姜涛		生员
陕西	西安		渭南	薛祖学	知州	进士 1514
陕西	西安		渭南	薛同	训导	
陕西	西安		泾阳	王舆	国子监博士	进士 1550
陕西	西安		泾阳	吕潜	工部司务	举人 1546
陕西	西安		泾阳	郭郛	知府	举人 1558
陕西	西安		泾阳	张节		
陕西	西安		三原	王朝		举人 1525
陕西	西安		临潼	宋珰	知州	举人 1534
陕西	西安	华州	蒲城	原勋		举人 1522
陕西	西安	同州	朝邑	王夔		生员
陕西	西安	同州	白水	廉介		举人 1516
陕西	凤翔			毕用修		举人
陕西	汉中		南郑	张重光		举人 1519
陕西	汉中		南郑	傅应诏	参政	进士 1535
陕西	延安		肤施	杨本源	少卿	举人 1510
陕西	延安	鄜州	宜君	韦鸢		生员
陕西	延安	绥德	米脂	艾希淳	侍郎	进士 1535
陕西	庆阳	宁州		吕颙	知府	
山西	太原		榆次	寇阳	布政使	进士 1529
山西	太原	平定州		李愈	知府	进士 1535

续表

原籍				姓名	官职	功名/年份
省	府	州	县			
山西	太原	平定州		李应箕	知县	举人/1534
山西	太原	石州①		杨景新		贡生
山西	平阳		曲沃	杨昶		生员
山西	平阳	蒲州	临晋	王玉旻		生员
山西	平阳	蒲州	临晋	薛思忠		生员
山西	平阳	解州		王光祖		贡生/1520
山西	平阳	解州		丘东鲁	郎中	举人/1516
山西	平阳	解州		耿重光		贡生
山西	平阳	解州		丘东郊		贡生/1535
山西	平阳	解州		王举才		举人
山西	平阳	解州		巩镒		举人/1525
山西	平阳	解州		卢政		生员
山西	平阳	解州		王举善		贡生/1550
山西	平阳	解州	夏县	张泰		生员
山西	平阳	吉州		张忠		生员
山西	平阳	绛州		陶梓	两淮运副	举人/1534
山西	平阳	绛州		卫良相		贡生
山西	平阳	绛州	稷山	任佐	副使	举人/1516
山西	汾州		介休	侯天叙		监生
山西	潞安			仇栏		隐士
山西	大同	应州		陈诏		生员
山西		沁州		张鹤		监生
河南	开封		中牟	王京		生员
河南	开封		中牟	冉崇礼	参议	进士/1532
河南	开封	许州		魏廷萱	副使	进士/1532
河南	开封	郑州		戴浩		生员
河南	开封	郑州		孙渐		生员

① 1567 年更名永宁州,1595 年隶属汾州府。

续表

原籍				姓名	官职	功名/年份
省	府	州	县			
河南	河南	陕州		任琥	训导	
河南	归德		永城	胡儒		生员
河南	归德		永城	洪希曾		生员
河南	汝宁	信阳州		樊鹏	佥事	进士 1526
山东	济南	德州	平原	王永寿		监生
山东	济南	武定州	阳信	张暄		举人
山东	兖州	济宁		李继祖		贡生
山东	兖州	东平	寿张	赵鲲	副使	进士 1565
山东	青州		乐安	李舜臣	太仆寺卿	进士 1523
北直隶	顺天		大兴	张诗		隐士
北直隶	真定		元氏	贾廷杰		监生
北直隶	顺德		邢台	王印		生员
南直隶	应天			金瀚		举人 1531
南直隶	应天			宋元博	知县	举人 1531
南直隶	应天			葛清	教谕	举人 1531
南直隶	应天		上元	谢少南	布政使	进士 1532
南直隶	应天		上元	叶春芳		举人
南直隶	凤阳			徐延德	定国公	
南直隶	凤阳	泗州	天长	钟旸		举人 1522
南直隶	凤阳	宿州		赵桐		生员
南直隶	淮安		山阳	胡有恒	知府	进士 1523
南直隶	淮安		山阳	李元①		进士 1508
南直隶	扬州		江都	褚宗禄	知县	举人 1531
南直隶	扬州		江都	黄沐		生员
南直隶	扬州		江都	葛涧		举人
南直隶	扬州		江都	何城	副使	进士 1532
南直隶	扬州		江都	何坚	王府审理	举人 1540

---

① 吕柟的同年进士。

续表

原籍				姓名	官职	功名/年份
省	府	州	县			
南直隶	扬州		江都	王延祀	判官	举人 1531
南直隶	扬州		江都	阎传		举人 1531
南直隶	扬州		江都	高相	知县	举人 1519
南直隶	扬州		江都	史起蛰	主事	进士 1553
南直隶	扬州		江都	曹守贞	知府	举人 1531
南直隶	扬州		仪真	朱永年	知县	贡生
南直隶	扬州		仪真	盛楷		生员
南直隶	扬州		仪真	张彬		监生
南直隶	扬州	高邮州		张綖	知州	举人 1513
南直隶	扬州	泰州		林春①	郎中	进士 1532
南直隶	苏州		长洲	吕潜		举人 1531
南直隶	苏州		昆山	郑若曾		监生
南直隶	松江		华亭	石希孟		生员
南直隶	松江		华亭	张其怡		贡生
南直隶	松江		华亭	朱子博		举人
南直隶	松江		华亭	冯恩	寺丞	进士 1526
南直隶	常州		武进	唐音	知县	举人 1528
南直隶	常州		武进	薛应旂	副使	进士 1535
南直隶	镇江		金坛	王标		举人 1525
南直隶	庐州	六安	霍山	王鹤龄		监生
南直隶	太平		当涂	戴光		生员
南直隶	池州		建德	徐绅	都御史	进士 1541
南直隶	池州		建德	徐宗鲁		生员
南直隶	池州		建德	柳本泰	知县	
南直隶	徽州		歙县	许象先		生员
南直隶	徽州		歙县	方应亢		生员
南直隶	徽州		歙县	程默	知州	举人 1525

① 亦为王艮弟子。

原籍				姓名	官职	功名/年份
省	府	州	县			
南直隶	徽州		歙县	汪洲		生员
南直隶	徽州		歙县	胡蒙		生员
南直隶	徽州		歙县	刘椿		生员
南直隶	徽州		歙县	许椿		生员
南直隶	徽州		歙县	胡德化		儒士
南直隶	徽州		歙县	叶泓		儒士
南直隶	徽州		歙县	李应宜		监生
南直隶	徽州		歙县	江一桂	副使	举人1510
南直隶	徽州		歙县	王献荩		生员
南直隶	徽州		歙县	张廷材		生员
南直隶	徽州		休宁	胡大器	经历	
南直隶	徽州		休宁	江校		举人1528
南直隶	徽州		休宁	詹敬		举人1528
南直隶	徽州		休宁	汪威		生员
南直隶	徽州		休宁	胡赋		隐士
南直隶	徽州		休宁	曹廷钦		生员
南直隶	徽州		休宁	程爵		监生
南直隶	徽州		休宁	胡文孚		举人1534
南直隶	徽州		休宁	戴冠	训导	贡生
南直隶	徽州		婺源	游震得	副使	进士1538
南直隶	徽州		婺源	江东晖		举人1531
南直隶	徽州		婺源	张全		举人1531
南直隶	徽州		祁门	谢道		生员
南直隶	徽州		祁门	谢顾	训导	
南直隶	徽州		祁门	谢应熊		生员
南直隶	徽州		祁门	谢应鸿		生员
南直隶	徽州		祁门	王言		生员
南直隶	徽州		绩溪	汪远		监生

续表

原籍				姓名	官职	功名/年份
省	府	州	县			
江西	南昌			裘汝中		监生
江西	南昌		丰城	李遂	尚书	进士 1526
江西	南昌		丰城	鄢茂卿	侍郎	
江西	南昌		进贤	何克明		举人
江西	南昌		进贤	何祉	知府	进士 1523
江西	南昌		进贤	吴佑		举人
江西	南昌		进贤	李伯会	知县	举人 1531
江西	九江		彭泽	陶钦夔	布政使	进士 1532
江西	九江		彭泽	陶钦皋	御史	进士 1544
江西	建昌		南城	黄惟用		监生
江西	建昌		新城	王材	祭酒	进士 1541
江西	建昌		新城	邓诏	知州	
江西	抚州		金溪	聂蕲	同知	举人 1525
江西	吉安		卢陵	彭乔		举人 1525
江西	吉安		泰和	陈日旦		举人 1513
江西	吉安		泰和	陈昌积	尚宝司丞	进士 1538
江西	吉安		泰和	康恕	知县	举人 1522
江西	吉安		泰和	陈德文	员外郎	举人 1525
江西	吉安		泰和	欧阳干元	郎中	举人 1522
江西	吉安		吉水	萧辙	知县	举人 1534
江西	吉安		吉水	刘方兴	推官	举人 1537
江西	临江		清江	陈世瞻		监生
江西	临江		清江	邹廷选	知县	举人 1525
江西	临江		清江	王贵①	郎中	举人 1522
江西	临江		清江	杜钦德	知州	举人 1528
江西	临江		新淦	萧文明		举人
江西	袁州		宜春	颜焕		监生

---

① 亦从学王阳明与湛若水。

续表

原籍				姓名	官职	功名/年份
省	府	州	县			
江西	赣州		雩都	何廷仁①	主事	举人 1522
湖广	武昌			吴光祖		举人 1522
湖广	武昌			张札		举人 1528
湖广	黄州		麻城	汪三山		举人 1525
湖广	承天		潜江	初旦		举人 1525
湖广	承天		潜江	郭岱	知州	举人 1537
湖广	岳州		华容	孙继芳	副使	进士 1511
湖广	荆州		石首	刘钦顺	主事	进士 1523
湖广	襄阳		南漳	刘鸾		举人 1525
湖广	郧阳			张寅		贡生
湖广	郧阳		郧县	黄容		监生
湖广	郧阳		郧西	朱德		监生
湖广	常德		武陵	刘邦儒		举人
湖广	衡州		衡阳	易泉	金事	举人 1522
湖广	衡州	桂阳州		范永宇		举人 1522
湖广	永州	道州		邓士元		举人 1531
湖广	辰州		沅陵	田大本	知州	举人 1522
湖广	辰州		卢溪	李乐	少卿	进士 1535
浙江	杭州		海宁	吴遵		进士 1547
浙江	绍兴		萧山	来端本	知县	举人 1540
浙江	绍兴		萧山	来端言		监生
浙江	绍兴		余姚	王子实		生员
浙江	绍兴		余姚	黄釜		举人 1540
浙江	宁波		鄞县	戴执	主事	进士 1535
浙江	台州		临海	陈文禄		监生
浙江	金华		兰溪	赵轶		贡生
浙江	金华		东阳	卢尧文		监生

① 亦为王阳明的学生。

续表

原籍				姓名	官职	功名/年份
省	府	州	县			
福建	福州			王大经	刑部司务	举人 1543
福建	福州		闽县	林颖		举人
福建	福州		闽县	倪绰	副使	进士 1526
福建	兴化		莆田	林贤		隐士
福建	兴化		莆田	陈须乐	教授	举人 1531
福建	兴化		莆田	江从春	同知	举人 1543
福建	建宁		建安	杨应诏		举人 1531
福建	建宁		松溪	叶逢阳	郎中	进士 1517
福建		福宁州		周璞	通判	举人 1525
广东	广州		南海	陈绍儒	尚书	进士 1538
广东	广州		南海	梁宇		监生
广西	梧州	郁林州		文桂		举人 1528
广西	浔州		贵县	钱嘉猷		贡生
四川	成都		华阳	于德昌	知府	进士 1541
四川	成都		资县	邓抡		举人
四川	顺庆	广安州	邻水	刘东会		贡生
				叶良弼		监生
				谢良佐		
				焦□	知县	
				何继兰		
				石民贤		
				孙应干	会昌侯	
				王莘		
				阎调元		

("The Hedong School: Regional and Translocal Intellectual Network", *Ming Qing Studies* 2010, pp. 121-160.)

"我朝真儒"的定义：
薛瑄从祀孔庙始末与明代思想史的几个侧面

河东学派的领袖人物薛瑄(1389—1464),是有明 300 年历史中第一位获准从祀孔庙的明朝儒者。纵观明朝历史中,仅有 4 位明儒从祀。所以薛瑄的殊荣自然是明代思想史,乃至明史研究中不应忽视的一个重要环节。从祀孔庙的重要性和意义是不言而喻的。从祀之典是全国性的,除了两京孔庙之外,举国府、州、县的文庙亦须奉入新从祀儒者的神主。而我们都清楚两京太学与孔庙,以及全国各地的庙学是明代官方教育制度中,尤其是文人祀典制度中的主干。此制度虽滥觞于唐,发展于宋,进一步推广于元,却是在明代臻至成熟,且由清代所继承。至 1919 年北洋政府最后一次批准儒者从祀时,大成殿上除孔子外,从祀者有"四配"和"十二哲",东西两庑则共有 79 名先贤和 76 名先儒。毋庸置疑的是,在明代儒生的学习生涯和思想世界中,得以从祀孔庙是最高的荣耀。从另个一角度而言,什么样的儒者得以从祀孔庙自然也是在传达朝廷对学术正统的态度和立场。① 我们不难想象这又进一步影响了儒生的学术方向和学派的兴盛衰亡。至少,关注从祀问题的明代儒者会如是理解。②

薛瑄的从祀发生在隆庆五年(1571),其时已经距薛瑄逝世 107 年,距明代开国 203 年。从本文的历史重构,我们将发现有明一代儒者在讨论从祀标准,尤其是涉及本朝儒者的从祀问题上的范式演变。此一演变是应对早期反对薛瑄从祀者所持的理由而发生的。更有趣的是,此一范式的演变为薛瑄所属的程朱传统中的儒者,以及新近兴起的阳明学派所共同推动。两

---

① 黄进兴先生指出孔庙从祀制度的政治文化为"凡是从祀人选,必经朝廷底定,方能通行天下,成一代之典。"黄进兴:《圣贤与圣徒》,台湾允晨文化出版社 2001 年版,第 98 页。此外,虽然黄先生同时认为从祀的最终决定权在皇帝,而对从祀课题的讨论只是"程序"而已;本文在方法上的主要宗旨却是希望通过对这漫长的、反复的"程序"进行重构和分析,以期望在黄先生对孔庙制度问题的宏观发挥之外,能够呈现一个具体的、完整的过程。笔者认为这对明代思想史研究而言是一个有趣的课题。

② 关于孔庙制度,参见黄进兴:《优入圣域:权力、信仰与正当性》,陕西师范大学出版社 1998 年版,第 125—163,217—311 页;彭珍凤:《先贤先儒从祀孔庙东西两庑之探讨》,《台湾文献》1982 年第 33 卷第 3 期,第 53—116 页;以及 Thomas A. Wilson, "Sacrifice and the Imperial Cult of Confucius", *History of Religions*, 41:3(Feb., 2002), pp. 251-287。

个阵营也曾经携手支持薛瑄从祀一案。可是他们的统一阵线只是表面而短暂的。阳明一派儒者有其进一步之盘算，即为王阳明（1472—1529）之从祀铺路。而随着阳明学派的进一步发展，程朱学者加紧推动薛瑄的从祀正是为了抗衡乃至压制阳明学派。两个阵营最终还是分道扬镳了。而薛瑄得以从祀的最后原因，除上述范式演变的因素外，还包括超越了思想史范围的有利条件，如受到了中央政治、地缘关系和家族渊源等的影响。

薛瑄弟子、各时代的程朱学者和薛瑄弟子后人是在经历过 1 个世纪、5 代人的努力之后，才最终完成将其神主奉入孔庙的心愿。在这 100 年中，明代思想史自有其发展和变化，支持薛瑄从祀的儒者所关注的问题和面临的挑战也不尽相同。本文通过将这 100 年历程分为 3 个阶段进行研究，以求更深一层地了解薛瑄与河东学派在明代的地位，道统认识的转变，从祀范式的演变，和地缘与政治对思想史发展的影响等课题。

一、成化、弘治年间

（一）初试

有关要求薛瑄从祀的官方记录，首见于《英宗实录》中天顺八年（1464）十月中的一则。该则资料记录了薛瑄的逝世，简述其事迹和谕祭谥号等事。其中还提到其"卒后，往往有建请从祀者"。同时也记录了侍讲学士刘定之（1409—1469）的反对意见，并表示刘定之的见解为"公论谓所议允当"。[①]但实际上，首请薛瑄从祀发生在成化元年（1465）。时序上的"偏差"主要是因为实录在编写大臣逝世一类事件时，往往会补充编写时已知的细节。而《英宗实录》成于 1467 年，所以在编写时将 1465 年才发生的事写在 1464 年某则之下是可以理解的。

有关首请薛瑄从祀的记录在成化元年的记述中是比较详细的。据载，首请薛瑄从祀的是济南知府陈铨（1442 年进士）。陈铨是薛瑄的学生，即河东学派第一代弟子。陈家与薛家可谓世交，他们的私人情谊可以追溯到薛瑄之父和陈铨之父那一代。[②] 可惜我们并不知道陈铨在奏章中如何辨析其老师应该从祀的原因。实录该则比较详细地记录了一名叫李伸（生卒年不详）的国子助教之意见。李伸的奏章旨在要求元儒刘因（1249—1293）和本

① "中研院"历史语言研究所校印：《明英宗实录》，《明实录》，第 208—210 页。

② Koh Khee Heong, "East of the River and Beyond: A Study of Xue Xuan (1389—1464) and the Hedong School" (Ph. D. dissertation, Columbia University, 2006), pp. 199-200.

朝薛瑄的从祀。提到后者时，李伸指出其"潜心体道，笃志力行。所著《读书录》《河汾集》诸书足以发明往圣，垂惠后学"。当时的大学士，即与薛瑄有准师生关系的李贤（1408—1467），提议将此事交由"儒臣公议"。

针对薛瑄的评价问题，学士刘定之指出他得谥"文清"已经足够。他说薛瑄："直躬慕古，谈道淑徒；进无附丽，退不慕恋。勤学好问，可谓文矣。归洁其身，可谓清矣。是以荐蒙圣知，殁赐美谥。其为一代名臣。夫何间然。"可是就从祀问题而言，刘定之心目中的理想儒者还是必须和朱熹有着一脉相承的传承关系。他指出："然论其于道所得以与朱子诸徒相比，并若黄干、辅广之亲承微言，金履祥、许谦之推衍诸说，尚未知可伯仲其间否也。"所以刘定之认为对于薛瑄已经不需要再做任何事情。[1]

朱熹得意弟子兼女婿黄干（1152—1221）是程朱学派在金华地区的重要开启人。此金华学派在宋、元两代历经何（何基，1188—1268）、王（王柏，1197—1274）、金（金履祥，1232—1303）、许（许谦，1270—1337）四大儒，至明初则有宋濂（1310—1381）和方孝孺（1357—1402）为代表。这一学派的正当性和权威性，除代有出色学者外，主要就是通过标示他们是自朱熹一脉相承而建立的。然而学者已经指出，自靖难事起，方氏十族牺牲以来，这种强调宗谱式结构的学派就已经式微了。[2] 可是在刘定之的心目中，对此类能够亲承朱熹微言的儒者和他们的传人是比较贴近道统的地位的。这原来就和薛瑄对道统的认识，以及对明初理学和宋元两代理学的关系的理解大相径庭。[3]

（二）弘治年间的尝试

弘治元年，娄谅（1422—1491）之子娄性（生卒年不详）奏请从祀宋濂、吴与弼（1391—1469）、杨士奇（1365—1444）、薛瑄和吴讷（1372—1457）等明儒。礼部以从祀孔庙之事"未可轻议"，而且"其间亦有徇私妄举者"为理由，

---

[1] "中研院"历史语言研究所校印：《明宪宗实录》，《明实录》，第 474—478 页；另见刘定之：《论刘静修薛文清从祀》；程敏政：《明文衡》《文渊阁四库全书》，内联网版，第 8 卷，第 11—14 页。

[2] Peter Brian Ditmanson, "Contesting Authority: Intellectual Lineages and the Chinese Imperial Court from the Twelfth to the Fifteenth Centuries" (Ph. D. dissertation, Harvard University, 1999), pp. 234-280.

[3] Koh Khee Heong, "East of the River and Beyond: A Study of Xue Xuan (1389—1464) and the Hedong School"(Ph. D. dissertation, Columbia University, 2006), pp. 55-71；朱鸿林先生在讨论元儒熊禾（1247—1312）的从祀问题时就曾经指出"明代中叶以前的最高（甚至唯一）从祀条件，本来就是被祀者应有广行于世的释经之作"；此外，成化初年的学派伦理观也强调"儒者的师承和在道学传统中的重要性"。朱鸿林：《元儒熊禾的学术思想问题及其从祀孔庙议案》，《中国近世儒学实质的思辨与习学》，北京大学出版社 2005 年版，第 37—69 页，尤其第 61—62 页。

建议孝宗皇帝拒绝了娄性的奏请。① 此次申请被拒或许是因为娄性的名单未免太长之故。而礼部所谓徇私所指为何也不清楚,或许与娄氏和吴与弼之密切关系有关。无论如何,此次申请因为所举明儒太泛,且不为重视,就薛瑄从祀始末而言只是一个小插曲。

4个月后河南陕州籍的张九功(1478年进士)上请从祀薛瑄。从奏章的内容除皆涉及薛瑄外,其主要论述与娄性的奏疏均不相同,同时也没有其他证据显示2人是共谋此事的。关于从祀问题,张九功提出了2个要点。其一,已经在祀典中的荀况(?—前230)、马融(79—166)、王弼(226—249)以及扬雄(前53—18)都应该被逐出。其二,当代真儒,即薛瑄,应该从祀。观张九功的奏章,他并没有直接回应刘定之的评语,所持薛瑄应该从祀的理由与李伸相近。可是有一论点倒是新提出的,即洪武与宣德年间,董仲舒(前179—前104)和吴澄(1249—1333)均已从祀,而薛瑄既然"无愧二子",就应该允其从祀。②

与此同时,侍讲学士程敏政(1445—1499)亦就哪些祀典中的儒者应该罢祀和一些祀典中的其他问题提出看法。程敏政是疏其实并没有要求任何人从祀,也未提及薛瑄之名。由于罢祀问题非同小可,孝宗皇帝令诸衙门一并讨论。就薛瑄从祀问题,礼部在回复中重复了刘定之"明道著书尚未若黄干、辅广之亲承微言;金履祥、许谦之推衍绪(诸)说"的意见,从祀之请再次被拒。③ 值得注意的是,拒绝薛瑄从祀的原因首次被简约为"明道著书"上的不足。

(三)国家专祀

在几经失败后,心仪薛瑄的程朱学者应该已经意识到,首要之务其实在于提升薛瑄的理学声望和推广其影响力。于是杨廉(1452—1525)上疏提出了在薛瑄家乡河津县设立专祠,和印发薛瑄的理学代表作《读书录》的要求。他在疏中先赞许薛瑄之学术造诣,接着指出其为明朝开国后理学第一人。他说:"国朝自瑄以前,知经学古及以文章名家固有其人。求其一于理学,识者谓瑄一人而已。"杨廉进一步指出薛瑄在世时即为学者

---

① "中研院"历史语言研究所校印:《明孝宗实录》,《明实录》,第293—294页。

② 张九功:《裨补名教疏》,《薛瑄全集》,第1628—1630页;《明孝宗实录》,《明实录》,第413页。元儒吴澄从明初的从祀,到明中叶的被逐,至清代的重新从祀是一个十分重要和有趣的历程。其经学著述上的成就是他在明初得以从祀的关键原因。见朱鸿林:《元儒吴澄从祀孔庙的历程与时代意涵》,《亚洲研究》1997年第23期,第269—320页。

③ "中研院"历史语言研究所校印:《明孝宗实录》,《明实录》,第413—415页;亦见程敏政:《篁墩文集》,《文渊阁四库全书》,内联网版,第10卷,第2—12页。

所重,故有"薛夫子"之称;不过在其身后"求其人者,不过止于词藻,固已厌其枯淡。至于《读书录》,见者甚少。而所以求瑄者,又不知在乎此,岂不为可惜哉!"①

针对这一令人觉得可惜的局面,杨廉提出两个建议。其一,他说:"臣闻其乡亦尝建祠祀之,然非出于朝命。自今乞敕有司改创一祠,于每岁春秋丁祭之。"更重要的是:"然立祠祀瑄各有意义,不许推及本处人物,若乡贤祠然。惟后有为瑄之学者,举以配食可也。"②此意见的高明之处不仅仅在于要为薛瑄请得一个由国家认可和出资兴建的祠堂,还包括这将产生一间为薛瑄学派所立的专祠之有利条件。在一定意义上,河东学派在发展初期就已经获得定义其学派和成员的权力与威望,而且这是国家认可与资助的。在河东学派的发展过程中,不少有功于该学派的成员最终确实得以配食其中。这一专祠的存在对于凝聚河东学派的意识,尤其是对山西学者而言,自然发挥过一定的作用。③

其二,杨廉针对《读书录》的传播提出:"臣闻其《读书录》尝锓梓于山东章丘县,乞敕有司取其版本于(与)国子监,俾六馆诸生皆得摹印观览。盖自京师而达之天下尤易……此外仍以印本发下福建书坊,翻刻市鬻,务使天下之士皆得见之。"他认为如果两件事都应允的话,"则人皆知本朝亦有为此学者,岂不有所兴起者乎!又安知不有由瑄上溯宋儒者乎!"④在被咨询后,礼部支持杨廉所请,而孝宗皇帝也批准了。⑤

杨廉此举有如以退为进,在提升薛瑄和河东学派的威望,以及《读书录》的传播上无疑都有不小之贡献。第一阶段的从祀努力始于薛瑄逝世后其弟子首请,几经不同人的数次失败,最终有杨廉专祠专祀以及推广《读书录》之请。而个别从祀的请求显然都没有共谋的迹象。同时,礼部的立场保留了刘定之的反对意见,并将其简约为"明道著书"的不足。

---

① 杨廉奏疏见薛瑄:《薛瑄全集》,第1623—1625页。
② 杨廉奏疏见薛瑄:《薛瑄全集》,第1624页。
③ Koh Khee Heong, "East of the River and Beyond: A Study of Xue Xuan (1389—1464) and the Hedong School"(Ph.D. dissertation, Columbia University, 2006), pp. 221-227.
④ 薛瑄:《薛瑄全集》,第1624页。
⑤ 薛瑄:《薛瑄全集》,第1625—1626页。

二、嘉靖年间

(一)失败的尝试:嘉靖元年(1522)

在第二阶段首请薛瑄从祀的是河南灵宝籍的许赞(1473—1548)。[1] 他说薛瑄:

> 年少读书,即知践履;历壮至老,不怠躬行。以圣贤为依归,以道德为己任。权势利达无以动其心,死生利害无以移其志。盖见之既明,守之自固。然且刚强不折,和易有节。至于著述之功,布之《集》《录》者:性命、道德、中正、仁义之言,皆有以发明圣贤之秘奥;阴阳、动静、刚柔、太极之论,又有以阐扬造化之几微。诚文行一致,学业大成之真儒也。[2]

在许赞的描述中,薛瑄既然是如此"文行一致"之真儒,自然不存在"明道著书"有所不足的问题。他接着提及张九功的请祀奏疏,并指出孝宗皇帝命诸衙门会议讨论,"则孝宗皇帝崇重薛瑄之意可见矣"。而在谈到杨廉所奏获准时,指出如此"则孝宗皇帝崇重薛瑄之意益可见矣"[3]。许赞疏中所提供的第二个论点即上述利用和诠释已经辞世的孝宗皇帝的立场。当然,就许赞所引述的内容来看,若要据此以说明孝宗皇帝有允从祀之请的意愿,是难免牵强的。所以他只能借重"祖先"对薛瑄的"崇重之意",而对于实际上孝宗皇帝拒绝了从祀之请避而不谈。第三个论点则是进一步借重前人,即在疏中不厌其烦地引述张九功和杨廉对薛瑄的赞美之词,以及礼部奏疏中对薛瑄的正面评价。[4]

第四个论点则更见许赞是疏之心机。武宗无嗣而世宗以旁支入继帝位的事在此无须赘言。但是世宗皇帝的"正统性"自然是他本身和明朝官员们关注的问题。许赞的第四点其实是在提议世宗以完成明儒从祀的大典来显示其正统性,因为在许赞看来,崇重儒者是包括了孝宗在内的"祖宗"们的共

---

[1] 许氏在地方上是一个功名显赫的家族。方志后来误将许赞当成是明代首请薛瑄从祀者,并宣称士人舆论都赞成其议。见田文镜等;(雍正)《河南通志》,《文渊阁四库全书》,内联网版,第60卷,第102—103页。

[2] 许赞:《崇真儒以隆圣治疏》,《薛瑄全集》,第1630—1631页。

[3] 许赞:《崇真儒以隆圣治疏》,《薛瑄全集》,第1631页。

[4] 许赞:《崇真儒以隆圣治疏》,《薛瑄全集》,第1631—1632页。

同心愿。所以行此大典则无疑宣示了世宗和明朝历任皇帝在作为道学的
"监护人"上也是一脉相承的。对于明朝君主通过赞助和限制道学内容来巩
固其正统性也已经是学界熟悉的事,在此也无须赘言了。许赞具体地说:

> 皇上嗣登宝位,大运干纲,百度鼎新,万方欢颂。而于此道学重典,
> 尚未举行。如蒙伏望皇上体孝宗皇帝崇儒重道之心,念祖宗列圣作育
> 之久,乞敕该部并内阁大臣多集廷臣会议具奏,将薛瑄再加封号,从祀
> 孔子庙庭,则天下昭然知行陛下御极之始,首崇大儒。①

　　许赞的第五点是质疑为何有明开国已久且重教化,却无人从祀。他问
道:"祖宗以来设学校余千百区,养士余百五六十年,岂无一人可与游圣人之
门者乎?"更重要的是:"元以胡人主中国,未百年而从祀孔庭有二人焉!"他
也同时质疑扬雄和马融从祀的正当性,借以进一步说明薛瑄之当祀。许赞
的最后一个论点也颇有意思。如果说前面引述张九功和杨廉是借重古人,
最后这一点则是借重时人,他说:

> 臣昔年承乏提调学校,历游恒、霍、河、汾之间;稽之载籍,询之学
> 士,参之耆老,知瑄最深。故不揣疏贱,甘冒进言,不胜慌悚之至。然非
> 臣一人之见,天下共见者也。②

　　可惜的是,许赞虽然从多方立论,但并没有引起重视。实录中也没有世
宗皇帝如何反应的记录。这也许是因为在嘉靖初年,举朝不久便陷入汹汹
冉冉的大礼议之纷争里头了。③

(二)嘉靖十九年(1540)之议

1、嘉靖十八年的奏疏

　　嘉靖十八年,御史杨瞻(1491—1555)和樊得仁(1516年进士)上疏请允
薛瑄从祀。杨瞻,蒲州人(河津隶属蒲州),是薛瑄入室弟子杨谌(生卒年不
详)之孙;杨瞻之子杨博(1509—1574)将在薛瑄得以从祀的最后努力中扮演

---

① 许赞:《崇真儒以隆圣治疏》,《薛瑄全集》,第 1632 页。
② 许赞:《崇真儒以隆圣治疏》,《薛瑄全集》,第 1632—1633 页。
③ 在嘉靖初年还有姚镆(1465—1538)的上疏请祀。但是为了控制篇幅和考虑行文之洁,在此略
　过,可详见 Koh Khee Heong, "East of the River and Beyond: A Study of Xue Xuan (1389—
　1464) and the Hedong School"(Ph. D. dissertation, Columbia University, 2006), pp. 264-266.

关键之角色。① 樊得仁，邻省陕西朝邑人，曾为河津令，在任上尝助薛瑄后人重修薛瑄茔宇。②

杨瞻在疏中谈及宋理宗允许宋儒从祀故后谥为"理"的历史。他接着使用大篇幅分别引述薛瑄在生时，人们对他的种种尊称和正面评价；以及薛瑄殁后，人们对他的种种赞美。后者与本文之前提及的奏疏内容相呼应。杨瞻接着将宋儒已经从祀的人数和明朝相比，并进而鼓励世宗要超越宋理宗，他说：

> 宋有天下未及三百年，得入祀孔庭者……凡一十三人。我国家兴道致治百七十年于兹矣，未有一人从祀者……宋之理宗得此失彼……安能望皇上之大成哉？且瑄理学之臣也，皇上理学之主也。伏望宸断，赐瑄从祀孔庭，使后世知本朝理学之有人，又知表章理学自皇上理学之主始。③

杨瞻要求世宗命"内阁重臣并詹事府、翰林院、五府、六部、督察院、通政司、大理寺、六科、十三道会议"，并且"查前后诸臣张九功等奏章"，然后允薛瑄从祀。世宗命礼部"看了来说"。④

2. 诸儒臣的意见

到了嘉靖中叶，大礼议早已尘埃落定。而世宗皇帝也在孔庙祭祀的规格等问题上进行过改革。如此可以推断，世宗皇帝应该对明儒从祀孔庙问题有一定之兴趣。⑤ 这一回实际上是讨论薛瑄从祀问题参与官员最多、记

---

① 有关杨谌的记载，见储大文：(雍正)《山西通志》，纪昀等：《文渊阁四库全书》，内联网版，第 138 卷，第 53 页；另见 Koh Khee Heong, "East of the River and Beyond: A Study of Xue Xuan (1389—1464) and the Hedong School" (Ph. D. dissertation, Columbia University, 2006), p. 223.

② 薛瑄：《薛瑄全集》，第 1661—1662 页。不过笔者未见樊得仁之疏。

③ 杨瞻：《从祀真儒以光圣治疏》，《薛瑄全集》，第 1633—1634 页。

④ 杨瞻：《从祀真儒以光圣治疏》，《薛瑄全集》，第 1634 页。

⑤ 关于世宗皇帝对孔庙的祭祀改革，可见黄进兴：《优入圣域：权力、信仰与正当性》，第 125—163 页；彭珍凤：《先贤先儒从祀孔庙东西两庑之探讨》，第 59—63 页；"The Cultural Politics of Autocracy: The Temple to Confucius and Ming Despotism, 1368—1530", in Thomas A. Wilson ed., *On Sacred Grounds: Culture, Society, Politics, and the Formation of the Cult of Confucius* (Cambridge: Harvard University Asia Center, 2002), pp. 267-296; Thomas Wilson, *Genealogy of the Way: The Construction and Uses of the Confucian Tradition in Late Imperial China* (Stanford: Stanford University Press, 1995), pp. 57-58; John K. Shryock, *The Origin and Development of the State Cult of Confucius* (New York: Paragon Book Reprint Corp., 1966), pp. 187-190.

录最详细的一次。在前几次的从祀尝试中,要不以刘定之一人之意见为准,就仅仅是礼部的官样答复,或者是全然没有下文。这一次的讨论是以诸臣上疏表态的形式进行的。更重要的是,支持薛瑄从祀者中包括了服膺程朱之学的官员和属于阳明学派的官员。同时,从这些支持者的奏疏中,我们将看到明人讨论明儒从祀的标准在范式上的演变。从上疏者的官职判断,这些官员是任职于礼仪、辞章、教育、史馆等方面的"儒臣"。

在实录的记载中,最少有 27 名官员上疏讨论。其中 23 人支持:霍韬(1487—1540)、张邦奇(1484—1544)、陆深(1477—1544)、孙承恩(1481—1561)、王教(1479—1541)、张治(1488—1550)、胡世忠(生卒年不详)、杨维杰(生卒年不详)、龚用卿(1500—1563)、屠应埈(1502—1546)、徐阶(1503—1583)、邹守益(1491—1562)、李学诗(1503—1541)、秦夏鸣(1508—1557)、闵如霖(1503—1559)、阎朴(1532 年进士)、谢少南(1532 年进士)、吕怀(1532 年进士)、王同祖(1497—1551)、赵时春(1509—1567)、唐顺之(1507—1560)、黄佐(1490—1566)、胡经(1529 年进士);二人以为宜缓:童承叙(1521 年进士)和浦应麒(生卒年不详);郭希颜(生卒年不详)以"无著述功议不必祀";丁湛(1529 年进士)等人"请从众议之多者"①。

在支持者中,其中的 10 份奏疏目前尚存。② 在这些讨论从祀问题的奏疏中,作者往往会采用数个论点以支持其立场或要求。但是,我们没有理由相信一个作者会将所有为人所知的论点排比在自己的奏疏中。相反地,一个作者采用的论点自然是他认为重要的,或者是有助于自己的论述的,或者是可用以构成一个有机的理论框架的。本着这样的理解,笔者对支持者的奏疏进行了微观的阅读和分析。各疏中所提及的论点列于表1。

如前所多次提及,明人反对薛瑄从祀者所持理由是其"明道著述"的不

---

① "中研院"历史语言研究所校印:《明世宗实录》,《明实录》,第 235 卷,第 4806 页。

② 见霍韬:《渭厓文集》,哥伦比亚大学藏书 1709 年再版,第 4 卷,第 101a—103b 页;张邦奇:《张文定公观光楼集》,《续修四库全书》,第 393—394 页;陆深:《俨山集》,《文渊阁四库全书》,内联网版,第 211—212 页;王教:《中川遗稿》,《四库全书存目丛书》,第 582—583 页,第 582 页不全;龚用卿:《云岗选稿》,《四库全书存目丛书》,第 6—8 页;屠应埈:《屠渐山兰晖堂集》,《四库全书存目丛书》,第 53—54 页;徐阶:《经世堂集》,《四库全书存目丛书》,第 477—479 页;邹守益:《东廓邹先生文集》,《四库全书存目丛书》,第 668—669 页;赵时春:《浚谷先生集》,《四库全书存目丛书》,第 531—532 页;唐顺之:《荆川集》,《文渊阁四库全书》,内联网版,第 189—191 页。此外,张夏节录了秦夏鸣的奏疏,见张夏:《雒闽源流录》,《续修四库全书》,第 408 页。与此同时,礼部郎中王希旦(1513 年举人)针对反对者郭希颜的看法提出了辩驳。但是王希旦的意见原是表述于奏章之中或者是口述则不得而知了;见李清馥:《闽中理学渊源考》,《文渊阁四库全书》,内联网版,第 46 卷,第 5 页,以及(乾隆)《福建通志》,《文渊阁四库全书》,内联网版,第 43 卷,第 66—67 页。

足。而且直至嘉靖十九年，反对者如郭希颜依然是以"无著述功"为由。但是通过本文对支持者奏疏的微观阅读与分析，我们将发现明人在讨论从祀问题上的范式演变是明显的。如表1所示，支持者的论点可分为8类：

（1a）直接针对著述问题

例如在唐顺之的奏疏中，他直接引述了"于六经少所著述"的反对意见。虽然他并不以著述为重，却也举出薛瑄之《读书录》为其辩护。①

（1b）间接针对著述问题

在持有此论点的奏疏中，作者虽然没有直接引述"少有著述"的批评，但他们显然也十分清楚此一批评的存在。正因为如此，他们才会在奏疏中列举薛瑄的著述。笔者将1a和1b视为一类。

（2）称颂今上

这在奏疏写作中并不为奇。最常见的方式是赞扬世宗皇帝对理学和理学家的支持。②

（3）从祀标准转变

此一论点显示作者具有时代转变的历史敏感性，意即他们认识到在不同的时代，由于客观环境的不同，所以在品评儒者时就必须采用不同的标准。换言之，从祀的标准不是一成不变的，如陆深所言：

> 孔门七十二贤亲炙圣化，相与讲明，有翊道之功，故宜祀。秦火之烈，典章焚弃，故二十二经师口授秘藏，有传道之功，宜祀。魏晋之际，佛老并兴，故排斥异端者，有卫道之功，宜祀。隋唐以后，圣学蓁芜，故专门训释者，有明道之功，宜祀。自程朱以来，圣学大明，学者渐趋于章句口耳之末，故躬行实践者，有体道之功，亦宜祀。③

（4）直接回应无功的批评

例如，屠应埈便直接反驳"从祀以报功，贵释经以卫道"的反对意见。④

---

① 唐顺之：《荆川集》，《文渊阁四库全书》，第191页。
② 龚用卿：《云岗选稿》，《四库全书存目丛书》，第8页。
③ 陆深：《俨山集》，第211页。陆深所谓"体道者"即指薛瑄。其实王祎（1322—1374）在明初的奏疏中便已经反映出对时代转变的敏感性。可是有鉴于是时去明初已远，且1540年的奏疏中未有人直接引用王祎的意见为援，所以两者未必有任何承接关系。王祎：《王忠文集》，《文渊阁四库全书》，内联网版，第15卷，第1—6页。又见朱鸿林：《明太祖的孔子崇拜》，朱鸿林：《中国近世儒学实质的思辨与习学》，第70—119页，尤其第99—102页。
④ 屠应埈：《屠渐山兰晖堂集》，《四库全书存目丛书》，第54页。

（5）强调薛瑄之“行”

叙述薛瑄之“行”者，会讨论其为官时之操守，退居后之品德。进退有据，一身铮铮，论者多指出他生时身后均为士人楷模。①

（6）品评其他明儒

对其他明儒的批评有二：一，追逐功利、汨于词章；二，实为对阳明学派的负面意见。②

（7）引述前人言语或公论

持此论点的作者或宣称支持薛瑄从祀早已有公论，或引述前辈著名明人对薛瑄的称赞之词。笔者将二者归为一类，因为他们均旨在借重前人之威信。③

（8）有明开国以来所历时日

这些作者以有明开国已 200 年而无一明儒从祀为缺典。④

表 1　嘉靖十九年支持薛瑄从祀的奏疏之论点

	论点/作者	霍	张	陆	王⑤	龚	屠	徐	邹	赵	唐
1a	直接针对著述问题⑥		*			*		*	*		*
1b	间接针对著述问题	*		*	*	*					
2	称颂今上			*		*	*	*	*	*	*

---

① 例如龚用卿：《云岗选稿》，《四库全书存目丛书》，第 8 页。

② 前者例子可见赵时春：《浚谷先生集》，《四库全书存目丛书》，第 532 页。后者可见霍韬：《渭厓文集》，第 4 卷，第 102a 页；龚用卿：《云岗选稿》，《四库全书存目丛书》，第 8 页；屠应埈：《屠渐山兰晖堂集》，《四库全书存目丛书》，第 54 页。

③ 例如陆深：《俨山集》，《文渊阁四库全书》，第 212 页；张邦奇：《张文定公觏光楼集》，《续修四库全书》，第 394 页。

④ 例如唐顺之：《荆川集》，《文渊阁四库全书》，第 190 页；张邦奇：《张文定公觏光楼集》，《续修四库全书》，第 394 页。

⑤ 现存王教讨论薛瑄从祀问题的奏疏颇为不全。但王教有另一篇讨论后汉儒者卢植的从祀问题之奏疏。此疏之撰写年月虽然不详，可是其中所采用的辨析论述和笔者对嘉靖十九年从祀孔庙的标准之范式演变如出一辙。王教强调从祀是因为“崇德报功”，不过即使是在“三不朽”中也会有轻重远近的差异。所以王教提出了“三科”的品评法。其一是德行与著述皆达的宋儒，而他所举的宋儒清一色是属于程朱学派的。其次是释经的经师，其间或有人之行为有疵，但于六经之传承毕竟有功。再来即是虽然未能著有成书，但是始终学宗孔氏，且行为能够“取重于时，感化于后”的儒者。其所论卢植属第二类。如果是疏用以论薛瑄的话，则薛瑄无疑将属第三类。关键是，此一时期论儒者从祀标准的范式已经转换为理解不同时代的儒者在特定历史时期中对孔子之道的不同贡献。见王教：《中川遗稿》，《四库全书存目丛书》，第 590－592 页。

⑥ 秦夏鸣亦有此论点。张夏：《雒闽源流录》，《续修四库全书》，第 408 页。

续表

论点/作者	霍	张	陆	王	龚	屠	徐	邹	赵	唐
3	从祀标准转变①	*		*		*	*				*
4	直接回应无功的批评②			*		*	*	*			*
5	强调薛瑄之"行"		*	*	*	*					*
6	品评其他明儒	*				*	*	*	*		
7	引述前人言语或公论		*	*	*				*		
8	有明开国以来所历时日		*								*

我们从表1可以发现,论点1和2出现的频率最高。可是除之前许赞在世宗皇帝登基之初的特定历史环境下强烈暗示世宗皇帝以允许明儒从祀来宣示其正统性外,到了嘉靖中叶,此类天子圣明之言语恐怕主要是作为官样文章而出现的。笔者因此认为论点1是参与讨论的儒臣所无法回避的问题。此亦不足为奇,毕竟"少著述"是反对者所持的主要理由。

支持者在回应"少著述"的挑战时,不仅援引薛瑄《读书录》为其有杰出且充足之著述的力证,更重要的是他们质疑"著述"是否应为讨论儒者从祀的标准。在支持者看来,"少著述"不足以阻挠薛瑄的从祀,因为从祀标准是因时代而改变的(论点3)。因此黄进兴先生认为明代从祀标准出现了由"立德"取代"立言"的现象。③

笔者愚见以为黄先生之观察主要是建立在徐阶的奏疏上。他指出徐氏"谋以'立德'取代'立言'用心至苦",且薛瑄最终从祀孔庙"再次证明:'立德'凌驾'立言'之上"。④ 黄先生之眼光不可不谓独到,但在明代从祀标准的范式演变这样的框架下就有笔者进一步深入分析的空间。徐阶在其奏疏中有将儒者分为4个不同品第的意见,而品第高下的划分则按照个别儒者在"立德"和"立言"上的作为。⑤ 单就此意见来看,无疑是有提出"立德"以改变仅仅以"立言"为标准的意图。

但笔者认为,如果将嘉靖十九年的这些奏疏摆在一起一并考虑的话,那么我们看到的是一个范式层次上的演变,而且这种演变是多数奏疏所共有

---

① 秦夏鸣和王希旦均有此论点。张夏:《雒闽源流录》,《续修四库全书》,第408页;李清馥:《闽中理学渊源考》,《文渊阁四库全书》,第45卷,第5页。

② 秦夏鸣亦有此论点。张夏:《雒闽源流录》,《续修四库全书》,第408页。

③ 黄进兴:《优入圣域:权力、信仰与正当性》,第279—281页。

④ 黄进兴:《优入圣域:权力、信仰与正当性》,第281页。

⑤ 徐阶:《经世堂集》,《四库全书存目丛书》,第478页。

的。因此也可以说这范式演变反映了嘉靖中叶时，这些儒臣对从祀问题的看法在一定程度上也反映了时代的思维。徐阶提出的品第分类其实正是本文之前提到的，支持者认为应该允许在讨论儒者从祀问题上采用不同的考虑条件；毕竟一代有一代的儒者。更何况，由于不同时代对孔子之道有不同的挑战，所以不同时代的儒者对此道就会有不同的功劳。各个时代应该从祀孔庙的儒者就是在各个时代中最有功于孔子之道的佼佼者。换言之，与其说是从"三不朽"的"立言"转向"立德"的单一标准转换，不如说是在"立功"标准下，讨论何谓有功的范式演变。对支持者而言，从祀的基本目的毕竟是为了报功。

黄进兴先生谓"躬承道统固然是儒教从祀制的特色，惟明代中叶以后，德性成就亦逐渐获得重视"①。诚然，不少明儒重视"德性成就"、强调"实践"、要求"知行"的统一等是毋庸置疑的。可是，此一转向虽然无疑是明代理学思想的显著发展，却不等同于它形成了明儒讨论儒者从祀资格问题的新标准。笔者反复主张就从祀问题的讨论而言，至少在明中叶出现的是一个范式的演变，即明儒将儒者从祀资格的讨论"转移"到对孔子之道有无功劳的话语平台上去。而此范式既然承认孔子之道在每一代有每一代的挑战，所以每一代儒者有每一代儒者不同的功劳，所以"德性成就"或"实践"才被标示为明儒之成就与功劳。"立德"作为一项"标准"在整个范式转变的框架下只是第二义的。

因此，在上引陆深的奏疏中，我们清楚地看到他认识到不同时代哪些儒者应该从祀是取决于各个时代所应报之功的不同。同样地，龚用卿在奏疏中强调"从祀诸贤未有无功而祀者"，而他对儒者功过的讨论亦分时代而论之。② 又如屠应埈在质疑"从祀以报功，贵释经以卫道"时，也指出明朝道学的特殊环境，即"本朝尚笃行，所值之时异也"。③

在所见的奏疏中，除赵时春外，均以论点 1、3、4 或 5，构成其支持薛瑄从祀的主要理论框架。于此，从祀在报功，而"功"因时代而异。在这演变了的范式下，即重视"行"或实践的明朝道学中，薛瑄是宜祀的。笔者认为在嘉靖十九年的讨论中，其实际意义已经不局限于薛瑄。支持薛瑄从祀的儒臣所关心的更大课题是本朝儒者的从祀。所以，不同理学立场之儒臣会共同支持薛瑄的从祀。另一方面，在表面上一致支持薛瑄从祀的立场底下，不同理

---

① 黄进兴：《圣贤与圣徒》，第 98 页。
② 龚用卿：《云岗选稿》，第 7 页。
③ 屠应埈：《屠渐山兰晖堂集》，第 54 页。

学立场之儒臣又有各自的盘算或关怀。

在这些儒臣中,徐阶和邹守益是阳明学派的重要成员。先是,王阳明弟子薛侃(1486—1545)已经在王阳明逝世后 1 年,即 1530 年,要求陆九渊(1139—1193)从祀。这自然让人联想到此举乃为王阳明日后之从祀铺路。而笔者认为讨论薛瑄从祀问题时所呈现的范式演变对后来王阳明的从祀自然有一定之影响。① 就嘉靖十九年的讨论而言,这些阳明弟子对薛瑄从祀的支持何尝不同样具有为王阳明从祀铺路的意图呢? 毕竟,明代儒臣在其时首先需要有零的突破。

因此,这些奏疏在一方面呈现出共同的范式演变和对薛瑄从祀的支持,另一方面在其他议题上就有不少差异。例如就陆九渊和司马光(1019—1086)获准从祀的问题,霍韬明确要求此 2 人的罢祀;②而张邦奇虽然认为司马光对程氏之微词"未悟",但因为忠信等条件,还是应该被保留在祀典中。③ 曾经师事王畿(1498—1583)的唐顺之则指出世宗皇帝罢马融之祀而入陆九渊是正确的,因为后者能够"体认本心,绝不肯为六经注脚"④。徐阶论马融之罢和陆九渊之入,与唐顺之同调亦是不足为奇的。⑤

考虑到理学派系的不同,我们发现阳明学者虽然支持薛瑄,但他们对薛瑄还是有所保留的。例如当唐顺之质问"自瑄以后其有如瑄者继踵而出乎,未可知也。其有能直接孔氏之心传者出乎,未可知也"⑥时,他心中的这位在薛瑄之后可以为薛瑄所不能为,即"直接孔氏之心传者",毋庸置疑就是王阳明。而徐阶和邹守益对薛瑄的保留意见也是显而易见的。⑦

当然,阳明学派也难逃被其他儒臣侧面攻击的命运。霍韬控诉薛瑄之

---

① 朱鸿林先生早年的一篇《有关王阳明从祀的辩论》使笔者获益不少。见 Chu Hung-Lam, "The Debate Over Recognition of Wang Yang-ming", *Harvard Journal of Asiatic Studies*, 48:1 (Jun., 1988), pp. 47-70。但是自本文的从祀问题范式演变的角度来看,此文对朱先生的文章可以有所补充。此外,朱先生是文中所举的王阳明从祀年份也有待商榷。详见 Koh Khee Heong, "East of the River and Beyond: A Study of Xue Xuan (1389—1464) and the Hedong School"(Ph.D. dissertation, Columbia University, 2006), pp. 276-279,尤其是第 525 注。(笔者按:有关王阳明从祀的史料问题,亦应参考朱鸿林:《王阳明从祀孔庙的史料问题》,《史学集刊》2008 年第 6 期,第 35—44 页)
② 霍韬:《渭厓文集》,第 102a—103b 页。霍韬对司马光有意见或许还是为了迎合世宗皇帝,但他要求陆九渊罢祀则极可能完全是基于理学立场的不同。
③ 张邦奇:《张文定公觐光楼集》,第 394 页。
④ 唐顺之:《荆川集》,第 191 页。
⑤ 徐阶:《经世堂集》,第 478—479 页。
⑥ 唐顺之:《荆川集》,第 190 页。
⑦ 徐阶:《经世堂集》,第 478 页;《东廓邹先生文集》,第 669 页。

后的一部分儒者"高明超迈而淫于佛老。阴翊邪说，明叛圣轨。天资愈高，陷溺愈深。"①屠应埈的奏疏中也对当时儒者的"抑古自是，剿经传之绪余以肆其曲说。诋讥儒先，寻末失源"表达了不满。②

在嘉靖十九年的讨论中，支持薛瑄从祀的儒臣占有多数，而且在他们论述范式之演变下，明儒从祀已经具有合理性。对他们而言，时机无疑已经成熟。但世宗皇帝并不同意。他虽然承认"圣贤道学不明，士趋流俗，朕深有感。薛瑄能自振起，诚可嘉尚"。可是他还是认为"公论久而后定，宜候将来"。③

3.嘉靖年间的最后尝试

嘉靖年间要求薛瑄从祀的最后一次尝试发生在嘉靖三十二年（1553年），提出要求的是河南罗山籍的尚维持（1541年进士）。将其奏疏与嘉靖十九年诸疏相比，则可看出其所持论点明显与诸疏的论点 1、2、3、5、7 和 8 不谋而合。④ 不过其疏中有两点颇为有趣。一是认为从祀薛瑄，即倡明理学，是"柔服丑虏之一机"，这或许是书生惯用言辞。第二点比较耐人寻味，他问道："建议诸臣岂尽瑄之葭莩乎？"⑤不知当时是否有反对者提出如此批评，诬蔑要求薛瑄从祀者为其亲属？史料于此不详，故无法深究。无论如何，尚维持之请亦无成果。

在此第二阶段，由于薛瑄弟子后人杨瞻，以及来自仅一河之隔的朝邑且尝令河津县并与薛氏族人相善的樊得仁之请，又遇上了对典礼问题，包括孔庙祀典问题有浓厚兴趣的世宗皇帝，终于引发了嘉靖十九年的热烈讨论。此一反应的背后自然也有儒臣们希望本朝儒者可以开始列入祀典的心理需求，而在他们针对之前的反对理由提出的辩驳中，一个新的讨论从祀允当与否的范式演变而出。当然，本文也注意到在阳明学者和其他儒臣表面上对薛瑄从祀的一致支持之下，阳明学派为王阳明从祀铺路的企图和其他儒臣对阳明学派的不满构成了有趣的第二层意义。

---

① 霍韬：《渭厓文集》，第 102a 页。
② 屠应埈：《屠渐山兰晖堂集》，第 54 页。
③ "中研院"历史语言研究所校印：《明世宗实录》，《明实录》，第 4806—4807 页。
④ 尚维持：《表章真儒以励世风疏》，《薛瑄全集》，第 1635—1637 页。
⑤ 尚维持：《表章真儒以励世风疏》，《薛瑄全集》，第 1636 页。

三、隆庆年间

（一）第三阶段时的新尝试

隆庆元年（1567年）赵轼（1544年进士）和周弘祖（1559年进士）请以薛瑄从祀孔庙。与此同时，耿定向（1524—1596）请从祀王阳明。[①] 至此，嘉靖十九年时阳明学派和程朱儒臣的暂时联盟正式结束，两派儒者开始为自己心目中的真儒请祀。面对阳明学派的兴盛，以及如今其成员公然直接地为王阳明请祀的局面，程朱学者以及对阳明学派不满的官员自然感受到竞争层次的提升。如此更为剧烈的竞争无疑加剧了他们的危机感，迫使他们更积极地推动薛瑄的从祀。

隆庆元年两方的要求都没有直接的成果。但是薛瑄明显占据时间上的优势。礼部在给穆宗皇帝的意见中指出，薛瑄"相去百年，舆论共服。先朝科道诸臣建言上请累十余疏，而儒臣献议与瑄者十居八九"，而虽然"世宗皇帝亦嘉瑄能自振起"，却还是认为"公议久而后明，宜俟将来"。反观王阳明，礼部指出"世代稍近，恐众论不一"。穆宗皇帝接纳了礼部的建议，命诸衙门讨论。[②] 可是从现存史料上看，诸衙门官员并没有像嘉靖十九年时热烈上疏讨论。

（二）联名上疏

前两个阶段的请祀活动是个别的，独立上疏的，笔者从中并没有发现任何组织力量或者商量策略的迹象。如前所述，面对隆庆年间的新局面，支持薛瑄的儒者愈发强烈地意识到事态的严重性。于是出现了多人联名的请祀奏疏。在1570到1571年之间的三道请祀奏疏中，最少有两道是联名的。具体联名有几人不得而知，除领头人之外，余者姓名亦已湮没。

第一道联名上疏的领头人是蒲州籍的韩辑（1565年进士），第二道联名上疏的领头人是曾任河津县附近的闻喜县县令的马三乐（生卒年不详），第三道请祀奏疏为陕西泾阳籍的雒遵（1565年进士）。而从他们的升迁记录和奏疏的署名，以及礼部后来的回应来判断，这三道奏疏上呈的时间在1570年末和1571年9月20日之间。[③]

---

① "中研院"历史语言研究所校印：《明穆宗实录》，《明实录》，第261页。
② "中研院"历史语言研究所校印：《明穆宗实录》，《明实录》，第262页。
③ "中研院"历史语言研究所校印：《明穆宗实录》，《明实录》，第1243、1295、1344页；薛瑄：《薛瑄全集》，第1638—1642页。

1. 韩辑领头的奏疏

从此奏疏的行文口吻和逻辑看，请祀者的急迫心理溢于言表。他们首先指出隆庆初年的请祀犹如石沉大海："皇上登极之初，适当中兴文明之会，故言官有连疏之请，而该部有集议之章。"他们同意"名儒必孚众而后真，公论必积年而后定"。而对于薛瑄，"直请从祀者不下累十余奏，献议从祀者亦有累十余扎"。故薛瑄自然是"论定之儒"。与之前奏疏不同的是，他们不再要求皇帝命诸衙门讨论，而是直接要求"刻期廷议"。①

2. 雒遵之疏

虽然针对韩辑等的上疏，穆宗批示给了礼部。可是也许因为没有下文，所以韩辑的同年友雒遵，再次上疏催促此"诚不容久缺而不举"之典。雒遵提出："自汉及唐及宋下至元，每代必有其人，庸显文教之盛。况我皇明政治教化远过汉、唐、宋，至从祀孔庙不令一人与之，是示后世以我朝果无真儒也。"而对雒遵而言，若将薛瑄"儗诸孔门，沉潜似颜子，笃实似曾子，与周、程、张、朱可相伯仲，其视许衡则诚过焉"②。

3. 马三乐领头的奏疏

在此奏疏中，我们可以清楚看见，请祀者之所以接连上奏，不仅仅是因为薛瑄"知行兼全，表里无间"，而"使在孔门当不在四科下"，且其著作也可以"羽翼六经，舆卫四子"；最重要的还是因为阳明学派所带来的学风转变。奏疏指出"矧今士习渐流，道真日晦。讲良知者以顿悟为妙，而略居敬穷理之功；论道体者以幻空为言，而昧理一分殊之实。"面对此一"非惟不足以卫道，而实所以病道也"的学术风气，请祀者们认为"兹欲挽之于正，惟在表章真儒，使卓然知所崇向。庶乎昭懿行于将来，振儒宗于百代，诚计之得也"。③ 而此一能够为所有儒者所学习的真儒，此一能够令那些误入歧途的儒者知道正途所在的真儒，即河东薛瑄也。

(三)隆庆五年(1571)从祀真儒

1. 礼部初奏

礼部在给穆宗皇帝的第一份回奏中首先提及赵轼和周弘祖隆庆元年之

---

① 薛瑄：《薛瑄全集》，第1638—1639页。
② 薛瑄：《薛瑄全集》，第1639—1641页。在薛瑄本人和其弟子的心目中，最为他们所重的元儒莫若许衡。河东学派多有谓薛瑄为明之许衡的讲话。但薛瑄本人和弟子断无以薛高过于许衡之言论，更遑论与宋儒诸子相伯仲。雒遵语出惊人，可能是基于其急迫之感。实际上，也无人追究其语。详见 Koh Khee Heong, "East of the River and Beyond: A Study of Xue Xuan (1389—1464) and the Hedong School", pp. 290-292.
③ 薛瑄：《薛瑄全集》，第1641—1642页。

请,并将韩辑等人,雒遵和马三乐等人的上奏巧妙地包装为对之前请奏的回应。① 礼部如此回复主要是为自己开脱,否则不容易解释何以隆庆元年上谕翰林院等讨论后便无下文。观韩辑等三疏之内容,不难看出这些都不是对前次请祀者的回应和讨论。因此三疏是韩辑等人的请祀奏疏,有别于嘉靖十九年诸儒臣的讨论奏疏。②

礼部在回奏中接着指出"以我明兴二百余年,道久化成,名贤辈出,乃至今未有一人沾俎豆之辉者,岂真无其人哉?"其实是因为"公论必持久而后定,旷典必待时而后行。诚慎之也"。那么有关薛瑄从祀问题的公论到底如何? 礼部的立场其实是倾向请祀者的。回奏表示"稽之我朝,理学诸臣固多,卓然接迹而起。而求其不由师传,独契正学,上接孔门不绝之续,以为百世后学之依归,则实薛瑄为之首倡矣"。说到嘉靖十九年的讨论,礼部在回奏谓"其与瑄者十居八九,即有一二未协者,亦以礼宜慎重,姑俟将来。至于瑄之人品,未有或訾之者也"。

在此回奏中,薛瑄无疑是公论所允的理学第一人了。唯一需要的只是时间的积累。那么如今是否是时候了呢? 回奏没有直接说明。但是礼部仿佛和韩辑等人有着同样的焦虑与急迫,认为对此问题的讨论不可拖延下去,回奏说:"若复仍拘往例,再行各衙门撰议,诚恐作舍道旁,久延岁月;至使一朝盛典,又徒托诸空言矣。"为了避免这样的局面发生,礼部支持诸臣"廷集会议"。

更重要的是,礼部志在有一一致之决定。回奏指出在此廷议上"如有意见未同者,不妨面相质难,评列是非。务求至当之归,俾成画一之议"。然后才"会疏上请,恭惟圣明裁断,敕下施行"。穆宗皇帝批准召开廷议。③

从对薛瑄的评价和对嘉靖十九年的记述,到支持廷议的召开以避免此事又再次无疾而终,到在廷议前先声明要求有统一的结论;仿佛廷议未开,而礼部已经作好将薛瑄神主奉入孔庙的决定了。可是礼部也不一定真能左右廷议上的讨论。是哪些有利的因素使得廷议结果如韩辑等人与礼部之所愿呢?

---

① 薛瑄:《薛瑄全集》,第1638—1639页。
② 其实,针对较早的命群臣讨论的上谕,史料中可以找到几篇由1571年新科进士所呈之回应。但是也许是因为他们级别较低,所以并未引起注意。又也许是因为当事者志在通过廷议方式以成薛瑄从祀之典,故而有意冷处理这几篇奏疏。详见 Koh Khee Heong, "East of the River and Beyond: A Study of Xue Xuan (1389—1464) and the Hedong School"(Ph. D. dissertation, Columbia University, 2006), p. 298,第571注。
③ 礼部之回奏,薛瑄:《薛瑄全集》,第1642—1644页。

2.廷议报告

从穆宗皇帝准许廷议的召开到礼部上呈有关廷议的报告,前后不超过5日。可见此廷议在得到批准后很快即召开了。什么人出席了廷议呢?当时撰写廷议报告的礼部尚书是潘晟(1541年进士),他自然在场。可是史料中没有其余出席官员的名单,除了知道"六部、督察院、通政司、大理寺、詹事府、左右春坊、翰林院、国子监、科道等官"外,级别最高、地位最崇、威望最隆者,为廷议报告中直接提到的唯一一个人,即"少傅兼太子太傅、吏部尚书管理兵部事,杨博"。

如前所述,蒲州人杨博之父杨瞻,即引起嘉靖十九年儒臣讨论薛瑄从祀问题的奏疏作者;杨博亦即配食于河津县薛瑄专祠的薛瑄弟子杨谌之曾孙。杨博原已谢病归里,但以知边事而为朝廷所重的他,在大学士高拱(1513—1578)的推荐下再起。虽复归里时所任之吏部尚书,但以其掌兵部事。杨博大概于1571年7月还朝,故出席了9月的廷议。①

杨博虽然以其对边防等问题的精炼而留名史册。但进士出身的他自然对理学也是熟悉的,而且还可能有一定的家学背景。这一家学又无疑是河东一脉的。杨博对于那些活跃于讲学活动的官员是很有意见的。在主持1567年的京察时,杨博大黜活跃于讲学活动之官员,尤以浙籍为多。另一方面,晋籍官员则无列下考者。攻击者弹劾他"挟私愤,庇乡人",但不为穆宗皇帝所接受。杨博更曾直接讥讽阳明学派的耿定向和罗汝芳(1515—1588)为伪。杨博甚至主张无论内外官员,若还是"倡说妙悟,流归禅寂",吏部一概署其为下考,而此意见为穆宗所采纳。②

在杨博乡人、姻亲、同事张四维(1526—1585)的理解中,杨博在1567年主持京察时,其最重要的贡献之一便是重整士风。据张四维说,当时"士习稍颇以禅解谈性命",而这种轻视世务的士人之风"几东晋清谈风",而且已经是"奔趋邪径,公相标榜,肆不知耻"。因此杨博利用京察"痛裁正之。凡诪张者,无得售其术。其风渐熄"。③

我们现在需要再仔细看看潘晟主笔的廷议报告。他首先呼应了嘉靖十九年诸儒臣讨论从祀问题时所表现出的,对从祀标准因时而异之新范式的

---

① "中研院"历史语言研究所校印:《明穆宗实录》,《明实录》,第1370—1371、1409、1452—1455页。
② "中研院"历史语言研究所校印:《明穆宗实录》,《明实录》,第84—88、91页;张廷玉等:《明史》,中华书局1997年版,第3135、3146页;项德桢:《太师杨襄义公年谱》,《北京图书馆藏珍本年谱丛刊》,北京图书馆出版社1999年版,第48册,第592—593页。
③ 张四维:《条麓堂集》,《续修四库全书》,第764页。

同感。报告接着明确以薛瑄为"一代理学之冠",进而叙述其学行,并及其"行履之大略""著述之大旨""树立之大节"。至于廷议的举行,是因为"前后建议及此者,盖累十余疏。而盛典久虚,群情日切。今言官有交章之陈,而礼臣有会议之请,及时举行,诚有所不容后者"。

那么廷议之上有无反对意见呢?礼部报告指出"查得先年间有异同之论,或以瑄少著述。不知学贵心得,道在躬行。矧瑄所著书且十余万言,不为不多,诚未可以是而少之"。另一个反对的意见是基于"宋时如罗从彦、李侗诸儒,尚未遍祀;即我朝理学诸臣,亦多有应祀者"。但是礼部反驳道:"不知讲求于大明之后者为功易,兴起于绝学之后者为力难。而国朝倡明此学者,则惟瑄为首,是又未可因是而泥之也。"①

我们不难想象,此二条反对意见极有可能是在廷议上为反对者所提。但礼部报告以"查得"冠句首,则此二条反对意见顿时成了礼部研究此课题之档案后,总结得来,且轻易便能将其一一驳倒。如此一来,礼部在请允举行廷议的回奏中所希望的"务求至当之归,俾成画一之议"即完美实现了。但如此是不是欲盖弥彰呢?廷议上真的没有出现"面相质难,评列是非"的现象?

3. 家族、地缘、政治

史料中并无廷议的全程会议记录。我们只能旁敲侧击,窥斑见豹。如上所述,杨博是廷议中地位最崇高者。他扮演了什么角色呢?从其家族历史和家学来看,为完成先人之愿,杨博必然会鼎力支持;从其对主要属于阳明学派的讲学者之厌恶,为压制阳明学派,杨博也必然会极力促成。于公于私,杨博均无保持沉默之可能。因此,杨博之《年谱》载"公首倡宜许,众遂无异辞",良有以也。《年谱》还提醒读者,当年杨瞻"初入台,即请从祀真儒瑄"。可见,此事和家族历史渊源息息相关。《年谱》作者也似乎认为嘉靖年间从祀失败之责,或在当时的礼部尚书严嵩(1480—1567)和首辅夏言(1482—1548)。

更有趣的是,《年谱》记载了隆庆初,王阳明从祀之请失败的其中一个原因:杨博。据载,当时的礼部尚书高仪(1541年进士)就此事和诸大臣商议。杨博指出:

---

① 有关礼部之廷议报告,薛瑄:《薛瑄全集》,第 1644—1646 页;"中研院"历史语言研究所校印:《明穆宗实录》,《明实录》,第 1484—1485 页。

> 文清，晋人；文成，越人；皆乡先正。敢轩轾？文清理学从祀孔庙，文成武功配享武庙。此定论也。

高仪是浙江籍钱塘人，自然是王阳明的乡人；而杨博与薛瑄同为蒲州人，就更是山西老乡。杨博主动指出这一层地缘关系，是为了说明自己在高仪面前自然没有徇私的问题。故当他将薛瑄应该从祀孔庙，而王阳明之功绩在军事上所以应该配享武庙说成是定论时，《年谱》说高仪因此"深服"，而王阳明从祀一事因此"寻寝"。而当《年谱》作者在最末补上"至是乃定"时①，是将杨瞻之请祀、杨博之阻王阳明从祀和杨博最终的临门一脚之功，视为一个整体的事件。则杨氏父子在薛瑄从祀问题上的角色就愈为清楚了。

隆庆初，在阳明学派的成员中，或许有人真的强调其事功之成就。② 这原本用以提高王阳明之地位的策略，在杨博处成了阻止其从祀的有利说辞，何尝不是一大反讽。

我们没有理由相信在杨博"首倡宜许"后，全场便鸦雀无声。那是一个十分滑稽的场面。实际上，除了上疏请祀的韩辑和廷议上的杨博之外，另一位极有可能在廷议现场表态支持薛瑄从祀的蒲州人，是张四维。他同样认为"迩者性学渐晦，士失所从。卑者溺词章、徇功利；高者则假借禅幻，乱性与天道之真。有识者虑焉"；所以需要从祀薛瑄以"表彰正学，晓然示天下知所当趋"。这位自称薛瑄的"州里小子"的张四维，当时任吏部侍郎、翰林学士。③ 从地缘政治，他和杨博的紧密关系，以及他本人对薛瑄从祀的理学意义的认识等角度考虑，我们都可以想象张四维加入了支持之列。

我们还应该进一步考虑地缘和家族关系的作用。蒲州人当时在朝廷上有数人均身居要职。除上述 3 人外，尚有名臣王崇古(1515—1588)。更重要的是，他们都是姻亲。如杨博第四子为王崇古长女之夫，王崇古为张四维之母舅。在张四维后来为杨博撰写行状时，杨博的一位孙女已嫁张四维之子，且尚有一孙女已许配张四维另一子，而杨博另外 2 个孙女也许配韩辑的 2 个儿子，其中一个即后来的大学士韩爌(1564—1644)。不过韩爌的第一

---

① 以上引述杨博《年谱》事，均见项德桢：《太师杨襄义公年谱》，第 701—702 页。

② Chu Hung-Lam, "The Debate Over Recognition of Wang Yang-ming", *Harvard Journal of Asiatic Studies*, 48:1 (Jun., 1988), p. 69.

③ 薛瑄：《薛瑄全集》，第 1653—1654、1664 页；张四维：《条麓堂集》，《续修四库全书》，第 660 页。

位原配是张四维之女。①

如此紧密的姻亲关系无疑使得家族历史和地缘政治构成薛瑄最终得以从祀的重要条件。此外,当时的高层政治氛围对薛瑄从祀也是有利的。上面提到耿定向在隆庆元年请祀王阳明,这也许和当时的首辅为徐阶有关。而在从祀问题搬上廷议时,当时的首辅已经是高拱。他虽然不是河东学派的成员,可是高拱肯定是徐阶的政敌。而韩辑正是高拱的"第一心腹门生",也曾经在高拱和另一位阳明学派成员赵贞吉(1508—1576)的政治斗争中扮演过重要角色。② 如此,高拱纵然没有直接支持薛瑄之从祀,但也没有反对的理由。毕竟,薛瑄之从祀被许多人理解为对阳明学派的压制;而高拱不少政敌原来也是阳明学派中人,他乐见薛瑄从祀之成也是情理中事。

礼部之廷议报告上呈后二日,穆宗皇帝决定"薛瑄公论既定,准从祀。钦此"。是日为公元1571年9月27日。次月,以薛瑄神主"序于先儒吕祖谦之下",并命祭酒马自强(1513—1578)"以从祀告于先师孔子,行释菜礼",同时"仍通行天下学校一体从祀"。③

四、结语

通过研究薛瑄从祀始末,本文对于明人在此漫长的一个世纪中,对于明人在本朝儒者从祀问题的立场进行了重构和考察。早期反对薛瑄从祀的主要原因是以其"明道著述"不足。前者反映批评者的立场仍然重视自朱熹而来的传承关系。回应此一批评的方式有二:一是以新的道统观取代金华学派式的师徒传承。简单地说,是在重构明朝理学历史的叙述中允许明儒在没有师承下独立兴起。在此一叙述下,薛瑄是明之许衡,正如许衡是元之朱熹,也因此可以一再强调薛瑄的"自振起",将其誉为有明理学之冠。二是反复强调薛瑄在朝在野的种种光明磊落之行为,以及为人所推崇之事迹。为的是一再提醒人们薛瑄的"文行一致"。此两种叙述方式一直为支持薛瑄从祀者所使用。

---

① 王世贞:《弇山堂别集》,《文渊阁四库全书》,内联网版,第3卷,第18页;张四维:《条麓堂集》,第765页。

② 《明穆宗实录》,第1279—1282页;张廷玉等:《明史》,第3124页;沈德符:《万历野获编》,北京中华书局1959年版,第364页。当然,薛瑄最终得以从祀有许多复杂的,以及或远或近的原因。沈德符简单把它说成是"乡人之助",而且是"一疏而穆宗立允"是不正确的。

③ "中研院"历史语言研究所校印:《明穆宗实录》、《明实录》,第1484—1485、1494页;薛瑄:《薛瑄全集》,第1646—1647页。马自强亦为张四维之姻亲与同年友,见张四维:《条麓堂集》,《续修四库全书》,第695—697页。

在回应一直为反对者最为关切的"少著述"问题上,我们发现明代儒臣在嘉靖十九年的讨论中,完成了从祀标准的范式演变。即强调从祀是为报功,而不同时代有不同的主要功勋可报。于是,对明儒而言,著述多寡已经不是从祀的标准。薛瑄对孔子之道的功劳主要在其实践和其对有明一代儒者的启发和楷模作用。

此外,"公论"的重要性也是值得探讨的课题。不少请祀者以及嘉靖十九年的半数支持者,都擅长于引述前人对薛瑄有利的评语。此断然仅非文化之习惯,而是论者意识到借重前人乃至今人之种种赞美,是形成支持薛瑄从祀确有"公论"的印象之有效方法。许赞等甚至援引山西士绅、父老等的地方"公论"。而到底有无此"公论"成了世宗皇帝用以推迟从祀的理由,也成了穆宗皇帝准祀的依据。此外,对于"公论"的操纵也是杨博用以阻止王阳明从祀的利器,也是支持者在隆庆五年的廷议上之追求。

在隆庆五年的最后一次请祀薛瑄的努力中,我们又清楚地看到家族历史、官员的姻亲网络、地缘关系、政治斗争等因素如何促成请祀的最后成功。不过必须注意的是,阳明学派的兴起也是一个重要的客观原因。嘉靖十九年时,阳明弟子虽已逐步在仕途中崭露头角,但阳明本身逝世未久,而这些弟子们的政治势力仍然有限。所以我们看到阳明弟子和其他儒臣在薛瑄从祀问题上的一致立场。当然,阳明弟子也有其为王阳明从祀铺路的盘算,其他儒臣也有明确反对先前陆九渊之从祀以试图压制阳明学派的言论。到了隆庆元年,徐阶已是首辅,耿定向更是直请王阳明从祀,再加上社会上阳明弟子讲学之风的盛行,这无疑加剧了程朱学者和反对阳明学派者的危机意识和焦虑感。隆庆五年的联署上疏,礼部偏向薛瑄的立场,和政治同盟者对阳明学派成员的压制,都是构成薛瑄从祀成功的客观因素。

笔者原以为从祀孔庙是一思想史的课题,但在分析研究之后,才发现就此课题而言,思想、政治、家族、地缘等竟有如此复杂之关系。明代从祀孔庙之明儒,在薛瑄后,尚有王阳明、胡居仁(1434—1484)和陈献章(1428—1500)。他们的从祀始末也应该为学者所重视,若并与薛瑄的从祀历程比较研究,相信对明代思想史研究亦将有所贡献。

(原载《中国文化研究所学报》2007 年第 47 期,第 93—114 页)

转变时期的金华名儒：章懋

一、前言

我们对明代理学的理解深受黄宗羲(1610—1695)《明儒学案》所建构的主流传统的影响。黄氏是书基本上是以王阳明(1472—1529)为中心的。[①]现当代学者因此往往忽略理学中的其他群体或趋向。被笼统归纳在《诸儒学案》中的理学家尤其如此。这些理学家既不属于阳明学的传统,也不属于其他诸如河东学派那样的主要学术派别。[②]

黄宗羲在为《诸儒学案》下定义时指出:"诸儒学案者,或无所师承,得之于遗经者;或朋友夹持之力,不令放倒,而又不可系之朋友之下者;或当时有所兴起,而后之学者无传者,俱列于此。"这些理学家进而被分成上、中、下三卷,而"上卷则国初为多,宋人规范犹在"。[③]

本文的研究对象,章懋(1436—1522),即被归为第一类学者,即"无所师承",且他名列上卷,为继承宋儒规范的明初理学家。然而因为章懋长寿,他其实跨过了明初时期。他晚年是在纷乱的正德(1491—1521)年间度过,去世时正好是嘉靖(1522—1567)元年开始的前一天。[④] 简言之,章懋一生经历了从明初到明中叶的过渡时期。

章懋颇长的一生与吴与弼(1391—1469),吴与弼弟子陈献章(1428—1500),以及王阳明都有所重叠。陈献章与王阳明传统上被认为是反对朱熹(1130—1200)的正统学说的。既然现代学术的焦点向来锁定王阳明和与之关系密切者,章懋是被边缘化的。本文的目的就是想通过对于章懋的事迹

[①] 黄宗羲:《明儒学案》,第43卷,第1a页。朱鸿林对于"学案"文体提出了新的诠释,但是他也认为此类文体的编者或著者总是难逃操纵案例的嫌疑,尤以《明儒学案》为显例,见 Chu Hung-Lam, "Confucian 'Case Learning': The Genre of Xue'an Writings", in Furth, Zeitlin and Hsiung, *Thinking With Cases: Specialist Knowledge in Chinese Cultural History*(Honolulu: University of Hawaii Press, 2007), pp. 244-273。

[②] 有关河东学派的研究,见 Koh Khee Heong, "East of the River and Beyond: A Study of Xue Xuan (1389—1464) and the Hedong School" (Ph. D. dissertation, Columbia University, 2006)。

[③] 黄宗羲:《明儒学案》,第43卷,第1a页。

[④] 嘉靖皇帝是在1521年5月27日登基的。

和思想的研究以便对边缘化的理学家有所认识。虽然黄宗羲将章懋和其他同样接受"宋人规范"的学者视为一个类别是有其贡献的,但其门户立场始终也有问题。章懋生活在一个从相对稳定的成化(1465—1487)和弘治(1488—1505)时期过渡到困难重重的正德时期的不平静岁月,那是明初的终结。受其启发,本文要讨论那个时代理学家的思想和所做的实际选择。

除了将章懋置于理学传统中进行研究,也可以透过地方社会的视角理解他。按照包弼德的研究,金华地区在 1470 到 1550 年间经历了第二次理学复兴,而章懋无疑是此复兴中的核心人物之一。包弼德主张理学立场的主要特质便是否认皇帝或朝廷的政权有权力定义价值。而金华的第二次复兴受益于越来越被重视的一种独立于朝廷支持之外的理学趋向,也建立在更多物质资源,即经济复兴的基础上。① 本文同意包弼德对于金华地区的理学复兴,以及其与地方社会的关系的分析,但章懋的例子则有待进一步的讨论。

二、章懋生平简述

章懋字德懋,号闇然子,于 1436 年 6 月 28 日出生于金华府兰溪县(今为兰溪市)。金华在理学传统中有着重要的地位,因为它亦是何基(1188—1268)、王柏(1197—1274)、金履祥(1232—1303)、许谦(1270—1337)的家乡。"何王金许"四先生将朱熹的学术从南宋传承到元代。元朝末年和明朝初期的浙东理学家便是他们的直接传人。

然而,自从方孝孺(1357—1402)因为勇敢地拒绝接受永乐皇帝的篡位,而导致包括其弟子在内的十族被株连之后,浙东学派的传承便中断了。但是在浙东士人,尤其是金华学者的心目中,"何王金许"的传统依然重要。他们仍然是朱熹正统学术的继承人,这也是金华被誉为"小邹鲁"的原因。这样的情结在章懋处特别明显。②

据载,章懋在 1451 年开始向一位叫凌宗政(生卒年不详)的人学习《易》。③ 我们对此人知之甚少,章懋之后也罕言及。我们只知道此人来自

---

① Peter Bol, "Neo-Confucianism and Local Society: Twelfth to Sixteenth Century: A Case Study", in Paul Smith and Richard von Glahn eds., *The Song-Yuan-Ming Transition in Chinese History*(Cambridge and London: Harvard University Press, 2003), pp. 241-283.

② 章懋:《枫山集》,《金华丛书》,1862—1874 年版,第 3 卷,第 32b—34a 页;第 7 卷,第 42b—43b 页;第 7 卷,45b—47b 页;第 8 卷,第 58a—61a 页。章懋之后会和他们一样入祀于"正学祠",而后该祠又易名"五贤祠"。见王懋德:《金华府志》,台湾学生书局 1965 年版,第 1664 页。

③ 方太古:《章文懿公年谱》,《金华丛书》,上卷,第 3b 页。

姑苏,并于 1447 年起开始担任县学教谕。[①] 地方志中的章懋传记也仅提及他入县学,并无证据显示他们除此之外还有什么特定的师生关系。传记称章懋 1451 年入县学时是 15 岁,和《年谱》中的记录相吻合。在其侄儿章拯(1479—1548)为章懋所撰的《行状》中述及了章懋 15 岁入县学时的积极求学态度,尤其是在《易》的探究上。[②]《行状》也谈到人们给章懋的劝告,说《易》过于抽象,不利于科举的准备。但是章懋越发自信,也越发努力钻研《易》。[③]

1466 年,章懋会试第一,之后任翰林院庶吉士。[④] 他有一封题为《登第后寄乡先生》的书信。章懋在信中提到自己"区区从事于呻吟占毕者十余年",而"今者奉亲命就试春官"。如今登第之后,他想"释去举业之累,得以专志于学耳"。他认为自己"所言者不过蹈袭腐儒常谈,何能有裨于君德,有益于时政哉!"章懋还说自己"幸科举之就手,慕荣利而动心,则愚岂敢?"所以"先生素知某者,故敢布其所怀"。[⑤]

为何语气如此谦虚呢? 章懋弟子姜麟(1487 年进士)所撰传记称,章懋在翰林院期间所作诗歌全为述志之内容,而所撰文章尽以言道为事。[⑥] 翰林庶吉士是一个清贵之职,据汉学家 Charles Hucker 的描述,那是新科进士中被视为具备文学才华的潜能者才能入院读书的新职位。[⑦] 章懋在其作品中似乎并无太多展示文学才华的潜能的兴趣,而更多的是报国之志、忧国之心。[⑧] 这些作品偏离了人们所认为"具备文学才华的潜能"者该创作出的鸿文,大学士中甚至有极其厌恶章懋而几乎欲将之逐出翰林院者。[⑨]

另一方面,在章懋入翰林院那年的中秋节,大学士们测试庶吉士的文采。章懋所赋毫无意外地充满对时政的担忧。据说当时的太史读之不禁为

---

① 唐壬森:《光绪兰溪县志》,兰溪 1888 年版,第 4 卷,第 20b 页。
② 《章文懿公年谱》似有一错误,即谓天顺元年(1458)"春正月,子振生"。章懋有三子,分别名曰:扩、捷、接,以及一女名"顺",无"振"。此处所指应该也不是其侄子"拯",因为《年谱》之后在成化十五年(1479)有章懋弟"懋之子拯生"的记录。章拯在 1548 年 70 岁时去世,此处有关他的记录是相吻合的。《章文懿公年谱》,上卷,第 3b、13b 页;章拯墓志铭,见焦竑:《国朝献征录》,台湾学生书局 1965 年版,第 2099a—2100b 页。
③ 章接:《枫山章先生实纪》,《丛书集成初编》,北京中华书局 1991 年版,第 29 页。
④ 方太古:《章文懿公年谱》,上卷,第 4b 页。
⑤ 章懋:《枫山集》,第 2 卷,第 1a—2a 页。
⑥ 章接:《枫山章先生实纪》,第 19 页。
⑦ Charles Hucker, *A Dictionary of Official Titles in Imperial China* (Stanford: Stanford University Press, 1985), pp. 434-435.
⑧ 章懋:《枫山集》,第 9 卷,第 1b、16b、21a—21b、30b—33a、40a—41a、44b—47b 页。
⑨ 章懋:《枫山语录》,《金华丛书》,第 34a 页。

其所动,称章懋为真正视天下为己任者。① 其他大学士如刘定之(1409—
1469)和柯潜(1423—1473)也极为赞赏章懋,鲜少改正其作品。②

后来章懋循例升任编修。入翰林院本是新科进士事业上的好开端。但
章懋仕途很快便出现危机。当时,皇帝下旨命令为即将到来的元宵张灯赋
诗。章懋非但不从命,还认为皇帝不应该耽溺于享乐。他和同僚庄昶
(1437—1499)与黄仲昭(1435—1508)商量之后,非但没写元宵灯火的诗歌,
反而联名上呈了《谏元宵灯火疏》。皇帝为之动怒,下令廷杖贬官。章懋原
被贬到临武出任知县,在其他官员的求情下,改任南京大理寺评事。③

有学者误以为章懋等是因为元宵赋诗被杖责。其实,他们非但不是因
为写了灯火诗受罚,相反地,是因为拒绝写灯火诗,还上书进谏,因而被处
置。④ 他们同年的状元罗伦(1431—1478)之前已经因为其他事被贬斥,所
以此四人被时人称为"翰林四谏"。虽其举多为后人所推崇,但也有人认为
章懋、庄昶、黄仲昭失之鲁莽且不谙朝廷的惯例。⑤

沈德符(1578—1642)便认为成化年间太平繁华,元宵张灯根本算不上
奢靡。更重要的是,他认为翰林本就是文学陪臣。沈德符还指出就连宋代
的欧阳修(1007—1072)和苏轼(1037—1101)那样的君子也会为节令创作并
且上呈,而他们的美名并没有因此而受损。⑥

章懋为什么要"小题大做"呢?根本原因是因为他对清明政治秩序的关
注和对上呈皇帝的玩好之物、鄙亵之词的不满。身为理学家,他在翰林院所
作均为忧国忧民的内容。即使在这份受到争议的奏疏中,他提醒皇帝当年
宣宗的《御制翰林院箴》有"启沃之言,惟义与仁。尧舜之道,邹孟以陈"之
句。⑦ 如果章懋能够有机会回应沈德符的话,就一定会提起苏东坡在柳公
权(778—865)作品上的补充。

---

① 方太古:《章文懿公年谱》,上卷,第4b—5a页。
② 刘定之谥文安,柯潜号竹严。见章懋:《枫山章先生实纪》,第27、29页。
③ 张廷玉等:《明史》,北京中华书局1995年版,第179卷,第4751页;章懋:《枫山集》,第1卷,第
13a—14b页;方太古:《章文懿公年谱》,上卷,第5a页。
④ 顾颉刚:《明代文字狱祸考略》,《东方杂志》1935年7月第32卷第14期,第34页。L.
Carrington Goodrich's 的翻译,见"A study of Literary Persecution During the Ming" in the
Harvard Journal of Asiatic Studies, Vol. 3 No. ¾ (Dec., 1938), p. 310.
⑤ 焦竑:《玉堂丛语》,北京中华书局1981年版,第118页;沈德符:《万历野获编》,北京中华书局
1980年版,第260—261页;"中研院"历史语言研究所校印:《明实录》,1961—1966年版,第41
册,第49卷,第4页;张廷玉等:《明史》,第179卷,第4751页;章懋:《枫山集》,第1卷,第13a—
14b页;方太古:《章文懿公年谱》,上卷,第5a页。
⑥ 沈德符:《万历野获编》,第27、29、507页。
⑦ 章懋:《枫山集》,第1卷,第14a—b页;第4卷,第32a—b页。

话说唐文宗(809—840)有诗句曰："人皆苦炎热，我爱夏日长。"柳公权联句云："熏风自南来，殿阁生微凉。"苏东坡后来又补上4句："一为居所移，苦乐永相忘。愿言均此施，清阴分四方。"①章懋评论道：

> 唐之叔末，宦寺柄国，藩镇弄兵，赋役繁重，民不堪命极矣。文宗君臣，正当焦心劳思，相与戮力拯民水火之中，而漠然不以为意。方且从容联句"爱夏日之长，而乐熏风之凉"。呜呼！此日此风，特文宗君臣乐之耳！彼夏畦之农夫，边城之戍卒，宁得而共之耶？文宗生于深官，其不知稼穑之艰难，未足多让。为公权者，既不能以孟子之言规其君，又逢其君之意而咏美之。难乎免于容悦之罪矣！君臣上下，无志于民如此。唐室所以不竞也！②

从此处可见章懋心目中有关文学与君主之关系的大概。章懋贬官之后便没有机会向皇帝进言。他到南京上任，也很胜任。③ 当他在大理寺的任期于1471年任满时，他请假回家省亲。④ 1年之后，章懋升任福建按察佥事。⑤ 在3年任期上，他处理了好些事涉海外贸易、银矿、赈灾、镇压盗匪、复查刑案等工作。⑥ 章懋有一封写给罗伦讨论乡约的信函正是在福建任上所写，本文之后会再讨论。⑦

1477年，章懋以多病和不堪任为理由上书要求致仕。吏部尚书本来不同意，但因为章懋的坚持，所以奏疏便送达御前。⑧ 当章懋回到家乡时，有提学建议为他兴建书院，却被章懋拒绝了。⑨ 于是章懋开始在枫木山教授学生，人们称其为枫山。⑩

1488年为弘治元年。从新皇登基到1503年之间，诸臣交章荐举章懋复出，但一直为其所拒。⑪ 除了直接去函吏部尚书之外，章懋也多次写信拜

① 苏轼：《东坡全集》，《文渊阁四库全书》，内联网版，第26卷，第6页。
② 章懋：《枫山集》，第4卷，第20b—21a页。
③ 方太古：《章文懿公年谱》，上卷，第5a—5b页。
④ 方太古：《章文懿公年谱》，上卷，第6b—7a页。
⑤ 方太古：《章文懿公年谱》，上卷，第7a页。
⑥ 张廷玉等：《明史》，第179卷，第4751页；《章文懿公年谱》，上卷，第7a—10b页。
⑦ 方太古：《章文懿公年谱》，上卷，第11a—12b页。
⑧ 焦竑：《玉堂丛语》，第185页。
⑨ 方太古：《章文懿公年谱》，上卷，第13b页。
⑩ 方太古：《章文懿公年谱》，上卷，第14a—16a页；章接：《枫山章先生实纪》，第21页。
⑪ 方太古：《章文懿公年谱》，上卷，第17a、27a、27b—28a、33b—34a、34b—37b页。

托旧同事和朋友,希望他们阻止对自己的任命。其中包括自己在北京的学生们,嘱咐他们向有关官员代为转达不愿复出的要求。① 章懋所持理由基本上是自己多病、父亲难老、才不堪任这三条。②

但是到了1501年,65岁的章懋被命出任南京国子监祭酒一职。朝廷此次非常坚持,而任命是章懋父亲去世之后6个月下达的。章懋的侄子章拯当时在京考试,章懋令他为自己上疏辞免任命。章拯成进士之后再次为之上疏。然而章懋以体衰和父丧为由以避免赴任的请求被拒绝了。朝廷虚位以待之,并命另一位著名学者罗钦顺(1465—1547)为司业以暂摄章懋祭酒之职。③ 之后章懋又连上二疏乞免,可是吏部和皇帝都坚持要他复出。④

章懋在1503年上任。南京国子监的太学生们庆幸章懋终于到任,深以为得师。⑤ 许多学生敬佩章懋早年的激流勇退,折服于其学问。例如将成为下一代理学大师的湛若水(1466—1560)当时已经从太学还乡,但得知章懋上任,便回到国子监继续学习。⑥

1年之后章懋上疏乞休,被拒。又次年,章懋再上疏,结果仍是一样。章懋到任的第三年为正德元年,章懋第三疏乞休。这次,章懋上疏之后便停止履行职务,诸生为此还前往南京吏部要求章懋留任。1个月之后,章懋第四疏乞休。又过5个月,连同自己的述职奏疏,章懋再次提及致仕。是年秋天,章懋第六疏乞休。在多次为皇帝拒绝之后,章懋径自挂冠还乡。他在1507年第七疏乞休时,实已经回到故里方接到恩准养病的消息。⑦ 他改变了策略,是乞恩养病而不是要求休致。一直到1508年章懋第八疏乞休时,他才正式被准致仕。

从第二次致仕到去世之间,章懋接到正德皇帝先后命其升任南京太常寺卿、南京礼部右侍郎,和嘉靖皇帝命其升任南京礼部尚书的旨意。但是章懋的第二次致仕是其最后一次,祭酒之职是他最后实际出任的职务。⑧

---

① 方太古:《章文懿公年谱》,上卷,第27b—28a页。
② 章懋:《枫山集》,第2卷,第16b—17a、29b—32a、23b—24b、36a—b、37b—28a页;第3卷,第1a—2a、15b—16a、37b—38b、38b—39a页。
③ 方太古:《章文懿公年谱》,上卷,第37b—40b页;《明史》,第4752页。
④ 方太古:《章文懿公年谱》,上卷,第40b—41a页;《明史》,第4752页。
⑤ 张廷玉等:《明史》,第179卷,第4752页。
⑥ 唐壬森:《光绪兰溪县志》,第5卷,第40a页。
⑦ 方太古:《章文懿公年谱》,上卷,第42b、50b页;下卷,第1a、1b、7a、8a、9a、10b页。
⑧ 方太古:《章文懿公年谱》,下卷,第12b、30b页;《明史》,第179卷,第4752页。

三、理学理想主义者

章懋之学由自得而来。他未尝拜于名师门下，也不属于任何学派。但是他无疑是以程朱之学为宗的。按其同僚罗钦顺的说法，章懋之学上承金华四位著名的程朱学派学者"何王金许"，进而上接二程与朱熹。[①] 罗钦顺本身是程朱学派的支持者，也是阳明学派的挑战者。[②] 他为章懋所作的《章枫山先生祠记》中直接将章懋笃信朱熹之学，与朱熹服膺周敦颐与二程夫子之学，和周程笃信孔孟作了类比。[③]

本文现在将进而关注章懋之学与思想，但必须声明的是本文主旨不在于讨论章懋的哲学。本文比较感兴趣的是章懋对于他所处的思想世界的评价，他对程朱正统学术的立场，他对一个新兴理学潮流的先锋们的看法，他对于为学之道以及学者和学生的角色的一般意见，以进而窥探他在明代思想史中的位置。本文将不会尝试和章懋"对话"讨论其哲学观点，而是希望从现有的资料中可以更深刻地理解章懋的想法、焦虑、期望。

章懋认为为学不应该偏重居敬或穷理。此一态度左右了他对其他学术传统的评价。例如他认为浙中的陈同甫（1143—1194）、陈君举（1137—1203）和薛士龙（1134—1173）"只去理会天下国家"，所以只是"有末而无本"。另一方面，江西传统又只强调"主静"，如陆九渊（1139—1193）和其兄长陆九龄（1132—1180）仅溺于"存心"而忽略讲学，所以其学"有本而无末"。章懋只服膺朱熹之学，因为"惟朱子之学，知行本末兼尽，至正而无弊也"。[④] 章懋对这些学术传统的评价并不仅仅是对宋代思想的历史反思，因为他相信这些传统在各自的区域还发挥着影响。所谓"今江西之学，还有陆氏遗风；浙中之学，还是事功史鉴上重"[⑤]。

和许多南方理学家一样，章懋接受道学传承的谱系。他强调道学在孟

---

① 章接：《枫山章先生实纪》，第 50 页。

② See John Dardess, *A Ming Society：T'ai-ho County，Kiangsi，in the Fourteenth to Seventeenth Centuries*(Berkeley：University of California Press，1996)，pp. 217-220；Irene Bloom，"On the 'Abstraction' of Ming Thought：Some Concrete Evidence from the Philosophy of Lo Ch'in-shun"，in William T. de Bary and Irene Bloom，eds. ，*Principle and Practicality：Essays in Neo-Confucianism and Practical Learning*（New York：Columbia University Press，1979），pp. 65-125；Irene Bloom，*Knowledge Painfully Acquired*（New York：Columbia University Press，1987），pp. 13-22.

③ 章接：《枫山章先生实纪》，第 62 页。

④ 章懋：《枫山语录》，第 5b 页。

⑤ 章懋：《枫山语录》，第 30b—31a 页。

子之后便已中断,汉儒只是寻求经典和注疏的文字,却于心中无所得。因为这样的流弊,宋代二程兄弟才将"敬"字提出以作为教授学生的修身方式。但是在这个框架下,下愚者又迷失在禅学中。朱熹因此才强调了以致知格物为修身功夫。朱熹门下的下愚者,又流入支离,过度重视书本而专以"著书为事"。陈白沙目睹了后朱熹时代的为学的支离,便主张放弃读书也遗弃了"圣贤成法",专在"求静"上图自得。章懋担心这会致使学者再次陷入禅学。因此章懋强调为学者应该"持敬致知,两下工夫方可"。①

章懋尝感慨:"学术自程朱沦谢,又大坏矣。"他认为"必须真圣贤出,方能救得"。② 虽然两人私下相处得不错,但是由于哲学上的巨大差别,章懋心目中的"真圣贤"自然不会是像陈白沙那样的学者。③ 章懋曾经问陈白沙:"人来就学者,如何开发之?"陈白沙认为"今人沉溺于名利污浊之中",所以会"先令他看浴沂章,以洗其心胸"。章懋回应说:"今日也浴沂,明日也浴沂,如何合? 杀怕流入老庄去。"但陈白沙坚持"使摆脱得开,方好向进"。因此"此亦救一时之弊也"。④

在章懋的理解中,陈白沙是"欲捐书册,不用圣贤成法",但是白沙自己又"不免流于作诗写字之间"。⑤ 显然章懋认为这样的矛盾会妨碍陈白沙的学问,但是章懋还是欣赏陈白沙的个人涵养的。章懋指出"天下学者,致诚未至,动不得人",而只有陈白沙"动得人"。⑥ 章懋因此认为"当时人物,以陈白沙为天下第一流"。⑦

但是谈到个别人物的"出处"时,章懋是以吴与弼为"第一着",陈白沙为"第二着",罗伦为"第三着",又谦虚地认为"我辈又是第四五着了"⑧。这引起了《四库全书总目提要》作者的注意,觉得章懋"推尊吴与弼太过,则颇有所不可解者耳"⑨。这其实也不难理解,因为章懋品评人物的标准不仅仅在于论其学,而同时主张"论人物,当推心术"⑩。《提要》作者也提到章懋在《枫山语录》中"评骘人物,于陈献章独有微词"。但《提要》作者其实并未考

---

① 章懋:《枫山语录》,第 5b—6a 页。
② 章懋:《枫山语录》,第 7a 页。
③ 章懋:《枫山集》,第 9 卷,第 41a—41b 页;《明儒学案》,第 78 页;《枫山语录》,第 36a 页。
④ 章懋:《枫山语录》,第 8a 页;杨伯峻:《论语译注》,北京中华书局 1998 年版,第 118—119 页。
⑤ 章懋:《枫山语录》,第 35a 页。
⑥ 章懋:《枫山语录》,第 33b 页。
⑦ 章懋:《枫山语录》,第 35a 页。
⑧ 章懋:《枫山语录》,第 36a—36b 页。
⑨ 纪昀等:《四库全书总目提要》,上海商务印书馆 1933 年版,第 2 卷,第 56 页。
⑩ 章懋:《枫山语录》,第 39b 页。

虑章懋对陈白沙的整体态度。我怀疑作为清朝中叶的学者,他们对心学先锋陈白沙是有偏见的。

对于学者出处,章懋是有所保留的。他首先强调"学者须耐辛苦,不要有富贵相"。基本上,"圣贤作用,与随世以就功名之用不同"。[①] 章懋本身的生活经历显示了他是一个可以承受贫困生活的人。对他来说,如果为坚守斯道,物质财富甚至是生命的放弃都是值得的。章懋自己是"居常处困",但每次当他读到"伯夷、叔齐,饿于首阳之下",而"民到于今称之之语"时,便不禁"觉自警拔"。[②] 章懋相信伯夷、叔齐的行为一定会被后世传颂,而他也从中找到安贫乐道的道德勇气。

然而理学系统中有关守困安贫乐道的基本理想来自颜回之乐的讨论。《论语》载:子曰:"贤哉,回也! 一箪食,一瓢饮,在陋巷,人不堪其忧,回也不改其乐。贤哉,回也!"[③]此外,上文也提及陈白沙会通过指导学生阅读《论语》中孔子赞赏曾点的"浴沂"以激发他们。对于曾点而言,一种平和心境与环境的和谐统一是最高的追求。陈白沙正是被这种心的能力以及最终和道的一致性所吸引。

章懋在答复郑纪(1460 年进士)和贺钦(1437—1511)的书信中,讨论了孔颜乐处和曾点,也谈及邵雍(1011—1077)和庄昶是否得其真乐。章懋认为"谓天理人人有之则可,谓真乐为人人有之则不可"。要得斯乐,还是需要博文约礼,先由学问之功。此外"处顺境而乐之者易,处逆境而乐之者难",故颜回之乐比较难。章懋也不同意陈白沙以为庄昶已经得此真乐。他希望陈白沙、庄昶和贺钦等人不要自满并继续以颜回为学习榜样,则"其所得之乐又有大于今日者",并且到那时候,"道统之传不在兹乎?"[④]

四、致仕后的章懋:仕途与官场

本文接着讨论章懋对他自己的仕途的态度。章懋认真对待其在福建的工作。读者比较熟悉明代中国对海外贸易的诸多限制,但来自诸如琉球这样的外国的使节是被允许在进贡的物品之外携带方物售于地方商贾的。但是一旦有商贾购得这些舶来品,由于并没有针对买方的明确条文,所以买家们在理论上是可以被告以通番之罪并且没收其货物的。章懋同情这些地方

---

① 章懋:《枫山语录》,第 7b—8a 页。
② 章懋:《枫山语录》,第 7a 页。
③ 杨伯峻:《论语译注》,第 59 页。
④ 方太古:《章文懿公年谱》,上卷,第 17a—22a、22b—26b 页。

商贾的处境并上报巡抚。他指出允许远人贩卖其货，却禁止商贾购买，最终获利的将是势要和巡捕的执行者。这非但对国家无益，而且陷商贾为罪犯。考虑到福建的财政问题和日益增加的行政开销，章懋建议正式将这种贸易合法化，并对之征税。在得到批准后，章懋"十一而税焉"。这百分之十的税收不只是"足公用"，而且"民间一切科派之扰，廓然为之一清"。①

此一措施显然有益于福建省的财政和一般商贾，甚至是外国商人。原本存在的势要之家和地方官员勾结获利的关系无疑遭受了打击。值得留意的是，早在 15 世纪中期，就连一个像章懋这样的理学理想主义的官员，也愿意将海外贸易视为一种既可解决政府财政问题，也可以为一般商贾提供获利机会的途径。

两个月之后，章懋再次面对另一个经济问题。之前，福建境内多个县的银矿是将矿税上缴内库的。但是一旦矿产下降，那些银矿无法再交缴相关的税额，所以矿税的担子便被摊分到土地税中以便完成税额。当时传来福安山发现新的几处银矿，所以出现"群盗"（即非法开采者）聚集采矿，并且为争夺银矿而发生致命的武装冲突，结果必须"调集军民搜捕防守，民甚病焉"。

章懋指出"利之所在，人必争之"。而且"贼去而防守有月粮之费，贼至而调集又有行粮犒赏之烦"。如此一来"计其一岁之费，已倍蓰于银课之入"。因此章懋主张"莫若置之不守，而榜示于外，令民皆采"。同时委任廉洁干练的官员前往"坑口监临，但入坑者，皆报姓名。俟其出坑，计其每日所得，十分取一"。然后这些税银可以"收贮在官，以补诸县旧课之缺"。与此同时，"有复争者置罪"。据载"当事者是其言。乃闻于上。从之"。最终"其患遂息，民是以苏"。② 章懋在福建的其他政绩包括了救荒、稳定粮价、巡视盐法、平定盗贼以及清狱等。③

章懋正是在福建任上通过书信和罗伦讨论乡约的问题。今天我们已经看不到罗伦的原信，但是从章懋答复的内容可以推测，一个核心的讨论重点是关于在乡约中动用赏罚的问题。章懋对此是持反对的意见的，他认为：

> 乡约之行，欲乡人皆入于善，其意甚美。但朱、吕之制有规劝无赏罚。岂其智不及此？盖赏罚天子之柄，而有司者奉而行之。居上治下，

① 方太古：《章文懿公年谱》，上卷，第 7a—7b 页。
② 方太古：《章文懿公年谱》，上卷，第 8a—8b 页。
③ 方太古：《章文懿公年谱》，上卷，第 9a—10b 页；《枫山章先生实纪》，第 29 页。

其势易行。今不在其位,而操其柄已非所宜,况欲以是施之父兄宗族之间哉?①

对于章懋来说,乡约的加入与退出应该是自由的。他认为:"凡入约者,必其诚意感孚,革心向化而后可。"如果有人无法遵守乡约,即是"不能从,则当听其出约"。罗伦所论赏罚,是"欲假官府之权力,以必人之从己。殆非所谓显比之道也"。章懋接着引述了包括司马光和邵雍在内的著名历史人物感化乡里的事迹,以强调"君子之居乡,有不约而自化者"的论点。总之,乡约应该是一个自愿自发的组织,而不应该"强人以从约,重法以禁盗"。②

章懋在福建的地方官任上积极履行自己的职务,而对他而言,赏罚是属于国家的权柄,和儒学思想中由己的修身和改过是矛盾的。我们把这理解为章懋不愿意允许国家将权力的触角延伸到乡约的执行中,因为乡约毕竟是理学的产物。然而从另一个角度观察,章懋实际上是在阻止乡约的负责人窃取国家的权力。章懋的立场在当时是为许多人所赞同的。③

在福建 3 年任满之后,41 岁的章懋以老疾和才不堪任为由第一次致仕归里。④ 身体状态不佳似乎确有其事,因为他连续几年都有发烧现象。⑤ 章懋侄子章拯也曾经提及其叔父在福建各地的巡视非常辛劳而且染上瘴疫,所以决意归里。⑥ 除了病情的原因,章懋弟子董遵(生卒年不详)认为布政使和章懋的其他上级官员在许多事情上对其多有掣肘。⑦ 唐钺(1531 年举人)则认为他正直的老师章懋无法随众,同流合污。⑧

自 1488 年起便开始出现推荐章懋复出的奏疏,而章懋也积极地试图阻止复出这件事的实现。而 5 年之后,当时的南京吏部尚书、南京佥都御史等举荐。章懋于是去函都御史,除了重复当初致仕的几条理由之外,还强调"归田一十五年,今犬马之齿五十有六矣。蒲柳之质多病早衰,精神凋耗,心志健忘"。更何况"父母老疾,甘旨汤药乏人供奉,不可一时离侧。西山之景,人子之情,一喜一惧。若复贪荣求仕,非惟得罪名教,抑且有违法律。将

---

① 方太古:《章文懿公年谱》,上卷,第 10b—12b 页。
② 方太古:《章文懿公年谱》,上卷,第 10b—12b 页。
③ 章接:《枫山章先生实纪》,第 65 页。
④ 章懋:《枫山集》,第 1 卷,第 17a—b 页。
⑤ 章接:《枫山章先生实纪》,第 20 页。
⑥ 章接:《枫山章先生实纪》,第 29 页。
⑦ 章接:《枫山章先生实纪》,第 34 页。
⑧ 章接:《枫山章先生实纪》,第 38 页。

何自立于世?"①奉亲之说自是真实,那年冬天,章懋母亲去世。②

8 年之后,我们再次目睹新的一轮廷臣举荐章懋想方设法辞谢的循环。其所采用的理由和先前的一样。③ 如前所述,他甚至嘱咐门人董遵为之周旋,希望"仗诸公为之解围"。④ 在章懋的文集中,就收录了好几封他为此事拜托朋友们的书信。⑤

章懋拒绝复出的真正原因有哪些呢?健康也许是一个因素。他在成化十九年(1483)因为"四方从游者日众,门墙不能容",所以"俾栖止于枫木山,相与论难"。⑥ 可是到了弘治十二年(1499 年)又因为"艰于步履,不能往来枫山",所以改而"授学于家"。⑦

章懋认为自己的退隐和教学是在理学可接受的传统之内的,因为他毕竟不是为了逃世。章懋其实视那种退隐为异端。⑧ 章懋致仕之后的生活颇为拮据。⑨ 因其盛名,途经兰溪县的士人或官员每每自县城来访。⑩ 但是贫困的章懋往往无力招待他们,饮食得由族人提供,因此也成了他们的负担。⑪ 较于拥有一定田产或者其他形式的财富者,章懋如果出仕的话,其状况也许会有所改善。⑫

我们从章懋门人姜麟(1487 年进士)、唐龙(1477—1546)、章拯、董遵等人那里得知,即便致仕里居,章懋还是十分关心明朝的政治。⑬ 章懋依旧关心国事也会对时事发表意见。⑭ 他会因为得知有正直之士被重用或者调任更重要的职务,或是正面的政策被执行而雀跃。若事情正好相反,章懋便会陷入忧郁,甚至清夜焚香向天祈求国泰民安,希望皇帝亲贤臣远佞人。⑮ 因

---

① 方太古:《章文懿公年谱》,上卷,第 27b—28a 页。
② 方太古:《章文懿公年谱》,上卷,第 28b 页。
③ 方太古:《章文懿公年谱》,上卷,第 33b—34a 页。
④ 方太古:《章文懿公年谱》,上卷,第 34b—35a 页。
⑤ 章懋:《枫山集》,第 2 卷,第 16b—17a、23b—24b、24b—25b、29b—32a、36a—36b、37b—38a 页;第 3 卷,第 1a—2a 页。
⑥ 方太古:《章文懿公年谱》,上卷,第 14a 页。
⑦ 方太古:《章文懿公年谱》,上卷,第 33a—33b 页。
⑧ 章懋:《枫山集》,第 3 卷,第 32a—32b 页。
⑨ 章接:《枫山章先生实纪》,第 44—46 页。
⑩ 不只是官员来访,著名学者,如吴与弼门下的胡居仁(1434—1484),和陈白沙交往甚密的林缉熙亦前来拜访。见唐壬森:《光绪兰溪县志》,第 5 卷,第 39b—40a 页。
⑪ 焦竑:《玉堂丛语》,第 11 页。
⑫ 可参考章懋《遗嘱》以了解其资产之单薄。方太古:《章文懿公年谱》,下卷,第 42a—44a 页。
⑬ 章接:《枫山章先生实纪》,第 20、55 页。
⑭ 章接:《枫山章先生实纪》,第 26 页。
⑮ 章接:《枫山章先生实纪》,第 32 页。

为章懋对朝廷和国家的持续关注,使得人们发现他的退隐和那些仅仅要脱离尘世的隐逸不同。①

要理解章懋拒绝复出却又关心时政的关键在一封他写给重要门人董遵的书信。1500年的秋天,群臣再次交章推荐章懋复出,而董遵当时人在北京。章懋要求董遵为之斡旋,阻止复出一事的实现,尤其需要在圣旨正式颁布之前完成。② 接着章懋笔锋一转,忽然谈道:"外闻近有边患,虽为庙廊之忧,亦处江湖者所当同忧。但不知其详,不知此时已安静否?"③然后话题又立即转回讨论他出处的"区区之事"。突然歧出的边患话题其实恰恰真实地反映了章懋的心理活动,让读者窥探到他其实时刻深深地关心着国事。

章懋接着为自己辩白,指出"世俗不知,往往以为果于忘世,如晨门荷蒉之流者,非也"。因为对于章懋而言,"君臣之义无所解于心"。毕竟就连"吾圣人亦有不仕无义之训"。因此自己"岂敢若彼之果哉?"他强调自己也不是"诡隐自媒而索高价,希望美官若终南之捷径"。毕竟他当初"位至五品方面,亦自不卑"。如果自己当年便"随众逐队,积累至今三十余年,亦可得美官",所以"又何必假高隐之名以求之哉?"④

章懋接着和董遵分享自己昔年为官是因为"当初为学,尝有志于当世",只是后来"应举得官,乃左牵右掣,不得一如所志"。他并没有明言影响他施展抱负的人是谁,但极有可能就是在福建任上的部分上司和同僚。于是章懋自己"量能度分,自知不可有为",因此才"不得已而去",为的是"求免素飧之愧耳"。章懋指出"设使略得展其四体,虽抱关击柝亦甘心为之,岂计官职之大小哉?"⑤

章懋在信中向董遵指出"今日之官,惟知州、知县,有志之士欲功德及民者,可行得三两分。若知府以上,隔于州县,若下非其人,虽有善政亦难以及民矣"。如果不是直接的地方行政长官,而是"在两司,则专职之官,如屯田、水利、提学、巡海等项,亦可展一二",否则"其他非一人可专主者,甲可乙否,

---

① 章接:《枫山章先生实纪》,第34页。
② 方太古:《章文懿公年谱》,上卷,第34b—35a页。
③ 方太古:《章文懿公年谱》,上卷,第35a页。
④ 方太古:《章文懿公年谱》,上卷,第35a—35b页。
⑤ 方太古:《章文懿公年谱》,上卷,第35b页。

皆不能有所为。此官之所以难做也"。① 章懋接着又把话题转回自己的出处，说："吏部文书止是催勘，犹可辞避。但恐有特旨者，则不容辞耳。"最后，书信的大概五分之二的内容集中在章懋分析和建议如何应对北方边警的问题。②

本文觉得章懋基本上是一个理学理想主义者。他的初衷是出仕为官以便报国惠民，但冷酷的官场现实，主要是在福建任上的经历，让他体会到自己的理想将无法实现，所以他选择了退隐。然而他的退隐始终是一个儒者式的隐逸，他未曾停止过对外界的关心。章懋的退隐决定是有代价的。离开仕途的他，使自己和家人生活在相对的贫困之中。但是作为一个会因为伯夷、叔齐仍旧会为后世所赞许而为之振奋的理想主义者，他默默承受了生活的艰辛。章懋其实并不排斥出仕做官、为国报效的想法，只是他显然对自己的官场经验感到失望。

五、地方社会的参与，以及给门人的建议

章懋一生写过 20 多道乞求致仕的奏疏。③ 其中多数奏疏是在南京国子监任上所撰。如前所述，章懋最终在尚未接到准其致仕的答复便在 3 年任满之后离职，而且即便之后又有多次升迁和复出命令，他再也不出山。但是和其前辈宋儒一样，章懋参与到好些地方事务中。④

除了教授学生，章懋也为《兰溪县志》的编撰付出心血和为《乡贤祠志》作后序。⑤ 但是当知府想为他兴建侍郎牌坊时，却被章懋拒绝了。⑥ 5 年之后有浙江巡按欲为章懋竖立牌坊，也再次为其所拒。⑦ 章懋对于金华府的地方行政事务最直接的参与是当郡守询问有关役民进行一些防务和交通

---

① 方太古：《章文懿公年谱》，上卷，第 35b—36a 页。章懋遗憾自己没有出任知县的机会。此外，教育领域的任务自然是理学家认为可以实现理想的官职，但是将屯田、水利、巡海等领域也列入其中，从表面上对儒者而言似乎不是太寻常，却又十分适合关注民生的章懋。

② 方太古：《章文懿公年谱》，上卷，第 36a—37b 页。

③ 章接：《枫山章先生实纪》，第 26 页。

④ 有关宋人的地方活动，见 Robert Hymes，"Marriage，Descent Groups，and the Localist Strategy in Sung and Yuan Fu-chou"，B. Patricia and James Watson eds.，*Kinship Organization in Late Imperial China*：1000—1940（Berkeley：University of California Press，1986），pp. 93-136.

⑤ 有关章懋参与地方志编撰一事，见方太古：《章文懿公年谱》，上卷，第 28b 页；地方志的序言，见章懋：《枫山集》，第 7 卷，第 47b—49b 页。有关见方太古：《序言》，《章文懿公年谱》，上卷，第 31a—33a 页，以及章懋：《后序》，《枫山集》，第 7 卷，第 45b—47b 页。

⑥ 方太古：《章文懿公年谱》，下卷，第 15b—16a 页。

⑦ 方太古：《章文懿公年谱》，下卷，第 27a—b 页。

建设的问题时，章懋劝阻了对方。章懋提出的主要原因除了冬天不易开展工作，还包括了金华府有限的财力问题。知府接受了章懋的意见。① 当金华府面对江西盗贼的威胁时，章懋2次修书知府，分享了自己在福建的御贼经验。②

章懋和兰溪知县许完（生卒年不详）也多有接触。知县许完是章懋在南京国子监祭酒任上所教授的太学生。因此每当知县遭遇难题时，章懋总是会提点他，据载知县因此鲜有过差。一个具体例子，就是1508年粮食歉收时，章懋反对地方政府禁止外地粮商前来贸易的举措。③

知县许完来函请教"赈济事宜"，章懋仔细答复并且分享了自己在福建的经验。第一条意见的核心精神在于知县应辨别真正有需要的贫户。许完原来的计划是在每图之中选出最穷困的40户人家。但问题的关键是由"何人闻报？"如果是税收系统的粮长里长，则赈济只会成为其"取钱作弊之资"，而且"贫无钱者不得报矣"。章懋于是觉得应该按照黄册图眼，命令里中的老人亲自前去调查各户的人口、田产、职业。若果是"有田产而富贵者"自然不需要赈济。若果没有田产，但却是从事"商贾、工匠、僧道、医卜诸艺之业者"，可以自给自足。只有那些"无田产，无职业，及老幼残疾者，乃为真贫。所宜赈济"。章懋也进一步提到"户有田粮，而为他人所诡寄；或同户各房有田粮，而本身无有，又无伎艺营生者，亦为贫民，亦宜赈济"。章懋强调像这样的辨识工作，"若非为政者先之劳之，而付之手下之人，则有无端卖弄作弊，不惟无益，而反有害矣"。

章懋接着回忆了自己当年在福建，分巡到浦城时是如何发现这些弄虚作假的行为，以及如何处理的经验。此外还和许完分享自己在邵武如何灵活处理危机的往事。章懋还提出了一个权宜之法，他指出"本县科派繁重，又有散钞散盐等项"。这些税收本就不易征齐，在荒年就更加困难。章懋建议"会计各图饥民，该用赈济稻粮若干，就令该图里长领去粜卖，以资贫民办纳料粮若干。使民皆受其惠，则官欠易完，而免于豪猾冒支官谷之患"。这是一种"虽不赈济，犹赈济矣"的方法。④

章懋在乡里政治上的影响力不容小觑。他和门下弟子章拯、董遵、唐

---

① 方太古:《章文懿公年谱》，下卷，第16b—17b页；书信见章懋:《枫山集》，第2卷，第20a—45a页。
② 章懋:《枫山集》，第2卷，第46a—47b页。
③ 方太古:《章文懿公年谱》，下卷，第11a—12a页；章懋:《枫山集》，第3卷，第29a—30a页。
④ 章懋:《枫山集》，第3卷，第26a—29a页。

龙、陆震(1464—1519)、黄傅(生卒年不详)、方太古(1471—1547)和凌瀚(1525 年举人),都是后来入祀兰溪县乡贤祠的人物。① 在这些人当中,章懋、陆震和唐龙都享有官方专祠的殊荣。②

一个有趣的现象是,虽然自己自在地享受着相对贫困的致仕生活,可是当其他人讨论或者萌生致仕念头时,章懋总是劝阻他们。例如在 1516 年,同是兰溪人的学生陆震在兵部主事任上,他在写给老师的信中表达了自己想要辞官的意愿,章懋却力劝他留在岗位上协助兵部尚书。③ 章懋在次年春天写给陆震的书信中重申了他的建议。师徒通过 3 轮书信,陆震回回都表达了欲归的想法。④ 陆震最终在一个令人难过的情景下回到了家乡。1519 年 3 月,正德皇帝计划南巡,陆震上疏进谏,结果被下诏狱且杖之。数日后,陆震因伤逝世。⑤ 章懋《年谱》中收录了一封他在那年 2 月建议陆震申请改调地方任职的建议。⑥ 本文无从得知陆震是否在进谏之前就收到老师的书信,即便已经收到,也无从推知其影响。章懋为了陆震之死异常悲恸,他一生撰写的最后几篇文字之一便是一篇为陆震而写的很长的《兵部员外郎鹤山陆君墓志铭》。⑦

劝人不要致仕的意见并不限于自己的学生。1516 年,他致函大学士杨一清(1454—1530)。杨一清在平定安化王叛乱中扮演过重要角色,也和宦官张永(1465—1529)合作除去了宦官刘瑾(1451—1510)。当时杨一清为皇帝的亲信所攻,要求他离职。章懋去函力劝杨一清勿被流言影响而退。⑧大概同时,章懋去函 24 年前曾任兰溪知县的兵部侍郎王倬(生卒年不详)。针对王倬的恳辞二疏,章懋晓以大义,认为不应该追求一己之安逸。⑨

很难解释为什么一个自己那么坚持辞官的人何以总是力劝学生和友人不要如此。章懋归隐乡里之后,其国其家都发生了巨大的动荡。就其家而言,章懋的长子在 1507 年逝世,他唯一的孙子也在半年之后离世。⑩ 在朝

---

① 唐壬森:《光绪兰溪县志》,第 3 卷,第 40b 页。
② 唐壬森:《光绪兰溪县志》,第 11a—13a 页。
③ 方太古:《章文懿公年谱》,下卷,第 36a 页。
④ 方太古:《章文懿公年谱》,下卷,第 29b—30b 页。
⑤ 张廷玉等:《明史》,第 189 卷,第 5020 页;方太古:《章文懿公年谱》,下卷,第 26a—27a 页。
⑥ 方太古:《章文懿公年谱》,下卷,第 30b 页。
⑦ 方太古:《章文懿公年谱》,下卷,第 34a 页;章懋:《枫山集》,第 5 卷,第 50b—57b 页。
⑧ 章懋:《枫山集》,第 3 卷,第 8a—9a 页;张廷玉等:《明史》,第 5225—5229 页;*Dictionary of Ming Biography*,1368—1644,p. 1517。
⑨ 章懋:《枫山集》,第 3 卷,第 18b—19a 页。
⑩ 方太古:《章文懿公年谱》,下卷,第 10a 页。

廷,则正是宦官刘瑾逐渐掌权的时期。章懋的侄子章拯,也是因为刘瑾的关系而被贬官放逐的。① 在章懋写给侄子的信中,他给了对方和自己的经验不尽吻合的建议。章懋虽然同意"退处为最高致",但是"以时势论之",章拯"年未老,告病托故皆难"。唯一可能的就是"直须弃官方可"。同时也要"看机会何如",因为章懋觉得侄子"恐不能久安贫贱",其他则又有更多困难。另一方面,章拯目前被贬谪,但如果"宁耐久之",亦会有升迁调任的机会。可是"官愈大则愈难称",所以"又恐别有不测之变"。章懋劝导章拯关键在于"随时思其所以处之之计,能不失于道则可矣"。②

六、结语

当黄宗羲将章懋归为明代理学家中"或无所师承,得之于遗经者"之一类时,也不可谓全然无的放矢。但是章懋应该也从金华地区的学术传统中受益。当黄宗羲将章懋和其他继承"宋人规范"的明初理学家归在一卷时,也不可谓全无道理。但是章懋的行事出处和宋儒有着极不同之处。一个明显的例子是即使当他门下学生越来越多时,他也拒绝兴建书院的机会。他不愿意将自己私人的教育活动体制化的克制显然和宋代理学家,其金华先辈,甚至是中国其他南方地区的同侪不同。就这一点而言,他倒是和北方理学的领袖人物、薛瑄,先后呼应。③

虽然如此,章懋的活动从不是局限于私人领域的。虽退隐江湖,章懋的关怀始终系于国家与人民。他虽然也为了乡人的利益而干预地方行政,但其立场并不是一个简单的国家或地方行为的二元对立。他在福建任上履行国家予以的使命,甚至质疑其他试图在乡约的执行中窃取国家权柄的理学家。章懋其实并不是排斥出仕任官和报效国家,而是受挫于自己在福建任上的上司的阻挠带来的官场现实的冲击。就算自己离开了官场,他总是劝导学生和友人坚守在自己的职务上,并且和他们讨论哪些任命最能允许为官者为人民做一些有益的实事。

包弼德认为章懋聚集了一大群当地的士人于门下,他们当中的许多人很早就致仕并将生命投于教育与学术中。④ 这么说是有一些道理的。但是

---

① 焦竑:《国朝献征录》,第 2099a 页。

② 章懋:《枫山集》,第 3 卷,第 45a—46a 页。

③ Koh Khee Heong,"East of the River and Beyond: A Study of Xue Xuan (1389—1464) and the Hedong School" (Ph. D. dissertation, Columbia University, 2006), pp. 162-192.

④ Peter Bol, "Neo-Confucianism and Local Society, Twelfth to Sixteenth Century: A Case Study", p. 277.

章懋门人的处事反映了金华地区第二次理学复兴的态度,章懋本身更多地是在扮演一个转型式的角色。作为经历了明初的最后阶段的金华地区理学领袖,章懋在为官还是退隐,对国家的权力的态度,书院的兴建和地方主义等问题上的诸多矛盾现象,正是一个新时代即将降临的先兆。

("Jinhua's Leading Neo-Confucian in a Period of Transition: Understanding Zhang Mao", *Ming Qing Yanjiu* 2007, pp. 1-29.)

理学与家族

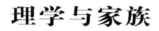

吴与弼的宗族观念

一、明代理学与宗族理念

宗族在明清时期成为一种重要的社会组织形式。虽然南北宗族的组织原则和具体操作方式有所不同,但这一组织形式在明清时期越来越得到重视是一个事实,而士人也在这个新兴组织形式中扮演着重要的角色。[①] 在明代士人阶层中,理学家群体在宗族中可能扮演的角色,尤其在理学传播事业上的联系也是重要的课题。[②] 即便有些理学家本身所属之宗族在组织上并没有其他家族来得严谨或蓬勃,却可以通过他们所撰的谱序探索一系列的问题。这其中就包括了理学家对于宗族组织所应该扮演的社会、教育、慈善角色的认识,对于修谱者和宗族中的领袖人物,尤其是士人领袖的动机之判断与期许。此外,理学家为和自身具备什么样的亲属、桑梓、交流等人际关系者撰写谱序,也是一个有趣的问题。

理学发展史和宗族组织发展史在明代不约而同地出现了崭新的面貌,[③]南北理学以及南北宗族组织的差异亦为学者进一步提供了比较研究的可能。笔者在研究明代北方理学泰斗薛瑄(1389—1464)时,通过分析薛瑄所撰的九篇族谱序文和后跋,以理解薛瑄的宗族理念。笔者之后又进一步将之与南方金华学派理学家方孝孺(1357—1402)和江西籍官员杨士奇(1365—1444)的宗族观念进行比较研究,以达到南北对比的目的。笔者

---

① 有关明清时期中国宗族和地方社会的中西学术研究成果众多,其中就包括了 Patricia Ebrey and James Watson, eds., *Kinship Organization in Late Imperial China* 1000—1940 (Berkeley: University of California Press, 1986); Joseph Esherick and Mary Rankin, eds., *Chinese Local Elites and Patterns of Dominance* (Berkeley: University of California Press, 1990); Myron Cohen, *Kinship, Contract, Community and State: Anthropological Perspectives on China* (Stanford: Stanford University Press, 2005);郑振满:《乡族与国家:多元视野中的闽台传统社会》,生活·读书·新知三联书店 2009 年版;常建华:《明代宗族组织化研究》,故宫出版社 2012 年版。

② 张艺曦:《社群、家族与王学的乡里实践:以明中晚期江西吉水、安福两县为例》,台湾大学出版委员会 2006 年版。

③ Peter Bol, *Neo-Confucianism in History*(Cambridge: Harvard University Asia Center, 2008). 中译本见包弼德著、王昌伟译:《历史上的理学》,浙江大学出版社 2009 年版。余英时:《宋明理学与政治文化》,广西师范大学出版社 2006 年版。包弼德和余英时两位先生对理学在明代的发展有不同的看法。在和宋代理学的比较中,明代理学不尽相同自然不在话下。

认为对于薛瑄而言，族谱扮演着激励宗族的角色，特别是有关宗族在宦绩方面的努力；而突显宗族昌盛（尤其表现在入仕族人之数量上），是编修族谱的根本目的。相比之下，方孝孺和杨士奇不约而同地视族谱为善政的工具，对他们来说，睦族是治天下的关键。换言之，在他们的理念中，睦族不是一个结果，而是一种手段。在这两种理念中，对于宗族领袖所应该扮演的角色自然会有不同的认识。方孝孺主张宗族领袖应领导族人，并进而推至领导社会；领导着族人的士人之行为，对国家整体的秩序举足轻重。但对于薛瑄来说，维护社会秩序不是宗族组织的关怀。笔者认为，在薛瑄看来，宗族为了自己"应该打理好自己的利益。这代表了南方和北方观念的根本差异"①。

吴与弼（1391—1469）是江西崇仁人，生活的时段和薛瑄大致相同。他比薛瑄晚生 3 年，后卒 5 年。虽然早年从父于南京，晚年也有著名的应聘之北行，但吴与弼成年后最重要的大部分时间还是在抚州地区度过的，其在明代理学史中的崇高地位也无太大争议。黄宗羲（1610—1695）认为：

> 康斋倡道小陂，一禀宋人成说。言心，则以知觉而与理为二，言工夫，则静时存养，动时省察。故必敬义夹持，明诚两进，而后为学问之全功。其相传一派，虽一斋、庄渠稍为转手，终不敢离此矩矱也。白沙出其门，然自叙所得，不关聘君，当为别派。于戏！椎轮为大辂之始，增冰为积水所成，微康斋，焉得有后时之盛哉！②

虽然只是一禀宋人成说，但是娄谅（1422—1491）、魏校（1483—1543）、陈献章（1428—1500）都是其门下重要的学生。明代后期理学发展兴盛，离不开吴与弼的开启功劳。邹建锋认为：

> 在吴康斋的精心培养下，其学生胡九韶、娄谅、陈献章、胡居仁、谢复、郑伉都成为洁身自好、品行卓坚、学问渊博和名震一时的儒家，深深影响明代儒学的发展方向。③

---

① 许齐雄著、叶诗诗译：《北辙：薛瑄与河东学派》，浙江大学出版社 2015 年版，第 67—74 页。原著见 Koh Khee Heong, *A Northern Alternative：Xue Xuan*（1389—1464）*and the Hedong School*（Cambridge：Harvard University Asia Center, 2011）。

② 黄宗羲：《明儒学案》，第 1a 页。

③ 邹建锋：《中国历代吴康斋研究综述（1460—2010）》，《深圳大学学报》2011 年第 28 卷第 4 期，第 135—140 页。

对于吴与弼及其门人哲学思想之讨论可以有不同的意见，①但是对于吴与弼在明代理学史中的启发性角色则应该没有太大的疑义。吴与弼同时也应该是个诚实面对自己和待人处世的儒者，其表述于文字上的立场和自己核心的思想之间是表里如一的。钟彩钧认为："康斋的生活与学问相当朴素，表现在全集中的和表现在《日录》的差不多。"②《日录》是常常反思自省的日记文字，而文集中收有形形色色的诗文、书信，两种不同语境下的文体的高度一致，足以印证一个人在言行上的一致性。

钟彩钧还提醒学者：

> 《康斋集》卷九有家谱、族谱五十五篇，数量惊人，值得重视。明代是中国后期家族制度发展至完成的阶段，家谱、族谱是家族制度的要项之一，明人文集多有家谱、族谱序，正反映了制度的发展。康斋对此有推动的作用。③

吴与弼在明代家族的发展史上发挥过什么样的推动作用，是值得进一步探讨的问题。但本文所关注的焦点不同。如果说薛瑄是明代北方理学的泰斗人物，吴与弼就是和他同时期的南方耆宿。要有效地讨论明代理学家的宗族理念，尤其是置于一个南北相比较的研究框架下，就必须对吴与弼的宗族观念进行分析。因为吴与弼思想和行为的简朴与诚实，可以在没有掌握其自身家族的宗谱的情况下，集中依据《康斋集》中关乎宗族的篇章，勾勒出他对宗族组织的理解和立场。毕竟学者关心的是吴与弼的想法，不是他在组织宗族上的具体举措。④ 更何况，这类文字在《康斋集》中多达57篇次之多。各篇章题目与基本资料见表1。

---

① M. Theresa, Kelleher, "Personal Reflections on the Pursuit of Sagehood: The Life and 'Journal' (Jih-Lu) of Wu Yü-Pi (1391—1469)" (Ph. D. dissertation, Columbia University, 1982). 吕妙芬《胡居仁与陈献章》。

② 钟彩钧：《吴康斋的生活与学术》，《中国文哲研究集刊》1997年第10期，第269-316页。

③ 钟彩钧：《吴康斋的生活与学术》，《中国文哲研究集刊》1997年第10期，第304页。

④ 我由衷感谢两位审查人的宝贵意见。其中一人提到吴与弼"为权臣石亨写族谱跋与讼弟之事"。这意见非常珍贵，也反映了审查人敏锐的眼光。为石亨（？—1460）撰写族谱跋确实不是一件光彩的事，《康斋集》也未收录该文。讼弟一节也难免为人所议论。但是笔者思之再三，觉得对这两件事的分析更能够讨论的是吴与弼对国家权力和机器的理解，而不是宗族观念。本文的主要论断不会因为一篇特殊背景下撰写的族谱跋文而有所改变。此外，吴与弼讼弟是操作层面上的事，说明的是他在实践睦族上有所欠缺，而非观念或立场问题。既然不影响对其宗族观念的特色之分析，本文对审查人所提的重要意见只好暂时割爱。

表 1　吴与弼《康斋集》所录与宗族有关的篇章

	题目	请序文者或族谱主人和吴与弼之关系	所序相关宗族所在地区
1	临川陈氏家谱序	姐夫/亲属	江西/抚州/临川县/五峰
2	大塘胡氏族谱序	同乡	江西/抚州/崇仁县
3	萝溪胡氏族谱序	同乡父执世交	江西/抚州/崇仁县
4	丰城于氏族谱序	先父故交	江西/南昌/丰城县
5	丰安程氏族谱序	学生/郡庠生	江西/抚州/临川县/五峰
6	五峰李氏族谱序	学生/郡庠生	江西/抚州/临川县/五峰
7	五峰余氏族谱序	学生/郡庠生	江西/抚州/临川县/五峰
8	韩家岭周氏族谱序	学生/郡庠生	江西/抚州/临川县/种湖
9	五峰余氏族谱序	学生/郡庠生	江西/抚州/临川县/五峰
10	樟溪王氏家谱序	学生/郡庠生	江西/抚州/临川
11	吉塘张氏族谱序	学生/诸生	江西/南昌/丰城县
12	五峰朱氏族谱序	学生	江西/抚州/临川县/五峰
13	湖莽李氏族谱序	学生	江西/南昌/丰城县
14	潭江潘氏家谱序	学生	浙江/湖州/乌程县
15	种湖高街韩氏族谱序	学生	江西/抚州/临川县/种湖
16	高畲吴氏族谱序	学生	江西/南昌
17	棠溪黄氏族谱序	同乡/友人	江西/抚州/崇仁县
18	彭原李氏族谱序	世交	江西/抚州
19	务东周氏家谱序	母族/亲属	江西/抚州/崇仁县
20	裴氏族谱序	母族/亲属	江西/抚州/崇仁县
21	丰城戈氏族谱序	学生	江西/南昌/丰城县
22	吕氏族谱序	友人	江西/南昌/丰城县
23	吴营桥元氏族谱序	世交	江西/抚州/崇仁县
24	长湖章氏族谱序	学生	江西/南昌
25	狭源洪氏族谱序	友人	江西/抚州/临川县
26	周氏族谱序	同乡	江西/抚州/崇仁县
27	乡塘周氏族谱序	学生	江西/南昌/丰城县
28	西廨彭氏族谱序	邻县	江西/抚州/临川县/五峰

续表

	题目	请序文者或族谱主人和吴与弼之关系	所序相关宗族所在地区
29	兴国汪氏族谱序	学生	湖北/武昌府/兴国州
30	同安李氏家谱序	学生	南京/安庆/桐城县
31	述溪方氏族谱序	学生	江西/抚州/临川县
32	同安黄氏家谱序	友人	南京/安庆/桐城县
33	同安丘氏族谱序	友人	南京/安庆/桐城县
34	上饶娄氏家谱序	学生	江西/广信/上饶县
35	上饶周氏族谱序	学生	江西/广信/上饶县
36/37	黄氏族谱序（一序二谱）	学生：黄衍、黄衍	江西/抚州/金溪县
38	五峰黎氏家谱序	故人子婿	江西/抚州/临川县/五峰
39	举林车氏族谱序	学生	江西/抚州/金溪县
40	金溪南山傅氏族谱序	学生之内兄	江西/抚州/金溪县
41	荆溪吕氏族谱序	邻县	江西/抚州/临川县
42	西汀邓氏家谱序	学生参与是谱之编修	江西/抚州/崇仁县
43	唐山戴氏族谱序	同县世交	江西/抚州/崇仁县
44	荆溪华氏族谱序	同县	江西/抚州/崇仁县
45	孙坊孙氏族谱序	世交	江西/抚州/临川县/种湖
46	种湖章氏家谱序	邻县/师友	江西/抚州/临川县/种湖
47	胡氏族谱序	友人	不详
48	丰城胡氏族谱序	友人	江西/南昌/丰城县
49	长山晏氏族谱序	学生	江西/南昌/进贤县
50	乐安草堂易氏族谱序	学生	江西/抚州/乐安县
51	杨溪饶氏家谱序	学生	江西/抚州/临川县/种湖
52	余姚杨氏族谱序	友人	浙江/绍兴/余姚县
53	丰城曲江熊氏族谱序	请托	江西/南昌/丰城县
54	上饶祝氏族谱序	学生	江西/广信/上饶县
55	临川岗上李氏族谱序	学生	江西/抚州/临川县
56	临川凤栖原周氏族谱序	友人	江西/抚州/临川县
57	饶氏世系堂记	学生/世交	江西/抚州/临川县

续表

	题目	请序文者或族谱主人和吴与弼之关系	所序相关宗族所在地区
58	西廨彭氏祀田记	同（28）	
59	天恩堂记	同（35）	

《康斋集》第9卷虽有55篇族谱序文，但其中《黄氏族谱序》是为金溪县的黄衍、黄衍而撰写。他们同为吴与弼的学生，但是二人并不属于同一宗族。吴与弼作《黄氏族谱序》是一篇谱序为两个宗族族谱之用。① 下面的统计，其核心目的之一既然是分析请谱者和吴与弼的关系，所以便将55篇谱序视为56个篇次处理。此外，第10卷还有《饶氏世系堂记》《西廨彭氏祀田记》《天恩堂记》3篇和宗族组织与活动相关的文章。其中《饶氏世系堂记》中的家族并未在第9卷的族谱序文中出现过。从统计的角度考虑，遂将篇次增加到57。② 由于第10卷另外2篇文章的书写对象，在第9卷的族谱序文中已经出现过，在之后统计时就不再重复。

二、族谱序的书写与私人网络

笔者在处理薛瑄所撰族谱序文时指出，向薛瑄请序的9人都曾经出仕，并且"多数可能是在任官期间认识薛瑄"的。③ 换言之，就族谱序文的撰写一事言之，薛瑄的例子呈现出的是一个官员之间的网络。他们不一定是在职务上有关系，而是说他们明确都属于仕宦阶层。如果一个作者是收取润笔费的职业笔手，基本上就会来者不拒，那他所撰写过的族谱序文或者其他纪念式文章的对象就会非常多元。又或者一个名满天下的士人是许多人求取序文的对象，而他本身又交游广阔，经常慷慨应允，那他所撰写过的序文对象应该也是很多元的。分析士人同意为之撰写序文的对象，可以帮助我们了解这些士人的交际网络，进而有助于我们理解该士人在某些事情上持有的立场。薛瑄所撰族谱序文的对象之单一性，以及序文中所表达的内容有着内外呼应的关系。和他同时期的南方理学大师吴与弼，其序作所呈现的又是一个什么样的光景呢？若将前来向吴与弼请序的人们加以统计，就不难发现一些十分明显的特质。

① 吴与弼：《康斋集》，第9卷，《黄氏族谱序》，第546页。
② 吴与弼：《康斋集》，第9卷，第531—554页；第10卷，第557、558、560页。
③ 许齐雄著、叶诗诗译：《北辙：薛瑄与河东学派》，第68页。

表2 吴与弼所著族谱序之统计

和吴与弼的关系	所属府县	人数	比例
学生	临川	13	
	金溪	3	
	乐安	1	
	(抚州府)	(17)	(30%)
	南昌	2	
	丰城	4	
	进贤	1	
	(南昌府)	(7)	
	上饶	(3)	
	[江西]	[27]	[47%]
	兴国州	1	
	桐城	1	
	乌程	1	
	(学生总计)	30	53%
亲属/世交/友人/同县或邻县乡里	崇仁	10	
	临川	7	
	金溪	1	
	抚州郡城	1	
	(抚州府)	(19)	(33%)
	丰城	3	
	[江西]	[22]	[39%]
	桐城	2	
	余姚	1	
	不详	1	
	(具私人情谊者总计)	26	46%
请托	丰城	1	1%
总计		57	100%

如表2所示，曾蒙吴与弼撰写族谱序文的家族，有一半以上和他的学生
有关，总共占了53%，而且地域的分布特征十分明显：47%集中在江西，而

单单是抚州就高达总数的 30％；细致到县一级的话，则可发现临川地区的学生在请老师撰写谱序一事上特别用心。但是这也是有地理之便的缘故。临川是抚州府的附郭县，而吴与弼曾经"近以省墓之故，侨寓种湖"①。这次在临川种湖拜省祖墓的时间大概在正统五年（1440）到六年（1441）之间。②因为临近府学，所以这段时间有许多郡学生员来向吴与弼学习。其中就有关系比较亲近的学生向他请序。吴与弼提到："郡庠生李章游于寓馆之二载，以交之厚也。承乃父祖之命，请题其家乘焉。"③开始时吴与弼只是说"自予居种湖，郡庠生来游寓馆者十数士。予为题其家乘者三人，余忠氏亦继来请"④，但到了后来，请吴与弼撰写族谱序文的学生应该是越来越多了，他因此在另一篇序文中回忆道："自予居种湖，郡庠来游之士，各修其谱。予皆不辞而序焉。"⑤所以诸篇族谱序中，有好几篇属于临川五峰和种湖的家族就不难理解了。

但是从族谱序文的内容上判断，吴与弼侨居种湖期间的学生并不都是因为此一地理之便才与之有所接触的。例如他在《韩家岭周氏族谱序》中提到的周邦大：

> 曩承府主命，聘予小陂。已而，予徙种湖，衰然与其朋十数士来讲学于寓馆，而邦大桑梓尤近。故游从之好，问学之功，为尤笃。⑥

可见这位家居临川种湖的学生，早在吴与弼于崇仁小陂讲学时，就已经从游门下了。当老师侨居种湖时，他更是勤勉，还相约友朋一起前来求学。请吴与弼为其家族族谱撰写序文的学生自然不只来自抚州地区，另一个比较集中的地区就是南昌，除此之外便是广信府的上饶县，吴与弼的著名弟子娄谅即出身当地。

江西之外，兴国州的汪鸿、汪潜两兄弟是因为州牧樊继的推荐来学。吴与弼谦虚地回忆道："兴国汪氏鸿、潜二子之学于予也，其州牧樊侯，不知予之无似，徒以虚声误其辱。"之后"鸿归之九年，潜复领其合族之欢心，以诸兄

① 吴与弼：《康斋集》，第 9 卷，《丰安程氏族谱序》，第 534 页。
② 钟彩钧：《吴康斋的生活与学术》，《中国文哲研究集刊》1997 年第 10 期，第 312 页。
③ 吴与弼：《康斋集》，第 9 卷，《五峰李氏族谱序》，第 535 页。
④ 吴与弼：《康斋集》，第 9 卷，《五峰余氏族谱序》，第 535 页。
⑤ 吴与弼：《康斋集》，第 9 卷，《樟溪王氏家谱序》，第 536 页。
⑥ 吴与弼：《康斋集》，第 9 卷，《韩家岭周氏族谱序》，第 535 页。

从魁等所著世谱,请于不德之文"。①

至于桐城的孤例也应该稍做解释。其实这个例子既可以归类为学生,也可以置于故交一类。吴与弼回忆自己在永乐丙申年间(1416)到南京太学省亲时途经同安,为李思诚"招致南庄之上,以教其二子性之、宜之,而季子尚在孩提也"。所以李性之和李宜之两兄弟是他早年的学生。再一次见面时已经物换星移。吴与弼说:"后三十有七年,重访旧游,则思诚与家嗣久物故。"李宜之和当年尚在孩提的李崇之向吴与弼请序,他自然没有拒绝的理由。②

浙江乌程的潘氏家谱序也是一则可列为学生或者友人请序的例子。对于请序者潘宏道,吴与弼如此记述两人之间的渊源:"训导临川郡庠,访予种湖之上,而遣子学焉。再访予小陂风雪中,又联镳石井先陇,而登金石之台。"潘宏道因为出任训导而有机会和吴与弼接触,之后还往崇仁小陂访之。拜于吴与弼门下受业的是潘宏道之子。③

在了解兴国州、桐城、乌程 3 个学生例子的特殊背景之后,我们便不难发现,这将近半数的族谱序文对象,一方面既是吴与弼学生之家族,另一方面也可算是具备桑梓之谊。吴与弼名满天下,其学生来源自然也超出了江西的范围,但是就族谱序文一事而言,请序的学生却是高度集中在江西籍学子中。当我们考虑到有近另外 4 成的族谱序文对象也是江西地区的家族时,地域因素的重要性就更为明显了。

一个颇为有趣却较难解释的现象是:吴与弼在崇仁的青云乡、移风里、四十二都、小陂村居住授徒多年,族谱序文中标明是崇仁籍的学生却无一人。然而在 26 篇因师生关系以外的私谊而撰写的族谱序文中,崇仁地区的家族谱序就有 10 篇之多。

在这 26 篇因私谊而撰写的族谱谱序中,有些是基于很直接的亲属关系。例如《临川陈氏家谱序》是为其姐夫的家族撰写,《务东周氏家谱序》《裴氏族谱序》则是因为母族的关系,而《孙坊孙氏族谱序》既有"忘年之交"的"友朋之谊",还有基于祖母关系的"亲戚之好"。④ 另有一些家族属于和吴氏有着特殊渊源的世交,例如崇仁县四十六都的戴氏,其先人戴懋纯在"洪

---

① 吴与弼:《康斋集》,第 9 卷,《兴国汪氏族谱序》,第 544 页。
② 吴与弼:《康斋集》,第 9 卷,《同安李氏家谱序》,第 544 页。
③ 吴与弼:《康斋集》,第 9 卷,《潭江潘氏家谱序》,第 538 页。
④ 吴与弼:《康斋集》,第 9 卷,《临川陈氏家谱序》,第 531 页;吴与弼:《康斋集》,第 9 卷,《务东周氏家谱序》,第 539－540 页;吴与弼:《康斋集》,第 9 卷,《裴氏族谱序》,第 540 页;吴与弼:《康斋集》,第 9 卷,《孙坊孙氏族谱序》,第 549 页。

武初教谕邑庠。先子所事也"。① 既然是先父吴溥(1363—1426)当年在崇仁县官学的老师之家族,而且还是同乡,吴与弼在面对如此特殊的关系时,自是会欣然应允为之题序的。和吴溥有师生情谊,并且跨代相知的世交,还包括了抚州郡城的彭原李氏。吴与弼回忆道:

> 昔先子学邑庠时,受《诗》于困学李先生,继受《春秋》于先生尊府中山君。予小子与弼于闻。孙子俨、族孙公迪,皆辱爱焉。而公迪数来讲于学。②

在叙述世代交往的情况时尚且自称小子的吴与弼,想必是十分重视这段渊源的。朋友的情谊也可以有多种复杂的交往方式和深浅的差异。所以吴与弼也会为"虽未识而问遗尝相及,情固通也"的丰城胡氏写序。③ 那对于交往更深的友人,他自然无法拒绝。他在出游时所结识的宋代著名士人洪迈(1123—1202)的后人便是一例:

> 景泰庚午孟冬,予游秋山之头,有立马拱道侧者,问而知为洪生也。后二日游其里,因以访之而识其族焉。明日作朋走风雪来谢。询其世,宋忠宣公之裔云。④

景泰庚午即是 1450 年,吴与弼 60 岁。洪作朋应该是慕名而有意结交的。又如同安黄氏和同安丘氏则是吴与弼"寻医问药之故,息肩桐城何家圩"时结识的朋友。⑤ 还有些朋友的情谊是更为深厚的,例如"予往盱江,两经其地,皆假宿"其家的临川凤栖原周氏。⑥

在诸篇族谱序文中,只有一位友人的乡里不明。吴与弼在该篇序文中就开宗明义说是"友人胡子贞,执其族谱一通见示"。⑦ 在江西以外地区,桐城友人的渊源上面已经述及。而在诸友人关系中,只有一位家在浙江余姚

① 吴与弼:《康斋集》,第 9 卷,《唐山戴氏族谱序》,第 35b 页。盛铨等修、黄炳奎纂:(同治)《崇仁县志》,江苏古籍出版社 1996 年版,第 61 卷,《职官志·文职·明·教谕·戴懋纯》,第 274 页。

② 吴与弼:《康斋集》,第 9 卷,《彭原李氏族谱序》,第 539 页。

③ 吴与弼:《康斋集》,第 9 卷,《丰城胡氏族谱序》,第 550 页。

④ 吴与弼:《康斋集》,第 9 卷,《狭源洪氏族谱序》,第 542 页。

⑤ 吴与弼:《康斋集》,第 9 卷,《同安丘氏族谱序》,第 545 页。

⑥ 吴与弼:《康斋集》,第 9 卷,《临川凤栖原周氏族谱序》,第 554 页。

⑦ 吴与弼:《康斋集》,第 9 卷,《胡氏族谱序》,第 550 页。

的杨文琳是吴与弼应聘北京时所认识。后来杨文琳出任江西参政时，因军务来到抚州，所以吴与弼才有了此篇应酬之作。① 在这 50 多篇文章中，无甚情谊的应酬之作只有一篇：《丰城曲江熊氏族谱序》是托了吴与弼的朋友张循、戴禄来请，吴与弼原"以病辞"，但最终因为友人"婉恳请之，必欲得而后已"，才勉强为之撰写。但是吴与弼紧接着就马上指出"先正云：人之所以与天地日月相为长久者，元不在此"。此句出自南宋理学大师朱熹（1130—1200），朱熹曾经抱怨过："道间人多来求诗与跋，某以为人之所以与天地日月相为长久者，元不在此。"②看来吴与弼和朱熹一样，因盛名所累，经常会面对各种诗文请求。而在他现存的族谱序文中，就有一篇自己不太乐意的请托之文，所以他在该篇族谱序中竟以"流俗滔滔，知德者鲜。安得起云谷于九泉以咨所谓长久者哉"为结语，既是推崇朱熹，也是揄扬族谱主人。③

基本上，抚州境内的各种亲属、世交、朋友占了此类关系中的绝大多数。加上丰城的例子，整个江西地区的私人情谊类别就几近族谱序文总数的四成。如果再考虑到学生关系中的江西籍占了另外的 47％，则吴与弼撰写此类序文的地域性特征就愈加突显了。这样的特性和薛瑄对比时就更能呈现同时代的南北两位理学大师的选择差异。薛瑄虽然能够急流勇退，家居多年，但是毕竟也游宦有年，甚至一度入阁。他所撰写的族谱序文数量很少，且无一为乡里亲属或友人而作。其写序对象都是官场上认识的异乡士大夫，内容强调先祖的记忆对后世的启发，尤其是对家族通过科举获取荣耀并且出仕的重要性。④

吴与弼所撰的相关文章，则与之完全不同。《康斋集》中的族谱序文是《薛瑄全集》的 6 倍多，其中绝大多数是为乡里的学生、亲属、世交、友人而作。除了 1 位浙江籍的江西参政可以算是中层官员，其他族谱主人多只是生员身份或是布衣。两者的差异自然是和薛、吴二人的人生经历和社交网络有关。但是或许也不能完全排除他们在选择为谁撰写族谱序文时，除了偶尔拗不过死缠烂打的朋友外，仍有自主决定和选择的权力。至于吴与弼所撰族谱序文的主要内容，则是本文接下来要讨论的。

---

① 吴与弼：《康斋集》，第 9 卷，《余姚杨氏族谱序》，第 552 页。
② 黎靖德编：《朱子语类》，台湾商务印书馆 1983 年版，第 107 卷，《杂记言行》，第 255 页。
③ 吴与弼：《康斋集》，第 9 卷，《丰城曲江熊氏族谱序》，第 552 页。
④ Koh Khee Heong, *A Northern Alternative：Xue Xuan*（1389—1464）*and the Hedong School*, pp. 84-89. 许齐雄著、叶诗诗译：《北辙：薛瑄与河东学派》，第 67—71 页。

三、强调修谱复姓

在谈到江西泰和宗族的迁居原因时,常建华提到了有两则从妻而居的例子。① 吴与弼所撰《潭江潘氏家谱序》是为浙江籍的抚州训导所作,文中也提到其先"世居乌程之潭江",而潘祥卿在明初洪武二十四年(1391)"婿苕溪某庄而家焉"的事例。② 然而在吴与弼所撰的族谱序文中,比起从妻而居,一个更为明显且重要的议题是有关于"复姓"的讨论。其中除了一个桐城的例子之外,其余的都是江西地区的家族。在这些例子中,修撰族谱的行为和恢复原来姓氏的举措是互为表里的。但也可以说修撰族谱是恢复姓氏的重要合法和合理性宣示。在《康斋集》的9个和入赘或改姓相关的例子中,有关家族改变原来姓氏的原因,主要和妻族或母族有关。③ 而吴与弼对于这些家族恢复姓氏的举指是十分支持的。

《长湖章氏族谱序》提到章文英"奉诸父之命来,告以其族之世"时说:"章氏,世居临川之白城,派分南楼北店,谱牒毁于兵,不可追其代序矣。"而文英自己的直系祖先章震,是"由南楼婿丰城方岳洲之朱,冒厥氏而家焉"。后来章原永又迁徙到南昌的长湖。章氏因为强烈感觉到"长湖一系仅存如线,惟负荷之弗任而无以永其家也"的压力,毅然"修谱复姓"。④

《上饶祝氏族谱序》中的家族倒没有迁徙的问题。据称"祝氏世居上饶,其乡灵峰佐溪之凤凰墩",可谓来历清楚。某代先人祝高,因"赘某乡渭川姜启诜氏,遂冒其姓"。祝氏恢复原姓的故事有一个前提,就是所入赘的姜氏之子嗣问题需要先解决。姜氏年老无子,祝高因此力劝图后。姜氏原本认为:"暮境尚冀息耶?"祝高于是"抜诸姻戚,固以请,遂得姜生子"。在姜氏有子嗣延续血脉之后,入赘者的孩子就没有了传承姜氏香火的责任。所以祝高在临终时,嘱咐两个儿子恢复原姓并修撰族谱:"姜氏似续,幸有人矣。尔其复吾姓,修家乘丐文作者。"于是其季子祝永新"近以诸兄命,从其乡先生娄克贞谒予小陂,致先子之属"。⑤ 可见上饶祝氏视其复姓和修谱活动为一体,而吴与弼也欣然认同之。祝永新随娄谅访吴与弼于小陂,自然也是为了

① 常建华:《明代宗族组织化研究》,第581页。
② 吴与弼:《康斋集》,第9卷,《潭江潘氏家谱序》,第538页。
③ 妻子和母亲自古以来一直扮演重要的角色,有关《明史·列女传》中为什么侧重贞孝的书写而仿佛遗忘了贤妻良母的讨论,见衣若兰:《史学与性别:〈明史·列女传〉与明代女性史之建构》,山西教育出版社2011年版,第296—319页。
④ 吴与弼:《康斋集》,第9卷,《长湖章氏族谱序》,第542页。
⑤ 吴与弼:《康斋集》,第9卷,《上饶祝氏族谱序》,第552—553页。

借重一代名儒的声望。

崇仁县务东周氏和吴与弼有着十分密切的关系。吴与弼在为其所作谱序中提到："周，吾母家也，世居务东。有文五府君者，娶裴氏。府君殁，二子皆幼，鞠于舅氏，遂因舅姓而家于裴坊，今四世矣。周君颜仲与其从子元昂，作谱以复其姓。"①周氏先祖因为父死子幼，所以投靠了母舅裴氏，甚至因此而改姓裴。虽然到吴与弼作序时，事情已经过了四代，周氏还是十分在意此事，因此到了明初就有了"作谱以复其姓"的努力。再一次证明恢复原姓在明初为人所重视，也清楚呈现出修撰族谱和恢复原姓之间的关系。②

临川五峰的朱氏同样也是因居丰城之杭桥的五世祖朱天瑞投亲而改姓龚。由于吴与弼为五峰朱氏作序时，族中的朱邦政和朱邦宪两人在其门下已有一段时日，所以他对于朱氏的历史也比较熟悉。所谓"五峰朱生邦政、邦宪师友于予久，故得其族之详"。但是复姓非轻而易举，不能草率行事，所以朱邦政和朱邦宪二人先是"谋于同门周邦大"，然后还"咨于其尊"。征求家中长辈的同意不难理解，可是为什么需要和同门商量呢？周邦大就是前述到崇仁小陂向吴与弼问学，而当老师寓居临川种湖时又偕郡学生员来学的吴门弟子。但是朱氏兄弟和周邦大商量的主要原因，还是在于周氏本身就有恢复原姓的经历。于是在做了复姓决定之后，他们便"据祖笔宗派事实作谱，以复其姓"。这又一次说明了两者之间的关系。朱天瑞是因为在元代出任盐运司都目而"家于抚"，据说《五峰朱氏族谱》内还附上了吴澄（1249—1333）和虞集（1272—1348）等抚州先辈名人所赠诗文。因为朱天瑞"其从政也，所在著声"，所以"草庐称其为有用之器焉"。然而这个家族更为有趣的地方在于，他们"其先本孙氏而嗣于朱"。对于他们由龚姓恢复朱姓，而不是完全恢复成原来的孙姓，吴与弼是不以为然的。他感慨道："窃惜其并列二族，而未暇断以大义。"③虽然没有直接从祖先祭祀或者明确的血缘传承的角度立论，但是吴与弼对于家族恢复本姓，以及此背后所蕴含的传承关系无疑是十分看重的。

吴与弼在另外 4 篇族谱序文中虽然没有直接讨论恢复原姓的事，但是其叙述内容却明确提及这些家族经历过因为入赘而改姓，之后皆已复姓的过程。这也许是因为恢复原姓的举动进行得比较早，不是该次修谱的重点。

---

① 吴与弼：《康斋集》，第 9 卷，《务东周氏家谱序》，第 539 页。
② 周氏先人幼孤而投靠舅氏裴府君的故事，在吴与弼为裴氏所撰族谱序中亦有提及。见吴与弼：《康斋集》，第 9 卷，《务东周氏家谱序》，第 540 页。
③ 吴与弼：《康斋集》，第 9 卷，《五峰朱氏族谱序》，第 537 页。

但是吴与弼笔下毫无回避之意,主要还是因为他既尊重一个家族的历史,也同时认同恢复原姓的正当性。

兵荒马乱的时代,百姓被迫背井离乡、流离失所之际,正是常出现入赘情况之时。例如同安丘氏,原本"世居同安小南门同安坊",但是到了"元季之变,志原大父济民挈家逃难,流寓同城。考君仲华赘于邑南何家圩周氏,因以为家"。祖父携家避难,到了父亲时便已入赘周氏。但是到了吴与弼写作谱序时,同安丘氏显然已经恢复原姓。①

宋元之际甚至有同一家族多代入赘的例子。如临川凤栖原周氏,"其先世居建康句容之鄢家巷",后来出现了第一次迁徙,"号梅窗者,徙南康莲花峰下";之后"梅窗生定式,宦游建昌之南丰,因家焉";"而定式生纯仁,赘五峰黄知军氏,遂家郡城之仁孝坊"。所以周氏因为入赘的关系,从南丰迁徙到了抚州临川。他们在元代开始出仕,"纯仁生文明,仕元两浙盐运司提举。文明生立礼,盐运司丞。立礼生彦海、达海。达海主饶之乐平簿,尝修其世谱,虞文靖公为之序"。乐平主簿共有七子,其中"曰伯庄者生仲谦,赘窑前胡氏",而"曰伯宗者,主南昌进贤簿";进贤主簿又"生仲彬,由五峰赘凤栖原许伯高氏,遂家于楼前;入赘的周仲彬有"四子:叔焖、叔焕、叔灿、叔熺",周叔焖和周叔熺和吴与弼的关系最为密切。总之,凤栖原周氏虽多代入赘,但从吴与弼序文看来,已恢复原姓有时。②

当然,也有些入赘情况并非发生在战火漫天的岁月。例如临川五峰的李氏,原本"世居吉州谷口,讳让者字逊夫,登宋淳化进士第,仕信州贵溪令"。如果这段记录属实,那就是北宋初年的人物。尔后"让生杰,字孟才,赘于抚之临川幕原,因以为家",③可见李氏在北宋初年就已经因为入赘的关系迁徙到了临川,何时恢复原姓则不得而知。到了明初,入赘一事就只是家族历史中的一个遥远记忆。

上面提到朱邦政和朱邦宪在修谱复姓之前,先是"谋于同门周邦大"。周邦大所属的家族又拥有什么样的历史呢?吴与弼在其序中提到周氏"自九一府君由郡城水西门赘于南乡杜家坑杜氏,杜无后而周益繁。今称韩家岭周焉"。④ 虽然具体的细节已经不可还原,但我们知道原来应该入赘以传承杜氏香火的周氏,后来成了当地人口较多的家族,而杜氏却销声匿迹了。

---

① 吴与弼:《康斋集》,第9卷,《同安丘氏族谱序》,第545页。
② 吴与弼:《康斋集》,第9卷,《临川凤栖原周氏族谱序》,第554页。
③ 吴与弼:《康斋集》,第9卷,《五峰李氏族谱序》,第535页。
④ 吴与弼:《康斋集》,第9卷,《韩家岭周氏族谱序》,第535页。

周氏何时恢复原姓我们不得而知。但同样地,无论是当事人的子孙或者谱序作者,都将之视为自然的事。

在《康斋集》中,只有一例的改姓行为和入赘或寄居母族等背景无关:崇仁棠溪黄氏是因为逃避祸乱而改姓的。他们"本姓金,其先处州人。当宋高宗南渡时,金氏以武臣镇临川,居城西隅,子孙因家焉。莫详何代,以逃难易今姓"。黄氏先人在宋室南迁之际因为武职来到了临川,并从此落地生根。具体在什么时候、因为什么事情从金姓改成黄姓,已无从考究,但从上下文的脉络看,改姓一事应该发生在南宋时期。因为到了"孝宗隆兴间,有细二府君者,徙崇仁颖秀乡之棠溪,是为棠溪黄氏"。吴与弼所撰写的序文是为黄克从所修族谱而作。黄克从则是秉承祖父遗志编修族谱的。序文称:"克从之先大父,远山公惧忘其本初也。克从生即名以金,少长且属谱焉,其用心厚矣。"看来黄克从名金,"克从"是其字。最重要的是,吴与弼深信黄克从的祖父不仅仅将编修族谱的重任交托给他,从其命名中还透露出祖父对恢复金姓的期待。但黄克从在编修族谱时,并没有借此进行复姓之举,所以关心姓氏恢复和其背后的传承关系的吴与弼才会进一步强调:"与其表姓于名,孰若复其姓之为愈哉!克从既继作谱之志矣,推命名之意以复姓,惟在一断云尔。"[①]对吴与弼来说,在名字中寄托原姓,远远不如干脆利落地恢复原姓。他呼吁黄克从既然继承了祖父修谱的遗志,就更应该继续思索祖父命名的深意,完成恢复金姓之举。

在《康斋集》所看到的例子中,因为入赘或依附母族而改姓的家族在条件许可下,或早已经恢复原姓,或在明初修谱复姓。唯一清楚知道改姓事迹而未有复姓之举的,是因为避难而改姓的棠溪黄氏。恢复原姓并不是改写一个字的事情而已。除了对自己的家族身份之认知以外,还有现实中的各种户籍、土地注册、生员记录等问题。入赘或依附母族的历史也许对家族认知的挑战比较大,所以此类家族都毅然完成复姓行为。棠溪黄氏在这一方面似乎就没有太大的压力,只要在历史记录中保留对原姓的记忆便觉得已经足够。可是吴与弼不是这样看待这些问题的。他对于修谱复姓的支持不仅反映了宋元以来改姓和复姓是一个颇为普遍的社会现象,更是他宗族观念的重要折射。虽然吴与弼没有从祖先祭祀、先人子孙同气等礼仪制度和血缘关系的角度立说,但是对于恢复原姓的支持,也就是对于姓氏传承的坚

---

① 吴与弼:《康斋集》,第 9 卷,《棠溪黄氏族谱序》,第 538—539 页。

持,这背后自然隐含着深厚的血缘关怀。①

四、重视宗族来历

先人和子孙的气脉之说是祖先祭祀和宗族联合的重要论据。吴与弼对此议题的发挥基本上和主流儒家思想无异。他认为:

> 祖者,生民之所自;而族者,祖之支。是以祖虽远而气脉贯焉,族虽众而本原同焉,此君子所以贵于尊祖而收族欤!然非藉于谱,则远者有时而或忘,众者有时而或离,谱所以追远而统众也,不其重哉!而世鲜克举之者,弗思耳矣。盖有祖非其祖,族非其族而谱者,弗思之甚也。是故人不可以无谱,为谱贵于无所苟焉耳。②

此段出自吴与弼为其从游于种湖且"励志于问学"的郡庠弟子所著的《五峰余氏族谱序》。序文开宗明义就说明了:源自共同祖先的宗族成员无论相隔多少世代,或是人数如何众多,都由祖先的同一气脉而贯通。因此尊祖收族是自然而然之事。由于世代久远和人数繁多,族谱的编撰是达到此目的之核心工具。吴与弼接着指出人们常犯的两个错误:一是没有认真思考修谱以尊祖收族,而更严重的是混淆祖先,紊乱宗族记录。所以人们不仅需要撰修族谱,而且务必认真,不造假。如此则吴与弼的血缘关怀就十分明显了。

因此,吴与弼所撰族谱序文的另一特点便是十分重视一个家族的历史,并特别留心迁徙和分派的记录。如果迁徙记录虽然久远但是清楚,分派情况虽然复杂但是明白,自然有助于保证族谱所应该保持的血缘传承记录之可信。故而一旦有机会,他在序文中都会不厌其烦地将之复述一番。尤其是当相关信息是由求序的家族成员亲口所叙时。例如大塘胡氏一众"奉其族之谱来告曰:始祖讳谅,居成都濯锦桥。二世讳让,仕于抚,因家大塘",由此可知他们本是成都人,因为纨绔子弟的仕途来到了抚州。不过他们叙述的要点并不是始迁祖。纨绔子弟生七子"德、信、诚、义、居、寂、贵",后来"其后族繁地逼,各卜其家。于是有厚郭之派焉,则寂其祖也;有田东、上郊之派焉,则德其祖也;萝溪之派,则义之后,而凤仪其胤也;东陂之派,则璋也其

---

① 关于元明时期士人对于祖先祭祀和同气理论的讨论,见何淑宜:《香火:江南士人与元明时期祭祖传统的建构》,稻乡出版社 2009 年版,第 55—69 页。
② 吴与弼:《康斋集》,第 9 卷,《五峰余氏族谱序》,第 535—536 页。

胤;薪坪之派,则明也、旸也其胤;杲也、埙也,世居大塘,而同为居之派焉。信、诚、贵,嗣已无续"。换言之,这个家族从纨绔子弟之后本来有可能分成七房,但是到了明初,信、诚、贵三支已经绝后。另外四房共有七派之别,其中列名请序的诸人是胡义和胡居之后,前者分别来自萝溪、东陂、薪坪三派,后者是大塘一派。胡德一支虽是长房,而且有田东、上郊两派,但是和胡寂后人的厚郭派一样,在请序队伍中似乎没有代表。① 此一记述不只说明了迁徙缘由,也勾勒出了胡氏家族分派现状的大概面貌。

另外一支因为仕途而移民至抚州的家族是丰安程氏,而且迁徙的时代明确标明是两宋之际。"程氏世居洛中,至驻泊公仕宋,为太医令。高宗南渡,改临川令,因家临川之丰安市。"这个家族的成员在此地繁衍,从南宋到明初向当时是临川地区的丰安以外区域扩散。后来又因为抚州地区在县级建制上有所改变,使得他们的籍贯更为复杂。据称"绍兴中割颖秀、惠安二乡属崇仁,而丰安属崇仁,即今之西馆市"。又加上"其后讳畿者徙侯原,讳渊者徙刘仙冈,讳平者徙铜山,讳才者徙大岭,讳利者徙金溪。庸之曾祖幼亨教谕徙五峰",就可谓开枝散叶了。而请谱者程庸的曾祖父迁徙到了五峰,所以他们又成了临川人。反倒是在崇仁"仍丰安居者,仅二三家"。吴与弼不厌其详地叙述家族的迁徙分派,主要还是为了说明族谱修撰的重要性。"夫族分若此,苟无法以联之,不几于汗漫无统,而遂忘其先耶!"吴与弼认为,可以让分派复杂且已分居各地之宗族成员了解彼此亲属关系的系谱,是"大有功于名教"的。②

因仕宦入抚州的例子中,述溪方氏也很具典型性。吴与弼说:"方氏,其先安陆人。镇国君文仕元,为江西福建等处征蛮统制都元帅兼招讨使,封镇国公。子明威将军,仕抚州万户府总管,授世袭。五世总管君,伏节大明。洪武初,子孙家临川之述溪与崇仁之郭墟。"③如此则方氏虽然分派别居临川与崇仁两地,但是其来历始终很清楚。

分派的复杂也反映了不同房派之间并不一致的兴衰发展。例如张氏从抚州到南昌之后有五塘之名。据说"张之先三十六府君由抚州打鼓岭,徙居清江之官塘。二世熙,三世欣,四世彻。彻三子韬、简、超。简三子,一子徙下塘,一子徙渔塘。超三子,中子载徙西塘,季子建徙吉塘。建而下,亡其世

---

① 吴与弼:《康斋集》,第 9 卷,《大塘胡氏族谱序》,第 531—532 页。
② 吴与弼:《康斋集》,第 9 卷,《丰安程氏族谱序》,第 534 页。
③ 吴与弼:《康斋集》,第 9 卷,《述溪方氏族谱序》,第 544 页。

次。今谱自可知而已。昔族分各盛其地,号五塘张氏,而官塘为最韬"。①
吉塘一支的记载是吴与弼本篇序文之主,但从六世祖以下,记录就已经中
断,是谱只能从当事人记忆可及的内容开始叙述。这一方面符合吴与弼关
于族谱内容需要真实的要求,也反映了房派发展不均的情况。

由于吉塘一支的成就不如在官塘的张氏,所以吴与弼劝勉吉塘张氏,
"乌知他日之吉塘,不犹昔日之官塘乎?"②由于分派之后的发展不均,有些
小房派在说明自己所属宗族时,就特别避免予人造假作虚的印象,其中一个
方法就是得到著名学者通过为其族谱写序背书。例如在景泰元年(1450)的
冬天,吴与弼"游秋山之头,有立马拱道侧者,问而知为洪生也。后二日游其
里,因以访之而识其族焉。明日作朋走风雪来谢。询其世,宋忠宣公之裔
云"。这位在道旁有意结识的人,原来是南宋名臣洪皓(1088—1155)之后。
洪皓有三子,皆有声名,其中又以洪迈最著。没多久,洪氏便提出了请序的
要求。

> 未几,洪生奉先子伯朋所作族谱谒告,曰:"先世居余干,尝结昏丰
> 城玕溪陈氏。元有陈仲益者,讲授洪都,高祖伯仲游焉。虞文靖公以女
> 弟归于我,遂因玕溪以居,而仲祖复余干。再世由玕溪析临川之狭源。
> 先君著谱稿具,即物故。小子祯,偕诸父作朋,诸兄祥、重,相与掇拾遗
> 墨,就正有道。愿藉重一词于夫子。九原为不忘矣。"

按照洪祯的说法,高祖那代先人有两兄弟,后来分居于玕溪和余干。其
中一支又从玕溪迁徙到临川之狭源,也就是洪祯所属的房派。对此,吴与弼
先是感叹洪氏祖德:"呜呼! 忠宣父子,文学节义称天下,所谓旷百世而相感
者欤。"接下来就劝勉洪氏:"接胤嗣,披珠玉能不勃如敛容哉! 虽然,谱轻重
系乎人,人贤否征诸德。勗哉! 尔父兄子姓,悉其心以像贤焉。"而勤勉向德
的最终目的则是:"俾他日临川之谱,与余干相交映而俱重,则足慰作者心,
而奚假于予言。"③分派别居之后,旁支就更有需要说明自己的从属和来历,
对此用心,吴与弼是赞成的。

多数时候,修撰族谱和组织宗族更需要的是毅力。吴与弼就很赞赏彭
原李氏在这方面的努力。"按李氏,系出南唐。当南唐之二世,以大弟景达

---

① 吴与弼:《康斋集》,第 9 卷,《吉塘张氏族谱序》,第 536 页。
② 吴与弼:《康斋集》,第 9 卷,《吉塘张氏族谱序》,第 536 页。
③ 吴与弼:《康斋集》,第 9 卷,《狭源洪氏族谱序》,第 542—543 页。

为抚州大都督，封齐王，居郡城曹家巷之庆延坊。则齐王固始迁之祖，而旧谱以宜春王从谦为第一世者，误矣"。首先他赞成李氏子孙一改旧谱的错误，以南唐齐王李景达（924—971）为始迁祖。之后，他叙述了李氏多次修谱的历史。"谱创于六世孙翠萝居士，自是代有谱焉。十二世孙叔权、十四世孙志道、十五世孙义安咸增修之。而叔权谓旧谱往往简略，遂推源寻派，访求悉纪，善矣。志道以书官、书名，寓劝惩为尚史例。时之序引者，同声相和，以为真得史氏法"。可知族谱由六世李翠萝所创，到了十二世李叔权续修时就更留意访求收录更多细节。尤为突出的是十四世李志道再修族谱时，加入了劝善惩恶的史法功能，并得到当时序文作者之赞赏。但另一方面，吴与弼认为不能偏离修撰族谱的本质，毕竟"谱牒不为尊祖、敬宗、收族而作，徒为予夺之书耶"？到了明初，十五世李义安因为"丁元季兵燹，器物图籍无寸遗。偶得先谱于兵士之手，遂加葺理"。因此李氏一族的历史虽经历"干戈抢攘之秋"，却能"拳拳谱牒而先绪赖以不坠"，可谓"义安之功也"。但是改革谱法以及通过祭祀先祖的活动组织族人，其实是最近的事。吴与弼提到："其义例法欧阳氏，则自子俨二君始。族虽散处而情谊相属者，世守祀田，子俨君岁一举祀而会族之礼行焉。"①

家族迁徙历史和族谱谱法改革在吴营桥元氏族谱中同时可见。"元氏，其先河南人字子晳者，唐永泰中由进士令崇仁，子孙世居衙后之米仓巷。今则官易其地，以为县治之公宇，而元氏亦家礼贤乡之吴营桥矣。邑志载：县南五步有令君遗爱碑，刺史颜真卿为之书，久亡"。可知元氏在唐代时便因为祖先的仕宦缘故从北方河南乔迁至崇仁县，而且为官有声，曾经有遗爱碑志之。之后，"令君之十五世孙，宋咸淳进士凯，字仲和，号梅屋，尝续修其世谱，既逸"。则其族谱应该是在宋代首创，可惜也已经佚失了。随后又有了传记资料的补入，"十八世孙玛，字伯禹，母黄氏，读书知史，能记先系以传。自令君之二世至十二世，则益盛矣"。谱法的改革则在明初，由"十九世孙德高，命诸子贵渊、贵沂、贵源依旧系，仿欧阳氏以谱焉"。另一方面，元氏和吴与弼家族也是世交，吴与弼回忆道："予幼侍亲京师，闻先子每乐道元氏。子孙来谒，必喜曰二元之后。"之所以强调是"二元之后"，是因为他们师从虞集的关系，所谓"盖二元者，伯禹、伯常为邵庵文靖公之高第弟子也"。吴与弼也赞誉元德高"蔼然故家文献之裔"。②

<hr>

① 吴与弼：《康斋集》，第 9 卷，《彭原李氏族谱序》，第 539 页。
② 吴与弼：《康斋集》，第 9 卷，《吴营桥元氏族谱序》，第 541—542 页。

另一位江西籍的前辈官员杨士奇,在所撰写的族谱序文中经常发挥对"故家"的讨论和期许。常建华认为这是杨士奇"最重要的宗族观",而族谱对于杨士奇来说"是世臣巨家的标志"。[①] 与之相比较,在吴与弼 50 多篇族谱序文中,"故家"就只在前述元氏族谱序内出现过 1 次。元氏虽然也有出仕当官的先祖,但这个"故家"并不是以政治成就或者影响力为指标,而是与"文献"结合,强调了一种文化的传承。总的来说,通过家族迁徙的叙述和分派的情况以说明家族之来历,进而将血缘逻辑置于中心是吴与弼描述家族历史的重点。这一点和薛瑄所撰族谱序文的核心目的也迥然不同。对于薛瑄而言,族谱的功能包括了对祖先宦绩的记述。这些记忆的延续,将成为后世子孙努力通过科举和仕途彰显宗族成就的动力。[②]

五、家族的学术渊源

在吴与弼的视野中虽然不强调世臣式的故家,但是在他心目中,有些家族的历史是特别值得欣羡的。这些家族的共同点,就是先辈中有人属于理学传统的范畴,或是与理学大师有所往来。吴与弼的情感中有着强烈的对理学传承的向往,其中所反映的不仅仅是和薛瑄的不同宗族观念,也包括了迥然不同的学风。[③]

上面提过先人世居洛中,而在宋高宗南渡时出任临川令的丰安程氏。在赞扬程氏修谱"大有功于名教"之后,吴与弼意犹未尽地发挥道:

> 虽然又有大者焉。程自得氏以来,莫盛于河南夫子。所谓三代而下,一人而已矣。予年十八九时尝读子朱子《孟子集注》,至《无有乎尔之章》,掩卷太息,以为尽人也。惟夫子接不传之绪于千载之下,每诵其诗,读其书,想象其为人,恨不生于其时。又尝适楚,遥起敬于夫子所生之境,而极其瞻望咨嗟之意。嗟乎! 高山仰止,谁无是心?[④]

这笔锋突然之间就转向对北宋理学大师程颢(1032—1085)的崇仰,这和丰安程氏有什么关系呢? 吴与弼最后总结道:"(程)庸也,讲夫子之道于

---

① 常建华:《明代宗族组织化研究》,第 587—599 页。

② Koh Khee Heong, *A Northern Alternative : Xue Xuan* (1389—1464) *and the Hedong School*, pp. 85-89. 许齐雄著、叶诗诗译:《北辙:薛瑄与河东学派》,第 68—71 页。

③ Koh Khee Heong, *A Northern Alternative : Xue Xuan* (1389—1464) *and the Hedong School*, pp. 97-119. 许齐雄著、叶诗诗译:《北辙:薛瑄与河东学派》,第 97—120 页。

④ 吴与弼:《康斋集》,第 9 卷,《丰安程氏族谱序》,第 534 页。

予矣。况为之乡人，又同姓，宜何如?"①请序者程庸是吴与弼的学生，所以说是"讲夫子之道于予"。更有趣的是，程氏原来世居洛中，是程颢的同姓同乡。他们虽然不敢宣称是程颢后人，但当吴与弼以此作为勉励学生的逻辑时，其对理学传承和家族历史的想象与向往倒是溢于言表了。

相比较之下，吕氏的家族与理学之关系是更能够被证明和宣扬的。但首先需要清楚界别哪一支吕氏。所以吴与弼在《吕氏族谱序》中一开始便说明:"剑池之南曰塘下，有吕族焉。居有先后，而派各不同也。其一曰吕王庙者，唐时派也。其一曰成公之弟祖俭，谪吉州，罢官寓剑池之木瓜林。子世隆由木瓜林而来。"吕王庙一支吕氏既然是唐代就已经迁徙过来，自然就不是两宋期间的望族吕氏之后人。唯有另一支吕氏才是和朱熹一起编撰《近思录》的吕祖谦(1137—1181)之弟吕祖俭(? —1198)的后人。而吕氏长辈与吴与弼是有"先施之辱"的深厚私交的。虽然吕氏先谱遭红巾之变而"幸存于某氏"，无奈"购未得也"。另一方面"故祠有碑勒临江孔氏之文，兵燹残阙无足征。自寺丞而上，据家藏誊录系图而书。自寺丞而下，据家世授受而书"。为了证明世系的可信，吴与弼为其解释道:

> 盖其族有德玉翁者，元季寓钟陵。洪武中，来往故里，当此时年八十余。约其生，当在元中叶前。耳目所接去宋未远，凡世代迁徙之由，经履之概，历历能道。而国初乡邻遗老，往往知其世者，亦多传。

因为族中老人的年岁离开宋代不远，加上乡亲邻居的回忆，所以吕氏对族谱中的内容，尤其是可以证明自己先祖为谁的世系就深信不疑。吴与弼也选择了相信，他甚至"在三复之余，掩卷而叹"曰:

> 呜呼! 秦汉而后，继孔孟绝学者，程朱氏而已。而申公父子际程，成公兄弟际朱。千载一时之庆，重萃吕氏一门，何其盛哉! 予小子猥以不腆之辞，厕名芳籍之末，又何幸欤! 而子孙能不兴起其仰止之心，而激昂其修德之志也耶!②

程朱在理学史中的地位不需要在此赘述。令吴与弼兴奋不已的是吕氏

---

① 吴与弼:《康斋集》，第9卷，《丰安程氏族谱序》，第534—535页。
② 吴与弼:《康斋集》，第9卷，《吕氏族谱序》，第540—541页。

家族特殊的历史。在北宋时吕公著(1018—1089)、吕希哲(1036—1114)父子和二程兄弟同时,而吕祖谦、吕祖俭两兄弟在南宋时与朱熹同时。孔孟绝学之继是千秋盛事,而先人分别与程朱同时更是千载难逢的缘分。更令吴与弼雀跃的是,自己的文字能够收录在他所羡慕的这个家族之族谱中。当然,最后还是归结到他作为外人尚且如此,则吕氏后人更应该珍惜家族先人与理学先贤的缘分,奋起修德。

对于先人与理学先贤有所往来的钦羡,有时仿佛到了是非不分的程度。例如丰城于氏,吴与弼提到其"旧谱,既多已逸。彦实氏乃旁求密访,掇拾于残废之余,征诸铭刻之文,复谱之以请序于予"。而从这部复修的族谱中,吴与弼得知"其先山东之益都人,汉廷尉定国之裔曰元素字季友者,宋通判吉安,子孙因家南昌之丰城"的来历。更重要的是,之后有"曰华字去非者,号竹圃,与晦庵朱子同时。朱子尝赠以诗,有'折节慕前修'之句。及至房州守,尽力兵间,甚有功忠"。易代之后,又有"曰友信字盛卿者,仕元为都昌尹,以赈荒绩进秩集贤提举,再迁龙兴治中兼知路事。子汝能以荫仕广东宣慰使都事。父子俱有存笔,率温厚和平蔼然仁慈孝友之意,是代以善相承者也"。可见仕元的父子二人也有可称赞之处。到了明代:

> 今其胤散居乡邑及乎旁郡。彦实以其尊府赘诸孙,是居敷山。于分最长,联属其宗,尊卑情文,不异聚居者焉。竹圃墓在邑之兴能坊,为人屋之者数十年。彦实累讼,经岁未决。一日奋然叹曰:"与其理于讼,孰若白于我耶。"于是斋戒沐浴十日,率其族之父兄子弟,躬备锸者积日而圹以暴志以见。撤诸屋凡若干楹,乃敬修而封之,以复其初。人咸谓于氏谱既微而复著,墓既晦而复显,莫不庆其先君而贤其后人。予亦以验夫福善之机为不爽,又以嘉夫于氏中兴之有兆焉。[1]

无论从什么视角来看,这都是一个乡里的私人暴力故事。于氏繁衍多年,早已散居多处。其中,于彦实的父亲更因为入赘的关系居住于敷山。但是他辈分最长,于是非常积极地联络自己的宗亲,据称凝聚力强烈到好像是聚族而居一样。在于氏的历史中,号竹圃的于华有着特殊的地位。他就是获得朱熹赠诗的那位,而这一层关系正是吴与弼非常看重的一面。据说他的墓在兴能坊,然而该地几十年来早已经是别人的房子了。于彦实先是诉

---

[1] 吴与弼:《康斋集》,第9卷,《丰城于氏族谱序》,第533—534页。

诸法律,但是一直没有得到他预期的结果,后来就干脆率领族众强行掘地,宣称找到了墓志铭证明其为先人墓地,然后就把人家住了几十年的房子强行拆除。① 吴与弼接着用庆贺的口吻,正面评述了于氏族谱的重修,以及先人墓地的重建。

于华不是于氏的始迁祖,也不是近世功名最显赫的人物。他的重要性,无论是对于彦实,还是对吴与弼来说,都是基于和朱熹的往来。于是吴与弼最后总结道:

> 盖耳目一新之时,正激昂蹈厉之日。思昔圣贤不世之遇,而有以劝于学;思昔仕以敬其事,而有以进于行;思昔笃于家,而所厚者不敢以有薄,岂不愈贤矣哉。而将来之庆,吾知其汩汩乎川之方至也。虽然几不可玩志无容贰。彦实既分尊于族而协于其众,盍黾勉其往,以无失诸事会也欤。②

将先人和理学先贤的往来视为后人思以勤学的主要动力,无疑是吴与弼情怀中的浪漫想象。相较之于氏,金溪南山傅氏的家族历史在这一方面就更为精彩了。吴与弼首先花了不少篇幅介绍该家族的来历,分派别居的情况,以及在宋代组织社兵建立地方武装的历史。据称:

> 金溪未县时,为临川之上幕镇。傅氏其先,有伯仲曰行厢、行唐者,由上幕之五冈,析永奉乡之硖口庄。行唐居城上,行厢居东岸。东岸,寻更名曰鳝。行厢生师玙、师琼。师琼徙西山。师玙季子曰某徙掩坑。掩坑之四世曰商佐,徙鹤溪。鹤溪之六世曰公世徙南山。师玙白鳝之五世曰安潜,宋建炎初幕民应诏为社兵,累功荐进秩,授世袭,勅云父子兄弟将权世世之相传。族党比间军士人人之素习。盖西山之后,曰安道及商佐,安潜子根,皆协力济功者。

更重要的家族历史也是多代先人从学理学先贤的经历:

---

① 从法律史的角度讨论和墓地侵占相关的课题之研究不多。可参考清代台湾的案例研究,见 Weiting Guo, "Social Practice and Judicial Politics in 'Grave Destruction' Cases in Qing Taiwan, 1683—1895", in Li Chen and Madeleine Zelin, eds., *Chinese Law: Knowledge, Practice, and Transformation*, 1530s to 1950s(Leiden: Brill, 2015), pp. 84-123.
② 吴与弼:《康斋集》,第 9 卷,《丰城于氏族谱序》,第 533—534 页。

白鳝之九世曰子云，鹤溪之五世曰陆，俱事陆文安公。南山之四世曰景贤，从陆氏之后俊游。文丞相开府江西，辟玉山令，以率义兵。五世曰德华，漱陆余润于外氏，即陆废基建学舍堂以事三陆，赎义庄以养士。六世曰筹，师草庐吴文正，仕元中书省检校，使闽浙，革命后归休田里。

傅氏先人有师事陆九渊（1139—1193）的，有参与文天祥（1236—1283）的抗金战争的，也有与陆氏联姻的，最后还有拜于吴澄门下的。此外，其十二世傅芳，是吴与弼的学生。族谱编撰自傅佑始，而"其易欧氏法，则自今日焉"。吴与弼是篇序文，是如此结束的：

予尝客归自浙，经芳里，假宿连洋，是为诸陆之乡，询其遗踪，与其苗裔，瞻盼其山川云物，而迟迟吾行者，非以夫人之贤哉！诚厥心以希贤焉！安知旷百世而相感者，不犹今之视昔也耶。有怀往躅，用策芳云。①

虽然他在此处也发出了诚心希贤的寄望，但是陆九渊和吴澄毕竟不是程朱，所以语气相对收敛、感情趋于平淡。这也许从侧面再次反映了吴与弼在理学系统中以程朱为尊的立场。而他所写谱序中，确实也有直接受业于朱熹者的家族。前面提过的吉塘张氏就来自这样的家族。五塘张氏中，官塘张就因为张洽是朱熹门人而最显赫。就连属于吉塘张氏的请序者祖孙三代人也因"咸叹思著作之为人，而笃循等于学"。吴与弼认为："夫著作之贤，人当企效，况族胤乎？"他还劝勉张氏说：

然流俗滔滔，志绍其世者几，则张氏不其贤矣哉！呜呼！廓是心，用宏于德，曷量其至耶，张氏勉乎哉！乌知他日之吉塘，不犹昔日之官塘乎？又乌知诸塘，不相观而起乎。张氏勉乎哉！②

吴与弼希望吉塘张氏能受到先人从学朱熹的德范感召而努力向德，以冀有朝一日可以达到有如昔日官塘张氏的成就。他也同时希望五塘张氏都

---

① 吴与弼：《康斋集》，第9卷，《金溪南山傅氏族谱序》，第547—548页。
② 吴与弼：《康斋集》，第9卷，《吉塘张氏族谱序》，第536—537页。

可以因此奋起。另外,家族历史中的理学渊源,有时是和吴与弼自己的家族有着联系的。例如:

> 昔临川饶迪功叔旸,受《春秋》于朱子门人张主一氏,遂世业焉。彭原李中山氏婿于饶,得是经以授先子。

饶迪功是跟着朱熹的弟子张主一学习《春秋》的。之后,李中山作为饶氏的女婿亦继承了这一脉络的《春秋》学。李中山又将该学传授吴与弼的父亲吴溥。此外,吴与弼和饶氏的私人情谊也很深厚。他提到:"饶于吾外氏五峰为世契,于不肖子为新好,是以饶君景德命其中子烈、长孙岳之来学也,予不敢以常师弟子例视,而烈情谊日洽。"之后,饶烈"告予以其尊公将刻所续世系于石,作堂于故址后岭而奠焉。于以致孝敬而合族属,愿先生有以发之"。[1] 吴与弼于是为之撰写此篇《饶氏世系堂记》。他说:

> 予观梅边公之序谱也,从论旰抚诸饶,同出五代太守亮,而旰有亮墓。焉知未有亮墓时,旰抚岂皆无饶氏邪。又谓从兄楚林当之旰南象岸饶氏。其老人语以塘坑乃其分派,录谱归而寻毁。谱既无征,老人语未必可据为信,且不闻始派之祖为谁,事寥阔亦无足云也。惟曰:上可知者十一世,而开迹塘坑者不可知,是为的论。又云族盛于建炎,中微,逮族伯仲藏书万卷。谱云讳釜,年十二中神童科。仲讳鏊,即叔赐,年七岁亦中神童科。时大小神童,后之人知先绪者,梅边作谱之功也。小神童公之曾孙熙、寿,俱事草庐吴文正公之门。[2]

饶氏早年的历史不可全信,只有十一世之后的资料方为可信。最重要的是,其盛在南宋以后。他们不仅家藏万卷,还有大小神童之荣。其中小神童之后还成为元儒吴澄的学生。而这一点是吴与弼觉得有必要强调的:

> 见草庐、邵庵序记及伯宗吴公之志雪崖所续之谱。而熙教韶阳时,刻草庐所勉首尾吟于学之座右以敬勤师命云。夫宁不勃然以起邪?殆必有以蹑吴而企朱,以来侈塘坑之故事,而感此心之同然。于将来者不

---

① 吴与弼:《康斋集》,第 10 卷,《饶氏世系堂记》,第 533 页。
② 吴与弼:《康斋集》,第 10 卷,《饶氏世系堂记》,第 534 页。

愈深乎哉！①

饶熙出任韶阳学官时，将老师所劝勉的诗句刻于座右，可见吴澄对其影响之深。追寻吴澄主程朱之学的脚步而抵朱熹之教，自然如同恢复南宋时承继朱熹学脉之故事。吴与弼深信这对饶氏而言是深具启发意义的。

在吴与弼对宗族的理解和期许中，具有理学背景的家族最令其兴奋不已。有些理学联系是确实存在过的学术传承，有些则只是一些和理学先贤的往来，甚至有想当尔尔的浪漫发挥。和吴与弼发生联系的家族中没有故家巨室，这在他看来并无所谓。对他而言，具有理学背景的家族，其先人的理学渊源既是刺激这些家族终将兴起的重要记忆，也是最值得欣羡的地方。

六、总结

作为名重一时的理学家，吴与弼对学生们振兴家族的期许中，自然每每提到士大夫诗书传家的重要性。② 然而士大夫在以诗书或者德义兴家之后又如何呢？吴与弼的宗族观念，并没有如明初浙东学派或是乡里前辈杨士奇般赋予家族或故家更大的社会影响力。③ 他虽然偶一提及"族党之光，抑一方风俗所系"，却是以反问句提出的，句首尚有"岂惟"二字。家族的荣光会影响地方风俗，这也许是一些人的看法，但吴与弼显然不认为那很重要。在他看来，"立身扬名，犹先务之急"，而不仅仅是地方风俗的问题。毕竟，"古语云：富贵易得，名节难保。可不念哉"？④ 吴与弼在其他 3 篇族谱中对于家族和地方关系的讨论，都是诸如"辉黄氏之宗而生邑里之光""姓随事显，地以人胜""数君子者前后辉映，而唐山之名四驰，增重乡邑矣"等语。⑤ 它们表达的是一个地方名声的兴起和当地人士的成就之间之关系，而不是从家族治理和社会秩序的层面立论。

理学大师吴与弼对于自己的门下弟子，自然也有道德修养上的明确要

---

① 吴与弼：《康斋集》，第 10 卷，《饶氏世系堂记》，第 534 页。
② 吴与弼：《康斋集》，第 9 卷，第 532—533、535、542—543 页。
③ 盛清沂：《论方孝孺先生之谱学》，联合报文化基金会国学文献馆编：《第三届亚洲族谱学术研究会会议记录》，联经出版事业股份有限公司 1987 年版，第 223—295 页。常建华：《明代宗族研究》，上海人民出版社 2005 年版，第 347—359 页。Peter Bol, "The 'Localist Turn' and 'Local Identity' in Later Imperial China", *Late Imperial China*, Vol. 24, No. 2(Dec., 2003), pp. 1-50.
④ 吴与弼：《康斋集》，第 9 卷，《临川冈上李氏族谱序》，第 554 页。
⑤ 吴与弼：《康斋集》，第 9 卷，《黄氏族谱序》，第 546 页；吴与弼：《康斋集》，第 9 卷，《举林车氏族谱序》，第 547 页；吴与弼：《康斋集》，第 9 卷，《唐山戴氏族谱序》，第 549 页。

求。无论是在《上饶娄氏家谱序》中对娄谅的期许，还是《上饶周氏族谱序》中对周文的勉励，都是对"德业""实德"的强调。① 和上面提到的诗书传家一样，均为重视请谱者个人修养之具体呈现。但因为这个面向完全在情理之中，所以本文就没有特别提出来深入讨论。

吴与弼在《康斋集》中所收录的 50 多篇族谱序文，和其他与家族相关的文字，除了未曾反映家族治理和社会秩序之间的关系，还有哪一些特点呢？所谓特点，自然是需要在比较研究的框架之下才会有意义。吴与弼作为明代在 15 世纪中期最具代表性的南方理学家，其宗族观念的最佳比较对象，就是和他大致同期的北方大儒薛瑄。两人之间的差异自然不能够完全代表中国在明代的南北差异，但是这些差异至少能够说明：分别以山西和江西为活动中心的两组理学群体之灵魂人物，在对待宗族上有什么不同，进而在一定程度上反映这两组同样高举程朱理学旗帜之群体的重要区别。因为他们是当时在南北两地最具影响力的理学群体，所以在任何南北比较的研究中，一旦涉及理学群体，就无法不以他们为讨论中心。

首先是谱序的书写对象。从本文的统计和分析来看，吴与弼所撰写的家族谱序有十分强烈的桑梓特色。在所有谱序中，有超过一半是为和他有师生关系者而撰写，其中，来自抚州地区的学生就占了总数的三成，若以江西论则接近总数之半；另一半是为了各种私人情谊而作，其中，抚州地区又占了总数的三成，若以江西论则近总数之四成。总之，吴与弼主要是为江西地区的学生、朋友或亲属撰写族谱谱序。这首先反映了他的学术范围和社交网络；其次，一旦和薛瑄所撰同类型文字皆是为山西以外地区的官员同僚而作之事实相对照，则两人对此类文字的态度之天壤差异便无须赘言了。

从《康斋集》中的族谱谱序内容推论，江西在宋元间有不少迁徙和入赘的情况。而到了元末明初，不少入赘改姓的家族又纷纷恢复原来姓氏。在这个过程中，族谱就是一种说明自己历史和恢复原姓的必要性文献。所以修谱和复姓在这个过程中有十分紧密的关系。吴与弼对修谱复姓抱持绝对支持的态度，他甚至会因为有人修谱却未复姓而有微词。虽然，他未曾通过理学家重视的气说，论证祖先和后人在血缘上实际联系之重要，但是其对姓氏的真实性之推崇，即是建立在视血缘联系为宗族先决条件之基础上。

其次，在同样的原则下，吴与弼所撰写的族谱谱序中也经常大费周章地对相关家族的迁徙历史、世系情况、分派面貌、别居分布一一述说。家族的

① 吴与弼:《康斋集》，第 9 卷，《上饶娄氏家谱序》，第 545—546 页。

来历清楚,分派别居的情况明了,就不会出现混乱。这种关注并不见于薛瑄所撰谱序。对薛瑄来说,描述家族历史中的成功先人,是为了让过去的光荣转化为对后世子孙的激励,而且这种激励很明确地着重于在科举与仕途上完成光宗耀祖的责任。当然,吴与弼宗族观念的上述两项特点,应该和其所撰谱序对象多为乡里故旧的特色互为表里。

既然是以理学家为讨论对象,就应该同时涉及他们对理学学派或网络的立场。同样是程朱学派在明代的佼佼者,薛瑄没有理学家学,不重师承,不建学派,强调自振起。虽然在成圣希贤的修养功夫上,吴与弼同样强调个人的精进,但在他的心目中对于理学网络是有所期待的。在横向共时的网络中,他积极收徒讲学,建立学派;而在纵向历时的网络中,他的心态也值得留意。他虽然无法为自己或任何人建构家族的理学谱系,却非常重视家族历史中和理学任何可能存在之渊源。只要家族先人和理学先贤有所关联,吴与弼都难掩其兴奋之情,并将之作为劝勉家族后人发奋向学的重要依据。

孤立地分析吴与弼的众篇族谱谱序,难免会觉得其稀松平常,有时甚至有老生常谈之感,但是一旦置于比较的框架之下,则吴与弼宗族观念的特点就容易彰显出来。我们不仅因此对吴与弼在宗族课题上的立场有所了解,也再次从侧面凸显其教学与社交网络的特质,更让我们注意到文化的多样性。在同一个时代,在同一个自觉的理学传统中,不同理学家对于宗族这种社会组织的观念和立场已经有那么大的差异,遑论其他!

(原载《明代研究》2016 年第 27 期,第 123—157 页)

理学家的思想与家族实践：
李光地与安溪湖头李氏家族

李光地(1642—1718)，字晋卿，福建安溪感化里（今湖头镇）人，是清初康熙朝(1662—1722)最受礼遇的汉臣之一。除了政务出色外，他也以理学受知于康熙。李光地卒时，康熙谕阁臣曰："李光地谨慎清勤，始终一节，学问渊博。朕知之最真，知朕亦无过光地者。"①

一、李光地研究与明清家族史

对于李光地的评价众说纷纭。徐世昌(1855—1939)在《清儒学案》中指出李光地"学博而精，以朱子为依归而不拘门户之见"，是理学大师却又不拘泥成说。毕竟其学"以濂洛关闽为门径，以六经四子为依归"。而徐世昌认为李光地的学问中"尤深于《易》"，并且指出李光地的《易》学宗旨"于程朱之说颇有出入而理足相明，有异同而无背触"，说明其既继承程朱而又有所创新的特质。② 另一方面，方苞(1668—1749)在《安溪李相国逸事》中指出李光地在世时已经是"众多诮公"，其去世之后"诋评尤甚"。③ 其中以全祖望(1705—1755)的《答诸生问榕村学术帖子》最具影响力。全祖望主要从李光地的"躬行"和"经术"两个方面加以批评。就前者而言，李光地"万无可逃"且"为当时所共指"的"大节"问题包括：初年卖友、中年夺情、暮年以外妇之子来归"三案"。而在全祖望眼中，其经术除"律吕、历算、音韵颇称有得"之外，"其余亦不足道"。尤其是到了晚年"取欧罗巴国之技术，自夸绝学"，更为全祖望所鄙视。④

到了 19 世纪初，当梁启超(1873—1929)带着鄙视的口吻列举这位"号称康熙朝'主持正学'的中坚人物，一双眼睛常常盯在两庑的几块冷猪肉上头"的李光地之三条罪状时，主要就是参考全祖望的《鲒埼亭集》。对于这些清初程朱学派的理学家，梁启超并未进行更深一层的研究，因为他说："像这

① 赵尔巽等：《清史稿》，北京中华书局 1994 年版，第 262 卷，第 9895—9899 页。
② 徐世昌等：《清儒学案》，台湾世界书局 1966 年版，第 40 卷，第 1—3 页。
③ 方苞：《望溪先生文集·集外文》，《续修四库全书》，第 1420—1421 册，第 6 卷，第 623—624 页。
④ 全祖望：《鲒埼亭集外编》，《续修四库全书》，第 1428—1429 册，第 44 卷，第 215 页。

一类的程朱学家还不少,我不屑多污我的笔墨。"①但还是有当代学者愿意研究李光地的。陈祖武在评介李光地时继承前人说法,断定其"人品并不高尚",而陈祖武论李光地学术则强调其早年受到王学影响,早期著作多有王学的影子,直到晚年才"完成了学术宗尚的根本转变,以恪守朱学的面貌出现于朝野"。陈祖武认为李光地尊崇朱学的学术宗尚的确立并不是建立在"踏实而严密的学术研究基础之上",而是"以帝王好尚、政治得失为转移依据",对于其"十分浓厚"之"投机色彩"也不无轻视之意。②

当代自然也不乏为李光地平反之作,许苏民的《李光地传论》即是一明显例子。许苏民在这本书的第一章便以全书三分之一的篇幅介绍李光地的生平事迹,集中整理了李光地的各种政绩,以突显其事功和文化上的成就。③ 书末还特别着墨力斥全祖望以来的"三案"中两案之谬误。④ 在理学思想方面,许苏民认为李光地"对程朱、陆王的思想采取的是一种兼收并蓄的态度,但还是以程朱为宗"。⑤ 伍安祖则基本上强调李光地反对王守仁(1472—1529)的学说。⑥ 伍安祖的研究主要是从概念史的角度将李光地的理学思想置于明末以来有关"性"的讨论之脉络中理解,进而得出李光地以"性"代"理"的哲学核心并非简单继承朱熹(1130—1200)的结论。⑦ 由于李光地的政治地位和理学重臣的声望,刘勇则从理学谱系的建构活动中探讨了李光地"对于明代'闽学'系谱的重塑"之深远影响。⑧ 而杨菁则希望就李光地"在理学方面的著作,及他对理学的提倡推广,论述清初理学的发展情况及他的事功和对清初理学产生的影响"。⑨

本文的侧重点则是聚焦在李光地对于宗族组织的原则和方法的讨论上。宗族组织的主要活动包括了祭祀典礼、家庙的建设、族谱的编撰等。本文除了要了解李光地在这些课题上的立场与主张之外,还试图进一步分析

① 梁启超:《中国近三百年学术史》,《饮冰室合集》,中华书局 1996 年版,第 75 卷,第 103—104 页。
② 陈祖武:《点校说明》,李光地著、陈祖武点校:《榕村语录 榕村续语录》,中华书局 1995 年版,首卷,第 4—11 页。
③ 许苏民:《李光地传论》,厦门大学出版社 1992 年版,第 1—95 页。
④ 主要是"初年卖友"和"中年夺情"两事。许苏民认为"以外妇之子来归"属于古人的私生活,不值得今天的历史学家去考证。许苏民:《李光地传论》,第 262—280 页。
⑤ 许苏民:《李光地传论》,第 111 页。
⑥ Ng On-Cho, *Cheng-Zhu Confucianism in the Early Qing: Li Guangdi* (1642—1718) *and Qing Learning*(Albany: State University of New York Press, 2001), pp. 83-84, pp. 91-94.
⑦ Ng On-Cho, *Cheng-Zhu Confucianism in the Early Qing*, pp. 101-129.
⑧ 刘勇:《中晚明理学学说的互动与地域性理学传统的系谱化进程:以"闽学"为中心》,《新史学》2010 年 6 月第 21 卷第 2 期,第 1—60 页。
⑨ 杨菁:《李光地与清初理学》,花木兰文化出版社 2008 年版,第 14 页。

其之所以如是主张的原因。换言之，本文的目的不仅是整理李光地的相关思想，并将此思想置于具体的历史环境中来考察。

李光地关于"家族"的思想在前辈学者有关清代家族或礼制的讨论中亦有涉及，然而研究的重点多属于整个家族史或对礼制问题进行宏观式的综合讨论。例如，当冯尔康在讨论"清人'礼以义起'的宗法变革论"时，李光地的相关意见只是众多意见中之一种，对于李光地为什么如是主张的具体时空，则忽略不谈。所以，当讨论到"大宗法的宗子制不可能恢复"时，冯尔康就直接引用了李光地在其《家庙祭享礼略》中的三点意见。① 而当周启荣在讨论清代的祭祖仪式与宗族关系，尤其是士大夫身份和宗法系统的关系时，也是引用了同一篇文字的三点意见，作为仕清的士大夫并不倾向于坚守《朱子家礼》，而是强调官宦身份的证据。② 虽然是同样的三点意见，但是两位学者用以讨论的要点不同。冯尔康基本上是以清人"礼以义起"的礼制改革思想为核心问题，并进一步将李光地家族的祭礼理解为"大小宗法结合的"。③ 虽然周启荣专著的宗旨也是在讨论清代礼制主义的兴起与变化，但是在处理李光地的意见时，主要还是视其为仕清士大夫的代表之一。

笔者同意这些对清初礼制的宏观讨论对于我们认识李光地的主张和其时代特色来说是非常重要的，士人对于礼制问题提出讨论，往往不是空穴来风，一时兴起之作，而是与时代息息相关的。例如，何淑宜在分析江南士人的祭祖主张时，便指出不同的意见都是"当时士人面对社会的实况与需求，企图重新划定标准的尝试，而儒家祭礼的内涵也在此一时期不断地被调整与修改"④。本文最终要呈现的是李光地这位理学家如何按照一己之需求所建构起来的祭祖和宗族原则，这位"受宋学之影响而较为重视礼之大义"的儒者，毕竟也是和着重仪文度数之考证的学者一样，均是"汇聚成为一个礼学的运动"之力量。⑤

然而，当文献脱离了具体历史时空被解读时，会错过一些重要的讯息。本文所采取的方法是一种深受地方史研究影响的微观史视角，也同时受到了历史人类学的一定启发。在北美地区，自 20 世纪 80 年代开始引起学者

---

① 冯尔康：《十八世纪以来中国家族的现代转向》，上海人民出版社 2005 年版，第 96 页。
② Chow Kai-wing, *The Rise of Confucian Ritualism in Late Imperial China: Ethics, Classics, and Lineage Discourse* (Stanford: Stanford University Press, 1994), pp. 122-123.
③ 冯尔康：《十八世纪以来中国家族的现代转向》，第 99、111—113 页。
④ 何淑宜：《香火：江南士人与元明时期祭祖传统的建构》，第 251 页。
⑤ 王汎森：《清初"礼制社会"思想的形成》，陈弱水主编《中国史新论·思想史分册》，联经出版事业股份有限公司 2012 年版，第 390 页。

注意的中国地方史研究,对许多习惯于宏观论述的研究方法和语境的学者而言,无疑是一个刺激与挑战。① 与此同时,人类学家对中国地区,尤其是中国南方地区的研究也有很显著的发展。21 世纪以来,以历史人类学为方法,并且以厦门大学、中山大学、香港大学,以及北美地区的丁荷生(Kenneth Dean)、萧凤霞为主的华南学派,更是成果丰硕。由于本文不是历史人类学的回顾文章,所以囿于篇幅,无法对此进行更多的评介。其中,宋怡明(Michael Szonyi)强调宗族的研究应该考究其实践,而宗族组织的实践并不仅是抽象思维或任意地建构的,宗族实践无可避免地受到其所处的社会历史之影响。② 如果不是宏观地讨论某一个时期的宗族概念,而是微观地将某宗族和其领袖人物的宗族观念置于具体的社会环境和历史语境中去考察,势必会有不同的收获。

北美地区的地方史研究以家族策略,以及地方与国家的关系等问题为研究核心。而华南学派的区域研究,毕竟也不是专门史的研究,诚如郑振满所言"在区域研究中,要力求对研究对象有整体认识,而不能只局限于某一特定的领域"。③ 加上以历史人类学为主要方法,华南学派对于研究对象更重视实地考察。考察的意义不应该只是在发掘材料,而是帮助学者将文献中的讯息还原到一个也许更接近当时文献书写的语境中。

对李光地的整体研究脱离不了理学,但是也不应该局限于理学;对李光地的研究自然无法脱离李光地,但是也不应该局限于李光地。李氏家族自李光地而下共有三代人留下了文献记录,而在清初以理学名家的李氏其实也致力于礼学研究。因此,笔者认为更完整研究李光地的第一步,应先将焦点锁定李光地的宗族理想。既然要讨论李光地这位在清初李氏家族中最主要的成员如何看待自己家族的组织,首先就需要对安溪湖头李氏以及李光地一支在其中所处位置有所掌握。

二、明清时期的湖头旌义李氏

福建安溪湖头李氏是地方大族,其人丁之兴盛和在地方上的势力之强

---

① 北美地区地方史的代表作以 Robert Hymes, *Statesmen and Gentlemen: The Elite of Fu-chou, Chiang-hsi, in Northern and Southern Sung* (Cambridge; New York; Cambridge University Press, 1986)为主。而反对这种视野的代表作就包括了陶晋生:《北宋士族:家族、婚姻、生活》,"中研院"历史语言研究所 2001 年版。

② Michael Szonyi, *Practicing Kinship Lineage and Descent in Late Imperial China* (Stanford: Stanford University Press, 2002), p. 140.

③ 郑振满:《乡族与国家:多元视野中的闽台传统社会》,第 334 页。

大程度,甚至足以让李光地在朝中的政敌以其族众和异志中伤之。① 但李氏不是一个新兴的家族,而是一个早在 15 世纪就已经崛起的望族,其在明代中叶之兴起的关键人物是六世祖李森(1398—1463)。李森以商业起家,《安溪县志》称其"田数万亩,粟数万钟;计山百区,出木数千万章;僮千指"。② 除了接济亲友和乡里外,他也出资修建泉州府衙、府学、安溪县衙、县学、桥梁道路,以及福州、泉州和安溪等地多处寺观庙宇。他在天顺年间因为应诏出粟赈济而受旌表"尚义",之后还进一步组织地方武装力量,攻杀地方贼寇。而朝廷为了借助其势力,授其漳州九龙岭巡检,又因安溪民请,调回源口,甚至还一度先后掌管永春、德化、安溪的一方行政,③其影响力超越了安溪地界而涵盖一个更大的闽南区域。自此以后,湖头旌义李氏好几代人都因掌握一定的经济实力,且乐善好施、见义勇为,或握有功名、政绩杰出,而见载于县志之中。④

有证据显示,自李森以后,湖头旌义李氏具备了一定程度的宗族组织规模。按照笔者在安溪湖头进行田野考察所收集到的几部李氏不同支系的宗谱来看,从第七世到十一世五代子孙中的字序排列整齐,分别为"秉""文""时""克""子"等。⑤ 此外,李氏在明代于泉州府和家乡感化里两个地方都建有祭祀先祖的祠堂,这现象不仅反映了李氏在明代已经具备一定规模的宗族组织,而且因为李森的势力范围本来就涵盖一个更大的闽南地区,所以李氏竟然觉得有必要并且有能力在两个不同地方兴建功能相同的建筑空间——祠堂。关于祠堂,下文将进一步讨论。

但是,李氏宗族在明代的盛况终究无法抵挡明清鼎革之际闽南地区的战乱所带来的巨大冲击,湖头旌义李氏的宗族组织遭到极大的破坏。按李光地在康熙十八年(1679)夏天所撰《家谱序》称"革命前后四十年间,干道变化,居室凋零。衣冠宗庙之贻,谱牒奠系之继,毁灭销沉于兵火"。⑥ 可见明清易鼎时期的动荡不安局势严重破坏了旌义李氏原来就已经颇具规模的宗族组织。从李光地形容母亲持家之难也可以透露不少讯息。李光地在《母

① 许苏民:《李光地传论》,第 277—278 页。
② 庄成修、沈钟等纂:《安溪县志》,厦门大学出版社 1987 年版,第 171 页。
③ 庄成修、沈钟等纂:《安溪县志》,第 171—172 页。
④ 庄成修、沈钟等纂:《安溪县志》,第 234—236、243、250、265 页。
⑤ 见《陇西湖头李氏宗谱:旌义长房上东景新堂家谱》《陇西湖头李氏宗谱:湖李美溪罗源纯园公之系》《陇西湖头李氏宗谱:四房新衙支系家谱》等宗谱中的世系图。
⑥ 李光地:《家谱序》,《榕村全集》,收入《榕村全书》,清道光九年家刻本,新加坡国立大学中文图书馆藏,第 11 卷,第 19b 页。

太夫人七十征言引》中曰：

> 自鼎革四十余年间，闽乱尤剧。既娶且贫，崎岖多难。或衣被不完，或麄粝不饱，或遯荒逊野、风雪飘摇，或被陷遭累、剑镬酰儿。家慈皆身履其艰，坚忍劬劳，善念益笃。岁甲午乙未，山海交讧，惨戮遍野。惟先君子聚众自保，贼莫敢犯。于是邻附乡邑，依托者浸众。先君子既悉力捍患，而家慈躬为粥以食来者。前后百计，推衣辟舍，至于事平不勘。[1]

也许是因为文献本身的特质，所以叙述重点在李光地的双亲。但是笔者认为在明末清初时期，地方上确实并不存在以李氏宗族组织领导的防御武装力量。尽管宗族组织已经无法发挥功能，但是李氏的某些成员，例如李光地之父李兆庆（1611—1677）还是可以组织民众进行地方武装防御，甚至提供物资上的援助，则其原有的地方威信和经济力量亦相当可观。又如李光地和其亲属在顺治十二年（1655）为地方强人所掳去之后，祖父忧愤去世，在外任职的伯父李日燝（1654年恩贡）赶回奔丧之后，还是有能力组织武装击败强盗，救回人质。[2]

而李光地一支在旌义李氏的世系中又处在一个什么位置呢？湖头旌义李氏以六世祖李森为先祖。李森有六子而一子出祖，所以旌义李氏在李森之后共分五房。第七世秉辉为李森第四子；秉辉有四子，第四子文节（八世祖）；文节有五子，长子时和（九世祖）；时和有三子，第三子子澄（十世祖）；子澄有三子，长子克建，即李光地祖父李先春（1615—1655）。十一世的李先春有六子，第三子即李光地之父亲李兆庆。李兆庆有四子，李光地为长（见表一）。[3] 就旌义李氏五个房派来说，李光地属于大四房，所以不是大宗。就大四房内部而言，因为其八世祖是第四子，所以李光地一支也不是其主要的小宗。更何况，由于李兆庆本身排行第三，所以李光地甚至不可能成为自其祖父而下的小宗之宗子，更遑论其在其他分支中所处的位置。了解李光地在宗谱之中的位置（见图 1），将有助于我们之后认识其对于宗族组织结构与形式的主张。

---

① 李光地：《母太夫人七十征言引》,《榕村全集》，第 13 卷，第 19a—b 页。
② 李清植：《文贞公年谱》,《榕村全书》，第 1 卷，第 3b—6a 页。
③ 《陇西湖头李氏宗谱：四房新衙支系家谱》，第 1—3 页。

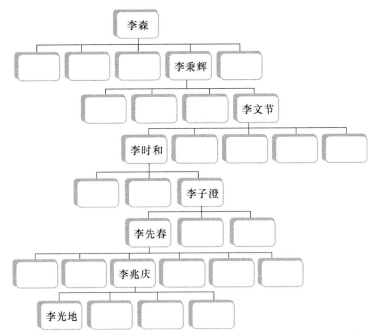

图 1　从六世祖李森到(第十三世)李光地之间,李光地直系祖先所处位置

三、旌义李氏在清初的宗族重建

整体来看,湖头旌义李氏在明清之际并不存在一个由全部宗族组织领导的地方防御与救济活动,大宗族的社会功能基本上瓦解了。但是李光地的直系亲属们却依然具备一定的经济和社会实力。因此除了地方防御与救济,和援救被掳人质之外,明末清初的主要宗族组织重建工程基本上为他们所倡导和推动。旌义李氏在当时总共拥有三处和其宗族有着密切关系的祭祀场所,即位于湖头的李氏家庙,位于泉州的郡西祖祠,以及泉州的郡东岳祠。

(一)宗祠重建活动

早在崇祯九年间(1636),李先春就已经主动向大长房的子弟提出修整家庙之事,并且进行了一些修复。① 到了顺治三年(1646)的秋天,李氏家庙又为漳贼所破坏。于是李兆庆"慨宗祠之久毁,首聚族人经纪其堂室"。家庙的修整是在康熙四年(1665)完成。② 当时的另一位族人李世宽(生卒年不详)也独资赞助了寝门和东西两序的修建工程。但是除了家庙之外,李兆

① 李清馥:《榕村谱录合考》,《榕村全书》,第 1 卷,第 8a 页;《陇西湖头李氏宗谱:旌义长房上东景新堂家谱》,第 13 页。
② 李清馥:《榕村谱录合考》,《榕村全书》,第 1 卷,第 8a 页。

庆也对"郡东之祠、郡西之庙"进行修缮。① 李兆庆的这一系列修建活动均被理解为是继承其父亲的遗志。《谱系》称"公(李兆庆)自乙未(1655)念次公(李先春)殁后……又纠合族人,起盖大宗祠宇,再厘定历年列代祭祀田产,并修整郡东岳祠及城西之花棚下祠堂,皆成念次公所未竟之志云"。②

位于泉州的郡西祖祠初建于晚明。而当时之所以需要在泉州另建祖祠是因为"明代吾家仕宦者多住郡城"。当年主导"城西祠堂"兴建的是大长房的李懋桧(1624年卒)③。而这座郡西祖祠在顺治丁戊之间(1647—1648)面对"郡城有易子析骸之惨"的严峻环境之后,"郡祠又荡然"。而到了康熙十三(1674)、十四(1675)年之际,又遭遇"兵戈之扰",破坏更甚。④ 直至康熙二十三年(1684),泉州郡西祖祠的修建活动才在李光地之幼弟李光坡(1651—1725)的主持之下完成。⑤

至于泉州的郡东岳祠的情况则与前两者不尽相同。李氏家庙和郡西祖祠的本质是宗族祭祖的祠堂,而东岳祠原是一个民间宗教的空间。李森在明代所重建的东岳祠之主要工程在于扩建"五帝殿于青帝大殿之后"。⑥ 泉州东岳祠是李森在福建闽南地区所赞助的诸多宗教场所之一。除了因为其赞助所以获得了檀越主的荣誉之外,李氏族人中握有功名和官职者在明代多不居住在乡里,而是聚居于泉州,进而形成府城中的一股势力,此也是一个不容忽视的背景。族中地位比较显赫的族人都聚居泉州,所以在家乡之外还有一处郡西祖祠作为府城族人祭祖的场所,也就容易理解了。而郡东岳祠因为李森的檀越主地位,因此也成了府城族人聚集祭祖的场所之一。据载:

> 郡东郊岳祠,则长者(李森)重建以祀岳神,而缁黄奉公与夫人像于左右二祠为檀越者也,后裔即于是恭桑梓焉。每岁正旦及八月二十五日长者之忌,族人毕至,修祀事。⑦

---

① 李光地:《榕村全集》,第13卷,第14b—15a页。
② 《安溪湖头李氏本支分派谱系》,第25页。
③ 李清馥:《榕村谱录合考》,《榕村全书》,第1卷,第20b页。
④ 李清馥:《榕村谱录合考》,《榕村全书》,第1卷,第20b—21a页。
⑤ 李清馥:《榕村谱录合考》,《榕村全书》,第1卷,第20b—21a页。
⑥ 李日燿:《郡东岳檀越记》,郑振满、丁荷生编纂《福建宗教碑铭汇编·泉州府分册》(上),福建人民出版社2003年版,第332页。
⑦ 陈寿祺:《泉州东岳李长者祠记》,郑振满、丁荷生编纂《福建宗教碑铭汇编·泉州府分册》(上),第334页。此版本文字多有缺漏,现按陈寿祺:《泉州东岳李长者祠记》,《左海文集》,《续修四库全书》,第1496册,第8卷,第330—331页,补充页。

除了正旦外，郡东岳祠的另一个重要祭祀日子就是李森的忌日，如此则李氏族人不分房派，于此行礼均是为了祭祀旌义李氏的始祖李森，而郡东岳祠就成了在府城生活的旌义李氏族人之重要祭祖地点。此祠的祭祀活动跨越房派，无疑成了向外宣示势力，向内追寻团结的重要空间。因此旌义李氏历代对于郡东岳祠的修缮都极为用心。《祠记》指出：

> 其累世修茸，则自胜国以来，衢州同知澜、云南按察栻父子继之，太常卿懋桧继之，嘉兴知府仕亨、平和教谕熺春父子继之，户部郎中凤鸣继之。国朝康熙初，耿、郑煽乱，戎马蹂躏之际，赠大学士、岁贡生兆庆亟鼎新之。乾隆中，礼部侍郎宗文率五支继之。嘉庆中，东旺鸠族继之，选拔贡生维迪继之。道光初，乡贡士志正鸠族又继之。①

可见从明代开始，在乡里大宗家庙之外，就有族中的衣冠士族按照自己的实际需要进行祖先祭祀活动的安排。这在明代是一项士大夫活动，也是士大夫的空间。入清以后，旌义李氏依然重视郡东岳祠的维持。可是在明代以士大夫为主的活动，到了清代嘉庆之后，就发展成低层功名持有者需要借助族人的综合力量才能完成的事务。旌义李氏家族到了清代，也开始了一段从府城泉州撤离，将生活空间集中在乡里的过程。祭祖活动以及对于郡东岳祠的控制自然也就萎缩了。郡西祖祠在清初之后就不再出现于文献之中，而郡东岳祠也许因为李森的檀越身份，才一直和旌义李氏保持关系。不过，随着李氏退出泉州府城的地方社会空间，联系的中断只是时间早晚的问题。

(二)家谱重修活动

宗族组织的另一个重要体现就是族谱的修撰。旌义李氏在明代已经修过两次族谱，但是明清鼎革之际"衣冠宗庙之贻，谱牒莫系之继，毁灭销沉于兵火"。② 所以到了清初，编修族谱的任务就显得更为迫切。而 17 世纪 60 到 80 年代是旌义李氏一系列重建宗族组织活动的活跃期，湖头李氏家庙、郡西祖祠、郡东岳祠、《李氏家谱》都是在这个阶段完成重建与重修工作，而且均由李光地祖父、众父、兄弟完成。他们非但不是大长房的成员，甚至不

---

① 陈寿祺：《泉州东岳李长者祠记》，第 334 页。
② 李光地：《家谱序》，《榕村全集》，第 11 卷，第 19b 页。

是大四房的宗子。

本文接着将集中通过李光地笔下的 3 篇文字,即《家谱序》《家庙祭享礼略》以及《小宗家祭礼略》,分析李光地在其直系亲人主导的旌义李氏宗族组织重建时期,如何理解和阐述他对宗法和祭礼等问题的立场,尤其是士大夫在其中所应该扮演的角色。本文认为要理解李光地在这些问题的立场,必需将其置于旌义李氏宗族组织重建时的特定历史语境中去分析。

李光地在康熙十八年(1679)撰写《家谱序》时 38 岁。他当时已经拜内阁学士兼礼部侍郎,但是因为丁忧在家守制,所以家谱的修撰活动必然有所参与。《家谱序》的一部分内容自然是在介绍其家族修谱的传统以及清初修谱的过程。按其说法,由于自明季修谱以来,其优秀的修谱传统使旌义李氏自李森“以来二百年余,所以维系纠结而不愈疏,代有修明,功岂鲜哉?”[①]而在明清鼎革前后四十年间,虽然旌义李氏遭受严重打击,但是由于旌义李氏积累深厚,在地方上根深叶茂,所以“系吾祖之泽,基址依然,文献足征。族属散而还聚,诗书歇而复兴”。当此宗族重建之际,李光地之父(李兆庆)毅然秉承先祖之志,在艰难的环境中,纵使尚未安顿好家业就已经负起修建家庙的责任。家庙修建完工之后便接着着手家谱的修撰工作,并将收集到的资料委托其仲兄李日爆主持。初步的修谱工作在康熙十二年(1673)冬天已经完成,但是因为三藩之变,闽地动乱,所以无法刊刻。李兆庆四年之后去世,未能实现夙志。再过了两年,李日爆进一步咨询于族中老人并完善了家谱的内容,而且更动员了更多的人参与其事,甚至包括了非李氏成员。所谓“兄弟外亲之强力通敏者又相与校而成之”。但是刊刻经费主要还是来自旌义李氏内部。李光地称“族人赴义,资足工良。于是而谱与宗二者俱焕”。[②]

是序除了介绍相关的背景之外,还传达了李光地本身对于宗族组织原则的立场。他在是序开宗明义地指出“余家宗礼有古之遗者四”。它们分别是:

> 执豆者,或以宗、或以爵、或以年德,然祝嘏之辞则宗子先焉,盖亦犹宗法之权也。有达者则以其秩祭,无达者则以祖田备士礼焉,盖亦犹世禄之变也。庙奉远祖,不附近亲,然有贵者、贤者、有勤劳于祖宗者,则升配食焉,盖亦犹宗有德者之道也。先是祭止于春秋,先君子考诸伊

---

① 李光地:《家谱序》,《榕村全集》,第 11 卷,第 19b 页。
② 李光地:《家谱序》,《榕村全集》,第 11 卷,第 19b−20a 页。

川家庙,以冬至祭初祖、元日祭先祖,法而修之,以合气始形始之义,盖亦犹古今祭礼之衷也。①

此所谓"宗法之权""世禄之变""宗有德者之道""古今祭礼之衷"四者的意义彼此不同。宗法和世禄两事关系异常密切,实为一物之两面。在理解了前两事的主要逻辑之后,"宗有德者之道"可以在相关逻辑下进一步思考。只有第四事仅仅只是事关祭礼的举行日期,因此是比较单纯的礼制讨论。但是也可以从中窥探理学家在乡里社会的折中之道。本文接下来将集中讨论李光地思想中有关"宗法"与"世禄"的看法。

四、李光地的祭礼原则

(一)关于大宗法的讨论

"宗法"和"世禄"问题其实都是围绕着古礼中的祭祀权问题。要有效分析上述《家谱序》的这段文字就必须参考其在《家庙祭享礼略》中的发挥。李光地指出"古礼之坏久矣。其渐有因,其本有根"。② 但是其重点不在讨论古礼式微的问题而是关注如何恢复。可是"虽有贤人君子讨论而服行之,然所谓不尊不信,则久而莫之从也"。③ 就全篇文字的脉络而言,李光地所指其实是宋儒如程颐(1033—1107)、朱熹等的礼制改革。因为就连他们所推行的新礼制也不见得为所有人所信从,所以李光地谓此即"复古之难"。至于"变今之不易"则是因为"凡所讨论而仅存者,亦多贤人君子区区愊羊之意。自其身不能尽行,而望人之从而行之尤不可也"。④ 可见书生空谈对于恢复古礼是没有多大实效的,重要的还是在于实践与否,才能进而完成复古以移风易俗的任务。对于李光地而言,因为旌义李氏是具备一定历史背景的地方望族,而其祖、父辈又领导着重建宗族组织的工程,自己又更是族内在朝廷中官职最显赫者,那关心此议题的李光地就有了不仅仅是空谈而且可以付诸实践的机会。要恢复古礼的关键在于"大宗小宗之法"的讲求,而"身列荐绅士类"的读书人竟然也有忽略礼法至"犯分悖本而不自知"的地步,所以他进一步托其先父之名加以评说。

旌义李氏"当有明时,族中先辈长老亦考古而立宗子矣。然而有数难

---

① 李光地:《家谱序》,《榕村全集》,第 11 卷,第 18b—19a 页。
② 李光地:《家庙祭享礼略》,《榕村全集》,第 21 卷,第 4a 页。
③ 李光地:《家庙祭享礼略》,《榕村全集》,第 21 卷,第 4a—b 页。
④ 李光地:《家庙祭享礼略》,《榕村全集》,第 21 卷,第 4b 页。

者"。我们并不清楚漳义李氏在明代具体什么时候由谁推动尊立宗子的事情,但是很显然地,他们在明代所面对的难题到了清初依旧存在。但是这一次却有了系统性的讨论和提议。难题的本质是祭祀权力的问题。首先,后世已经没有宗子。"古者无禄则不祭",一般人并无家庙祭礼可言,毕竟"庶人荐而已",这就是所谓"礼不下庶人是也"。更核心的问题是,宗子之法是依附在封建制度之中的。

> 其时卿大夫家,非世官则世禄,皆朝廷赐也。而宗子主之,故得以其世禄祭。今皆无之,则宗子无禄也。奈何犹备大夫士之礼以祭?父为大夫,子为士,其祭犹不敢以大夫,况庶人乎?[1]

既然没有世袭的封建制度,就没有世官世禄的宗子,那么宗子之法无从依附也是自然的。随着封建制度的崩溃而来的,就是宗子素质的无从保障。

> 古者,宗子为朝廷所立。故其人为一家之宗,而必娴于礼法。今则有樵採负贩,使之拜俯兴伏,茫然不省知者矣。而奈何备盛礼以将之?[2]

宗子既然不一定拥有功名,对礼仪的熟悉度也就不是必然的。这是后世所面对的第二个难题。第三个难题则是前两个难题的进一步引申,而且同时具备礼制与现实两个层面的问题。

> 凡为宗子者,以其为族人之所尊重,冠昏丧祭必主焉。故祖宗之神,于焉凭依。今则轻而贱之者已素,一旦被以衣冠,对越祖宗,人情不属,而鬼神不附。[3]

一旦宗子不具备世官世禄的地位,而只是不识礼仪的一介贩夫走卒,那么其自然无法让人信服。祖宗不愿凭依是一事,更现实的问题恐怕还是"人情不属"。如此自然无法有效执行主祭者的任务,遑论领导族人。在恢复宗子制度如此困难的情况下,就应该"世变风移,礼以义起"。所以,李光地说:

---

[1] 李光地:《家庙祭享礼略》,《榕村全集》,第21卷,第5a页。

[2] 李光地:《家庙祭享礼略》,《榕村全集》,第21卷,第5a—b页。

[3] 李光地:《家庙祭享礼略》,《榕村全集》,第21卷,第5b页。

> 今人家子孙贵者,不定其为宗支也,则不得拘支子不祭之文,而惟断以无禄不祭之法。且近世褒赠祖先,固不择宗支授之。褒赠之所加,则祭祀之所及。揆以王法人情,无可疑者。①

这样的主张无疑是为具备士大夫身份的族人成为祖先祭祀活动的中心而服务的。如此士大夫肩负起领导者责任的同时自然能够成为在宗族组织中举足轻重的人物,而且是名正言顺地发挥其影响力。因此,即使相关子孙并不是宗子,只要出仕为官,那就不应该拘泥于"支子不祭"的礼制规定,而是以"无禄不祭"的要求为准则。因为一旦在宗族谱系上处在宗子地位的子孙没有官职或者功名,就已经失去祭祀活动举行的依据,如此则自然需要由其他具备士大夫身份的支子参与。一个冠冕堂皇的理由是对国家体制所赋予的政治地位之重视,即褒赠官员先人的制度中既然并不要求为官者必须是宗子,那么在国家政治体制下的褒赠范围当然也是士大夫祭祀祖先的范围。这样的安排,除了人情上吻合人们一般对官员士大夫比较尊重的现实,也同时符合国家体制。

但是,完全放弃古礼也是不宜的,"古之遗不可弃也"。毕竟,"宗子之法,先王所以尊祖敬宗,联属天下之深意。今虽废,讵知来者之不复兴乎?"因此还是需要在祭祀活动中为宗子保留一席之地。而除了主祭的士大夫和参与祭祀的宗子之外,还有一个特定的位子是为轮值负责筹办祭祀典礼的房派之代表而保留。

> 是故使禄于朝者执爵莫献,而设宗子之位参焉。其祝告曰"主祭孙某,宗孙某"。盖权以古今之宜,势不得不出于此也。寒家族人极众,既有始祖之庙,则又将使合族均劳而伸其敬。于是又有直祭孙者,其位亦参于主祭孙、宗孙之末,而祝告并及之。此余家庙见行之礼。②

主祭孙、宗孙、直祭孙三者都是为了迎合不同的需求而存在的。世官世禄和王法人情的讨论为士大夫成为祭祀活动的领导而服务,这是现实与理想的结合。仍然为宗子保留一席仪式上的地位,无疑是一种对理想礼制的尊重,而完全不在礼制中的直祭孙,则是向民间习俗的妥协。这三者在李氏

---

① 李光地:《家庙祭享礼略》,《榕村全集》,第 21 卷,第 5b—6a 页。
② 李光地:《家庙祭享礼略》,《榕村全集》,第 21 卷,第 6a—b 页。

家庙中获得了共存的空间。

在这样的原则之外,大宗法的制度偶尔还是会存在需要进一步讨论的情况。例如,当"宗孙亦贵,而爵位下于支子"时该怎么处理?李氏父子认为"稍相亚者,则先宗子。远相悬者,则先支子也"。可见即使宗子亦为士大夫,其官职大小还是会影响其主祭的地位。换言之,在他们的心目中,国家体制下的荣耀与权力远比理想中的古典大宗法更为重要。国家体制下的地位认可,在新的大宗法中的地位是绝对的。如果"其家而适无贵者,则奈何?"李氏父子认为"无贵者则无禄矣。不可备祭礼也"。而这种政治上的地位也比简单的经济优势为重。因为即使"虽有祭田,而非世禄,必也杀其牲豆,略其仪节。仿佛乎古士礼稍优于庶人而已。或者尚可免于僭妄之咎"。而在这种情况下主祭人选的首先考虑是功名之有无,并同时加上辈分为参考。所谓"使有衣衿而行辈长者为之"。如果连具备功名身份的族人都没有的庶人家族,那只好"以宗子也"。① 官爵来自朝廷,国家的权威地位在这整套宗法制度的设想中不言而喻。

总的来说,李氏父子认为立家庙以祭祀始祖是必然可行的,依其设想,主祭不必宗子,而是需要有官爵俸禄之子孙,他们说:

> 始祖之庙,如愚前所云者,盖庶几焉。何则?谓之始祖,则其子孙众多,必有法应立庙,而可以主祭者矣。且既踞不祧之位,则其庙固始祖有也。有之则不可废,故其子孙得更迭以其禄祭,无所嫌也。②

虽然一个宗族的科甲功名时盛时衰,子孙的仕途也不易预料,但是家庙祭祀始祖,随着子孙繁衍,日后迟早出现一位出仕者。届时就可以合理地立庙,再则始祖在大宗家庙处在不祧之位,众多后世子孙亦必然有不少为官者可以以其爵禄主祭。

(二)关于小宗法的讨论

本文一再强调,李光地的宗法设想与其仕宦身份以及大四房旁支的位置都有紧密的关系。在重新检讨了于家庙中大宗法需要对国家体制下的官爵地位做出明显的让步之后,紧接着必然要处理小宗法的问题。但是小宗法的复杂性较之大宗法有过之而无不及。大宗法的重新设计影响李光地等

---

① 李光地:《家庙祭享礼略》,《榕村全集》,第21卷,第6b页。
② 李光地:《家庙祭享礼略》,《榕村全集》,第21卷,第8b页。

士大夫在整个宗族中的地位，而小宗法新的执行方式则左右了旁支组织自己房派祭祀活动的权力和合法性。

那么，小宗法"在今日尤有至难者"的主要原因是什么呢？"盖既祀其四亲，则必以高祖之嫡长为小宗，而其弊无异于前大宗之所云矣"，小宗法的维持，除了像大宗法一样面对宗子是否合适以及是否有其他更适合的主祭人选之外，还有两个非常不同的条件：一是在小宗法下，高曾祖父四亲需要迭祧，而始祖不祧。二是祭祀空间的不同，因为"今士大夫家，始祖多有庙，而四亲无庙，各祭于其家而已"。基于这两点差异，"故人家之祭四亲，莫不高祖同而父异，或高曾同而祖父异，高同而曾祖父异，泯泯棼棼，已非复古者小宗之旧矣"。换言之，湖头旌义李氏各个家庭的四亲祭祀活动迥异，并不存在严格意义的大宗之外严谨的小宗系统。对此，李氏父子表示"此则余家未能正之，姑且徇俗，无可奈何"。李氏祭祖活动中保留些许小宗之本意的做法就是"高之忌日，则就高之宗子而拜焉；曾之忌日，则就曾之宗子而拜焉"。毕竟"大宗不立，则小宗益无所附丽而据依"。①

小宗法在理学家传统中也曾有讨论，程颐和朱熹对此都有所建议。首先"始祖、四亲，于古固不得人人而祭"。但是李氏父子强调程颐曾经指出"人本乎祖，始祖皆当祭也。服制及于高曾，则祭享亦如之，四亲皆可推也"。② 然而因为朱熹本身不祭始祖，此外程氏还有所谓"夺宗"之说的疑惑。李光地为了解释程颐之主张的普世价值，所以首先需要解释朱熹是因为特殊的背景不祭始祖，而不是小宗祭祀始祖本身有僭越礼制、不符天理人情之处。据其猜测，"朱子避乱而侨居于闽，其族人远在婺，故朱子不敢独祭其始祖，以安于礼。藉使当日聚族而居，而其族人已设有祖庙如今人之为者，朱子岂得废之而不祭哉？吾知其必从伊川之说无疑矣！"至于"夺宗"，李氏觉得倒不一定是程氏门人误解师意而讹传，而是认为"立庙自伊川，则必以伊川主祭，故曰夺宗也"。只是"不知所谓庙者，大宗乎，小宗乎？"李氏觉得应该是小宗，因为"四亲之庙，自己立之，则子孙尤可以世其祭以终于己。此亦所谓古未之有，而可以义起者也"。这是宋代以来理学家诸多因应时代而"礼以义起"的新措施之一。③

新的小宗法之设想是否可以持之以恒呢？小宗法的局限自然在于"若四亲，则亲尽迭祧，而庙非一人之庙。高祖之祭及其元孙以下则废之矣。故

---

① 李光地：《家庙祭享礼略》，《榕村全集》，第21卷，第6b—7b页。
② 李光地：《家庙祭享礼略》，《榕村全集》，第21卷，第7b页。
③ 李光地：《家庙祭享礼略》，《榕村全集》，第21卷，第7b—8b页。

祭不常,则庙亦不常"。延长小宗系统的方法则在于"必使法应立庙者立焉,而使其子孙犹得以主其祭,迄于己之祧而止"。则对小宗立庙而言,由持有俸禄官爵的子孙主持至关重要。而小宗宗子的地位之处理方式就参照大宗的做法,即"参以愚大宗之说,立庙者主祭,而仍设小宗宗子之位,奠献、祝告同之,其亦可矣"。①

至于五世子孙中无出仕者,则自然无所谓立庙了。

> 若乃五世之中无应立庙之人,而其势不可聚,则各备士庶之礼以奉其四亲;而亦当于高曾祖之忌日,各就其宗子之家,而先展拜焉。庶几古人之意未尽湮没,而可以待夫后世之作者。②

以简单的士庶之礼拜祭四代先人是无官爵俸禄的人们的选择。但是如果在先人忌日能够齐聚宗子之家而行礼,那也算不失古意。李光地个人非常重视四亲之祭,即使游宦在外"亦就官署设牌列书四亲位,礼事如居家时"③。到了 43 岁时,当时陪同母亲自北京回到安溪定居四年的李光地,还特地制定"小宗五祀祭礼"。④ 李光地本人自然重视这两篇文字,其孙李清植(1690—1745)在编撰祖父的《年谱》时也知道其重要性。在《文贞公年谱》中常看到的是有关李光地诸多专著的完成,鲜少特意标示其单篇文字的写作。

我们可在《小宗家祭礼略》中进一步看到李光地个人对宗法祭礼的讨论。有一些观点基本上还是继承其在《家庙祭享礼略》中有关大宗法的立场。李光地在《小宗家祭礼略》开宗明义点出其礼制讨论是在理学传统的脉络之下进行的。按李光地的说法,上古宗法中的庙制,从天子七庙而降大夫仅及于曾祖父,而士仅及于祖而已。是程颐"始令上下通得祭其高曾祖祢为四亲庙",因为"祭法由服制而起。今丧服及于高祖,则祭亦宜及之"。如是才能"实得人情之安"。学者认为宋儒张载(1020—1077)和程颐对于"宗子法"的讨论,以及欧阳修(1007—1072)与苏洵(1009—1066)的新谱法,基本

① 李光地:《家庙祭享礼略》,《榕村全集》,第 21 卷,第 8b—9a 页。
② 李光地:《家庙祭享礼略》,《榕村全集》,第 21 卷,第 9a 页。
③ 李清植:《文贞公年谱》,《榕村全书》,第 1 卷,第 30a 页。
④ 李清植:《文贞公年谱》,《榕村全书》,第 1 卷,第 36a 页。

奠定了之后的宗族发展的新原则，即将五服原则施用于宗族的祭祖原则上。① 但是这个新的礼制主张对李光地而言是有其限制的，因为"祭四亲者，亦止于宗子而已。五服以内之支庶，则固有事于宗子之家，非家立庙而人为祭也"。此四亲庙制其实依旧遵守长子嫡孙为主祭者的宗子原则。②

可是要坚守这样的原则就会面对和大宗法一样的难题：

> 然古者，无田则不祭。祭用生者之禄。是祭祀必大夫、士，而后具明矣。古所谓宗子者，皆世官世禄者也。今贵达者未必宗子，而宗子或夷于氓隶。宗子之分与禄既不足以配其四亲；而支子有爵俸者，反绌于不祭之文而不得伸其追远之爱。③

如此一来，"则程朱之礼又穷"。李光地进一步认为礼制的改革需要因应时代，同时像祭祖这样的家礼更需要士大夫的参与。所谓"三王殊世，不相袭礼。今之礼僭乱极矣。后圣有作，虽复缘时损益可也"。而"非天子不议礼，吾人身为大夫士，行之于家，去其僭妄紊乱，甚害理者而已"。④ 在确定了礼制改革是在理学脉络，尤其是"礼以义起"的传统之下进行，并且是士大夫不可推卸的责任之后，李光地接着就切入正题。

李光地提醒读者有关大宗之礼的讨论于别处处理，此篇文字的重点在小宗。而这个议题的讨论对于李光地个人而言不是一个事不关己的抽象礼制问题，而是直接关乎李光地本人在旌义李氏的祭祖活动中之地位。如果说对于大宗法的设计已经保障了像李光地这样拥有官爵俸禄的士大夫，即使是出自旁支也将处在整个大宗族中的核心地位之上的话，李光地对小宗法的讨论更是切身议题。我们已经知道李光地是大四房的成员，但李光地一支不是大四房的宗子，李光地甚至不是其祖父的宗子。此背景不宜轻易放过。李光地自己清楚"以四亲言之，我于先人为宗子，而祖以上则非。揆之于法，得奉祢祀而已"。⑤ 按礼制原则，这位当时已经官拜内阁学士兼礼部侍郎的大臣，其实只能祭祀其父亲。

① Patricia B. Ebrey, "The Early Stages in the Development of Descent Group Organization", in Patricia Ebrey and James Watson eds., *Kinship Organization in Late Imperial China*：1000—1940(Berkeley：University of California Press, 1986), pp. 16-61.
② 李光地：《小宗家祭礼略》，《榕村全集》，第 21 卷，第 9b—10a 页。
③ 李光地：《小宗家祭礼略》，《榕村全集》，第 21 卷，第 9b—10a 页。
④ 李光地：《小宗家祭礼略》，《榕村全集》，第 21 卷，第 10a 页。
⑤ 李光地：《小宗家祭礼略》，《榕村全集》，第 21 卷，第 10a 页。

如果李光地本身要遵守小宗法的原则的话，那在礼制中是找不到任何由其祭祀四亲的合理性的。所以即便是经过宋儒改造之后的小宗法，对于李光地的祭祖活动也依然是不利的。"然小宗之法，今世亦不行"。小宗法的不再被执行反倒对李光地有利。他接着透露"吾家旧所通行，又皆不论宗支，轮年直祀"。所以旌义李氏的现实方法是不论宗支，轮流负责准备和主持祭祀活动。但真正关键的现实情况是"吾分既足干袷上及高曾"，如果不论宗支只谈官爵俸禄的话，由李光地主持祭礼自然可以上至高祖、曾祖。然而，他的顾虑是"又恐将来之官，不能常与直祀者之祭"。因为公务在身而迟早需要离开家乡的李光地，恐怕日后主持祭祀的机会少之又少。他也不能因为这个原因而不赴任，所谓"食君之禄以丰于昵，恐非先人之志"。所以李光地家族的小宗祭礼还是选择"并立四亲"。而且庆幸的是，"今聚族祖里，伯叔每岁直祀高曾祖者，吾咸与焉"。[1] 因此在李光地的参与下，其支系的四亲庙祭还是具备了合理性。我们之前从《文贞公年谱》中已经知道他个人即使游宦在外也有祭祀四亲之举，这就更明显地与小宗法，甚至旌义李氏约定俗成的祭祀法无关，完全是其私意为之，并且建立在其官爵俸禄所带来的合理性上。李光地对此的说辞是："然退而修四时之事，亦必并设高曾祖考之位，而申祝献焉。非僭且渎，实则准以情分，而有所不容已也。"[2]因此新的小宗法的核心目就是允许国家体制赋予的官爵身份与俸禄象征所带来的合理性，为士大夫一己之祖先祭祀上的心理需求服务。

（三）有关祭期等的讨论

《小宗家祭礼略》接着使用超过全文一半的篇幅讨论几项具体的祭礼问题。介绍这些问题的讨论对于我们了解闽南地区的祭祖活动不无小补。首先是四时祭祀的问题。在这里，我们知道大宗家庙本有春秋二祭，小宗则无。李光地道"吾家大宗时祭，旧止春秋。其奉祀祖考者则否"。而小宗的祭祀活动集中在节日中，其祭"止于清明七月等俗祭而已"。可是李光地觉得只有这样的俗祭安排是不妥当的。他指出：

> 吾思古人合诸天道，春禘秋尝，乐以迎来，哀以送往。盖春秋之义大矣。怵惕恻怆之心，自近者始，不当于远祖独行之也。若欲以清明七月俗节当之，则清明为春暮，七月为秋始，迎来太迟，送往太骤，亦失礼

---

① 李光地：《小宗家祭礼略》，《榕村全集》，第21卷，第10a—b页。
② 李光地：《小宗家祭礼略》，《榕村全集》，第21卷，第10b页。

经之意。①

春秋二祭是有深意的,如果欲将清明、七月的俗祭权当春秋二祭以建构其合理性也因为其于季节中的时间不适合而不宜。因此需要另外安排春秋二祭,但是并不需要因此废除俗祭。李光地建议:

> 今欲定于二分之月,别卜日为春秋祭。而清明、七月,则循俗荐馔焚楮,如《家礼》俗节之祭而已。况《家礼》尚有四时之祭,皆用仲月。今春秋而外,有冬节、荐鲜,可当冬夏二祭,其礼稍杀于春秋可也。②

如此一来,则一岁四时祭祖礼备,而且古礼之深意与时俗之习惯可以并行不悖。

第二个需要处理的问题则与忌日有关。李光地提醒读者《礼记》曰“君子有终身之丧,忌日之谓也”。因此“祭为吉礼,而忌则丧之余也”。可见四时或节令祭祖和先人忌日有本质上的差别。而李光地所目睹的现象是“今俗废春秋吉祭,而反于忌日饮酒食肉,谓之受胙”。这基本上是“吉凶溷杂,非人情,殆不可用”。除了上述恢复春秋二祭的主张之外,对于先人忌日,李光地认为应该:

> 今逢忌日,亦当稽朱子《家礼》及《语类》所载,变冠服,不饮酒食肉,终日不宴亲宾。志有所至,乃近于正。生忌则不然,礼稍杀而情稍舒可也。③

这样就可以导正礼俗,恢复忌日原有的意义。

第三点和墓祭有关。李光地讨论道:

> 墓祭原起于奠后土之神,为祖考托体于此,岁祭焉,所以报也。今祭墓者,丰于所亲,于土神辄如食其臧获而已。简嫚之极,必干神怒。④

---

① 李光地:《小宗家祭礼略》,《榕村全集》,第21卷,第10b页。
② 李光地:《小宗家祭礼略》,《榕村全集》,第21卷,第11a页。
③ 李光地:《小宗家祭礼略》,《榕村全集》,第21卷,第11a—b页。
④ 李光地:《小宗家祭礼略》,《榕村全集》,第21卷,第11b页。

由于祖先遗体托身于地下,所以所谓的墓祭,原来是为了奠祭后土以为报答。可是这样的古义于李光地当时已经不为乡里亲族所知。大家基本上是将祭祀重点集中在先人,所以祭品丰盛,而对于墓旁的土地神则敷衍了事。因此李光地提醒读者:

> 故今定墓祭牲馔,祖考与土神同。奠献则依《家礼》,先祖考而后土神。自内而外,非尊卑之等也。①

按照《家礼》的意见,在墓祭时等同对待先人与土地神,而且本着由内而外的原则,可以先向先人行礼,而后方及土地神。

对李光地而言,上举三点都是极其重要的问题。他认为"此数者皆大节目,苟失礼意,不可不正"②。而在正之的过程中,时而追求古礼之意与民俗两不冲突,时而指出民俗之非并往往以朱子《家礼》为主要标准。李光地整体上对于民俗是采取比较任之由之的态度,所以"其余如元旦、五月节、中秋、重阳节,此等皆可不拘丰俭,循俗行之。所谓事死如事生,节序变迁皆寓不忍忘亲之意"③。

除了这些"大节目"之外,李光地对于一些细节也提出了自己的意见。首先是祭品规模,他建议:

> 时祭,春秋用羊豕,冬夏或一羊一豕。祢忌日及生忌日俱用羊豕。高曾祖忌日用牲馔,生忌日用牲果。元旦、清明、七月、除夕,用牲馔;端午、中秋,用果酒或一馔,俱角黍月饼之类。墓祭:祖考、土神,俱用特羊或特豕。④

如此,不同祭祖活动中祭品的丰盛简易一目了然,而相关节日祭祀活动之意义的轻重也就十分清晰了。

其次是关于祭祀典礼时的酹酒动作:

> 俗祭礼皆陈馔酹酒于祖考之前,并进汤饭已毕,然后主人酹酒于地

---

① 李光地:《小宗家祭礼略》,《榕村全集》,第 21 卷,第 11b 页。
② 李光地:《小宗家祭礼略》,《榕村全集》,第 21 卷,第 11b 页。
③ 李光地:《小宗家祭礼略》,《榕村全集》,第 21 卷,第 11b 页。
④ 李光地:《小宗家祭礼略》,《榕村全集》,第 21 卷,第 12a 页。

而毕。亲宾以次拜而遂彻（撤）。不思酧酒于地之义谓何？以谓求魄于阴，则当求之而至，庶几享之，不当于神具醉饱之后而后求之也。今当奉数馔于神前，便行祭献之礼。宁可亲宾迭拜而进馔未终，不可羹饭既成而祭酒方始。①

一般人在祭祀活动时的酹酒动作总是在祭品上齐之后。人们并不清楚酹酒动作的意义其实在于迎请先人之魄，所以本该是先人之魄降临之后才有可能接受祭祀，安有先人饱食之后才迎请其魄的道理？所以应该先上几款祭品之后就酹酒行礼。在李光地的理解中：

> 魂之灵喻人，魄之灵喻鬼。故魂返而归于魄，人返而归于鬼。归于魄则无迹矣，归于鬼则无形矣。无形无迹，则其灵安在？曰静而常在者也。其有交相感通者何？曰魂魄人鬼相依而不相离者也。交则孰为主？曰魂为主而交于魄者，记忆是也。魄为主而交于魂者，寐梦是也。人为主而交于鬼者，祭祀感格是也。鬼为主而交于人者，吉凶警告是也。②

祭祀活动时，人主动向鬼交相感通，感通的其实是先人之魄。所以不先迎请先人之魄，则整个祭祀活动就只不过空有仪式而已。更何况，李光地不觉得鬼神之说只是神道设教而已。基本上"魄之灵不销""魂之灵不灭"，而且作为"至精之物"的余气是"久之则弥馨，陈之则弥宝"。因此"圣人之制为墓藏祭享也，为使人勿弃也。其教人以顺事于生也，为使人可久也"。③ 所以祭祀先人的活动本就不能掉以轻心，处理好此细节上的原则问题，则"古礼之复也有渐"。④

至于祭祀活动的具体程序问题，李光地认为：

> 今时俗趋简，未能骤行三献之繁。或堂事狭隘，亲宾至有早晚，又未能齐同行列，以正迭拜之失。故只得主人先行读祝降献之礼，正其始终而已。其有行列参差，迟迟庋止，则自既灌而往者，吾亦未如之何。

---

① 李光地：《小宗家祭礼略》，《榕村全集》，第 21 卷，第 12a—b 页。
② 李光地：《魂魄说一》，《榕村全集》，第 16 卷，第 9b—10a 页。
③ 李光地：《魂魄说二》，《榕村全集》，第 16 卷，第 11a 页。
④ 李光地：《小宗家祭礼略》，《榕村全集》，第 21 卷，第 12b 页。

若夫酒冷饭残,以须亲宾之至而后降献,则断断乎其不可也。①

民间祭祀典礼趋于简化,更何况因为空间的限制,所以参与祭祀活动的亲人往往不会一时到齐,也很难集体行礼。因此只好由主祭者开始祭祀活动。但有些参与祭祀的亲人在整个祭祀过程中队伍不整齐,行止不严肃,李光地也无法认同。他提醒读者切莫为了等待其他参与的亲人而弄到酒冷饭残之后才开始典礼。

此外,还有上坟扫墓的日子问题。李光地强调:

> 近代多用寒食上坟,然稽之古义,庙者神之所栖,墓者魄之所藏也,春与阳气俱来,则神之伸,而庙祭宜殷。秋乘阴气而往,则魄之归,而墓祭为宜。然八月方行时祭,恐或人事物力,不能兼举。古人报土功以建亥之月,今定以十月扫墓,庶为得之。②

由于春天应该举行庙祭而墓祭当在秋季,所以寒食上坟是不适合的。但是八月又刚举行秋祭,恐怕负担太重。所以他建议十月方扫墓也可以。

最后一个问题其实很重要,可是李光地却轻描淡写地带过。之前已经提到旌义李氏有不论宗支,轮流负责筹办祭祀典礼的风俗。这在古礼中自然没有先例可言,于是李光地为之设想了一个理由。他说"直祭,非古也。然今欲均劳逸,且使祖考诸子孙妇,皆知苹蘩之义,而皆于宗子之家行之,亦未为失"。③ 对于现行的民间祭礼的新安排,李光地多为其提供一套解释,而不是加以苛责。

五、结语

李光地是清初理学名臣,我们长期只忙于抨击其私德,或者专注研究其某些理学思想。在国史层面上的大臣李光地之外,在理学哲学史世界内的大儒李光地之外,其实还有一个在闽南地区地方大族安溪旌义李氏的历史中的重要成员李光地。清初正是这个深受明清易鼎战乱打击的大族试图重建其宗族组织的时期。而这个时期的主要重建活动基本上都由李光地的祖父和其众子以及李光地兄弟等人主导。李光地的大臣、大儒身份,更给予这

---

① 李光地:《小宗家祭礼略》,《榕村全集》,第 21 卷,第 12b 页。
② 李光地:《小宗家祭礼略》,《榕村全集》,第 21 卷,第 12b—13a 页。
③ 李光地:《小宗家祭礼略》,《榕村全集》,第 21 卷,第 13a 页。

位在宗法制度中处在边缘位置的李光地极大的发言权。这个发言权的合法性得益于其官宦身份，其合理性更来自李光地的学问。

于是我们看到在李光地的设计之下，无论是大宗法的组织，还是小宗法的原则，官爵俸禄成了提供出仕的士大夫领导宗族祭祀活动的有效理据。处在主祭者位置上的现实意义除了祭祀活动时的尊荣问题外，也是相关人士具备领导宗族事务的地位和权力的象征。

但是李光地的设计也不尽然如此强悍地独占整个祭祀典礼，宗法原则和现实生活中的轮值安排都必须考虑在内。因此大宗法的祭典上以主祭孙、宗孙、直祭孙三者为中心，并且也会在祝文中明确声明。但主祭者的核心地位却还是十分明显的。而当主祭者不是因为宗法原则，而是因为其在国家体制中的身份而扮演相关角色时，士大夫对其自身价值和利益的考虑彰显无遗。小宗法的讨论之关键，也同样是以拥有官爵俸禄者为中心。

因此，李光地所强调的"吾家之谱，其为善亦有三"者，正与此息息相关。其心目中所认定的家谱强项包括"本以宗法而联之，所以长长也；标其爵命而荣之，所以贵贵也；系之传纪而彰之，所以贤贤也。三者备矣，然后昭穆序焉，名分严焉，劝戒彰焉"。① 而"入庙者、观谱者，识长长之义，则知所以尊祖焉；识贵贵之义，则知所以尊王焉；识贤贤之义，则知所以尊圣焉。夫能尊祖、尊王、尊圣，而其材不蕃，家不大者，未之前闻"。② 一个宗族之内不只是血缘关系的维系问题，还包括了政治与教化。但是尊祖、尊王、尊圣三者之间以何者为重？一个直观的答案本来应该是"尊祖"。但是因为特定的历史环境，以及相关人物的地位与境遇，在族谱以外的宗族祭祀活动中，恐怕还是以"尊王"为先。如此，则一代理学名臣的家族实践是挽救了宗法、古礼，抑或是非常符合人情地"礼以义起"式地改造了礼制？又或者是为了一己之私念而利用了礼制？但可以肯定的是，家族实践，即便是理学名臣的家族实践，都会受到各种条件的影响，而不是单纯地复古。

从方法上来说，考虑李氏家族的具体历史时空有助于我们更准确地掌握李光地的相关立场。毕竟，"贵贵"并不只是反映了清初仕清士大夫的政治立场，它其实和李光地自己的经验和所处宗族位置息息相关。而当我们意识到安溪湖头旌义李氏的分房情况，就会知道李光地对于"家

---

① 李光地：《家谱序》，《榕村全集》，第 11 卷，第 19a—b 页。
② 李光地：《家谱序》，《榕村全集》，第 11 卷，第 20a—b 页。

庙"的讨论是针对整个宗族的共同祭祀空间而言,而其对于"小宗"的意见是锁定各房的宗祠立论。如此则不会将两篇文字视为大、小宗法结合理论的证据。

2011年5月10日,新加坡国立大学中文系和厦门大学历史系合办"第二届(闽南地方史)田野工作坊",一行师生在泉州市东部寻觅郡东岳祠。现有东岳庙中已经完全看不见安溪湖头旌义李氏的踪迹,只有在庙前一处被封围起来的土地中找到被野草丛林淹没的康熙御赐李森"急公尚义"牌坊(见图1)。昔日前往东岳祠时应该道经此牌坊之下,旧路依然可见一二。

图1 泉州"急公尚义"牌坊

2011年5月12日。安溪县湖头镇的清溪宫依旧设有李森神主牌位。虽然不是泉州郡东岳祠的直接证据,但其呈现方式以及其在相关宗教空间和社群之间的地位应该可以类推(见图2)。

图 2　安溪湖头清溪宫李森神主

2011 年 5 月 12 日。安溪县湖头镇的关帝庙奉有李光地祖父李先春以及长房第十一世李懋桧的神主牌位。据庙祝介绍，李氏族人在相关忌日还是会前来祭祀（见图 3）。

图 3　安溪湖头关帝庙李懋桧、李先春神主

（原载吕妙芬主编：《近世中国的儒学与书籍》，台北近代史研究所 2013 年版，第 131—164 页）

《清溪李氏家世学派》和李氏家学的建构

一、引言

关于清代福建安溪的理学名相李光地(1642—1718)之评价和研究,从清代(1644—1912)至今均无定论。不同研究者所选择的视角自然各有差异。① 例如,伍安祖在谈到为什么研究李光地时,强调其为康熙朝(1662—1723)最具影响力的程朱理学代言人之身份,也同时是一位认真探索道德性命的程朱学者之事实。② 伍安祖以李光地的孙子李清植(1690—1744)所编撰的《文贞公年谱》为主要依据而叙述的李光地生平,自然会在讨论李光地的理学追求时,提到其父李兆庆(1611—1677)崇尚宋儒之学对他所产生的影响。③

从福建地区理学史的角度切入,关注点就不大一样。在李光地个人的学术层面,王一樵认为其"早年的学术取向是专注于朱子学的阐发,但至其青壮年时,则也陷于王学与朱学两者之间难以突破,最后其学术思想的关怀,转移至乡里以及《仪礼》的重新厘定经传上"。王一樵还认为,李光地"将其学术重心转为重视《仪礼》的实践,以及渐渐看重'乡先生'移风易俗的重要性,展现的不只是个人的生命与学术历程,亦表现出明清士人实践形而上思维的演进历程"。因此"在学术思维上对于'理'的认知,可以转化成由乡党至邦国的礼仪实践"。④

---

① 感谢两位匿名审稿人的宝贵意见。即便是同一位学者对李光地的评价也有前后期之差别。陈祖武早年在点校李光地的《榕村语录》时,对其学术不无微词。他认为李光地"尊崇朱学的学术宗尚的确立,并不是建立于踏实而严密的学术研究基础之上的。相反,以帝王好尚、政治得失为转移依据的投机色彩则十分浓厚"。虽然李光地"在其晚年竭力表彰朱学,但无非朱熹学术主张的复述而已"。李光地:《点校说明》,《榕村语录》,中华书局 1995 年版,第 11 页。最近,陈祖武又有"李光地一生,不惟以其过人的政治智慧而卓有建树,而且勤于为学,老而弥笃"的评价。李光地:《整理说明》,《榕村全书》,福建人民出版社 2013 年版,第 2 页。

② Ng On-Cho, *Cheng-Zhu Confucianism in the Early Qing* (Albany: State University of New York Press, 2001), p. 11.

③ Ng On-Cho, *Cheng-Zhu Confucianism in the Early Qing*, pp. 51-52.

④ 王一樵:《从"吾闽有学"到"吾学在闽":十五至十八世纪福建朱子学思想系谱的形成与实践》,台湾师范大学历史学系硕士论文 2006 年,第 124 页。

　　至于朱子学在福建的系谱建构,刘勇曾指出李光地虚构蔡清(1453—1508)和林希元(1482—1567)的师生关系之目的就是通过"明显带有夸饰、想象的故事,其良苦用心在于建构一个尽可能完整的、延绵不断的明代(1368—1644)'闽学'系谱"。① 而在这个系谱建构的过程中,王一樵认为李清馥(1703—1771)的《闽中理学渊源考》"特别具有代表性,从中可以观察到李光地、李清馥祖孙两代人间,对于闽地理学系谱的理解与编排过程"。② 王一樵还指出李清馥在"综述隆(隆庆,1567—1572)、万(万历,1573—1620)以降闽地理学儒士共三十五人,最终并以其家《清溪李氏家世学派》续于其后,由此连结明中叶以来之闽地理学脉络渊源……进一步地由乡党而家学,形成其学术之渊源"。然而此篇之内容"主要为安溪李氏之先祖行状。名为学派,实为李氏家谱世系"。③

　　李光地本人十分重视家族的管理,尤其是在礼制的范围内。④ 而李清馥所撰《清溪李氏家世学派》并不是严格意义的学派或学案,而是家族成员的传记,对此我是赞同的。然而《闽中理学渊源考》是李光地、李清馥祖孙二人建构福建朱子学系谱的具体成果。其中《清溪李氏家世学派》又是建构李氏家学传统,尤其是由明朝进入清代的关键学术继承之论述的依据。《清溪李氏家世学派》中的人物选择并不是任意或者随性的。所以只有在掌握了他们的学术经历以及之所以入选的原因后,才能够了解《清溪李氏家世学派》的编撰原则。在清楚了解了《清溪李氏家世学派》的编撰原则之后,李清馥对李氏家学传统的建构,以及《闽中理学渊源考》的重要编辑动机就呼之欲出了。当然李氏家族"培养子弟当官,最好是当大官,以此作为家族的政治保护伞"固然不虚,但至少李光地一支的要求并不止于此。⑤

　　在明清两代,安溪李氏家族从天顺三年(1459)至道光十一年(1831)之间共修族谱8次。然而据了解,多数版本已经毁于"文革",李氏族人近年向

① 刘勇:《中晚明理学学说的互动与地域性理学传统的系谱化进程:以"闽学"为中心》,《新史学》2010年第21卷第2期,第49页。另外,也可以参考王一樵:《从"吾闽有学"到"吾学在闽":十五至十八世纪福建朱子学思想系谱的形成与实践》,第98—101页。有关李光地对福建学风的贡献,还可参考杨菁:《李光地与清初理学》,花木兰文化出版社2008年版,第170—183页。
② 王一樵:《从"吾闽有学"到"吾学在闽":十五至十八世纪福建朱子学思想系谱的形成与实践》,第92页。
③ 王一樵:《从"吾闽有学"到"吾学在闽":十五至十八世纪福建朱子学思想系谱的形成与实践》,第102—103页。
④ 许齐雄:《理学家的思想与家族实践:李光地与安溪湖头李氏家族》,吕妙芬主编:《近世中国的儒学与书籍》,台北近代史研究所2013年版,第131—164页。
⑤ 许苏民:《李光地传论》,第4页。

移居他乡的宗亲广为征集,共得乾隆九年(1744)、乾隆三十九年(1774)、道光十一年的残本 3 部。

从苍南寻获的乾隆九年甲子版共有 8 卷,但除了卷四的世次外,余卷首尾均有缺页。主持修谱的李天宠(1672—1744),是李光地的侄儿,即李清馥的堂叔。李天宠是康熙五十四年(1715)的进士,曾授编修,在史馆 20 年。1732 年,时任国子监丞的弟弟李钟侨(1679—1732)在北京逝世。李天宠便护弟丧归里,从此家居不出。① 甲子版各卷的首尾虽然有缺页,但是本文需要追踪的李氏家族明代人物之传记都保存完好,所以是主要的参考文献之一。

来自德化的乾隆三十九年甲午版应有 13 卷,目前佚失六、七、八 3 卷。是版的主修者是李复发(1739 年进士),他是李日燝的玄孙,并在乾隆十五年(1750)出任山丹知县。李复发重视地方教育,不仅修建山丹书院,亦增加学粮,甚至亲自课士,后来入祀山丹名宦祠。② 由于所缺的 3 卷都是世次,而人物传记从第十卷开始,所以甲午版也是本文集中参考的文献。另一方面,在半山寻获的道光十一年辛卯版仅剩不全的五、九、十三 3 卷。主修者以李尔启(生卒年不详)领衔。这 3 卷都是世次内容,所以对于人物研究的帮助不大。

二、李清馥《闽中理学渊源考》

李清馥,字根侯,号逊斋,曾任户部郎中,先后出知大名、广平二府。其父李钟伦(1663—1703)是李光地的嫡长子。《清溪李氏家谱》中的《李清馥传》宣称他是“文贞公嫡长孙”,因为李钟伦“为大宗子,生先生为大宗孙”。这显然有误。李钟伦有四子,李清馥其实排行第三。只是因为由他继承任荫,所以才产生这样的误解。无论如何,李清馥 4 岁丧父,在他 13 岁那年,其祖父李光地假归安溪,亲自课其读书。除了诸经之外,还“授以《太极图解》《通书》《西铭》《正蒙》等书”。其少年教育是一个程朱理学的标准课程。李清馥后来的诸多著作中,就包括了《闽中师友渊源考》。《家谱》称李清馥“平生精力所萃,尤在此书”。③

李清馥在当时还是题为《闽中师友渊源考》的序中提到,祖父李光地有

---

① 庄成:(乾隆)《安溪县志》,第 227—228 页。
② 庄成:《安溪县志》,第 194 页。黄璟:《山丹县志》,台湾学生书局 1968 年版,第 228 页。
③ 李复发:《清溪李氏家谱》,乾隆甲午(1774)德化藏版,安溪湖头李氏家庙,第 13 卷,第 13b—20b 页。

感于明中叶以后学术偏离了杨时（1053—1135）、蔡清所代表的程朱传统，认为"吾闽之学，笃师承，谨训诂，终身不敢背其师说"，其实是"近于汉儒传经遗意"。因此"公余讲切，每持此论以救末学之偏"。[①] 对于福建理学诸家的评议，他也是以李光地的意见为主要参考。李清馥在《凡例》中提到，"评论诸贤，在宋则以紫阳（朱熹，1130—1200）、西山（真德秀，1178—1235）诸大儒为据。元明以降，兼采近世儒宗诸贤，而谨遵庭训所闻者折中焉"。[②] 清人对此事也是如此判断的。四库馆臣称"清馥幼侍其祖光地，多闻绪论。故作是编，一禀家训"。[③] 然而对于清代的福建理学之系谱，李清馥原有意再撰一书建构的。他提到"国朝正学昌明，儒宗相望。闽中学派，俟另录编辑。至博征文献，尚有望于名贤焉"。[④]

《闽中理学渊源考》卷 78 即以安溪李氏家族成员为书写对象的《清溪李氏家世学派》。作为安溪望族的成员以及李光地的孙子，李清馥认为其家族在福建理学系谱中应该占有一席之地是情理之中的事情。但是我们不能只是停留在理解他的这个显而易见的目的上，而是应该尝试通过讨论他是如何建构其家世学派，以进一步展示李清馥的核心动机。此卷有一段不短的序文，以及 11 位李氏成员的传记。李清馥在《清溪李氏家世学派》中并没有清楚交待众人的具体世系，或是提供其所属房派的信息。也许在最早的时候，这样的家学记录是独立成篇的。家谱称李清馥"为本宗作《清溪李氏世学考》等凡十一种"。[⑤] 所指应该就是后来收录进入《闽中理学渊源考》中的《清溪李氏家世学派》。而所谓"11 种"，即为 11 人之传记。

李清馥对此十一位家族成员的选择从表面上看起来是没有什么头绪或原则可言的。但本文参考家谱资料，将他们的世系关系整理清楚，再具体分析传记的内容，则其核心动机就昭然若揭了。既然是"家世"，李清馥在序中便开始论证安溪李氏的来历。他强调无论是六世祖李森（1398—1463）或是曾祖伯李日燡（1609—1696）都证实了他们是唐室江安王李元祥（626—680）的后人，而且在迁徙入湖头之前，世居延平尤溪。他虽然没有特意强调，但熟悉宋明理学史的读者应该已经意识到李氏在闽先祖和朱熹分属同乡。李清馥接着言之凿凿地说后来安溪李氏在明代的重要族人李懋桧（1554—

① 李清馥：《序》，《闽中理学渊源考》，《景印文渊阁四库全书》，第 2b 页。
② 李清馥：《凡例》，《闽中理学渊源考》，《景印文渊阁四库全书》，第 2a 页。
③ 纪昀：《提要》，《闽中理学渊源考》，《景印文渊阁四库全书》，第 1a—1b 页。
④ 李清馥：《凡例》，《闽中理学渊源考》，《景印文渊阁四库全书》，第 4b—5a 页。
⑤ 李复发：《清溪李氏家谱》，第 13 卷，第 15b 页。

1624)还曾经到那里登绝巘献祭于先庙。其地的里名就叫"翰林崎"。

严格地说，安溪李氏在明代初起家时，其成员并无学术成就可言，遑论家学传统。本文认为可以将李清馥序中所述家世历史分成五部分内容。首先便是上举粗略追溯唐代远祖，以及先祖入闽和迁入安溪湖头的往事。但是李氏一直要到六世祖李森才"力行仁义，家声始大"。之后李森的次子，七世祖李煜（1422—1494）还考上了举人。在沉寂了一段时日之后，到了李懋桧于万历年间成进士，李氏才算"由是人文踵起，遂称安溪名族"。第三部分则强调"正（正德，1506—1521）、嘉（嘉靖，1522—1566）以前，时潜修亮节之士，亦有应述者"。于是李清馥提及李亮（1456—1540）、李镗（1494—1554）、李澜（1524—1603）、李鸣阳（1529—1594）诸人。而自"隆（隆庆，1567—1572）、万（万历）以降"，除了有"立朝忠谠清修，有进退大节"的李懋桧，和"有循声亮节"的李桢（1544—1617），亦有"以《易》学相师授"的李仕亨（1564—1636）以及李栻（1580—1631）。李仕亨和李栻一组算是有家学传统的踪迹了。最后，李清馥将家世学派的记述聚焦到自己的直系先人上。先是说其高祖李先春（1579—1655）"卓荦好义，敦说诗书，有朴祖遗风。其树义尤宏远矣"。而其曾祖伯李日燝和曾祖李兆庆都是前明学者余隐先生（即李光龙，详见下）之受业弟子。李清馥还明确指出，其高祖、曾祖伯、曾祖三人的本传"别见《国朝编录》"。①

换言之，在李清馥原来的设计中，《清溪李氏家世学派》一卷只是记录李氏在明季的杰出先辈。其入清以后的家学传统应该是以其直系的先祖为开端，恐怕主要的叙述内容也是以其祖父李光地在内的直系亲属为核心的。可惜他终究没有完成《国朝编录》，我们无法进一步窥探其相关章法。但《清溪李氏家世学派》的内容建构却已经十分明显地呈现出其在《国朝编录》中所将建构的核心系谱。而在《清溪李氏家世学派》中建构李氏家学传统时，李清馥具体选择了哪一些人物？这些选择又是基于什么原则的呢？

《清溪李氏家世学派》的中心内容是建构一个以旌义李氏为核心的论述，其最终的目的则是为《国朝编录》做一个铺垫。何谓旌义李氏呢？按照李氏残谱的记录，安溪李氏在第五世时就已经最少分成大宗长房和二房两支。李氏四世祖李则成（生卒年不详）有三子：长子五世李宗源（生卒年不详），二子李宗淇（生卒年不详），三子李宗江（生卒年不详）。李宗源即为大宗长房之始，而李宗淇无后，所以李宗江则是大宗二房之祖。大宗二房李宗

① 李清馥：《闽中理学渊源考》，第78卷，《景印文渊阁四库全书》，第1a—3a页。

江有二子:长子就是《清溪李氏家世学派》所录第一人李森(俊茂),次子为李俊德(生卒年不详)。① 李森后来被朝廷诏旌义民,其直系子孙遂为旌义李氏。换言之,旌义李氏是一个小于安溪李氏的概念,他们是"大宗二房长"中的一个房派(见图 1)。

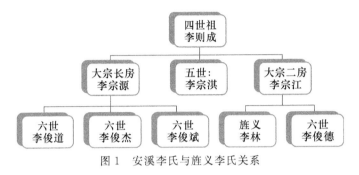

图 1　安溪李氏与旌义李氏关系

三、从发迹到人文踵起

李森的祖父李则成(生卒年不详)在洪武十三年(1380)"以税户人才,授河南怀庆济源县税课局大使。十七年(1384)擢主大名内黄簿"②。而李森的父亲李宗江则"修身慎行,不乐仕进",其对家族最重要的贡献应该是"拓�

掖田庐,大宏其家"。③ 正是在继承了李宗江家业的基础上,李森才有可能从事各种公共事业的活动。李森在《安溪县志》中的传记列于《宦绩》目下,该传一开始,除了说他"少慷慨,有志尚。读书猎大较"外,便紧接着强调其"席先资,田数万亩,粟数万钟;计山百区,出木数千万章;僮千指"。④《安溪县志》的这一部分内容基本上是逐字逐句地抄自《家谱》,唯独遗漏了一个细节。《家谱》传记称其"观史至鲁仲连(约前 305—前 245)、陶朱公(范蠡,前 536—前 448)"等人物事迹时,不禁叹曰:"吾独不得为此耶?"⑤《安溪县志》缺此。

李森在继承了先人的资产之后,因为善于经营,所以财富的累积达到了一个高峰。他也善于将这些经济资本转化成各种政治与社会资本。例如他多次出资参与安溪县内的修桥工程,总计有 25 座之多。此外,泉州府和安

① 李天宠:《清溪李氏家谱》,乾隆甲子(1744)苍南藏版,安溪湖头李氏家庙,第 4 卷,第 2a—8b 页。
② 李天宠:《清溪李氏家谱》,第 6 卷,第 7b—8a 页。
③ 李天宠:《清溪李氏家谱》,第 6 卷,第 8b 页。
④ 庄成:《安溪县志》,第 171 页。
⑤ 李森:《家传》,《旌义朴庵李公传赞歌赋汇录》,见李天宠:《清溪李氏家谱》,第 6 卷,第 14a—14b 页。

溪县的学宫和孔庙的修建也仰赖他的资金完成。而泉州府和安溪县的好几所宗教寺庙也得到了其资助，甚至因此被"祀为檀樾"。① 更重要的是他在正统(1436—1449)中应诏出粟五千石赈济饥荒，又输边三千石，因此被旌为"尚义"。《家谱》载其"诣阙进方物称谢，命羊酒宴劳之。于是京师缙绅又无不知有公矣"。②

李森也同时掌握着一定的地方武装力量。据说"公复念承平久，即崔符不逞，何以应？卒先已戒家僮肄兵，饬器自卫"。所以当"乡落先后盗发"时，都是依赖李森的力量平定。他之后被授予九龙岭巡检之职，又因为安溪民众所请，改调源口。李森还一度兼摄永春、德化、安溪县事。在安溪任上，他"捐赀修公署，建仪门，百废为之一新"。③ 李森在旌义李氏的开创性角色显而易见，他将父亲的经济资本有效地转化成地方上的政治资本。在传记之末，李清馥也将旌义李氏在文化领域上的发端归功于"不得志于儒"于是"别立书塾，置书田，积书万卷，课诸子"的李森。④

李森的努力有了一些成效，其五子中，次子李煜是景泰年间的举人。当时"清溪科第寥如"，而李煜"独自发奋，号勤斋以见志"。他先后出任福州罗源县和建昌南城县教谕，进而升任南丰县令。富人子弟为官有其便利，例如在罗源教谕任上，面对大成殿、明伦堂、东西两庑的残破，李煜"慨然笈家资重建之"。他在南城也是"如教罗源时"。担任南丰县令时，也重建了曾巩(1019—1083)书院。⑤ 李煜在属于公共文献的《安溪县志》中是在《循良》之列。因为其宦迹，在南丰祀于名宦祠，在安溪则入乡贤。⑥ 这位并祀乡贤和名宦的安溪李氏第七世子孙，就是旌义李氏二房之祖。在家谱这样的私人文献中，强调了他为官"所至以清白称"，而且"宦游资用，悉从家莘"的特质。更重要的是，从李氏族人的眼光来看，李煜可取的地方在于他基本上也继承了父亲李森的家风。所谓"独喜营建，造福于民。宛然先公遗意焉"。⑦ 然而至于家学，李煜则同样无可叙说者。若论他和理学的联系，只能勉强提到

---

① 李天宠：《清溪李氏家谱》，第 6 卷，第 14b—16a 页；庄成：(乾隆)《安溪县志》，第 171 页。

② 李天宠：《清溪李氏家谱》，第 6 卷，第 16a—b 页。

③ 李天宠：《清溪李氏家谱》，第 6 卷，第 16b—17a 页。《安溪县志》的记录在文字上比较简略，但内容基本上一致。庄成：(乾隆)《安溪县志》，第 172 页。

④ 李清馥：《旌义李朴庵先生森》，《闽中理学渊源考》，第 78 卷，第 3a—7b 页；李天宠：《清溪李氏家谱》，第 6 卷，第 18a 页。

⑤ 李清馥：《县令李勤斋先生煜》，《闽中理学渊源考》，第 78 卷，第 7b—8b 页；李天宠：《清溪李氏家谱》，第 6 卷，第 5a—5b 页。

⑥ 庄成：(乾隆)《安溪县志》，第 250 页。

⑦ 李天宠：《清溪李氏家谱》，第 6 卷，第 5b 页。

因为夫人胡氏的家族,所以和蔡清有一点姻亲关系。①

李森、李煜父子在旌义李氏的发展历史中是属于开创性的先祖。李森将先人的经济资本进一步发展成为政治和社会资本,使得旌义李氏可以在几支安溪李氏中脱颖而出,并且在地方上发挥重要的影响。李煜则是旌义李氏中第一位获取功名的先祖,自然有必要将他加入到李氏家学的叙述建构之中。李煜也继承了李森利用私人的经济资源进行各种公共建设的策略。②

四、潜修亮节之士

另外一位并祀乡贤和名宦的是属于安溪李氏第八世的李亮。对于其学术,李清馥仅仅提到他幼时"家贫,植品嗜学",此外便一无所知了。他以明经而先后教谕潮阳、四明,再升任淮王府纪善。据说李亮在淮王府任职时,淮王世子有一天"戏挦公须",结果觉得受辱的李亮于是"正色拂袖,引疾抗辞"。淮王"数慰留,不可"。李亮居家时也"绝迹公门"。其刚直态度为士论所推崇。李亮致仕后以 85 岁高寿终。③《清溪李氏家谱》中的李亮《家传》称赞他"有学有守",还突出了李亮致仕里居时,高姓督学派遣官员存问,以及其"文章、誉望为一时之冠"的评价。④ 李亮在《安溪县志》中的传记列在《儒林》一卷,叙述焦点也是在其任职王府时的刚正表现。⑤ 很显然地,李亮为人所推重的,是他的人品气节。虽然对于其学问文章有所提及,但都语焉不详。无论如何,李亮生平还是十分符合李清馥在《清溪李氏家世学派》的前言中将明代正德、嘉靖以前的这几位族中先人归纳为"潜修亮节"的标准。

李亮不属于旌义李氏一派,而是大宗长房子孙。他是《清溪李氏家世学派》中唯一一位非旌义李氏成员。在安溪李氏的家谱传记中,第八世仅录11 人,而且过半并没有功名或受过教育的记录。⑥ 这位并祀乡贤和名宦的淮王府纪善李亮的地位与成就,就显得特别突出。李清馥对李亮的重视也许还和自己直系先人的态度有关。据家谱记载,李亮一支后世人丁单薄,

---

① 李煜:《家传》,见李天宠:《清溪李氏家谱》,第 7 卷,第 5a—6a 页。
② 李森第五子李焯(1436—1514)是成化壬辰(1472)的贡生,曾出任广东南雄府推官。但他的功名来得比李煜晚,政绩也没有哥哥精彩。所以李焯并没有被加入到李氏家学的叙述建构之中,而李森和李煜的开创性角色就更为明显了。李焯:《家传》,见李天宠:《清溪李氏家谱》,第 7 卷,第 7a—8a 页。
③ 李清馥:《纪善李东皋先生亮》,《闽中理学渊源考》,第 78 卷,第 8b—9a 页。
④ 李亮:《家传》,见李天宠:《清溪李氏家谱》,第 7 卷,第 8b—9a 页。
⑤ 庄成:(乾隆)《安溪县志》,第 224 页。
⑥ 李天宠:《清溪李氏家谱》,第 7 卷,第 8a—12b 页。

"今五传,惟有嗣孙一人"。家谱作者进而感叹道"呜呼,以劲节硕行如公,天之福善宜瓜瓞百千世,而式微如此"。李兆庆进而在康熙壬子年(1672)"登其冢,恻然久之",甚至"出己租十五楛,克其祭费"。①

李清馥所记述的下一位李氏先人是旌义李氏四房的李镗,他是安溪李氏第九世子孙,也是李光地本身的直系高祖。如果说之前第七和第八世的李煜、李亮至少还出任过一些低级官职,李镗却只是拥有初级的生员身份。李清馥将这位身份相对低微的人物收录到《清溪李氏家世学派》,自然是因为他是第四房中最早有一个重要故事可以叙说的祖先。这个故事的核心就是要突出李镗在旌义李氏家族中的仕途发展史上所扮演的转折点角色。李镗在《安溪县志》中无传,《清溪李氏家世学派》的叙述完全本诸家谱中的人物列传。

据说在嘉靖癸卯(1543)年间,周姓督学道经湖头借宿清溪宫。他叫来地方上的读书俊彦,从中又特别留意到当时13岁的李镗而测试之。督学十分欣赏李镗,认为"虽其齿未也,作养则有余",所以"立与附庠"。督学隔日离开时,在清溪宫壁上题诗,末联为"搜求俊彦充庠序,从此湖头多显名"。传记接着指出在督学提诗之后的三十多年,李懋桧便中了进士。而且"族中累登科第,践班行踵,相接为达官卿相"。②督学的题诗被理解为旌义李氏的重要诗谶,李镗也因此在家族的科第发展史中被赋予了一定的地位。《清溪李氏家世学派》还比家谱多附上了李光地的一篇《识诗后》。其中也强调"时乡族间发解者才一二,自后科第遂盛"③。可见李镗的第四房先人的身份是其入选《清溪李氏家世学派》的关键原因。

《清溪李氏家世学派》的叙述来到安溪李氏第十世时,选了嘉靖丙午(1546)年间考获举人的李澜。他也是属于旌义李氏四房,是第九世代表人物李镗的亲侄子,也是李光地的曾祖伯。李澜也是一个策略性选择。从安溪六世祖李森到十世李澜,《清溪李氏家世学派》在每一世代中只挑选了一位代表人物。尤其值得注意的是,到了第九和第十世时,这个"家世学派"的叙述就集中到了李光地所属的第四房。

有关李澜的讨论集中在他为官清正的特质上。他在隆庆年间出任衢州府通判,也曾经代摄过衢州府事,以及龙游、常山、江山、开化诸县县事。但

---

① 李天宠:《清溪李氏家谱》,第 7 卷,第 9a 页。
② 李清馥:《文学李罗峰先生镗》,《闽中理学渊源考》,《景印文渊阁四库全书》,第 78 卷,第 9b—10a 页。李镗:《家传》,见李天宠:《清溪李氏家谱》,第 7 卷,第 16a—17b 页。
③ 李清馥:《附文贞公识诗后》,《闽中理学渊源考》,《景印文渊阁四库全书》,第 78 卷,第 10b 页。

终因为不为当事所容而"拂衣归里"。回家以后"杜门谢客",而且"事父母至孝"。李澜对于家族和乡里是有贡献的。他"平生所为,在倡义举、恤贫乏,割私田以充公祀。时时捐橐佐族众婚嫁死丧之不赡给者",并且在饥荒时"出粟数百斛赈拯",以是"郡人德之"。虽然知道李澜也为晋江黄凤翔(1538—1614)和何乔远(1558—1632)所推重,但于其学术则一无所知。李澜以89岁高龄去世,其子李栻会在下面述及。虽然家谱称李澜"祀名宦、乡贤",但《清溪李氏家世学派》仅提及乡贤。① 李澜在《安溪县志》中的传记列于《廉介》之下,叙述重点在其宦迹,也只提及崇祀乡贤事。②

在《清溪李氏家世学派》的记载中,从六世到十世的每一世代均仅有一位先人作为代表。到了十一世,按其叙述顺序则有李懋桧、李仕亨、李栻、李祯、李鸣阳五人。然而在《清溪李氏家世学派》的前言中,李鸣阳是属于"潜修亮节"的一群。本文因此将其提前至此讨论。

李鸣阳来自旌义五房,于《安溪县志》内无传。《清溪李氏家世学派》中的记载是李鸣阳的《家传》之简版。李鸣阳重视史学和诸子学,《家传》称其"学问根柢马班,于博士家言涉猎耳"。"少壮甚自负",无奈终究"数困棘闱",而且"家丧频仍",又加上"父、祖户务浩繁,悉身兼之",所以最终放弃了科举。但是李鸣阳的性格"伉爽轻财",十分倾慕"范文正(范仲淹,989—1052)、陶靖节(陶渊明,约365—427)为人",因此"有急必赴、有侮不耻、信心而行、不求人知"。但他常被误解,"无事不克己而人以为冒,无时不任劳而人以为私"。好在朋友中有像晋江籍的庄履丰(1577年进士)和黄一龙(1568年进士)是"知公之深者也"。李鸣阳对李氏家族的主要贡献在于"留心家谱,综核诠次特详"。他尤其重视"阐扬先德,诱诲族属",因此可谓"文翰炳然,诚家世之琬琰也"。《家传》作者特别强调李鸣阳不为世人所知却乐天知命的一面,故而还摘录了其自撰的圹志曰:

> 年近古稀不可谓不寿,学知崇正不可谓俗流;生平抱莫知之叹,不可谓终身皆未定之。天以斯人也,归斯圹也。父母共穴,兄弟同方,有妻贤孝,相从在旁。何事天时? 何预地利? 优哉悠哉,温公葬论,岂欺予哉?

---

① 李清馥:《通判李中蓝先生澜》,《闽中理学渊源考》,《景印文渊阁四库全书》,第78卷,第10b—12a页。李澜:《家传》,见李天宠:《清溪李氏家谱》,第7卷,第22a—22b页。

② 庄成:(乾隆)《安溪县志》,第243页。

《家传》作者最后评论道:"盖自信无所愧怍,齐顺逆,一死生。非深于道不及此。"①这是十分中肯之论。李鸣阳留心家谱是其对家族的重要贡献,修身克己是其修养功夫的重要体现。但是对于家学传承的影响则一样隐晦不明。但是将之归于"潜修亮节"之殿,倒还是十分合适的。

五、明代仕宦高峰与家学端倪

安溪李氏的第一位进士李懋桧是第十一世子孙,属于旌义李氏长房。《清溪李氏家谱》除了一篇《家传》之外,还收录了晋江籍的张瑞图(1570—1644)和丁启浚(1592 年进士)所撰的两篇《传赞》,以及王鸿绪(1645—1723)所著《明史》之《李懋桧传》。②《安溪县志》将李懋桧的传记列于《忠义》卷。③《清溪李氏世学派》中关于李懋桧的叙述基本上取自《明史》《安溪县志》《家传》。④

各种传记的叙述主轴都是李懋桧的历官历史。他先后担任过六安知州、刑部员外郎、湖广按察司经历、南通政司经历,后里居时又前后起为南兵部主事、员外郎、礼部郎中、光禄少卿、太仆少卿、北太常卿,但李懋桧均未赴任。其仕宦历程中最为人所称道的就是在刑部任上上疏论及国本问题,此事已经引起明神宗(朱翊钧,1563—1620,1573—1620 在位)极大的不满。后来又上奏严厉抨击"禁各官非言责者毋辄言",以及"令各堂官禁其属言"的意见。明神宗斥其"沽名",加上政敌的攻击,外放湖广按察司经历。丁外艰结束之后"补牍数上,不获命",故而"旅食京师者三年"。据说李懋桧当时并不知道自己"已疏名御屏,锢不用矣"。他里居之后的主要贡献为"笃根本、落戎籍、构宗祠、表扬祖德"。李氏本军户,李懋桧为家族摆脱军籍是一件要事。其着手建构宗祠对李氏家族的意义也很重大。⑤《安溪县志》从地方的角度出发,强调"其直言敢谏,则安邑自詹仰庇而下,仅见懋桧一人耳"。⑥ 但读者无从窥探李懋桧的任何家学踪迹。

---

① 李鸣阳:《家传》,李天宠:《清溪李氏家谱》,第 7 卷,第 44b—46a 页。另见李清馥:《李瑞峰先生鸣阳》,《闽中理学渊源考》,《景印文渊阁四库全书》,第 78 卷,第 19a—20b 页。

② 李天宠:《清溪李氏家谱》,第 7 卷,第 29a—34a 页。

③ 庄成:(乾隆)《安溪县志》,第 232—233 页。

④ 李清馥所谓《明史》应该是指王鸿绪之作。但无论如何,张廷玉《明史》中的《李懋桧传》,完全与王鸿绪版之内容相同。张廷玉等:《明史》,北京中华书局 1997 年版,第 6095—6096 页。

⑤ 李清馥:《太常李心湖先生懋桧》,《闽中理学渊源考》,《景印文渊阁四库全书》,第 78 卷,第 12a—16b 页。有关李氏的军籍和改籍历史,可参考《谪戍改戎及军装记》,以及李懋桧:《太常自叙改军缘由》,见李复发:《清溪李氏家谱》,第 3 卷,第 33a—45a 页。

⑥ 庄成:(乾隆)《安溪县志》,第 233 页。

旌义李氏有比较明显的家学授受痕迹应该从李仕亨开始。他是旌义二房子孙,和李懋桧一样同属安溪李氏十一世。李仕亨是天启二年(1622)的进士。当时已经是明末了。他初授户部主事,曾督饷山西,之后出守嘉兴三年。引疾归隐则"著书课读、修茸宗谱"。其著述见下面的《〈清溪李氏家世学派〉传记列表(表一)》。更重要的是,他是59岁才中进士出仕,之前"为诸生时,力学传教,名辈多出其门"。其中,李仕亨的族叔李澜也延请他教授其子李栻和孙子李日烨(1635年进士),两人"皆积年受业"。① 《安溪县志》将李仕亨的传记列在《儒林》,传记最后提到他"崇祀名宦、乡贤"。② 但此信息为《闽中理学渊源考》和《清溪李氏家谱》所无。

李仕亨的学生李栻,属旌义四房,是李光地的祖叔。李栻万历四十一年(1613)成进士,先后出任刑部主事和扬州知府,丁忧之后出知潮州。在潮州的政绩包括了被当时人比拟为韩愈(768—824)除鳄的平息寇乱功绩,以及对教育的重视,说是"起潮人衣冠之盛,则自栻作牧始"。在广东又升任副使、参政,最后卒于云南按察使任上。在李栻的传记中我们才具体知道李仕亨和他之间到底授受了什么学问。传记称"受易学于族兄仍朴先生",而且是"自龆龀至登第,无二师"。和李仕亨传记稍有出入的地方在于,李栻传记说他"以经术垂训"官至广东副使的儿子李日烨。当然这并不排除李日烨亦曾直接受业于李仕亨。③ 李栻在《安溪县志》中的传记在《循良》卷,内容完全专注在其政绩之上。④

和李栻一样同属安溪旌义李氏第十一世四房的人物,还有李光地的祖伯李桢。曾任安化县令、茶陵知州、临高县令、王府审理的李桢是举人出身。无论是《清溪李氏家世学派》或者家传的叙述都是以其政绩为焦点。至于其学术授受则不明。但为人处世显然以狷介著称士林。传记节录了何乔远为其所撰墓志的重点正在此。⑤ 《安溪县志》中误作李祯,传记在《廉介》卷。⑥

① 李清馥:《李仍朴先生仕亨》,《闽中理学渊源考》,《景印文渊阁四库全书》,第78卷,第16a—17b页。李仕亨:《家传》,见李天宠:《清溪李氏家谱》,第7卷,第38a—39a页。
② 庄成:(乾隆)《安溪县志》,第225页。
③ 李清馥:《皋长李怀蓝先生栻》,《闽中理学渊源考》,《景印文渊阁四库全书》,第78卷,第17b—18b页。李栻:《家传》,见李天宠:《清溪李氏家谱》,第7卷,第41a—42a页。
④ 庄成:(乾隆)《安溪县志》,第225页。
⑤ 李清馥:《审理李干宇先生桢》,《闽中理学渊源考》,《景印文渊阁四库全书》,第78卷,第18b—19b页。李桢:《家传》,见李天宠:《清溪李氏家谱》,第40a—40b页。
⑥ 庄成:(乾隆)《安溪县志》,第244页。

六、明清之际的过渡与传承

《清溪李氏家世学派》所记录的最后一人是第十三世的李光龙（1591—1665）。他是李鸣阳的孙子，意即旌义李氏第五房的子弟。更重要的是，在时间上，他是诸传中唯一跨越明清两代的李氏族人。李光龙的传记有几个地方是需要留意的。首先是《易》学的传统。上面曾经提到李栻父子受《易》学于族兄李仕芳。而李光龙也是从其族叔李偕芳（生卒年不详）"受《易》"。据说当时"里中多治《尚书》，惟肖岩（李偕芳）素治《易》精熟"。隐约之间，旌义李氏在明末是有一个《易》学传统，但这个学术传统和科举之需要的关系更为密切。①

李光龙稍长之后，也和叔父李凤鸣（生卒年不详）同学，又和旌义长房的族叔李宝峰（生卒年不详）一起受业于孙伯紫（生卒年不详）。这时家庭的图书资源扮演了重要的角色。上面提过其祖父李鸣阳"学问根柢马（司马迁，前145—约前86）、班（班固，32—92），于博士家言涉猎耳"，而李光龙"归索家中遗书，得马班全集纵观之"，且"玩味至忘寝食"。他也因此"益厌时师训诂学"，并由读史进入经学、诸子学、理学。传记称其"遂上及六经、旁及诸子，下至宋诸儒、近代诸名公，俱欲究其指归，汰其绪论"。李光龙是1643年的进士，没参加廷试就归返山中。这位本来"生于郡城"，后因"家道中衰"而"旋移故里"的前明进士之后就在安溪湖头授学。②

李清馥在《清溪李氏家世学派》最后写到"宗中受业者，族叔渔仲先生日燠，惟念先生兆庆，皆称高弟焉"。李日燠为李光地的亲伯父，李兆庆是李光地的父亲。这句话显然不是从李清馥的视角出发，也不是从李光地的角度评论。李清馥所本的原传记作者称李日燠与李兆庆为族叔，所以当数和李光地同辈的第十三世旌义李氏子弟，且不是李光地自己的堂兄弟。但如今已无从考证具体作者。③ 无论如何，李清馥在《清溪李氏家世学派》的李光龙传记末，在书写完其卒年之后，忽然加入这句话，是有其深意的。这句话实际上也是《清溪李氏家世学派》全卷的压轴之语。

此外李氏的家谱中还有非常值得玩味的一句记载，是《清溪李氏家世学

---

① 李清馥：《进士李在明先生光龙》，《闽中理学渊源考》，《景印文渊阁四库全书》，第78卷，第20b—21a页。

② 李清馥：《进士李在明先生光龙》，《闽中理学渊源考》，《景印文渊阁四库全书》，第78卷，第21a—22a页。

③ 李清馥：《进士李在明先生光龙》，《闽中理学渊源考》，《景印文渊阁四库全书》，第78卷，第22b页。

派》所未录者。家谱称"人谓公（李光龙）于文成（王守仁，1472—1529）之学深乎深矣"。这样的评价，对于一心建构福建朱子学和安溪李氏家学之程朱传统的李光地和李清馥而言，都自然地选择了视而不见。[①] 当我们往前追溯时，就会发现李光龙的阳明学其实是真有家学传统的。其父李重芬（1567—1621）"携子就师，卜居郡城"，并且其"教子指据大义，求《王文成集》亲授之"，曰"名理经济，必以是为师"。《家传》作者最后赞叹道"式谷似之，惟公有之矣"。有趣的是，此篇《家传》的作者是李光坡。[②] 李光龙在《安溪县志》中的传记列在《儒林》卷，重点讲述的是其科举经历。[③]

《清溪李氏家世学派》称李光地的伯父李日燝和父亲李兆庆，均受业于年纪较长的子侄辈老师李光龙。而李光龙既精于《易》，也出入经史、诸子。与此同时，在《清溪李氏家世学派》不见第十二世的任何人物。而本应该见于《国朝编录》的李日燝、李兆庆正是第十二世。《清溪李氏家世学派》以跨越明清的李光龙为殿军，叙述末又点名强调了两位高弟李日燝和李兆庆。因此，若《国朝编录》当年成篇，自然是以李光地之伯父和父亲作为上接明季家学传统，下启有清家学学风的关键人物。

如此一来，李清馥的《清溪李氏家世学派》先是要确立旌义李氏在安溪李氏中的主导地位。所以从六世到十世都各举一代表性人物，其中只有第八世是大宗长房的先人。在一定程度上，李亮的出现使得世系不至于出现中断。十一世大致开始进入明末，旌义李氏五房中，除第三房外，都有杰出人物的记载。李清馥接着便跳过第十二世，直接记录第十三世的李光龙。这个安排对于《国朝编录》和李光地所属支系在结构上的意义就更明显了。李清馥编撰的良苦用心和动机都无不以李光地直系为核心。

七、不存在的《国朝编录》

按李清馥自己的说法，"国朝正学昌明，儒宗相望。闽中学派俟另录编辑。至博征文献，尚有望于名贤焉"。[④] 所以《闽中理学渊源考》不涉清代儒者。而其高祖李先春、曾祖伯李日燝、曾祖李兆庆的传记本来是应该被收录在计划中的《国朝编录》。当然，我们今天看不见是篇。此三人之学行又当如何窥知呢？《清溪李氏家世学派》诸篇传记的主要底本其实是李氏成员的

① 李光龙：《家传》，见李复发：《清溪李氏家谱》，第 12 卷，第 42a—43b 页。
② 李重芬：《家传》，见李天宪：《清溪李氏家谱》，第 7 卷，第 82b—83b 页。
③ 庄成：(乾隆)《安溪县志》，第 225—226 页。
④ 李清馥：《凡例》，《闽中理学渊源考》，《景印文渊阁四库全书》，第 4b—5a 页。

《家传》，意即家谱中的本传。本文现在拟依据家谱资料，辅以方志内容，探究此父子三人是否便有家学传统可言。

李先春"幼贫而颖"，虽然只"就塾三年"，但"经书史皆上口，至老辘轳如泻。虽积苦经师不如也"。后来因为家贫，其父令其徙业，长大之后便开始从事商业活动。其具体事业不清楚，只说是"治什一"，家传接着强调其重诺的风格。传记叙述重心在于点出他"善居积，亦善忘散"。明末清初地方多事，李先春利用自己的财力和可动员的武装力量，保护了不少人。1653 到 1654 年间，"附近数十乡，牵老稚投"。在他去世的那一年春天，他还组织了武装力量和赈济物资救济漳平，以致漳人相传"李太公生我"。传记最后画龙点睛地指出本传的要点："人咸比为旌义祖云。"① 把李先春仗义而乐善的风格和旌义李氏始祖李森相提并论，其抬高前者地位的目的是显而易见的。

传记之后还附上了李光地的一段评语。他说"吾族自旌义公来，多自致于丰。然克配者，必称祖。盖祖营眦非厚，而其卓荦好义，敦说诗书，有四海大志，不龊龊于馈糇间，是则同也"。② 因此李先春之所以有资格与李森并论的原因除了乐善好施外，还有"敦说诗书"一事。但是和李森传记一样，除了早年接受过教育的记录外，均无线索展示任何家学传统。《安溪县志》在《孝义》卷中收录了李先春传记。和家传一样，叙述重心在其各种救灾、抗贼的乡里义举。最后竟也呼应家传，说他"豁达大度，有乃祖朴庵遗风"。③

李先春次子李日燝在李光地的支系中有着崇高的地位。从行文上判断，其族谱中的传记便是李光地亲手所撰。传记称李日燝"嗜学，善属文"，虽然"应举为词章"，却"绰有经书，运以古力"。后来在鼎革之初登乡贡。1655 年，包括李光地和李光坡（1651—1723）在内的一群李氏族人为贼寇虏去。李日燝自省城赶回，先是筹款赎人，最后通过招募死士强攻贼寇堡垒而救出族人。李日燝之后授府通判，不久倦游而归，归里之后"惟以学问文章自娱"。李光地回忆伯父曾对他说"自先人以来，吾世甚朴。及吾而从事于学，上下百家书，铿锵陶冶，亦或见古人庶几焉。今汝等已能自通于时。吾为艺祖矣"。虽有此语，其学宗旨始终不明。而且无论李光地所作传记或是李光坡所述评语，均只字未提李日燝从学于李光龙一事。④《安溪县志》虽然将李日燝传记收录于《儒林》卷，但其儒业不显，叙述的焦点同样在当年将

---

① 李天宠：《清溪李氏家谱》，第 7 卷，第 42a—44b 页。
② 李天宠：《清溪李氏家谱》，第 7 卷，第 44a 页。
③ 庄成：（乾隆）《安溪县志》，第 235—236 页。
④ 李天宠：《清溪李氏家谱》，第 7 卷，第 65a—70a 页。

李光地等族人从寇贼手中救出一事。①

　　另一方面，李日燝为其三弟李兆庆所撰传记一开始便着重描写李兆庆如何侍亲以孝，并且如何完成先父之志。之后才谈起三弟"读书敏悟，举大凡便及渊奥。阖户甫尔，数作娴然。他人皱眉捻须皆莫造其域"。除了具备过人的聪颖外，李兆庆对于教育孩子也有很高的要求。他"教子必备熟诸经，博及于天文、地理、六韬、九章之言，悉俾了然于心口，而后出帖括授之"。虽然科举的追求是重要的，但李兆庆更重视基础教育。因此其"诸子非十五而上不知有八股业也"。

　　李兆庆仿佛也很会做些奇异的梦。如果说李兆庆在李光地考中举人那年梦见来家里报信的文昌君是科举世界常见的心理折射，那他常梦见程颐（1033—1107）和蔡清也是在重复理学世界中司空见惯的描述。只是传记作者通过这些梦境将李兆庆和历代杰出的理学家相提并论，暗示他对理学的信仰与追求。但对于其理学造诣却只字未提。这使得此细节的功能性太强，令人不禁产生怀疑。②《安溪县志》也很配合地引述了魏象枢（1617—1687）对李兆庆的评语，谓其"平生厌绝纷华，追慕往哲，时有心得，与理学语录默相契合。故能践履笃实，大节不苟如此"。③ 但无论是家传还是方志，叙述的重点始终是李兆庆造福乡里的事迹。这正是《安溪县志》将其传记收录在《孝义》卷的原因。

　　族谱中还收有魏象枢所撰李兆庆传记。魏象枢是李光地的同僚，曾为其母写寿序。④ 本篇传记称李兆庆兄弟六人"俱力学著声"，然后述及李兆庆保卫乡里、热心宗族事务等事迹。其中也谈到他"课子弟，诵读声朗然达丙夜"。传记接下来的叙述中心转移到了李光地身上，以其诸多成就来凸显李兆庆教子之成功。魏象枢提到李光地蜡丸上书的忠诚是"秉公之教居多也"。而魏象枢自己与李光地"同官京师，以德业相砥砺"。他认为李光地"其学浩博渊通，而持守坚定。一遵程朱，不为世儒游移之说"。魏象枢开始时只"知其为大受器"，之后"乃得闻封公之懿行"，所以方知是"家学渊源有自矣"。

　　在介绍了李光地等族人为清军导路入闽南，平定泉漳两郡的事迹后，魏

① 庄成：(乾隆)《安溪县志》，第 226—227 页。
② 李天宠：《清溪李氏家谱》，第 7 卷，第 70a—72a 页。
③ 庄成：(乾隆)《安溪县志》，第 236 页。
④ 魏象枢所撰的李兆庆传记不见于其《寒松堂全集》，至于祝寿之文，见《寿李太母吴太淑人序》，魏象枢：《寒松堂全集》，北京中华书局 1996 年版，第 400—402 页。

象枢一方面认为"朝廷以文学侍从之臣,功在封疆,乃知儒者之功用良有实效,非空谈道学者比也";另一方面又将之比诸王文成故事。魏象枢说自己对李光地未来的功业拭目以待,"因传封公而并及之"。① 魏象枢推崇李兆庆的理学修为,其评语也为方志所摘录。但是对于李兆庆具体的理学功夫或论学宗旨,魏象枢始终未曾涉及。他即便赞誉李氏父子"家学渊源有自",但更像是同僚之间应酬溢美之词,没有实质的内容可以支持此论断。而且和李日煜的传记一样,亦丝毫没有论及李兆庆和李光龙的师承关系。族谱中所录李光地和李光坡兄弟赞誉父亲的文字中,也没有明确的线索。②

八、结语

李清馥所构想的《国朝编录》应该往上继承《清溪李氏家世学派》中李光龙的《易》学传统,向下开启李先春,尤其李兆庆以来的理学家学,如此就可以将李光地安置在一个集大成的中心地位。可惜这应该只是他想要建构的家学传统,和现实中的复杂面貌尚有一定之差距。正如学者论及的李光地和李清馥祖孙在建构福建朱子学的传统中有非常明显的功能考虑,李氏家学传统的书写也一样不是单纯的学案或家世记录。其本质在一方面是李氏祖孙二人在试图建构福建理学系谱的同时,突出李光地的家学渊源有自;另一方面也同时是一个大家族内,成就比较明显的支系对自我地位的确立之举动。由安溪李氏缩小到旌义李氏,再聚焦到李光地直系祖先和后人,层层递进。

在《清溪李氏家世学派》的 11 人当中,有 10 人来自旌义李氏。而旌义李氏共有五房,除去旌义始祖李森之后的 9 人中,有多达 4 人是四房,亦即李光地所属房派的人物。这个不成比例的代表性,明显反映了李清馥的私心。

在安溪旌义李氏的士人中,《易》是受到特别重视的经典。《清溪李氏家世学派》谈到了一个由李仕亨到李杕的《易》学授受。从李仕亨到李杕,同时也是这个《易》学传统从旌义二房转移到旌义四房的过渡。但是这个传统到了李仕亨的儿子李日烨就中断了。真正关键的授受是从李光龙到李日煜、李兆庆的传承。这个新的《易》学授受组合之意义有三方面,一是代表了由明入清的线索,再来就是再次从它房转移到旌义四房,允许李光地在国朝理

---

① 魏象枢所撰李兆庆传记,见李天宠:《清溪李氏家谱》,第 7 卷,第 72a—74b 页。

② 李天宠:《清溪李氏家谱》,第 7 卷,第 74b—76b 页。

学的论述中自然地处在一个集大成的位置。然而最大的矛盾也正好在这里。李光地、李清馥祖孙二人要建构的是福建朱子学的系谱。此外又要将自己的家学源流植入其中。但是李氏的家学传统并不存在,要勉强建构一些族内的授受关系的话,最终只能在《易》学上找到蛛丝马迹,而不是理学。同时为了福建朱子学的系谱需要,在这个过程之中还得漠视李光龙身上的阳明学传统。

陈祖武指出李光地曾被康熙斥责为"冒名道学",并"明确地把他归入朝臣中的王学派"。李光地在被康熙冷落之后,旋即失去翰林院掌院学士之职。陈祖武将此视为李光地学术宗尚自此转向尊朱的原因。① 李光地著述颇多,要研究其学术宗向的变化,自然要考虑到诸多外缘因素和学术内在的发展逻辑等复杂问题。本文针对的只是在其尊朱立场明确之后,李氏祖孙如何在建构福建朱子学系谱的同时,为李光地的家学传统也编撰了一个谱系。这个家学谱系,如上所证,是有明显的目的性和具备高度选择性的。在选择的过程中,不只建构了传承,也刻意删除了王学的影子。

《闽中理学渊源考》是研究福建理学史的重要文献,也是李光地、李清馥思想史研究的主要依据。其中,《清溪李氏家世学派》一卷的意义素不明确(见表1)。新掌握的族谱资料允许本文对该卷进行细致的解读和分析,并成功将其隐晦的撰写目的和逻辑揭示出来。这在思想史研究领域中,是一次新的尝试。

然而,《清溪李氏家世学派》,既关乎"学",也关乎"家"。因此它不仅仅具备思想史的价值,对于宗族的研究也有一定之意义。学者长期以来关注的宗族研究包括了围绕着祭祖活动的各种仪式,以及相关的家庙、族谱、族产等课题,在不同的时空条件下,就会有不同的宗族实践的表现。我们在分析了《清溪李氏家世学派》之后,清楚地看见关注自己理学身份的士大夫,如何运用对部分宗族历史的建构来达到自己编撰理学谱系的目的。虽然编撰这个谱系的最大动机是面向家族以外的士人读者,但是对于宗族内部相关分支在自己的历史和认同的想象上,却一样具有深远的意义和影响。在一定程度上,思想史研究和宗族研究也在这里相遇了。

---

① 陈祖武:《点校说明》,见李光地:《榕村语录》,第9—12页。

表1 《清溪李氏家世学派》传记列表

	姓名	世系	主要成就和贡献
01	李森	大宗二房长子,旌义李氏六世祖	建庙修桥、出粟赈济、诏旌义民,先后任清漳九龙岭巡检,摄永春、德化、安溪县事。
02	李煜	旌义二房,第七世	旌义李氏科举之始,举人,罗源、南城教谕,南丰知县,并祀名宦、乡贤。
03	李亮	大宗长房,第八世	明经,潮阳、四明教谕,淮王府纪善,祀乡贤、名宦。
04	李镗	旌义四房,第九世,李光地高祖	受知督学附庠,李氏从此科举兴盛。
05	李澜	旌义四房,第十世,李光地曾祖伯	举人,衢州通判,祀乡贤。
06	李懋桧	旌义长房,第十一世	进士,六安知州,刑部员外郎,湖广按察司经历,南通政司经历,礼部主事,太常卿。
07	李仕亨	旌义二房,第十一世	进士,户部主事,嘉兴知府,教李栻、李日烨父子,所著有《四书注翼》《易本义翼》《四书解》《易解》《迂言编》。
08	李栻	旌义四房,第十一世,(05)李澜之子 李光地祖叔	进士,刑部主事,维扬、潮阳太守,广东参政,云南按察使,受易学于(7)李仕亨。
09	李桢	旌义四房,第十一世,李光地祖伯	举人,先后知安化县、茶陵州、临高县,王府审理,所著有《狷介编》《问奇便览》《仕隐绪言》《宦中独鉴》。
10	李鸣阳	旌义五房,第十一世	留心家谱。
11	李光龙	旌义五房,第十三世 (10)李鸣阳之孙	从族叔肖岩李偕芳受《易》,与叔李凤鸣同学,偕叔宝峰受业于孙伯紫,不殿试而归,所著有《阆山集》,李日爌、李兆庆为其高弟。

(原载《东方文化》第 50 卷第 1 期,第 51—71 页)

家族与地方社会

"东南衣冠之会"的背后:
漳州霞中社研究

一、漳州霞中社

福建闽南漳州郡城外有丹霞山,"土石皆赤",而漳州的四郊也分别被称为"霞东、霞西、霞南、霞北"。① 霞城就是漳州的别称,而霞中社的命名就带有直接的空间意义,即漳州之社。霞中社毫无悬念地是一个以漳州士人为核心成员的诗社。

其中的灵魂人物就是举人张燮(1573—1640)。张燮来自漳州地方的一个仕宦家庭,世居龙溪。因为漳州府和龙溪县府县同郭,所以他们在家乡的主要活动区域就是在漳州府的行政中心。张燮的伯父张廷栋(1542—1589),以及父亲张廷榜(1545—1609),都是进士。但是他们的仕途比较不顺利,升迁都因为和上级不睦而搁置。张廷栋官至礼部仪制司主事。② 而张廷榜则是在署理吴江县任上致仕。③ 张燮本身则在万历二十二年(1594)中举之后,最少六上春闱而都落第归来。④ 虽然如此,张氏在明朝末年的漳州地方上无疑也是重要的士大夫家族。有两则事关地方防御和地方公共事务的例子为证。漳州曾因为之前的一起"事觉就诛"的民变,所以"当道议屯客兵于芝山绝顶,以御不测"。张廷栋认为不妥,毕竟如此一来"腹心之忧,不在贼而在兵矣"。所以他"亟白当道,移至西郊"。此举为"识者服其远算"。除此之外,漳州"城故有濠,缭绕里市,邀通濯龙之渊",但是"久乃渐成壅塞"。于是张廷栋"请所司为疏泥道滞,因复宣泄",所以"是大有功于河山也"。⑤ 如此可见张氏对地方事务的关注以及影响力。

原拟要屯客兵于其上的芝山,就是紫芝山。此山原名登高山,后来在洪

① 李维钰原本,沈定均续修、吴联薰增纂:《光绪漳州府志》,《中国地方志集成》,上海书店出版社2000年版,第4卷,第3页。
② 张燮:《先伯父承德郎礼部仪制司主事吉宇公行状》,《霏云居集》,《张燮集》,北京中华书局2015年版,第36卷,第656—660页。
③ 张燮:《先大夫府君行状》,《霏云居集》,第36卷,第639—656页。
④ 陈庆元:《张燮年表》,《南京师范大学文学院学报》2013年第1期,第182—188页。
⑤ 张燮:《先伯父承德郎礼部仪制司主事吉宇公行状》,《霏云居集》,《张燮集》,第36卷,第659页。

武十三年（1380），因为山产紫芝，经知府徐恭（生卒年不详）上奏，所以赐名
"紫芝山"。山在城的西北边，"郡城绕焉"，是漳州府城的主山。① 将客兵屯
聚在府城边上的主要山峰自然是一件十分冒险的事情。芝山容不得客兵，
却是漳州士大夫经营田舍，隐居其上的佳处。张廷榜归里之后，便"诛茅于
紫芝山半，却扫掩关"。但是"郡国吏交重府君，屡载酒叩玄，车马旌旗，掩映
萝薜"。尤其是吴江籍的吕纯如出任龙溪县令时，更是"每燕赏，必问张大夫
在否？坐无府君不乐也"。② 芝山和漳州府城的空间距离不大，芝山甚至可
以说是府城官员与漳州士人网络空间的一个重要组成部分。

霞中社的活动中心就在芝山。

霞中社是在万历二十九年（1601）的 9 月 8 日正式"察铜盘于玄云之
居"。玄云居就是张廷榜在芝山半的别业。当时"诸君既成如许胜事，相与
谋筑高坛"，只是"一时又难卒办"，所以"乃就玄云之顶，家大夫所营空馆一
区，割以属吾曹"。他们也不是免费利用了张廷榜的产业，而是"粗偿其直"。
因此霞中社还算是独立地"所自建也"。其内部格局则"社之堂曰'风雅堂'，
堂接小亭，亭旁双桂树，森挺连卷。亭之外为长轩，郡大夫扁曰'白云词坛'，
开窗可遍俯开元兰若。左窥员山及西溪一带，绿岫白波，时来蒸人。右望芝
山绝顶，作屐齿间剩物，大佳。堂之左右，各一小室，前临小庭，而闲房相续，
足供栖止。从堂入为池，与池相连为斋，郡大夫扁曰'青云兰社'。斋之上为
楼，楼具墙壁，仅疏棂，眺望稍局，道力为阔，架层楼其外，玲珑倍豁。近顾则
万家如错，雉堞萦纡如带；远顾则丹霞之屿、九龙之溪，隐见眉睫。每潮汐吐
吞，帆樯乱驶，而远峰叠树，塍垺交经。当其澄盼莹神，忽不觉夫纸落翰飞，
而理丰词富也。左右园垂，泫泫之草披露，依依之树近蝉，斗酒听鹂，短裾曳
月，又诗肠之鼓吹，而道韵之丹梯已"。③

上一段对霞中社社址的描述自然少不了许多文人的浪漫渲染。但是除
了空间的基本布局，地点的相对幽静之外，有两个要素也是十分明显的。第
一，虽然幽静，但是漳州府城的城墙和城内房舍均在视线之内，所以距离虽
有却不是太大。所以这个空间以及在这个空间内活动的士人始终和漳州府
维系在一起。第二，虽是山间气象，但潮汐声和船帆提醒了读者，漳州和海
上交通的紧密联系。所以即便没有道明出自谁手，但社中两块匾额都由"郡
大夫"所提，则霞中社社员与漳州府城政治的关联无处不在。

---

① 李维钰原本，沈定均续修、吴联薰增纂：《光绪漳州府志》，第 4 卷，第 2 页。

② 张燮：《先大夫府君行状》，《霏云居集》，《张燮集》，第 36 卷，第 653 页。

③ 张燮：《重修霞中社记》，《霏云居集》，《张燮集》，第 28 卷，第 541—543 页。

那么社中的这些“诸君”又包括谁呢?霞中社的核心成员有 13 人。如表 1:

表 1　霞中社核心成员①

	姓名(字)	生卒年	户籍	功名与仕途
1	张燮(绍和)	1573—1640	龙溪	万历二十二年(1594)举人
2	张廷榜(登材)	1545—1609	龙溪	万历二年(1574)进士,润州同知
3	蒋孟育(道力)	1558—1619	龙溪	万历十七年(1589)进士,吏部右侍郎
4	郑怀魁(辂思)	1563—1612	龙溪	万历二十三年(1595)进士,观察副使
5	郑爵魁(瓒思)	不详	龙溪	万历三十一年(1603)举人,蓟州同知
6	汪有洵(宗苏)	不详	龙溪	山人
7	陈范(伯畴)	不详	海澄	山人
8	吴宷(亮恭)	?—1625	漳浦	万历二十三年(1595)进士,御史
9	陈翼飞(元朋)	不详	平和	万历三十六年(1611)进士,宜兴知县
10	徐銮(鸣卿)	不详	龙溪	万历二十三年(1595)进士,兵部职方郎中
11	戴燝(亨融)	?—1627	长泰	万历十四年(1586)进士,观察副使
12	林茂桂(德芬)	1550—1625	镇海卫	万历十四年(1586)进士,深州知州
13	高克正(朝宪)	1564—1609	海澄	万历二十年(1592)进士,翰林院检讨

霞中社成员的组成在不同社员的记述中略有出入。因为本文的讨论主要依据成员中最晚离世且存留著作比较多的张燮的作品,所以便以其《重修霞中社记》为准。更何况,霞中社在张廷榜的玄云居集聚,《重修霞中社记》是该社历史最原始的第一手记录。② 此处所见霞中社核心成员均属漳州籍。除了同乡关系之外,他们彼此之间还有如下的关系(表 2):

---

① 霞中社成员的组成在不同社员的记述中略有出入。因为本文的讨论主要依据成员中最晚离世且存留著作比较多的张燮的作品,所以便以其《重修霞中社记》为准。

② 有关霞中社不同成员的叙述和介绍,见王振汉:《廉隅清节蒋孟育》,金门县文化局 2016 年版,第 89—96 页。

表 2　霞中社核心成员的多重关系

成员	关系
张廷榜、张燮	父子①
郑怀魁、郑爵魁	兄弟②
张燮、戴燝	姻亲③
高克正、戴燝	姻亲④
高克正、徐𤧾	姻亲⑤
蒋孟育、郑怀魁	姻亲⑥
戴燝、林茂桂	万历十四年同年进士⑦
郑怀魁、吴寀、徐𤧾	万历二十三年同年进士
蒋孟育、高克正	万历十六年(1588)同榜举人
张燮、吴寀、徐𤧾、郑怀魁	万历二十二年(1594)同榜举人

　　然而这群漳州士人的聚集并不只是因为"吾漳朝丹暮霞之气,蔚为人文,顿尔卓跞"的文化自信。其中自然还是需要适合的时机。按张燮的叙述:

　　　　岁在辛丑,蒋道力以终养,尚滞里门。郑辂思亦予告家食,并有寝处山泽间仪。而汪宗苏、陈伯畴以山泽之癯佐之。吴亮恭时从梁山来,如鸿鹄之徘徊焉。余与陈元朋归自燕,酬和诸子间,不寂寞也。久之,徐鸣卿以奉使至,而戴亨融亦暂解观察组绶,卧天柱峰头,至是抵郡。

　　所以本来在外任官的蒋孟育、郑怀魁、徐𤧾、戴燝基于不同的原因回到了漳州。同时还有山居的布衣汪有洄、陈范,以及大概刚刚春闱落第从北京归来的张燮、陈翼飞,加上从漳浦时时至漳州郡城和友人相会的吴寀。他们在那一年就形成了"东南衣冠之会,岂可失哉"的契机,所以便决定草檄订

---

① 张燮:《先大夫府君行状》,《霏云居集》,第 36 卷,第 656 页。
② 张燮:《祭辂思郑观察文》,《霏云居续集》,《张燮集》,第 47 卷,第 792－794 页;张燮:《祭郑冀州瓒思文》,《群玉楼集》,《张燮集》,第 57 卷,第 940－941 页。
③ 张燮:《亡女戴孺人行状》,《霏云居续集》,《张燮集》,第 46 卷,第 783－787 页。
④ 张燮:《翰林院检讨征仕郎朝宪高先生行状》,《霏云居集》,第 36 卷,第 660－664 页。
⑤ 张燮:《翰林院检讨征仕郎朝宪高先生行状》,《霏云居集》,第 36 卷,第 660－664 页。
⑥ 张燮:《通议大夫南京吏部右侍郎恬庵蒋公行状》,《群玉楼集》,第 52 卷,第 869－876 页。
⑦ 同年进士和举人的记录,见李维钰原本,沈定均续修,吴联薰增纂:《光绪漳州府志》,第 17 卷,第 10－11、37－39 页。

盟。9月8日"插铜盘于玄云之居"时还有"家大夫与小郑瓒思"。① 张廷榜显然是这群士人的前辈,参与霞中社是他主动提出的。张燮回忆自己"既修千秋之业,与二三子建鼓东南"时,张廷榜"谓二三子曰:以吾投石超距,则老矣,必据案弄柔毫,犹瞿铄也。阮嗣宗与阿戎谈,奈何遽绝长源哉?"于是大家便欢迎他"共献铜盘皿"。②

然而此次集会仅 11 人在场。当时"林德芬客楚未归,而高朝宪支床乡居,商不与盟"。这是一件憾事,张燮认为"吾漳翔禽异羽,已尽岩际,所遗两君耳"。所幸林茂桂在次年加盟。到了万历三十四年(1606),高克正也参与了霞中社。当时"道力、鸣卿亦奉使过里,独辂思守括苍,亮恭颁诏在途,其他囊时诸子皆在,敷衽把臂,见东南才士之大全焉"。③

虽号称"东南才士之大全",但无论是 1601 年还是 1606 年的集会,霞中社核心成员均未曾全数聚集。张燮提到霞中社成员在漳州地区以外的交游,所谓"若夫足迹所至,别有结欢,今其连璧旧乡,还珠故国者如此"。因此除了上述核心成员之外,霞中社也有几位福州地区的外围成员。④

张燮所撰《重修霞中社记》是 1606 年或之后的作品。他在文中提及"社颇颓废,鸠工葺治之。规制无改,耳目聿新",所以是文题目标明"重修"。既然是难得的"东南衣冠之会",那 1601 年为什么没有留下记录呢?张燮解释道:"社初举时,适有豪族之变。俗疵文雅,往往而然。红尘污人,未遑作记。盖至是乃始含毫,用播山灵于不朽,累世而下,读余言者,其芳馥舌齿未可知。若抚遗迹而溯芳尘,庶亦不诬,方将有贤今日乎哉?"⑤有关霞中社成立时的历史环境,笔者将在第四节进一步讨论。

二、张燮作品所反映的霞中社活动

张燮是一位多产的作家,目前可参考的主要作品有《霏云居集》《霏云居续集》《群玉楼集》《东西洋考》,均收录于《张燮集》。前 3 部是诗文集,而《东西洋考》是一部以介绍漳州与海外各国的贸易活动,收集相关航海与物产信

---

① 张燮:《重修霞中社记》,《霏云居集》,第 28 卷,第 541—542 页。
② 张燮:《先大夫府君行状》,《霏云居集》,第 36 卷,第 654 页。
③ 张燮:《重修霞中社记》,《霏云居集》,第 542 页。
④ 其中包括曹学佺(1574—1646),徐𤊹(1563—1639),林故度(1580—1666)等。其中曹学佺和郑怀魁、吴宷、徐鋆三人是同年进士。见张燮:《重修霞中社记》,《霏云居集》,第 28 卷,第 542 页;陈庆元:《张燮年表》,《南京师范大学文学院学报》2013 年第 1 期,第 184 页;曹学佺:《郑辂思招入霞中社》,《石仓全集·天柱篇》,第 15 页。
⑤ 张燮:《重修霞中社记》,《霏云居集》,第 28 卷,第 543 页。

息,以及记录市舶商税等行政问题的书籍。其研究宜另文处理。

《霏云居集》《霏云居续集》和《群玉楼集》所收录诗文的具体创作时间和时间上下限均未明确一一标明。但按照所收录的行状、祭文、墓志铭等丧葬、吊唁文字所述主人翁的卒年,则3部诗文集的前后成书次序则是相当清楚的。《霏云居集》的内容最早,其时间段也正是霞中社比较活跃的时期。所以笔者集中通过分析《霏云居集》的内容以了解张燮的活动和霞中社的性质。

《霏云居集》共收录张燮诗作1031首,其中298首为写景、咏物、怀古之作。因此共有733首涉及人物唱和、雅集活动、忆友思人,占71%。可见张燮的诗歌作品主要发挥着社交功能。同时,在这743首诗中,有217首是雅集时的作品,占了交际诗歌的30%。

那么霞中社的成员和活动在这些交际生活中又占据一个什么样的地位呢?以非雅集的516首诗为中心,则有115首诗是为霞中社同社友人而作,约占22%。如果以雅集活动的诗歌为中心,则217首中有153首涉及至少另一名霞中社同社成员,为其71%。若不分是否雅集,则涉及霞中社同社友人的诗歌为268首,是此类诗歌中的37%。

可见以《霏云居集》所收录诗歌为例,则自然看到霞中社同社友人在张燮的社交网络中是占据很大的一个比重的。尤其是雅集一类活动更是常见他与至少1名霞中社友人一起出席,这自然吻合诗社成员相互聚集,以诗会友的本质。如果以个人为单位分析他们出现的雅集次数的话,同社成员以及出席超过10次活动者的姓名分别列于以下两表(表3和表4):

表 3　霞中社成员出席的雅集次数

蒋孟育	36
郑怀魁	21
郑爵魁	34
汪有润	20
陈范	16
吴寀	16
陈翼飞	40
徐𬭚	26
戴燝	38
林茂桂	27
高克正	16
"同社"	15

表 4　出席超过十次雅集的人士

汪尔材 (汪弘器,1558—1613)	33
何稚孝 (何乔远,1558—1632)	15
谢修之	13
黄参玄	12
吴潜玉	10
施正之	10

　　除了诗题标"同社"而未明言是谁以外,霞中社成员所参与的雅集活动均在 15 次以上。如果考虑到在雅集诗题中出现的名字共有 160 多人,那么同社的 11 人外加这 6 人则无疑是张燮社交圈子的核心了。

　　《霏云居集》尚有各种序、传、铭、祭文,以及尺牍等 358 篇。其中只有 59 篇涉及霞中社成员,仅占 16%。霞中社成员在诗歌和散文类文献中出现的比例所存在的明显反差,进一步说明了诗社成员以诗会友的基本特质。

三、有关霞中社的研究

　　陈庆元和张婧雅在研究霞中社时将其活动分成三个时期,即从万历二十九年(1601)创社到万历三十七年(1609)张廷榜、高克正去世之间的"订盟兴盛时期",以及从万历三十七年到万历四十七年(1619)蒋孟育离世之间的十年为霞中社的"延续时期"和自万历四十七年到天启七年(1627)戴燝谢世的诗社"衰歇时期"。① 虽然有几位外围成员,而且霞中社十三子的个人交游颇为广阔,但霞中社在成员结构上是个相对封闭的组织。除了之后加入的林茂桂和高克正,就不再有新成员的补充。所以,随着成员的死亡,人数下降和活动减少是非常自然的事情。因此,以活动的频密状况将霞中社加以分期,在逻辑上是成立的。尤其是张燮本身应该更能体会这其中的改变。张燮的同社友人中,除汪有询和陈翼飞卒年不详之外,张燮都为其他人撰写了行状或祭文。②

　　学者还指出:霞中社的意义在于它是在漳州"地区诗歌发展史上第一个有影响的诗社",更重要的是诗社的成立乃"晚明漳州诗人文学群体意识的觉醒"。学者也感叹在明清易鼎的战火之中,霞中社文献的散失导致"后人很难去认知当年霞中诗社的盛事,也很难去评价这个漳州史上第一个诗社了"。③

　　若以霞中社为明末漳州地区最为人瞩目的诗社团体,那应该是可以成立的。但如果要赠予霞中社"漳州史上第一个诗社"的称谓则有待进一步的

---

① 陈庆元、张婧雅:《东南才士文学群体意识的觉醒》,《东南学术》2014 年第 5 期,第 180－188 页。
② 见张燮:《先大夫府君行状》《翰林院检讨征仕郎朝宪高先生行状》《同社祭高朝宪太史文》《哭高朝宪文》,《霏云居集》,《张燮集》,第 36 卷,第 649－656、660－664 页;第 37 卷,第 667－673 页。复见张燮:《祭轳思郑观察文》《祭徐鸣卿职方文》《同社祭陈伯畴征君文》,《霏云居续集》,《张燮集》,第 47、792－794、797－799、802－803 页。另见张燮:《通议大夫南京吏部右侍郎恬庵蒋公行状》《祭林德芬大夫文》《祭戴亨融观察文》《同乡公祭戴亨融文》《同社祭蒋少宰文》《祭吴亮恭侍御文》《祭郑冀州文》,《群玉楼集》,《张燮集》,第 52 卷,第 869－876 页;第 55 卷,第 915－921 页;第 56 卷,第 923－924、931－935 页;第 57 卷,第 940－941 页。
③ 陈庆元、张婧雅:《东南才士文学群体意识的觉醒》,第 184、187 页。

商榷与研究。在张燮为同乡、同年举人黄鳌伯(1565—1596)所撰墓志铭中提到他们在甲午年(1594)同举省试,后来"北上罢归,与同年诸君及不佞燮,结社芝山之岫,君益务为奇"。① 黄鳌伯在1596年去世,唯一的春闱机会就是乙未年(1595)的那一科。笔者并不清楚张燮所谓的"同年诸君"到底包括了谁。在1594年的秋闱中,漳州府共有30人中举,除黄鳌伯与张燮之外,还有后来霞中社的吴寀、徐銮、郑怀魁。② 但如果张燮的记述没有错误的话,黄鳌伯就曾经在1595年和一群同年举人在芝山结社。而且张燮是参与其中的。

除此之外,高克正在万历十六年(1588)中举和万历二十年(1592)成进士之间,"曾与蒋宫谕孟育,家先辈时泰,及诸时名订'喈声社'"。③ 虽然同样不知道"诸时名"指的是哪些人,但是结社时间无疑早在霞中社之前。两个诗社的存在让笔者觉得"霞中诗社的成立,万历中期涌现出一群水平比较整齐的诗人,是一个契机;在这之前,诗人数量较少,很难成为气候"的论断就有了重新思考的必要。④

从文学研究的角度出发,将霞中社视为漳州地区"文学群体意识觉醒"的产品有其学科上的道理。在同一文学研究的脉络之下,王振汉在其对霞中社另一位主要成员蒋孟育的研究中就认为"文社也作诗,诗社也着文,作诗著文不是诗文社之间的根本差别,差别在于,一为纯粹的意趣结合;一为实际的功名之图的结合"。他进一步主张"诗社之中,还有一个区别,那就是纯粹的诗社和养老、怡老性质的诗社的分别"。⑤

王振汉心目中所谓"纯粹的诗社"应该也就是"纯粹的意趣结合"。除此之外,王振汉也强调"文学风貌往往脱胎于某种诗社。易言之,诗社是文学流派的外在构成形式,而诗社对文学流派的产生具有主动的推波助澜作用"。更重要的是"明代文学流派往往有鲜明的宗传意识,在文学风格、文学创作上寻宗溯源,高自位置,更是一时风气"。⑥

诗社和文学流派的关系确实适用于对不少著名的明代诗社,甚至文社的讨论。然而霞中社成员并没有明确的共同文学主张,严格说起来也形不成流派。所以当学者认为霞中社成员"通过广交贤朋诗友推动了漳州区域

---

① 张燮:《乡进士黄柏缵先生墓志铭》,《霏云居集》,《张燮集》,第35卷,第645—647页。
② 李维钰原本,沈定均续修、吴联薰增纂:《光绪漳州府志》,第17卷,第38—39页。
③ 张燮:《翰林院检讨征仕郎朝宪高先生行状》,《霏云居集》,《张燮集》,第36卷,第661页。
④ 陈庆元、张婧雅:《东南才士文学群体意识的觉醒》,第187页。
⑤ 王振汉:《廉隅清节蒋孟育》,第79页。
⑥ 王振汉:《廉隅清节蒋孟育》,第82—83页。

文化的交流范围,大大将漳州文学推展到各地"时,所谓的"漳州文学"是什么就不清楚了。① 想来并不是任何一种特定的诗歌风格或者文学主张,而仅仅是漳州士人的作品为一个更大的文人圈子所知晓。如果说霞中社的文学成就并无可观者,那它的历史意义究竟是什么? 在晚明的漳州地区,霞中社的出现就只是一群意趣相同的人刚好相聚在一起? 或者就只是模仿晚明其他地区的结社活动,是时代风气使然?

在重视诗社的文学性的大框架下,王振汉却又提及"漳州的士人,或在朝为官,或居乡结社,上下通气,十分活跃。最有名的当数'玄云诗社','玄云诗社'虽名为'诗社',但主要不在切磋'诗艺',而是关心时政,关注民生"。② 玄云诗社就是霞中社。因为诗社设在玄云居,故亦有此名。在这样的描述中,霞中社就不是纯粹的文学诗社,更不是怡老团体。所谈到的时政、民生又具体是指什么? 可惜学者并没有进一步阐明。

四、不平静的 17 世纪初

霞中社成立于万历二十九年(1601),按上引张燮的说法"社初举时,适有豪族之变。俗疵文雅,往往而然。红尘污人,未遑作记"。万历二十九年的豪族之变所指何事? 漳州府志和龙溪县志均无线索。福建地区在 17 世纪前后的梦魇却是十分清楚的。万历二十七年(1599),明神宗"设市舶于福建,遣内监高寀带管矿务"。③ 高寀在闽前后共 16 年之久。

霞中社核心人物张燮除了《霏云居集》《霏云居续集》《群玉楼集》之外,现存著作中还有一部《东西洋考》。《东西洋考》共 12 卷,成书于万历四十五年(1617)。是书第 8 卷为《税珰考》。关于为什么有这么一卷内容的问题,张燮在《凡例》中指出"纪税珰者何? 曰:史不有《宦者传》乎? 间一展卷,如久病暂苏,追念呻吟尝药之候,悲喜交集,乃国医之功,不可诬也。即附逐珰疏于后,如谱良剂焉"。④ 为何有这样的感慨呢? 因为正常赋役外的横征暴敛中,"税额必漳、澄之贾舶为巨"。由于月港的关系,漳州,尤其是海澄,是高寀的搜刮重灾区。

开始时,高寀还"每岁辄至,既建委官署于港口,又更设于圭屿;既开税

---

① 王振汉:《廉隅清节蒋孟育》,第 129 页。
② 王振汉:《廉隅清节蒋孟育》,第 129 页。
③ "中研院"历史语言研究所校印:《神宗显皇帝实录》,《明实录》,第 331 卷,"万历二十七年二月十八日"条。
④ 张燮:《东西洋考·凡例》,《张燮集》,第 1416 页。

府于邑中,又更建于三都。要以阑出入,广搜捕。稍不如意,并船货没之。得一异宝,辄携去曰:吾以上供"。到了万历三十年(1602),高寀更是变本加厉。他"下令一人不许上岸,必完饷毕,始听抵家。有私归者逮治之,系者相望于道"。如此大规模地打乱海上贸易中的商旅、水手的生活最终导致"诸商嗷嗷,因鼓噪为变,誓言欲杀寀,缚其参随,至海中沉之"。这样的风声自然没有演变成事实,但高寀还是"宵遁,盖自是不敢复至澄"。除了月港的商税,深受高寀"开采之役"祸害的还有龙岩。[①]

对于晚明的漳州人而言,最大的敌人无非海上的外族,以及南来的税珰。张燮将之笼统地总结为"从古夷狄、宦官之祸,如奔涛荡岳,厝火燎薪,何代蔑有"? 最严重的情况自然是两害的结合。张燮谓:"若宦官、夷狄潜合为一,以荡摇我疆圉,虔刘我人民,则古今未有之事,英雄难于措手矣。"[②]

事缘万历三十二年(1604)海澄商人潘秀(生卒年不详)和郭震(生卒年不详)带着渤泥国王的书信,勾结"和阑"(荷兰)商船,请求按故事在金门设立通商港口。时荷兰船只已经停靠澎湖。这样的要求被地方官员拒绝了。于是"红夷则遣人厚贿寀。大将军朱文达者,与寀厚善,尝以其子为寀干子。寀谋之文达曰:市幸而成,为利不赀,第诸司意有佐佑,惟公图之"。于是这位朱将军"喇喇向大吏言:红夷勇鸷绝伦,战器事事精利,合闽舟师不足撄其锋,不如许之"。高寀认定此事会成,还遣人"报夷,因索方物"。[③] 朱文达是福建当时的镇守总兵官。[④]

荷兰商船的领袖麻韦郎(生卒年不详)因此"赠饷甚侈,并遣通事夷目九人赴省"。但就在他们"候风未行"时,参将施德政(生卒年不详)已经奉命处理此事。施德政一方面派人通知荷兰商船他们的要求已经被拒绝,一方面整军待发。荷兰商船知道不会成事,于是离去。高寀同时"上书为夷乞市。上俞中丞及御史言,置珰疏不纳"。漳州沿海居民"悉北向称万岁"。高寀"闻之顿足曰:德政乃败吾事"。[⑤]

高寀和施德政的矛盾自此形成。张燮在别处提到"往者採榷之使,所在肆虐。闽以寀珰为政焉,而大将军正之施公实与之始终"。[⑥] 施德政次年升调神机营右副将军后军都督。到了万历四十二年(1614),施德政已经升任

① 张燮:《东西洋考》,《张燮集》,第 8 卷,第 1595—1596 页。
② 张燮:《闽海纪事序》,《霏云居续集》《张燮集》,第 37 卷,第 653 页。
③ 张燮:《东西洋考》,《张燮集》,第 8 卷,第 1596—1597 页。
④ 金鋐:《康熙福建通志》,《中国地方志集成》,凤凰出版社 2011 年版,第 19 卷,第 15 页。
⑤ 张燮:《东西洋考》,《张燮集》,第 8 卷,第 1597 页。
⑥ 张燮:《闽海纪事序》,《霏云居续集》《张燮集》,第 37 卷,第 653 页。

福建镇守总兵官,再次来闽,驻守福州。① 当时原来的广东税使李凤(? —1614)病故,神宗下旨命令高宷"兼督粤税"。广东民情汹涌,扬言若高宷来粤,必定杀之。而高宷这时"遂造双桅二巨舰。诳称航粤,其意实在通倭。上竖黄旗,兵士不得诘问"。结果两艘大船都被福建都督施德政扣留了。到了是年的四月,高宷和福建商民终于暴发了致命冲突。高宷拖欠商人"金钱巨万",于是商人聚集来讨。高宷"挥所练习亡命群殴之,立毙数人。余众趋出,复从魏漏射之,放火延烧民屋数十余家"。散逃之后的民众"次早,远近不平,各群聚阃署,约数千人"。高宷"露刃跃马,率甲士二百余,突犯中丞台",挟持了福建布政使袁一骥(生卒年不详)。"时万姓走护,大兵徐集"中的军队调动,自然也由都督施德政指挥。高宷最终被弹劾,神宗调其回京,不知所终。②

在高宷的事情中,施德政的角色至关重要。张燮称许他道:"既而有和兰国之事,贿宷奥援以求市,闽祸且滋蔓,而公伐其始谋。最后有巨舰连倭之事,激变省会,劫辱重臣,事急则谋向岛夷作生活,而公防其未溃。"张燮甚至将高宷的恶行与土木之变的王振(? —1449)相提并论,毕竟都是"我国家夷狄、宦官之祸"。如果没有施德政,那么"使宷遂与夷合而无变计,东南半壁之天下,尚可言哉"?③

矿使问题是漳州士民的严峻威胁。这从他们纪念为了此事而和矿使周旋的地方官员一事上可以看出。漳州有"张何二公祠",奉祀同为万历十一年(1583)进士而先后以按察御史到漳州的张应扬(生卒年不详)和何淳之(生卒年不详)。张燮在其代作的《张何二直指合祠记》中描述道:

> 张之来也,会中常侍初政,议采议榷,所在恋卷,而漳为最。君委曲调停,去其太甚,三老犹能述。常侍金绯行部,意有所旁出。君时已病剧,强起争之,事赖中辍。未数日,而君遂不起矣。何之来也,会妄一男子张嶷有海外征金之疏,事已报可,下常侍。漳民汹汹,计祸且叵测。君肠一日九回,常侍幸过听君,议竟寝。然君亦复不起,积忧国之渐也。

张燮最后总结曰"惟夫两君之没也,为民也,两君自分其必没也;漳之祠

---

① 金鋐:《康熙福建通志》,第19卷,第15—16页。
② 张燮:《东西洋考》,《张燮集》,第8卷,第1598—1599页。
③ 张燮:《闽海纪事序》,《霏云居续集》,《张燮集》,第37卷,第654页。

两君也,亦为民也,民固更以两君不没也"。①

高寀在万历二十七年被派往福建,霞中社在万历二十九年成立。高寀在万历四十二年离开,霞中社也很快进入活动锐减的衰弱期。本文不是主张霞中社的成立和发展完全受到高寀在福建的暴政左右,而是认为要了解霞中社成员当时的心态、所形成的网络、结交的对象,都必须结合当时在全国政治层面的党争问题,尤其是地方上的政治形势和需求。否则霞中社成员的许多诗文就无法全面地理解了。

五、三任南路参将

施德政,字正之。他第一次阻止了高寀和荷兰商船的勾结是在南路参将的任上。南路参将是嘉靖三十八年(1559)所立的编制。当时"分福建地方为三路,各设参将,兼辖水陆"。而在布防编制中"漳州为南路,参将辖漳州、镇海二卫所。军浯屿、铜山二寨,及各营陆兵。漳州浙兵为前部中营,铜山浙兵为前部左营,陆鳌土兵为前部右营,各设把总一员"。此外"建参将署于郡城之西偏,遇汛期则驻悬钟调度防御。"之后一度移驻铜山。到了万历二十年(1592),"复移驻中左所(即今厦门)"。② 所以南路参将在17世纪初每年汛期时的驻地是厦门,其他时候其衙署则是在漳州城内。在方志中存有记录的最后三任南路参将分别是施德政、李楷(生卒年不详)、宗孟(1564—1612)。他们分别在万历二十五年(1597)、万历三十四年(1606)、万历三十八年(1610)上任。③

霞中社成员如果只是一群文士的雅集吟唱,那也许就是一个因为共同的文学爱好而聚首的纯粹诗社。但是当霞中社在漳州面对着来自高寀的残暴政治的17世纪初,连续和这三位负责漳州地区的陆地和海上防御军务的最高将领都刻意建立和保持非常亲密的关系时,事情自然就没有表面的唱和活动那么简单。

张燮在《霏云居集》中有《素交篇》20首,他在引中提到"以余所知识前辈朋德君子及并时诸俊,间多质行才藻炳朗一时,而气谊见收,久要弥笃。是亦刘绘所为开贴宅而平子所为赋四愁也。合交籍中得诗二十章"。④ 张

① 张燮:《张何二直指合祠记》,《霏云居集》,第30卷,第576—577页;李维钰原本,沈定均续修、吴联董增纂:《光绪漳州府志》,第8卷,第34页。
② 李维钰原本,沈定均续修、吴联董增纂:《光绪漳州府志》,第22卷,第8页。
③ 李维钰原本,沈定均续修、吴联董增纂:《光绪漳州府志》,第22卷,第20页。
④ 张燮:《霏云居集》,第2卷,第48—54页。

燮交籍中一人一首诗，其中就包括了施德政、李楷、宗孟。

施都护正之①

正之自豪雄，倒执白玉斧。入门咏小山，出门雷大鼓。
平分竹素缘，清流结俦伍。赐许拭彤弓，功从标铜柱。

李将军伯鹰②

伯鹰擅门风，兰玉阶里树。白皙登高坛，轻裘出儒索。
骨体殊骏快，文心兼武库。笳铙坐上流，淋漓挥露布。

宗将军浩然③

元干志武功，破浪风万里。浩然继其后，秉钺临漳水。
箧秘穷阴符，心深叩玄旨。爱客不知疲，终宴情逾侈。

在张燮的社交圈子中无论是雅集唱和，或是书信往来，施德政都是一个经常出现的名字。除了雅集时出现的人物名单为证据之外，按张燮的说法，霞中社另外一位成员蒋孟育和施德政也是交从甚密。他说："余友蒋少宰道力，每风月澄霁，辄念施正之也。"④而在施德政和高寀斗争的问题上，张燮自诩自己作为目击证人，又是施德政的好友，所以必须对事件加以记述。张燮在为施德政所撰寿序中说："余辱公知，觌兹盛事，不容无一言。"⑤

但是张燮所说岂止一言？如前所见，他在《东西洋考》的《税珰考》中对此事件的叙述不可不谓详尽。他在《闽海纪事序》中更是以赞颂施德政在此危机的处理上的一系列功绩为叙述中心。而蒋孟育在写给施德政的信中也一再强调此事。他说："台下护闽之功，素所服膺。"至于张燮为施德政所撰序言中"最得意者，大将军施公，实与之终始，便含蓄无尽"。毕竟"彼珰所以有次骨之怨，功可胜言哉"！⑥ 除此之外，蒋孟育和施德政的书信往来还有其他三封。⑦ 张燮后来在施德政的祭文中提到他们的往来"乃余辈旧社新盟，但知公腹中之盛五车，而顿忘车前之腾八骀"。毕竟武将的功业在沙场

---

① 张燮：《霏云居集》，第 2 卷，第 51 页。
② 张燮：《霏云居集》，第 2 卷，第 52 页。
③ 张燮：《霏云居集》，第 2 卷，第 53 页。
④ 张燮：《寿施正之大将军序》，《霏云居续集》，第 32 卷，第 587－589 页。
⑤ 张燮：《寿施正之大将军序》，《霏云居续集》，第 32 卷，第 589 页。
⑥ 蒋孟育：《恬庵遗稿》，第 31 卷，第 24 页。
⑦ 蒋孟育：《寄施正之都护》《答施大将军》《答施大将军》，见《恬庵遗稿》，第 26 卷，第 15－16 页；第 27 卷，第 11 页；第 30 卷，第 6－7 页。

上。张燮最后提到"盖公没而辽阳之羽书继至也"。他感叹若施德政尚在，明朝当不至于战败失地。①

张燮对施德政可谓推崇备至。他不仅力劝施德政将诗集刊行，还在其序中将其与戚继光（1528—1588）相提并论。张燮开宗明义便说：

> 当嘉靖时，闽苦云扰，戚大将军元敬时为裨帅讨平之。其后仗钺遍南北，为中兴以来牙旗第一流人。不知元敬自有其斑管，每行间为诗歌，周旋琅琊、新都间，以词坛之鞭弭相属者也。比来海波不扬，顾鳞介或时见窥。施大将军正之，后先镇闽，春秋耀吾戈甲，境内不惊。说者谓制乱方萌与裁乱等，而雄姿伟略与元敬亦复相当云。

但是和戚继光一样出色也只是施德政的其中一面而已。更重要的还在于他独具慧眼的结交对象。张燮接着说：

> 不知正之亦自有其斑管，以与吾党周旋，属鞭弭于词坛，岂一日哉！正之交游遍海内，而独于吾党申霞外之契。②

以吾党指谓霞中社，进以强调施德政和他们的紧密关系。这层联系的动机自然不单单是为诗作文而已。

以下是《霏云居集》中涉及施德政的资料。

诗	素交篇—施都护正之	第 2 卷,第 51 页
	岁暮施正之远使饷酒兼贻月俸见赠走笔答寄	第 7 卷,第 177 页
	施正之大将军应召京枢诗以送之	第 9 卷,第 210 页
	过施大将军衙斋留酌时有饷鲥鱼至者为赋二首得新字	第 13 卷,第 286 页
	重过施正之衙斋夜饮即事	第 14 卷,第 321 页
	管彦怀观察施正之大将军招同蒋道力宫谕酒集林园二首	第 7 卷,第 161 页
	修禊席上留别施正之徐兴公林存古得陵字	第 7 卷,第 164 页
	施将军正之招同戴亨融集顾国相东园是日立秋	第 9 卷,第 206 页

---

① 张燮:《祭施正之大将军文》,《霏云居续集》,《张燮集》,第 48 卷,第 811—812 页。

② 张燮:《施大将军诗序》,《霏云居集》,《张燮集》,第 25 卷,第 511—512 页。

续表

	施正之大将军招同蒋道力宫赞徐鸣卿司马陈元朋先辈虞公普张公鲁唐奉孝三征君集城西园得参字	第10卷,第226页
	上巳后一日偕道力鸣卿正之元朋诸君并马郊游抵湛空上人园因历诸禅林分得依字	第10卷,第227页
	八月十四夜宗浩然将军招集香雪亭同虞公普在坐有怀施都护正之	第12卷,第276页
	入榕城偕蒋道力过施正之小集衙斋	第13卷,第285页
	上巳集施正之衙斋同徐兴公林存古在坐得花字	第13卷,第288页
	偕陈元朋招施将军正之集玄云亭是日戴亨融自武安始至而汪尔材病足初起因共在坐聊纪胜缘	第14卷,第305页
	三月三日禊集施大将军衙斋诗序	第24卷,第495页
序	施大将军诗序	第25卷,第511－512页
尺牍	寄施正之大将军	第47卷,第826页
	答施正之	第47卷,第828页
	答施正之	第48卷,第839页
	寄施正之	第48卷,第848－849页
	答施正之	第49卷,第851－852页
	寄施正之	第49卷,第866－867页
	贺施正之大将军开府七闽启	第50卷,第873－874页

接任的李楷同样是霞中社成员积极结交的对象。按张燮的叙述"李公伯鹰以骠骑将军仗钺吾漳者四年"。之后"天子念公功高,擢贰大将军,移镇粤东海上"。送行序虽然出自张燮之手,但他强调和李楷维持着紧密关系的不是他一人。因为"吾社诸君子于公有兰荪之契。谓燮知公,不可无一言为别"。可见张燮是代表霞中社发言的。当然,李楷似乎也很积极地与漳州士人打交道,据说"伯鹰与人交,修古谊甚笃。我辈至存没异路、升沉异态,公周旋其间,恩分倍常"。张燮最后总结道:

> 诸将军镇漳者非一,多能自致通显以去。至彬彬质有其文武,迩来惟施正之,而伯鹰继之,足称连璧。正之入掌天子六军,又佩大将军印出视闽,上以闽为正之游刃之乡也。上行念正之,召拜枢密,而闽复为伯鹰游刃之乡,则总兹戎重,舍李公其谁乎? 会见奏凯重来,继开仪同

之府,终护闽也。①

  如此一来就将连续两任的南路参将结为一个组合。他们两位不仅文武兼备故与霞中社诸君结交甚深,在身为国家栋梁的同时,更是维护漳州乃至福建的安全与利益的前后任军事将领。张燮在李楷的像赞中说:"世倚君如北平之飞将,而吾曹以为北海之大儿。"②这样的对比方式一方面呼应其将才为不同群体所倚靠的叙述,另一方面则又何尝不反映出霞中社张燮将其所属漳州地区士人群体作为更宏观的国家的一个自然的并举对象。

  而蒋孟育晚年归里时,李楷已经调离。但是张燮还是向他讲述说大将军李楷"乃我辈人,不惟能读古书,至近代名家无所不览,能为题其高下。赋诗草檄立就,谈霏霏如珠露"。③ 所以即便未曾谋面,蒋孟育和李楷亦有书信往来。李楷从漳州调往广东,之后又移驻江苏,其晚景不是太顺利。张燮在其北上的旅途中还两度与之相会。张燮回忆自己"两度吴航,值君筎鼓之楼船。牵衣视鬓,促席论心,顿忘夫绪风之凛栗而霏雪之飘翩……君在粤而丧爱子,在吴而亡伉俪,愁波潜耗,竟使华颜落蓓而貌异乎昔年"。④

  以下是《霏云居集》中涉及李楷的资料。

诗	素交篇—李将军伯鹰	第 2 卷,第 52 页
	李伯鹰之粤东凡再贻书见讯短歌寄怀时闻君将有入闽之擢	第 3 卷,第 71 页
	赠李将军伯鹰二首	第 5 卷,第 123 页
	元夕李伯鹰招饮署中	第 6 卷,第 127 页
	送李伯鹰擢镇粤东海上	第 12 卷,第 275 页
	李伯鹰自粤东贻书惠金见讯时君已移镇吴淞矣聊尔寄答	第 13 卷,第 296 页
	除前数日窘甚适闽使君李将军陈别驾相继惠金差具酒脯聊口占作三绝句	第 18 卷,第 409 页
	李伯鹰之擢也已作近体诗赠行兹归自榕城临发驻车江东余走四十里诣之伯鹰张具留予剧谈至暮而别更续二绝句	第 18 卷,第 413 页

---

① 张燮:《送李将军伯鹰擢副总戎就镇东粤序》,《霏云居集》,《张燮集》,第 20 卷,第 439—441 页。
② 张燮:《李伯鹰小像赞》,《霏云居续集》,《张燮集》,第 43 卷,第 748 页。
③ 蒋孟育:《恬庵遗稿》,第 29 卷,第 25 页。
④ 张燮:《祭李伯鹰大将军文》,《霏云居续集》,《张燮集》,第 47 卷,第 799—801 页。

续表

	李将军伯鹰招同季美元朋瓒思诸君集香雪亭	第 11 卷,第 240 页
	偕李伯鹰过尔材宅看神坛是日斋饮剧欢乃罢诗以纪之	第 11 卷,第 242 页
	李伯鹰过集小园同汪尔材戴亨融高朝宪在坐	第 14 卷,第 311 页
	李伯鹰集高朝宪宅偕汪尔材陈元朋在坐漫成二首	第 18 卷,第 400 页
序	送李将军伯鹰擢副总戎就镇东粤序	第 20 卷,第 439—441 页
尺牍	答李伯鹰总戎	第 47 卷,第 831—832 页
	答李伯鹰	第 48 卷,第 843—844 页
	答李伯鹰	第 49 卷,第 857—858 页

　　方志中所记的最后一任南路参将是宗孟。他同样地被张燮置于一个施德政、李楷、宗孟这样的前后任组合之中。张燮说:"迩来娄江施正之,楚黄李伯鹰沓光连轨。伯鹰既迁去,而宗公浩然复从娄江来。伯鹰谓余曰:宗君才十倍曹丕,海门可不寂寞矣。"张燮之后评论三人谓:"施正之如轮梯庖刃,攻坚批却,无不摧萎;李伯鹰如瑶林琼树,高谢风尘;公则浑金璞玉,人皆钦其宝,莫能名其器。要以山辉沙媚,长挹华鲜。铸为湛庐,而刚成百炼;剖为符玺,亦庭列九宾。是三君子者,递有其胜场,未知最胜谁属?"①张燮不是唯一进行这样的比较的人,蒋孟育在给宗孟的信中也曾提及"昨管观察谈及台下,便以事业相期,且言其识施大将军于敝漳,犹知台下于今日,引以为比"。②

　　如果说霞中社成员对于施德政的赞赏带着感念这位军事将领在两次关键时刻毅然地打击和破坏了高寀的计划,而张燮于李楷也有后者调任之后的交游和情谊,那么对于这位新上任的宗孟,他们的交往基础又是什么? 张燮曾为宗孟的母亲立过生传。③ 而当时远在南京的蒋孟育更是为了拖欠宗母的贺文而向张燮求助。他说:"久稽宗太夫人贺文,幸白大将军原之。"④他在另一处又提及"属草未完"的宗太夫人贺文,并表示自己回去时当面晤宗将军。⑤

---

① 张燮:《寿宗浩然将军序》,《霏云居集》,《张燮集》,第 23 卷,第 486—487 页。
② 蒋孟育:《寄宗浩然参戎》,《恬庵遗稿》,第 26 卷,第 20 页。蒋孟育和宗孟德书信往来,又见蒋孟育:《答参戎宗浩然》,《恬庵遗稿》,第 28 卷,第 21—22 页。
③ 张燮:《旌表完节宗母章太夫人生传》,《霏云居集》,《张燮集》,第 24 卷,第 628—631 页。
④ 蒋孟育:《寄张绍和》,《恬庵遗稿》,第 28 卷,第 23—24 页。
⑤ 蒋孟育:《寄张绍和》,《恬庵遗稿》,第 29 卷,第 12 页。

以下是《霏云居集》中涉及宗孟的资料。

诗	素交篇—宗将军浩然	第 2 卷,第 53 页
	宗浩然邀集戈船望海歌	第 3 卷,第 72 页
	宗将军归自海上诗以讯之二首	第 7 卷,第 168 页
	鹭门集宗将军衙斋	第 13 卷,第 291 页
	宗浩然邀登醉仙岩	第 13 卷,第 291 页
	偕宗浩然登普照寺绝顶	第 13 卷,第 292 页
	五月五日斋居宗将军海上寄书损俸见饷漫兴	第 13 卷,第 293 页
	酒次赠宗浩然将军	第 14 卷,第 317 页
	秋暮宗浩然饷酒兼惠银斗一双时君将抵海上矣聊寄四绝	第 16 卷,第 360 页
	鹭门归舟简宗浩然	第 18 卷,第 423 页
	秋日新晴宗浩然将军过集别界同顾国相汪尔材在坐迟戴亨融梁山不至	第 3 卷,第 70 页
	八月十四夜宗浩然将军招集香雪亭同虞公普在坐有怀施都护正之	第 12 卷,第 276 页
	冬日宗浩然招同蒋道力汪尔材吴潜玉集香雪亭余以中酒逃去	第 12 卷,第 279 页
	雨夜偕戴亨融集宗浩然署中观弈二首	第 16 卷,第 362 页
	八月十四夜亨融鸣卿诸君集宗浩然庭中待月	第 18 卷,第 424 页
	张仲孺文学客计令君许居恒雅念余至是介宗浩然邀余同集署中短赠二首	第 18 卷,第 424 页
寿序	寿宗浩然将军序	第 23 卷,第 486—487 页
燕游序	宗将军招集戈船望海诗序	第 24 卷,第 499—500 页
传	旌表完节宗母章太夫人生传	第 34 卷,第 628—631 页
尺牍	简宗浩然将军初度启	第 50 卷,第 880 页

六、躲不掉的明末政治

　　表面上看起来,霞中社成员对宗孟友善态度的一个原因是其南路参将的身份。和地方军事将领保持友好关系是他们从高寀祸闽以来形成的策略。与此同时,晚明的党争正在如火如荼地开展着。在宗孟莅闽之后,张燮在其寿序中就曾强调"夫南北互驰,涉世者多蹶,而御以公之真诚,则尽为一路;刚柔异使,在局者每歧,而出以公之剂量,则并契高符。能使有心人情好日隆,而黜者忘猜,涣者忘脆,则公之所调者大也"。^① 期许是美好的,但是宗孟之前是受到李三才(1552—1623)所赏识的。而李三才又是党争中最具争议性的人物之一。

李三才的主要功业之一是在万历二十七年"以右金都御史总督漕运,巡抚凤阳诸府"。万历二十七年正是"矿税使四出"的年份,也是高寀被派往福建的同时。^② 打击税珰是支持李三才的人所乐道之事,这和漳州霞中社诸子是一致的。霞中社成员除了张燮对施德政的支持和在《东西洋考》中对税珰的笔伐之外,其余多人都曾经参与到不同的对抗活动中。例如在万历三十年(1602),高朝宪在回北京的途中路过福州,"适张燮有海外征金之疏,事下闽,中贵人主之。中丞台不知所出,君为上三议以杜乡曲忧,事遂寝。虽持之者众,然君生长此中,语殊切至,故及君而定也"。^③ 显然地,高寀的计划会将横征暴敛的触手进一步伸展到更多的闽南商船。朝廷命布政使回奏,虽然有不少人也向非闽籍的布政使提出了反对意见,最终是生长于月港所在的漳州的高朝宪以其在地的知识和强烈感情,成功说服布政使向朝廷提出否定的意见。又例如县志中收有吴寀的一篇《免云霄镇税纪》,讲述了高寀妄征云霄商税,当地民人如何抗争,知县积极斡旋其中,而事情最终圆满解决的始末。^④ 在一定意义上,这也反映了吴寀对税珰问题的态度。

反对宦官的无理索求不仅仅发生在地方上,也自然在朝堂上上演着。郑怀魁时任职户部河南司,已经清楚看到国力的衰落。后来兼管广东司时,他又必须直接面对超额的珠宝要求。郑怀魁便毅然上疏据理力争要求裁减,疏中"臣不能使沙砾化为明珠"一语更是让人为之捏了一把冷汗。皇帝最终下旨减去十分之三。^⑤

而徐銮在万历三十二年(1604)借明成祖长陵为雷火所击一事上疏请求废止矿税。他严厉地批评明神宗"明旨何尝不言修,而毫无意于修。明旨何尝不言实政,而无一事近实"。在徐銮看来"矿税一事,大谴在此。理乱安危并在此"。所以他责问神宗"前后圣谕,曾有一字及之否?诸臣危而请罢者,曾有一语批答否"? 徐銮无法理解皇帝的不回应态度,毕竟"此非有所艰剧难行。皇上第下数行之诏,不烦拟议,不费经营。出群黎于汤火,收人心于

① 张燮:《寿宗浩然将军序》,《霏云居集》,第23卷,第486—487页。
② 张廷玉等:《明史》,北京中华书局1997年版,第120卷,第6061—6067页。
③ 张燮:《翰林院检讨征仕郎朝宪高先生行状》,《霏云居集》,第36卷,第660—664页。
④ 陈汝咸:《光绪漳浦县志》,《中国地方志集成》,第17卷,上海书店2000年版,第30—31页。
⑤ 郑怀魁:《上供珠宝疏》,《葵圃存集》,第19卷,第3—6页;李维钰原本,沈定均续修,吴联薰增纂:《光绪漳州府志》,第30卷,第51页。

未散,然后余政可次第举行"。他进一步强调如果再不废止,后患无穷。如今已"切见海内民心四乱十家而九,中州、福建,仅其萌兆。若一处事成,百处响应,分崩离析,呼吸可待"。徐銮重申神宗下旨废止就一定要贯彻执行,他感叹:"自古及今,人主曾有此矫诬? 朝廷曾有此反复? 昭垂万代,亦昭代简册之羞也。"这是因为"自矿税流毒以来,皇上兢惕之旨,臣所睹者及今而三焉。一徼悟于楚民之变,未旋踵如故。再徼悟于圣躬之违豫,又旋踵如故。今此异变逾迫,皇衷震动,未有甚于此时。及今不悟,终无悟期;及今不改,终无改日"。徐銮最后也强调"诏狱诸臣,彼皆忠贤。为皇上保护赤子,得罪于贼监,未尝得罪于天地祖宗,何为久锢幽圄?"①

然而霞中社成员和李三才的关系并不单单只是在宦官和矿使问题上的一致。其中徐銮更曾经是李三才的下属。张燮在徐銮的祭文中提到"君先在广陵,尝执手板而事淮抚,受知津梁。其在粉署,又与二三时名互相缔结,欲别流之谁清,未信泉之谁狂"。最终遭人攻讦,落职归里。② 文字虽然简略,但是意思十分清楚。徐銮任职扬州时受知于李三才,到兵部后和东林人士有所往来。霞中社外围成员曹学佺在为徐銮所撰祭文中就提到万历三十九年(1611)徐銮中考功法,"公论讼鸣卿冤者如出一口"。曹学佺认为徐銮为世俗所议论者有两点,其一就是"代淮抚辩疏"。然而"淮抚以国士遇鸣卿。方其未经指摘时,岂不称江淮间一屏障哉?"当李三才开始被攻击时,徐銮拒绝落井下石。曹学佺说"世之以贪目淮抚,而即以鸣卿为证贪之人,鸣卿不受也"。唯一的问题是"鸣卿疏词过激则有之"。③

而远在漳州的南路参将宗孟,就曾经是淮抚中领军。张燮说:"李尚书三才风气豪峻,搏中珰如腐鼠,威棱所加,河山震慑。"对宦官的厌恶无疑是和霞中社成员的立场遥相呼应。而在李三才部下中,宗孟是为其所信任的。"浩然以真诚一片,雍容在事;李亦倒胆,与共相信"。更重要的是宗孟经常扮演劝解的角色。"李每霆电徂击,间顾中领军谈,则威重为少贬"。宗孟便是由李三才推荐升迁为游击将军,且"中领军如故"。后来"李淮抚既为朝议所攻,凡生平卵翼之士,多挟戈内向,用一以自完"。当时早已升任漳州南路参将的宗孟"每对客,屡屡谈淮抚有社稷功,绝不露诋呵只字"。④

还有一个非常重要的细节,即"徐职方銮则向司大柄时,习知宗将军贤,

① 徐銮:《请止矿税释累臣疏》,《职方疏草》,第13卷,第13—19页。
② 张燮:《祭徐鸣卿职方文》,《霏云居续集》,第47卷,第797—799页。
③ 曹学佺:《甲寅奠鸣卿文》,《职方疏草》,附卷,第1—4页。
④ 张燮:《福建南路参将浩然宗将军行状》,《霏云居续集》,《张燮集》,第46卷,第779—783页。

擢将军入漳者"。宗孟从李三才抚署中领军擢升为主导闽南一方安危的南路参将,竟是由同样受知于李三才的漳州籍徐銮所安排。这其中的关系不言而喻。徐銮里居之后,与宗孟"情好日隆"。而宗孟在任上去世时,"独一幼子在署中",是张燮和徐銮帮他治理丧事。关于宗孟在世最后几天的情景,张燮有一段十分动人的描写:

> 是时,医者误用补剂,余为易医,而新医摇首反走。然君之所亲尚意其旦暮可霍然,不甚过虑。越数日,君体中转恶。余拉徐职方诣君卧内。君勉侧身曰:孟得生还否? 其夜,健儿叩门呼余,余拉徐更往,则君已大渐,口似欲有所祝者而不能言,遂转身而逝。检其橐,不能满百金。余为唱于交知致赙佐之,然后能办襄事。①

这一段情谊固然动人,但其背后有着政治同盟的关系,有着地方士人拉拢军事将领的意图,都是不争的事实。由李三才、徐銮、宗孟形成的政治联系,到地方上由张燮、徐銮、蒋孟育等霞中社成员和宗孟形成的结盟关系,或者更抽象的政治立场上的李三才、张燮、吴寀、郑怀魁、徐銮等组成的反宦官、反矿税势力,都使事情变得复杂起来。

当然,在面对朝廷的激烈党争中,蒋孟育是比较谨慎的。在所谓"迩者南北多岐,鹬鹭为敌国"的时候,蒋孟育选择了不参与。② 终其一身,他都没有改变这一态度。张燮谈到"南北争构,诸大臣意有佐佑,辄为个中人所推戴,公屹然中立,元无附离,故洪涛荡岳,不至波漂,而拥护者亦少。满最候命,时用事大珰遣人诣公致殷勤。公正色曰:外庭安得与内庭私通? 珰衔之,故加恩已奉,谕旨尚留中,半月始下"③。虽然在朝廷上选择了中立,但他也始终没向宦官靠拢,更不妨碍他与具备浓厚党派色彩的同社徐銮和南路参将宗孟的往来。

七、结论:诗社还是吾党?

在现存的张燮、蒋孟育、郑怀魁三人的文集中,不难发现不少以"同社"冠名诗歌题目,或者收信人姓名的例子,还有不少祭文也同样标示出同社的关系,这些都不足为奇。

---

① 张燮:《福建南路参将浩然宗将军行状》,《霏云居续集》,《张燮集》,第 46 卷,第 782 页。
② 张燮:《送蒋道力宫谕奉使还朝序》,《霏云居集》,《张燮集》,第 19 卷,第 431—432 页。
③ 张燮:《通议大夫南京吏部右侍郎恬庵蒋公行状》,《群玉楼集》,《张燮集》,第 52 卷,第 874 页。

但有些时候张燮也会使用色彩更为浓厚的"吾党"来指称霞中社的同社成员。例如当他写信安慰经历母丧的吴寀时，说"惟兄节哀自玉，则吾党所注望甚切，不独弟私言矣"时，仿佛就是一个群体的发言人在叮嘱友人。[①]但这个例子还属私人领域。当他祝贺蒋孟育升迁时说"知槐鼎便欲借兄宣赞，喜可知也。春华秋实，自君兼之，为吾党增色，甚善"时，应该也还是私人领域的范围。[②] 只是称"吾党"则其想要强调他们是一个联系紧密的群体的动机是十分明显的。

另一方面，当叙述的语境牵涉到地方上的政治平衡，例如强调施德政"独于吾党申霞外之契"时，这个群体的政治利益就被突显了。而当论及漳籍官员以及仕漳官员仕途被打压是因为"衅或起大珰"，进而与同社人共勉称"吾党所私收造化者如此矣"时，群体的意识自然是浓烈的。[③]

张燮还有一首诗，题曰《徐鸣卿吴亮恭相继抗疏谈时政甚切直诗以志怀》：

> 尔辈元词客，而今擅直声。婴鳞龙岂押，立仗马犹鸣。
> 言以回天苦，心偏向日萦。婆娑温室树，屈轶倍分明。[④]

为两位霞中社成员的直言抗疏而激动，则疏中内容应该也是张燮所十分关注的。张燮在后来给吴寀的信中，叙述了如下的情景：

> 犹忆邸报抵漳时，管彦怀偕阮坚之登半漳台，招社中二三兄弟与焉。阮使君叹服吴先生，修礼甚逊，执词甚卑，安得叩阍排闼若是。管明府则谓漳中相继抗疏者两人，徐鸣卿、吴亮恭都出社中，顾谁为继者？一时坐上喧为美谈。亮恭即不以此自沾沾乎，然所分荣吾党侈矣。[⑤]

信中的管彦怀即是管橘（生卒年不详），万历二十七年（1599）任长泰县令，在漳五年。管橘后来调任御史，之后又出为福建按察金事。但是信中以

---

① 张燮：《与吴亮恭》，《霏云居集》，《张燮集》，第41卷，第728页。
② 张燮：《寄蒋道力》，《霏云居集》，《张燮集》，第41卷，第730页。
③ 张燮：《寄吴亮恭》，《霏云居集》，《张燮集》，第41卷，第724页。
④ 张燮：《徐鸣卿吴亮恭相继抗疏谈时政甚切直诗以志怀》，《霏云居集》，《张燮集》，第4卷，第83页。
⑤ 张燮：《答吴亮恭》，《霏云居集》，《张燮集》，第40卷，第713页。

"官明府"称之,则应该是第一次在福建任官时。① 阮坚之则是阮自华(1562—1637),他是万历二十六年(1598)进士,初任福州推官。② 张燮的诗作并没有标明日期,但该卷第一首诗是《甲辰早秋》,甲辰年即万历三十二年(1604)。③ 吴寀并无文集存世,所以无从参考其奏疏。如果徐銮和吴寀是在大约同一时间上疏进言同一主题的话,那就极有可能便是徐銮在万历三十二年所上的《请止矿税释累臣疏》。

从上面的叙述中,我们可以推论地方官员清楚知道霞中社成员有哪些,而且他们还特意邀约共游。而无论是地方官员还是霞中社成员,他们在万历三十二年所共同关心的一个课题就是矿税问题以及针对税珰的对抗努力。当时的情况是在京任职的漳州籍官员中有两人上疏言事,而两人都是霞中社成员。而这个时候,远在闽南分享这抗争荣耀的霞中社成员是以"吾党"自居的。

霞中社是一个由漳州士人组织而成的诗社。但是他们并没有任何明显的文学主张,也从未试图去改变漳州或者福建的诗风。他们以诗会友,虽然同社成员从未齐聚,但是从张燮《霏云居集》中我们可以看到,和社中成员的雅集、唱和,是张燮这位居家举人的社交生活中十分重要的一环。而各种社交活动,无论是雅集、出游、初度、祭奠,或是写写书信发发牢骚,都是霞中社同社友人常常进行的活动。

霞中社不是漳州在晚明时期的第一个诗社,却无疑是最具盛名的,而且延续时间相对较长。霞中社成员不是因为共同的文学主张而结合,倒像只是一个同乡士人的交游网络。然而如果只是同乡士人的网络,何必结社?而且何必在万历二十九年结社?同社和吾党的意识何必强调?霞中社又何以维持那么长的一段时间?

霞中社不是一个文学组织,也不是一个政治团体,它是另一种形态。霞中社在万历二十九年结社是一个时代的产物。当时的福建面对高寀的横征暴敛,而矿使四出其实是一个全国性的危机。这一群漳州士人在进行他们的"东南衣冠之会"时,包括福建在内的许多地方的社会结构正在被税珰们破坏着。这个破坏威胁了地方行政中的文官群体,和地方的士绅、商贾和一般民众所已经接受的资源分配模式。换言之,以矿税为名义的资源搜刮是

---

① 李维钰原本,沈定均续修、吴联董增纂:《光绪漳州府志》,第11卷,第32页。金鉉:《康熙福建通志》,第19卷,第33页。
② 金鉉:《康熙福建通志》,第20卷,第10页。
③ 张燮:《甲辰早秋》,《霏云居集》,《张燮集》,第4卷,第77页。

许多地方官员和地方领袖与民人所共同反对的。

　　远在福建南部的漳州霞中社，自有其社交功能的一面，此不再赘言。但在矿税问题的大背景下结合的霞中社成员则无可避免地必须面对时代的挑战。担任京官的可以直接上疏言事，其余成员则在地方上积极结交地方官员。而因为漳州月港的特殊环境，他们的网罗对象就包括了南路参将，而且是有意识地将连续三任的参将塑造成一个延续性的组合。最值得注意的是后来李三才、徐銮、宗孟这样的一组关系。并不是说霞中社因此被卷入了全国性的党争中去，而是说因为对抗矿税是一个全国性的议题，所以霞中社的网络与策略很自然地与之相应。

　　我们在地方史研究中习惯探讨代表国家的官僚体系和地方利益的竞争与合作。矿税问题为这个框架带来了挑战。由于旧有平衡受到了威胁，所以我们看到了原来代表国家的官僚体系和地方利益形成了一个相对一致的战线。因此，霞中社这一社交功能明显的诗社在内部就拥有了一股不同的动力，一股可以支持他们的自我认同的使命感。相对局限的地方经济与社会危机，以及在地色彩浓厚的士人网络，和宏观的国家政治与朝廷党争是无法割裂的。对于地方的研究无法脱离国家的历史，然而单单是国家的历史也无法解释不同地方的回应策略与方式。

论山西洪洞苏堡刘氏
从清初到民国时期的六次修谱

　　山西省洪洞县苏堡刘氏从清代初期到民国初年是地方上颇有声望的家族。他们前后进行了6次的修撰宗谱的活动。如果以他们邀请外姓人为宗谱写序为创谱的起始点的话,则刘氏宗谱首创于康熙四十六年(1707)。可是从2位主持创修宗谱的刘氏第十世族人,刘志(1642—1722)和刘镇(1656—1722)的2篇自序来看,宗谱的最后完成和刊刻应该是在康熙五十四年(1715)。当然无论是康熙四十六年或五十四年,都无疑是发生在清代初期的事情。

　　刘氏第二次修谱(也就是第一次重修)是在乾隆五年(1740),由刘志的两个儿子刘勷(1679—1743)和刘衷(1704—1782)主持。第三次修谱是在嘉庆十五年(1810),由刘志的曾孙,刘大恣(1754—?)主导。后来,属于第十二世的刘体重(1785—1864)主持了同治元年(1862)的第四次修谱。刘氏宗谱在清代的最后一次(也就是第五次修谱)是在光绪二十四年(1898),由第十二世的刘殿凤(1826—?),以及属于第十六世的刘钟邠(1834—1898)负责。进入民国后,由第十三世的刘恒杰(1881—?)和第十四世的刘宝诗(1867—?)领衔于民国二十一年(1932)第6次修谱。①

　　家谱作为家族资料的集成,自然有明显的私人性质,但是家谱同时也是历史文献。而作为历史文献的家谱不仅仅可以让后人知道一个家族的兴衰繁衍,也可以允许后人利用家谱对特定时代的历史进行考察。这是因为一个家族具体的生活面貌毕竟无法脱离当时的历史环境而存在。所以家谱无论是在创修或者重修时,修谱者始终不能回避家族在当时所遇到的内部问题和社会发展所带来的新挑战。换言之,家谱是家族的,也是历史的,家谱研究可以探索一个家族的历史,也可以反映时代和更为宏观的社会史。

　　本文将尝试使用洪洞苏堡刘氏六次修谱的历史资料,一方面勾勒该家族在修谱问题上的思想和具体行动,进而了解该家族在历史发展上所面对的挑战;另一方面也试图呈现时代变迁对家族发展和修谱思想的影响。本

---

① 　刘恒杰:《目录》,《洪洞苏堡刘氏宗谱》,山西省社会科学院家谱资料研究中心藏,第1a—1b页。

文将从"修谱的传统目的""修谱的时间间隔""修谱者的身份变化和具体执行"和"修谱的新使命"四个方面展开讨论。

一、修谱的传统目的

修谱的传统目的主要是在收族,尤其是让族人知道彼此在宗族中所处的相对位置,而不仅仅只知道最为亲近的家人与亲戚。毕竟"宗族与吾固有亲疏。然自祖宗视之,皆子孙也;则自祖宗而下,不可令其泯没无传与涣散无统也"。① 具体的方法则是在宗谱中做到"辨源流""明世次""慎嗣续""录庶孽""避名讳""书爵里""纪迁徙""详婚媾""记茔墓"等。②

但是在刘氏创修宗谱之清初,有一特定的现象最为刘氏族人,乃至晋省其他地区的社会名人所关注,即以他姓为嗣和宗族通谱联宗的问题。《刘氏宗谱》以晋省乡人陈廷敬(1638—1712)的序开头。陈在序中批评道"吾山右风俗,多有取他姓为嗣。其后子孙遂致混淆而无别"。③ 陈廷敬还指出另一个他不以为然的现象。在他看来,"东南士大夫遵东晋遗风,颇有能谈氏族者。然援引急声气,往往取同姓有名于时者,通谱牒而列载其名。如是则与混淆无别者,相去有几?而详慎之意亡矣"。④

可见在清初山西,至少在晋南和晋东南(陈廷敬是阳城人)地区,尚流行着以他姓入嗣的风气,而不似后来一般刻板的印象,以为承嗣者必须来自有血缘关系的宗族之内。刘氏康熙年间创修宗谱时,和陈廷敬一样关注入嗣人选的问题。在刘衮的《后序》中,他便明确指出"绝者""续者"和"继绝而不得其当者"是三个重要的焦点。而刘氏修谱者明白"先人之世系不可不明,而后人之嗣续不可不慎"的道理,因为"倘所谓绝者,续者与继绝而不得其当者,不一一笔之于书,具明其所自,则后之子孙将日即于混乱而不可复禁,而别嫌明微,存亡继绝之义亡矣"。按刘衮的观察,混乱的情况就包括了"子绝而不嗣者有之;兄亡而弟继之者有之;庶孽而干嫡长者有之;不父父而祢祖者有之;以子为他姓后者有之;同姓而为婚媾者有之;异姓而主祭享者有之"。⑤ 一部好的宗谱自然就是解决这些问题的一剂良药。

---

① 刘志:《宗谱自序》,《刘氏宗谱》,《中华族谱集成》,巴蜀书社1995年版,第63册,第377页。
② 刘衮:《后序》,《刘氏宗谱》,第381页。
③ 陈廷敬:《洪洞刘氏宗谱序》,《刘氏宗谱》,第372页。
④ 陈廷敬:《洪洞刘氏宗谱序》,《刘氏宗谱》,第373页。宗族组织的南北差异是一个需要注意的课题。见 Koh Khee Heong, "East of the River and Beyond: A Study of Xue Xuan (1389—1464) and the Hedong School"(Ph.D. dissertation, Columbia University, 2006), pp. 110-126.
⑤ 刘衮:《后序》,《刘氏宗谱》,第380—381页。

同样的，陈廷敬所不以为然的通谱现象虽然在中国东南省份（尤其是江南地区）十分普遍，刘氏也不热衷于此。通谱联宗的主要目的在于提高一族的声望，进而加强该族在地方事务上的干预权力和自保自利的能力。在一定意义上，只有在某区域的宗族组织的发展达到一定成熟的高度后，才会出现这样的局面。对清初晋南地区的洪洞苏堡刘氏而言，解决宗族内部的组织问题才是正事。

刘大悊在嘉庆十五年重修宗谱时，正面评价了宗谱在解决宗族内部的混乱上所起的作用。他指出"近年来族人渐知取他姓为嗣之非"。不只是族人"无或轻蹈恶俗"，更具体的社会影响在于"有嫡派子孙承桃螟蛉之室，近则改归本房者；有出继他姓已阅多年，今乃告于彼族而毅然归宗者"。这些族人为什么可以幡然醒悟呢？毕竟"若而人者，非天性醇厚，讲明大义，乌能一朝猛醒，顿改痼习至于如此"？刘大悊进一步回顾"旧谱条例内首辨源流，次明世次，次慎嗣续；而泽州陈文贞公为之序，于异姓乱宗一节尤反复言之深切著明。"因此"即今自好者，咸能诵法正言，动色相戒。其能知嗣异姓之非，自不肯取异姓为嗣"。风俗转变的功劳属于先祖创修宗谱，所谓"我祖父纂辑家乘之功为更不可没也"。在此基础上，"我族人共知讲明宗法，别嫌明微，以求尽合于收族之礼"，自然是"不愈善哉"。①

二、修谱的时间间隔

既然宗谱能够扮演如此重要的角色，那么洪洞苏堡刘氏的领袖们觉得应该相隔多久便进行一次修谱活动最为合适呢？他们在修谱问题上对于后人有什么期望呢？在创修宗谱时，刘志只是表示"后之继起者，幸勿玷污损坏而更时加修辑焉。是则志之所厚望也夫"。② 到了乾隆五年，刘衷第一次在宗谱中提到"先儒有言：三十年不修谱，以不孝论"，并期望自己和后人都能够"无坠两大人殷勤创始之意"。③

这句从不知名的"先儒"口中所说的"三十年不修谱，以不孝论"在刘大悊嘉庆修谱和刘钟邡光绪修谱时继续被引述为宗谱在一段时日后就不得不修的理据。有趣的是，到了民国时期，在前清历次修谱中明确表明是某"先儒"所言，而被引述为重修理据的话语，一跃而变成了对刘氏相隔多久修谱的时间描述。"吾宗之谱，三十年一修"是刘右西（生卒年不详）向姻亲所作

① 刘大悊：《序》，《刘氏宗谱》，第384—385页。
② 刘志：《宗谱自序》，《刘氏宗谱》，第377页。
③ 刘衷：《重修宗谱序后》，《刘氏宗谱》，第383页。

的介绍；也是刘恒杰（1881—？）对自家宗谱的认识。同样的意思也出现在刘宝诗和刘璋麟（1889—？）的文字中。①

实际上，如果以康熙五十四年为刘氏宗谱的创修年份，则接下来的几次重修分别相隔 25 年、70 年、52 年、38 年、32 年。从光绪年间的五修到民国时期的六修之间相隔的年数最接近 30 年，而民国时期主持修谱者在他们的论述中摈弃了"先儒曰"且直接以 30 年一修为定例；是不是因为进入民国时期以后，刘氏后人以前清祖先所言（哪怕原来只是引言）作为新的祖宗之法，所以他们才会努力在相隔 30 年后重修宗谱？另外，民国创建以后，随着社会风气、政治环境、经济关系的改变，宗族领袖在新时代背景下有没有什么其他客观因素的挑战，增加了他们修谱的急迫感呢？

在民国以前的刘氏宗谱中并没有明确规定必须 30 年一修。相反地，在现存的光绪版《新谱凡例》的最后一条则清楚写明"虽先儒有三十年修谱之说，殆为不修者而极言之"②。而凡例中的这一条有可能在更早的版本中已经出现，只是如今无从考证。无论如何，它至少可以证明，30 年一修在民国以前不是刘氏修谱的定例。

其实，《新谱凡例》中对重修宗谱的意见是"宜勤修也。勤修则文省，文省则费廉，费廉则事易举。吾族之谱，约以三年一续，三续而后发刻"。所以在说明 30 年修谱的说法的真正意图后（见前引），《新谱凡例》指出"未必逮三十年之久始言修也"③。

三、修谱者的身份变化和具体执行

那么，本文上节所引述的《新谱凡例》中对修谱间隔岁月的提议和看法是从何而来的呢？这应该来自苏堡刘氏在多次修谱历程中所累积的经验。而这些经验又和苏堡刘氏在清代近两百年的发展历史，尤其是在清末所面对的严峻挑战息息相关。这些挑战和宗族内部的自然生育、功名成就、经济实力、宗法观念和支派繁衍等问题环环相扣。

创修宗谱首先需要创修者的意愿，但是光靠意愿并不一定就能够成功地将宗谱修好。创修者在宗族内的地位，包括其在宗法制度下所处的位置以及在族人心目中的声望，和创修者的经济实力，乃至政治身份与功名，都

---

① 崔浚叔《叙》、刘恒杰《跋》、刘宝诗《重修宗谱自序》、刘璋麟《族谱修竣谨赋数韵以志》，俱载于《洪洞苏堡刘氏宗谱》之《卷首》。
② 《新谱凡例》，《刘氏宗谱》，第 366 页。
③ 《新谱凡例》，《刘氏宗谱》，第 366 页。

是重要的条件。

洪洞刘氏将刘祥（生卒年不详）视为第一世祖，刘祥生刘惠（生卒年不详）。刘惠生四子：刘伯添（生卒年不详）、刘伯尔尼（生卒年不详）、刘伯川（生卒年不详）、刘伯道（生卒年不详）。苏堡刘氏后来分四支，即从这四兄弟来。刘伯添一支自然就是长房，也就是大宗。刘伯添有三子，长子刘越（生卒年不详）；刘越生刘尚华（生卒年不详），是为第五世。刘尚华有二子，长子刘如梅（生卒年不详）；刘如梅复有二子，长子刘进臣（生卒年不详）。刘进臣生刘应春（1590—1668）。①

第八世大宗刘应春，就是创修族谱的刘志和刘镇的祖父。他具体治何业不得而知，不过极有可能是商人。他的资产颇为可观，而且乐善好施。据载在"崇祯间，岁饥，人相食"，于是刘应春"发粟活乡人以数千计"。没有一定的经济实力和关心乡里的善心是不能也不会有此举动的。苏堡刘氏所可能从事的主要商业活动之一应该和盐业有关。刘应春有四子：刘我仁（1615—1662）、刘我义（1616—1673）、刘我礼（1619—1685）、刘汉（1621—1680）。其中，刘我仁就曾经贩盐山东。苏堡刘氏到了第八和第九世应该是十分富裕了。刘我义甚至有"折券"之举，并为乡人所感念。后来刘我义过世时，其子刘镇年幼，便由同样一再"折券"的刘我礼照顾。②

而已经具有一定经济实力的苏堡刘氏在这时候开始重视子弟的教育是在传统社会中常见的事。例如刘我礼便具有太学生身份，也曾经考授州同知。但是因为政局不稳，他后来便随从长兄刘我仁从事盐业活动。家境富裕的他无论是在乡里，或是所到之处，无不乐于公益。所谓"创建义学，造就乡邻子弟；置立义冢，掩埋道路枯骨。侨居添上，捐囊赈饥；道出潞州，施金修路。他如冠婚丧祭之不给，有求必应；琳宫梵宇之欲葺，有募必先"。③

刘镇因为在父亲过世后即由叔父照顾，所以和堂兄刘志的关系十分密切。刘志少年读书有成，可是因为刘我礼年事已高，所以便继承了家事。在刘志的精心经营下，"不数年，基业恢宏"。另一方面，刘镇由贡生入仕，官至郎中。从祖父时期便开始累积的经济实力和地方声望，到了第十世便已经达到一个高峰。在具有这样的经济实力、地方声望和政治权力的背景下，兄弟二人对地方事务的参与和影响自然比祖父辈更上层楼：设立义仓、支持义学、独力出资六千历经三年修复县城儒学学宫、赠学田四十亩、创建车马可

① 《刘氏宗谱》，第426—427页。
② 《刘氏宗谱》，第821—822页。
③ 《刘氏宗谱》，第890页。

以并行的千尺跨河石桥、贷粟千石以济乡里,甚至响应朝廷赈济的要求捐输近二万等善举不一而足。当然,他们的贡献也包括了创修宗谱。① 此外,参与创修宗谱的还有刘志长子刘衮(1672—1735)。刘衮是廪贡生出身,官至按察司佥事。② 换言之,刘氏宗谱的创修是由长房大宗子弟在具有雄厚的经济和政治实力作为后盾下进行的。

到了乾隆年间,主持修谱的刘勷和刘衷分别是刘志的次子与第四子。刘勷虽然只是岁贡生出身,却功名显赫。他官至总督直隶全省河道水利,提督军务,兼督察院佥都御史,而且还被雍正皇帝将他的名字从"襄"改为"勷"。刘衷也是岁贡,虽然功名不显,可是专心经营家里的事业,且在地方上继承了父祖辈的公益活动。刘衷在重修宗谱的后序中,殷殷重述先人创修宗谱的用意,而且明确指出他也曾经就此咨询过二哥的看法。可见在乾隆时期的修谱活动中,主持者依旧依赖雄厚的经济实力和声望,并且将修谱视为对先人遗志的继承与发挥。③

刘大悊在嘉庆年间负责了宗谱的重修,他是刘衮之孙。刘大悊也是贡生出身,官至督察院都事。苏堡刘氏发展到此时,四支生齿日繁,所以在嘉庆年间的修谱主要是增入成员的资料。而且四支显然都有各自的族中长老以为领袖,所以才能够"令四小宗各录本房世次一通,以合于大宗而排编之。五世一迁,列为宗图"。但是这次修谱的深度是有限的,因为"每一人止记其名字、行列、妻、子、生年卒日、葬地,数大端"。至于其他内容则缓,如"传志碑铭等属一时收罗不齐",那就"留为续刊书之体例,一遵旧谱存先型也",而"文章概不增入",是因为"重急务也"。

可见到了嘉庆年间的三修宗谱,其"急务"只是收集各支最新的基本资料,而无力进行一次全面性的重修再刊。从创修到三修宗谱,即从第十世刘志到第十三世刘大悊,修谱活动基本上由长房大宗子弟刘志及其后人负责。嘉庆年间的修谱也是刘志后人最后一次主导这项工程。

同治年间已经步入清代末期,鸦片战争后的中国面对极其巨大的挑战。就苏堡刘氏而言,至少刘志一房光辉不再,苏堡刘氏的整体经济实力和政治力量恐怕也不如清代初期。虽然苏堡刘氏依然是地方大族,可是国家经济的整体疲惫自然为他们带来负面的影响。

当时的族长是刘体重(1785—1864),他没有功名,只是地方上的乡饮耆

---

① 《刘氏宗谱》,第891—895、914—927页。

② 《刘氏宗谱》,第531页。

③ 《刘氏宗谱》,第383—384、531、823—825页。

宾。据他的叙述,发起和筹划修谱的主要是刘殿元(1781—1859)。刘殿元本身也是布衣,更关键的事,他其实不是长房子弟,而是第四支中的成员。由旁支主吹修谱,长房的式微仿佛不言而喻。但是刘殿元所面对的无疑是一项艰难的任务。他虽然争取到了族中其他人的支持和合作,可是辉煌不再的刘氏需要"阅八九年,始积钱数百缗"。可见没有雄厚的经济实力作为后盾,单单是筹措资金便已经耗费 9 年光阴。族长刘体重所写的《序》一开始便谈论"前人之作者难,而后人之述者易",以推重前人创修宗谱之功。可是这只是理论上如此。苏堡刘氏在清末同治年间毕竟面对严重的人才凋零和资源短缺的困境。他说:"然当昔全盛之时,交纳自广,举措咸宜。非若今人之僻处里闬,孤陋寡闻,无贤士大夫之足以深为讲求也;又非若今时之砚田为业,笔末谋生,无铅椠朱墨之足以给其取资也。"因此"今日之谱虽欲修之,安得而修之? 此后人之难实有所不堪告诸前人者也"。

虽然最终宗谱在"其条例则谨循旧谱,间取其无害于义者略为删损"的原则下完成,却无情地反映了苏堡刘氏的困境。当然,无论如何艰巨,富庶不再却文风仍传的苏堡刘氏还是坚持修谱。所以族长在《序》中将修谱过程和困难"书其始末"正是为了"告后来之人务知宗谱不可不修,而当黾勉而毋委"。可是光有修谱的意愿是不足的,族长和后人分享道"务知宗谱之不易修,而当先事而徐图"。[1] 这样的经验应该就是《凡例》后来提议"宜勤修也。勤修则文省,文省则费廉,费廉则事易举。吾族之谱,约以三年一续,三续而后发刻"的背景。

苏堡刘氏的困境和长房大宗的式微有密切的关系。刘肇疆(1794—1861)便感慨"我族宗谱创自先高祖资政大夫二苏公(即刘志)与先叔高祖光禄大夫敦斋公(即刘镇)。嗣后续修者二次,皆两祖后裔专任其事"。可是长房大宗子弟虽然已经不能独力完成修谱任务,但另一件事是无论如何必须完成的,即大宗继嗣的问题。其实,这个问题拖延时日长久,正好从另一侧面说明长房大宗的衰微。据刘肇疆的记述,他们家族的宗子嫡传到第十世时中绝,所以刘志的第三子刘褒(1689—1733)承嗣。而传到第十四世时,刘文炯(1773—?)无后而大宗再一次断绝。虽然表面上是说刘文炯去世后"乏应嗣之人",更重要的原因应该是"文炯家资又复荡然,则承嗣者无恒产,俯仰维艰"。家产的匮乏应该才是找不到子弟来继承大宗的关键。而大宗断绝一事,一拖就 30 年而始终没有解决。如今因为要重修宗谱了,大宗嫡传

---

[1]　刘体重:《重修宗谱序》,《刘氏宗谱》,第 385－386 页。

的断绝问题迫在眉睫,否则人们在看刘氏宗谱时看见断绝的大宗就难免会"展卷而兴叹"。在一定意义上,大宗嫡传问题在咸丰、同治年间的解决是因为重修宗谱时需要顾及的"面子"问题。于是他们找来了刘文炯一个已经过世的堂弟之子,令其继嗣,并由宗祠拨出水地若干亩给他,并改名兴宗(1836—1884)。此时,刘兴宗已经是二十五六岁的成年人了。需要提的是,这位新宗子是自襁褓时就已经失去父亲,而且"依尉氏母家"。他之所以需要依附于外婆舅舅家自然是因为他的刘氏宗亲不想或无法照顾他。如今被接回来承嗣大宗是恰逢刘氏修谱。刘氏宗族在咸丰、同治年间的财力之微弱和宗族组织之松散正可以从他们无力或不愿照顾自己的遗孤一事上得到进一步之验证。①

苏堡刘氏在清代的最后一次修谱是在光绪二十四年(1898)。这时刘氏的总体经济实力是否有所改善呢?族长刘殿凤在《自序》结尾虽然有"输金之易、趋事之勇、族人与有力焉"之语,但恐怕是门面文字。因为在刘殿凤自己的记述中,我们清楚看到他说:"筹经费,寒暑屡易,始集制钱千余缗。"可见单单是筹集资金就已经是一件艰难之事。② 我们仿佛没有理由相信他后来所讲的"输金之易"是事实,也进而可以推论苏堡刘氏在当时的经济实力并没有恢复到清初的水平。

西方社会史学家在研究两宋间的社会发展中提出了一个影响深远的视角,即可以通过家族对姻亲的选择之策略性,和姻亲在地方事务上的合作,和对姻亲关系的理解等方面探索社会生活的重要层面。③ 如果我们采用这一视角来阅读刘钟邠在重修宗谱时的唯一一项体例改革,应当会有所收获。在这次重修宗谱的行动中,刘殿凤整体上被认为是完全依据固有章程,所谓"旧章具在,凤不过率由焉"。④ 而刘钟邠基本上也认为此次修谱是率由旧章,所以他的唯一一项体例改革背后的深意或所反映的社会生活现实就不得不加以探讨。

本文之前在讨论大宗嫡传的承嗣时介绍了刘兴宗的情况,知道他在二十五六岁承嗣大宗前是依附于母亲娘家。可见姻亲关系,包括母族和妻族,在一个人的生活中所可能扮演的重要角色。至少在刘兴宗的经验中,母族

---

① 刘肇疆:《重修宗谱序》,《刘氏宗谱》,第386—387页。
② 刘殿凤:《重修宗谱自序》,《刘氏宗谱》,第362页。
③ Robert Hymes, *Statesmen and Gentlemen: The Elite of Fu-chou, Chiang-hsi, in Northern and Southern Sung*. Cambridge (New York: Cambridge University Press, 1986).
④ 刘殿凤:《重修宗谱自序》,《刘氏宗谱》,第362页。

为他提供了一个保护网。除了这样的生活保护网外,姻亲之间如果是生活
在同一个行政或地理范围内,自然可以互通声气,互为奥援。此外,一个人
(尤其是追寻功名,力求入仕的读书人)的姻亲在事业上同样可以给予他极
大的帮助。这样的社会和人际网络是需要被重视的,尤其是在社会经济和
国家政治面对艰巨挑战的清朝末年,这样的网络是人们保障自己的生活或
者寻求出路的重要资源。这样的认识在苏堡刘氏的光绪修谱中体现出
来了。

按照刘钟邠的记述,在宗谱的旧章中"妻子行配某氏,其隔省隔属者自
无足论;若系同邑,不书某乡某村,概以同邑二字。又娶某公之女并适某公
之子,无论有无职衔,则曰某公字样。自创修以来,历相沿仍"。而刘钟邠按
照时代的需求,对"乡村之近有征据者则实笔之","姻戚之间有职衔者以公
别之"。虽然他认为这是为了"识渊源"和"昭敬重",[1]但是本文上述的时代
背景是不可不察觉的。此项体例的改革有其不得不变的地方,这不仅反映
了时代,也折射出宗谱的修撰对时代的回应。

总之,从苏堡刘氏创谱到光绪年间的五修宗谱,我们可以看到宗族实力
对宗谱修撰的影响,也清楚看见在实力今不如昔的情况下,宗谱修撰者提出
的"勤修"不仅是理想问题,更具有现实的考虑。而宗谱体例的改革也进一
步反映时代对宗族的挑战。只是,清末民初是一个巨变的时代,苏堡刘氏很
快又必须面对新的变局。这在民国年间的六修宗谱中可以进一步窥见。

四、修谱的新使命

苏堡刘氏的第六次修谱在民国二十一年,那时候,无论就整个中国或者
山西一省而言都是变革的年代。1932 年的中国,国民政府方面早已经完成
北伐,国共两党处在战争状态,当然国体变革已经完成,清政府和旧有的政
治秩序已经一去不返。对于文化和社会的反省自然还有"五四"运动以来的
种种讨论。在山西本省,阎锡山(1883—1960)已经失势,张学良(1901—
2001)的人马正主导着晋省政治和军事。

处在这样的变革年代重修宗谱时,修谱者是怀着什么样的心情?抱有
什么样的关怀?而为宗谱写序的外姓人又如何理解苏堡刘氏修谱的动机?
又对他们怀有什么期许?

在 20 世纪 30 年代,苏堡刘氏的第十七世子孙中至少有两人出身于行

---

① 刘钟邠:《重修宗谱自序》,《刘氏宗谱》,第 362—363 页。

伍,即刘璋麟与刘岑龄(生卒年不详)。其中,刘岑龄毕业于保定军校。也因为他们的缘故,这次修谱还请到了冯鹏翥(1891—1944)和杨澄源(1889—1970)两位国民党高级将领写序。三篇外姓人的序中有两篇出自军人之手,四篇刘氏的序中也有两篇来自军人。这个现象本身又何尝不是那个战乱时代的一种折射?

对于两位国民党将领来说,修谱和时代的风俗有着一定的关系。在冯鹏翥的心目中,修谱和维系传统观念是互为表里的。所以对于刘氏的修谱,他会感慨道:"自革新以来,孝弟忠信礼义廉耻之事,虽在名流多置不讲。如刘氏之尊祖敬宗兢兢不暇者,有几人哉?可慨也夫!"①而杨澄源在他的序中所描绘的刘氏一族的和谐生活与他心目中的百年大族固有之风也是互为表里的。②

其实这次修谱的原发起人是刘右西(生卒年不详),而在他的心目中,重修宗谱的急迫性来自时代的变迁。他焦虑地希望宗族成员在清代的成就可以在族中知道前清掌故的老人凋零之前增补入宗谱中。他的姻亲回忆刘右西当年对于修谱的急迫性和意义的论述:"今国体变革已十余年,阶级之制久为时人所不道。而吾宗之宦游各省者实繁。"因此他希望"是时而从事修葺,将清代科名之先后,官职之崇卑,封授赠移之区别。吾两人虽未娴于掌故,犹得与识小之列。倘蹉跎因循,付诸后人手中,势必老成凋谢,谬误莫辨。不惟取讥于时,且将贻误于后。虽前代之功名无关体要,而过渡之谱牒必求详明。此宗谱之修葺所以不容或缓"。③

从上引的这段话中,我们知道民国二十一年苏堡刘氏六修宗谱时的两个核心关怀:第一个就是国体革命以后,族中老人殷切希望在时代巨变的洪流冲击下,尽快将宗族在前清的人物和事迹等增补入宗谱中。这在一定意义上是族中老人对于一个已经逝去不返的时代所能做,而且迫切希望做的最后一件事。这种急迫性,是家族的,也是历史的。所以在刘恒杰的《跋》中,他也写道"国体改革易阶级为平等,及今时变未远。犹有一二老成娴于掌故。此时可为(修谱)而不为则贻误者也"。④

第二即是宗族繁衍迁徙,希望尽快整理的心愿。本文之前提到苏堡刘氏在祖村共有四支。这本身还是可以应付的,因为每次重修宗谱时可以令

---

① 冯鹏翥:《洪洞刘氏增修宗谱序》,《洪洞苏堡刘氏宗谱》,第 1b—2a 页。
② 杨澄源:《赠修家谱序》,《洪洞苏堡刘氏宗谱》,第 1a 页。
③ 崔浚淑:《叙》,《洪洞苏堡刘氏宗谱》,第 1b 页。
④ 刘恒杰:《跋》,《洪洞苏堡刘氏宗谱》,第 1a 页。

各支将资料补上。可是在一个战乱的时代中,要与已经迁徙在外的族人保持同宗的联系尤为困难。但是刘恒杰还是比较乐观,他说:"虽粤东一支,因时局关系,交通犹未恢复,函件未免稽迟。然不过时间问题耳。"①刘宝诗也认为"虽广东、河南、沙虎口三支,为时势不靖,信件难通。暂且阙诸以俟再修之补"。②

　　一代有一代的"宗谱"。不是说宗谱的内容被任意涂改了,而是修谱的目的和精神会反映时代的变迁和回应其挑战。关于这一点,刘岑龄的论述发挥得最淋漓尽致。他在历数了苏堡刘氏历代修谱的时间间隔后如是理解民国时代的修谱和之前的不同:"十六世叔风伯等公四修之,时当清光绪二十四年,迄今又三十三年矣。其间沧海桑田,人事奇变。大之国体改革,小之则宗党迁移,与夫学术思想之翻新,制度又为之增异。直接、间接莫不与吾国四千年相传之大家族主义有密切关系。"

　　那么在如此变局下的宗族和宗谱又应该扮演什么样的角色呢? 刘岑龄浪漫地认为"顺潮流而衍世泽,后世之责势必有不容己者。矧本斯旨以发扬民族藉而大建三民主义之基,或则强屠弱之种,或则救积弱之国,跻国际于平等,造世界于大同。胥于扩充宗族斯赖"。因此他觉察到"今日之修,其所以继往者同,其所以开来者则异也"。③ 苏堡刘氏在民国时期六修宗谱中继往而同者,自然是指收族、尊祖、明亲等传统目的;开来而异者,当指刘岑龄希望通过宗族组织的建设(宗谱为其中不可分割的一部分),进而完成他当时建设社会、国家乃至国际秩序的政治理想。我们同不同意他的理想是一事,他的论述反映了当时的历史条件下的特定人物对宗族和宗谱的看法则是另一回事。

五、结语

　　本文通过 4 个课题剖析了山西洪洞苏堡刘氏从清初到民国的 6 次修谱活动。我们从中看到创修宗谱时,主导者所关注的外姓承嗣问题在当时的晋南和晋东南地区应该是一个颇为普遍的现象。后来,随着宗谱的创修和重修,刘氏人认为这改变了族人的习惯。换言之,宗谱发挥了移风易俗的功

---

① 刘恒杰:《跋》,《洪洞苏堡刘氏宗谱》,第 1b 页。
② 刘宝诗:《重修宗谱自序》,《洪洞苏堡刘氏宗谱》,第 1b 页。苏堡刘氏在民国时期到底有多少分支散布在外似乎并无一致的论述。刘恒杰只提及广东一支,而刘宝诗提到不同的三支。另一方面,在刘璋麟的论述中,刘氏则是分散在"北燕及南粤、豫、鲁并济阳"。见刘璋麟:《族谱修竣谨赋数韵以志》,《洪洞苏堡刘氏宗谱》,第 1a 页。
③ 刘岑龄:《重修宗谱序》,《洪洞苏堡刘氏宗谱》,第 1a—1b 页。

能。本文接着讨论苏堡刘氏宗谱到底是不是 30 年一修的问题。从实际的历史出发,答案当然是否定的。如果从历代修谱者的论述观察,我们发现 30 年一修云云只是修谱者对后人的期许。可是到了民国,前清论述中的期许在后人心目中成了新的祖宗家法。实际上,我们在凡例中时时看见小规模续谱的主张。从这个问题出发,本文重构了不同时代的刘氏宗谱负责人的经济、社会、政治实力。从清初到清代中叶,长房子弟由于经商得道,加上功名仕途的成就,创修和二、三修基本上由他们完成。但是到了清末,随着家道中落,长房式微,修谱活动愈发困难。不仅修谱的任务需要由他房子弟负起,筹措资金拖延时日,甚至连大宗嫡传也断绝了 30 年。可见修谱的难易和宗族的实力是成正比关系的。此外,随着社会经济的每况愈下,我们也看到苏堡刘氏对姻亲,尤其是同邑以及拥有功名的姻亲的重视。这自然和人们在应付时代挑战时需要和姻亲结成一个更为牢固的社会网络有关。最后到了民国时期,随着政治制度的彻底改变和社会文化的变化,苏堡刘氏中的老人殷勤迫切地希望通过重修宗谱以将前清时的人物和资料增补进去,也作为对一个旧时代的缅怀和道别。民国时期的新挑战包括了族人向中国其他地区的迁移。更重要的是,一个时代有一个时代的宗谱,特定的刘氏子孙也依据当时的政治理想重新理解宗族和宗谱的社会功能。如果苏堡刘氏在 21 世纪重修宗谱,他们又会如何理解自己的角色和任务呢?

（原载王岳红主编:《谱牒学论丛》第 2 辑,山西古籍出版社 2007 年版,第 122—134 页）

从宗谱世系图与行序探讨宗族实力：
以洪洞苏堡刘氏为例

  一个宗族的内部组织能力是有可能从几个方面呈现出来的。其中一个重要的考察点莫过于该宗族的子弟在命名上的行序问题。行序原则要求族内同一个辈分的子弟都采用共同的命名标签和规律。而随着宗族不断地繁衍，男性人口自然会在正常的情况下持续增加，那么在为子弟命名时对于行序的执行，也必然考验宗族的内部组织能力。一个组织涣散并且没有任何足以规范和约束各个家庭的行为的宗族，自然无法要求所有家庭在为子弟命名时必须遵守该宗族的行序原则。换言之，这样一个内部组织无力的宗族也往往是一个弱势的宗族。反之，如果一个宗族即使族内生齿日繁，却都还能维持一个全族性的共同行序规律，那么该宗族必然是一个具有一定的内部组织能力，而且拥有可以左右族内各个家庭的不同事物的资源之强势宗族。

  因此族内子弟命名是否依照族内的行序规律是考察宗族实力，尤其是其内部组织能力的有效指标。中外学者在研究宗族时也不约而同地注意到行序问题。例如 Susan Naquin 在分析明清时期河北永平地区的某个王氏宗族时就指出同宗族人遵循行序的程度可以反映族内一定的合作关系以及共有的认同感。而当一个系统化的行序规律在她所考察的王氏宗族中瓦解时，她认为那正是该宗族在明清改朝换代之际由盛转衰而且四散的时候。之后，各支派之间对于行序的坚持不同。有的完全没有遵守任何行序原则的迹象，有的独自开始了自己的一套行序规律。而坚守宗族原有行序规律的一支正是政治与经济力量较强，社会地位较高的一支。因此行序规律的坚持与否和某些支派是否还有提高社会地位的计划和他们在这一方面的成功息息相关。①

  在 Evelyn Rawski 所研究的陕西杨家沟马氏中，她也同样强调宗族内部对于行序规律的遵循是足以反映其认同感的。实际上，她所研究的马氏

---

① Susan Naquin,"Two Descent Groups in North China: The Wangs of Yung-p'ing Prefecture, 1500—1800", Patricia Ebrey and James Watson, eds., *Kinship Organization in Late Imperial China*, 1000—1940(Berkeley: University of California Press, 1986), pp. 222-223.

虽然并没有任何宗祠或族产,但是分析其行序原则却可以是判断这些人是否同属一个宗族的途径之一。当然,该马氏族内的同一辈分子弟并不一定都共享一个序字。① William Rowe 在讨论汉阳地区的宗族时,也同样以宗族对于字派的运用作为其有意识地从事宗族建构活动的证据。②

除了宗族的认同感或者向心力之外,行序是否规律对于我们研究一个宗族的历史主要还是在宗族的内部组织能力上。而宗族本身的内部组织之强弱自然也是该宗族整体实力的重要标志。至少行序规律的情况可以反映宗族在组织能力或者结构上的变化。钱杭认为"通过对这组文字的持续使用,可以反映宗族结构在一个时期内的稳定程度。反之,如果既定的行辈字号从某一世代起发生了或中断或重编之类的变化,就意味着宗族结构从那时起出现了分化;其动态的改变轨迹,在一定程度上记录了宗族的变化过程"。③ 当然,南北宗族在行序上所坚持的力道或许也不一样。例如在浙江"大量证据表明,明代以县为范围形成分支的同族集团,往往仍旧维持着统一的行辈字号"。④ 而在明代和洪洞刘氏同属山西平阳府的河津薛氏基本上在明代中后期也开始出现不规律现象,尤其是在同一世代的族众突破百人之后。⑤

洪洞苏堡刘氏是本文进一步考察的对象。而要有效地通过行序问题来分析苏堡刘氏的内部组织能力乃至该宗族的整体实力,就必须对其各个世代的男性人口和命名情况加以统计。要完成这个任务的唯一途径就是整理其家谱中的《世系图》的资料。⑥ 表 1 就是苏堡刘氏各个世代的男性人口的统计和实际命名情况的整理。

① Evelyn S. Rawski,"The Ma Landlords of Yang-chia-kou in Late Ch'ing and Republican China", *Kinship Organization in Late Imperial China*:1000—1940, pp. 253-259.

② William T. Rowe,"Success Stories:Lineage and Elite Status in Hanyang County, Hubei, c. 1368—1949", Joseph Esherick and Mary Rankin, eds. , *Chinese Local Elites and Patterns of Dominance*(Berkeley:University of California Press,1990), pp. 72-73.

③ 钱杭:《血缘与地缘之间:中国历史上的联宗与联宗组织》,上海社会科学院出版社 2001 年版,第 224 页。

④ 钱杭引述上田信:《血缘与地缘之间》,第 226 页。上田信:《地域と宗族:浙江省山间部》,《东洋文化研究所纪要》1984 年第 94 期,第 115—160 页。

⑤ Koh Khee Heong, "East of the River and Beyond:Xue Xuan(1389—1464) and the Hedong School"(Ph.D. dissertation, Columbia University, 2006), pp. 95-99.

⑥ 在统计时,本文所使用的主要是《刘氏宗谱》的《世系图》,并辅以其《世系籍贯》。见《刘氏宗谱》,《中华族谱集成》,第 426—796 页。我也要借此机会感谢本系博士生陈舜贞女士在整理工作上予以我的协助。

表 1　山西洪洞苏堡刘氏各世代男性人口与命名情况

世代	人数	命名特征（人数）	详情
一世	1	一	一单名　祥
二世	1	一	一单名　惠
三世	4	伯 X（4）	（伯添,伯尔尼,伯川,伯道）
四世	9	二支与三支： 仲 X（5）	一支（伯添）→无规律（越,奉先,会）
			二支（伯尔尼）→仲 X（仲钰,仲宝）
			三支（伯川）→仲 X（仲实,仲理,仲胜）
			四支（伯道）→独子,无规律（廷美）
		一支与四支,无规律（4）	越,奉先,会,廷美
五世	12	一支：尚 X（4）	一支（伯添→越,奉先,会）→尚 X
		二支：世 X（2）	二支（伯尔尼→仲钰,仲宝）→世 X
		三支：尚 X（2）	三支（伯川→仲理,仲胜）→尚 X 三支（伯川→仲实）→无规律（英）
		四支：九 X（3）	四支（伯道→廷美）：九 X
		无规律（1）	英
六世	25	如 X（22）	
		无规律：（3）	（表正,大服,大祭）
七世	47	X 臣（7） X 忠（5） X 余（3） 得 X（2） 进 X（23） 东 X（7）	
八世	67	X 春（10） X 国（2） 天 X（27） 应 X（9） 洪 X（19）	

续表

世代	人数	命名特征(人数)	详情
九世	102	氵(2) 钅(4) 王(左部首,e.g. 琮)(7) 我 X(13) 士 X(4) 维 X(21) 玉 X(12) 见 X(2) 承 X(18) X 势(4) X 民(4) X 之(2) 复 X(6)	
		无规律:(3)	文,勋,升园
十世	148	宀(2) 钅(2) 氵(2) 日(下部首,i.e.普,智)(2) 戈(右部首,e.g.戒)(3) 山(上部首,e.g 昆)(3) 讠(2)(志,让) 口(下部首,e.g 台,哲)(2) 王(左部首,e.g 玭)(3) 怀 X(11) 式 X(5) 嘉 X(23) 奎 X(4) 万 X(30) 生 X(4) 永(1) 永 X(36)	
		无规律:(13)	德,刚,聪,胜,应,雄,标,发,堆,恭,预,子房,? (p. 433)

世代	人数	命名特征（人数）	详情
十一世	217	衣（部首，e.g 褒，衷）(3)	
		衤(9)	
		必 X(12)	
		自 X(113)	
		纯 X(5)	
		宗 X(12,)	
		任 X(31)	
		钟 X(2)	
		际 X(4)	
		震 X(2)	
		绍 X(3)	
		续 X(2)	
		其 X(10)	
		任 X(2)	
		X 金(2)	
		无规律：(5)	常，琬，爻(pg 431)，勳，攀龙
十二世	290	糹(2)	
		扌(4)	
		钅(2)	
		宀(10)	
		立（左/上部首，e.g. 端，章）(9)	
		木（左部首，e.g. 椿）(6)	
		仰＋山（上部首，e.g 仰崑）(4)	
		方 X(3)	
		绳 X(3)	
		光 X(9)	
		既 X(86)	
		一 X(6)	
		梦 X(56)	
		若 X(3)	
		体 X(6)	
		成 X(8)	
		彦 X(3)	
		金 X(3)	
		X 龄(2)	
		立 X(6)	
		嗣 X(6)	
		X 蛟(3)	
		殿 X(11)	
		图 X(19)	
		X 元(5)	
		X 光(4)	
		无规律：(11)	兴业，淑汉，保元，特亨，昶利，起凤，换荣，炳，邃，腾芳，懋

续表

世代	人数	命名特征（人数）	详情
十三世	316	忄或心（下部首）(6) 氵(5) 火（左部首 e.g.煌）(6) 灬(3) 冫(5) 土（左部首 e.g.培）(2) 本 X(4) 秉 X(32) 大 X(27) 元 X(4) 遇 X(3) 锦 X(5) 作 X(2) 坊 X(4) 得 X(2) 申 X(2) 甚 X(2) 长 X(2) 金 X(5) 登 X(33) 英 X(3) 昌 X(7) 世 X(4) 云 X(10) 广 X(4) 庆 X(8) 舒 X(9) 茂 X(18) X 江(2) X 年(24) X 荣(8) X 庆(10) X 甫(3) X 敬(9) 泰 X(12) 恒 X(9) 时 X(10)	
		无规律：(12)	亿金，禧，步蟾，耿乙，希孔，子骏，椮，彦，鳌，合，环，荣斌

世代	人数	命名特征（人数）	详情
十四世	322	忄（5） 宝 X（45） 肇 X（26） 毓 X（33） 开 X（3） 启 X（10） 家 X（9） 鸣 X（4） 法 X（4） 高 X（3） 文 X（72） 昭 X（4） 汉 X（8） 宜 X（4） 昭 X（4） 书 X（2） 效 X（2） 书 X（2） 言 X（5） 炳 X（2） 青 X（3） 则 X（7） 敦 X（3） 介 X（6） 近 X（2） 胜 X（11） 鼎 X（2） X 平（7） X 海（7）	
		无规律：（21）	执桓，师陆，同文，震亨，履坦，蒙吉，刀阶，盖谟，? 年（450），锡锐，百顺，康泰，可复，春元，奇柏，奎章，占魁，修名，中式，捷登，作霖

续表

世代	人数	命名特征（人数）	详情
十五世	335	灬（5） 火（左部首）（6） 氵（39） 车（左部首，＋舆）（6） 钅（9） 田（左部首）（8） 音（左部首）（2） 王（左部首）（3） 禾（左部首）（3） 页（右部首）（2） 土（左部首）（2） 辶（2） 糸（3） 皿（下部首 e.g.盟）（17） 雨（上部首 e.g.震）（5） 景 X（7） 国 X（7） 邦 X（4） 映 X（9） 汝 X（28） 基 X（5） 德 X（12） 亨 X（3） 迪 X（8） 正 X（27） 履 X（2） 克 X（30） 同 X（6） 衍 X（9） 延 X（8） 福 X（2） 尔 X（4） 中 X（2） 端 X（2） 之 X（5） 恩 X（10） X 安（3） X 身（3） X 本（4） X 云（3）	火（左部首）（其中 4 人后来改名，放弃火部首 pg445：煊→照，焯→倬，焕→换，辉→璜） 氵（其中 2 人后来改名，放弃氵，pg446：→度，→盘） 映 X（其中 1 人后来改名，pg447：→星垣） 德 X（其中 2 人后来改名，pg453：→廷桢，→勋） X 云（其中 1 人后来改名，pg466：→鹤龄）
		无规律：（20）	兴宗，燮，畜，甡，守德，春，运尔，冠冕，春林，官来，学礼，盘，度，星垣，馥，青莲，廷桢，鹤龄，勋，偶

世代	人数	命名特征(人数)	详情
十六世	235	土(下部首 e.g.壁)(3) 木(左/下部首)(8) 辶(2) 氵(3) 亻(2) 王(左部首)(2) 钟 X(38) 乃 X(8) 乃 X(6) 家 X(9) 兆 X(3) 昌 X(5) 知 X(17) 培 X(11) 嘉 X(3) 瑞 X(31) 慎 X(2) 佐 X(4) 器 X(3) 亭 X(2) 谋 X(2) 诒 X(4) 持 X(9) 成 X(3) 广 X(2) X 熙(2) X 基(8) X 润(7) X 经(8) X 浩(5) X 泉(5) X 达(2) X 生(2) X 曾(2)	
		无规律:(15)	丕乘,式金,森,魁,杰乡,彬,启,玉,习耕,东有,善继,恩,生,北喜,pg767 西早

续表

世代	人数	命名特征(人数)	详情
十七世	120	鸟(右/下部首)(2) 以 X(27) 世 X(3) 亦 X(3) 宗 X(4) 亨 X(3) 淑 X(4) 守 X(6) 立 X(7) X 长(3) X 麟(22) X 龄(22) X 荫(3) X 晏(3)	♯淑 X(其中 1 人后来改名,pg454:→笏)
		无规律:(10)	烜辉,绍兰,维善,经? pg779,松,洴娄,作东,玉衡,援,笏
十八世	41	火(左部首)(5) 学 X(5) 符 X(6) X 曜(11) X 曾(8)	
		无规律:(6)	辅之,仙楸,寅生,(铁实? /宝? pg 794),锡畴,玉芝
十九世	10	葆 X(8) 令 X(2)	pg 433

我们不难发现,随着人口的增加,苏堡刘氏基本上并没有能力维持一个统一的行序规律。从这个角度观察,则苏堡刘氏无疑是一个内部组织涣散,而且整体实力每况愈下的宗族。这和我通过分析其从清初到民国年间的 6 次修谱活动所得到的结论是一致的,即这个宗族虽然曾经有过不错的政治和经济表现,否则一开始也不会有撰修宗谱这样的试图将族人组织起来的行动。但是随着物换星移和生齿日繁,这个宗族越到后来就越无法轻松地重修族谱,所以其实力无疑是呈下降趋势的。①

另一方面,在整理出来的统计数字中,在一个世代内,某一种行序规律是有可能在某一特定的情况下发挥主导性的功能的。例如在第十世中,以

① 许齐雄:《论山西洪洞苏堡刘氏从清初到民国时期的六次修谱》,王岳红主编:《谱牒学论丛》第 2 辑,山西古籍出版社 2007 年版,第 122—134 页。

"永"字行序的人数约占该世代总男性人口的 24% 左右,而且这个规律是第十世中最多人遵循的。进一步分析后发现,第十世中的"永 X"们其实都是属于第四支的子弟。换言之,宗族整体上也许实力不强,所以无法维持全族的行序规律,但是族内不同支派因为诸如人数比较少,分支的认同感比较强烈,分支的共祖相去未远等,甚至可能是因为某一些支派的政治与经济实力比较强劲等原因,而出现一种次结构上的高度向心力。因此在长房相对式微后,苏堡刘氏在清末同治和光绪年间的 2 次修谱都由第四支的子弟主导,就绝对不是偶然的。

宗族内部的组织能力有 2 个方面是需要考虑的:一个是宗族的实力本身,另一个是每一个世代男性人口的实际数目。实力越强,宗族的行序规律就更有系统,并且更能主导个别世代的命名情况。但是这样的考察要注意的是一个比例问题,而不单单只是直接地依据遵循行序规律的人数进行分析。假设在一个虚构的例子里,第五世代有 30 人严格依据族内的行序规律,而第六世代有 40 人,这样的数据本身不能说明宗族的内部组织能力是加强了。因为如果宗族的男性人口从第五世代到第六世代总共翻了一番,那么宗族行序的能力实际上是衰弱而非加强了。

但是,在一个内部组织能力相对薄弱的宗族中,各种命名的现象是多样而复杂的。有一些命名形式确实是宗族的行序规律,有些却只是某个核心家庭的命名选择。所以,如果某宗族在某个世代中拥有 100 位男性族人,其中有 60 人使用同一个行序原则,其余的 40 人呈现另外 10 种不同的现象,那么,左右 60 人的命名规律极可能就是宗族的行序原则,或者至少可以说是该世代中最普遍的序字。这个序字的意义和族内某一个核心家庭为自己的 3 个孩子所使用的共同命名规律是不可以相提并论的。由于我们不应该予以所有的命名现象一个相等的地位,所以要了解这样的一个宗族的内部组织能力,其中一个选择就是只锁定该宗族每个世代中最普遍序字在该世代总男性人口中的比例。通过对不同世代的最普遍序字的影响力度的比较,我们就可以推论该宗族的内部组织能力的发展历史。

接下来,本文将进一步以苏堡刘氏为例加以说明。苏堡刘氏的内部分化,即四支的岔分,是以第三世的 4 位兄弟为各自的起点。到了第五世,刘氏家族人口虽然不多,行序还有一些脉络可循,但是并不一致。这时候应该尚未有创建宗族的具体措施。到了第六世,则出现了一个几乎为同世代所有人遵循的序字(如)。可是这样的统一性到了人口几乎翻了一番的第七世中就消失了。如果以宗族整体人口中有影响的序字来看,第七世中最明显的共同序字(进)影响了族中 49％的男性人口之命名。到了第八世,人口继续增加,而最有影响的序字分别占 40％(天)和 28％(洪)。在这个宗族早期男性人口相对比较少的世代之间,我们发现其宗族内部组织能力虽然只是昙花一现地呈现过一次辉煌的成绩,但是之后的最普遍序字还是可以影响将近一半的男性人口。这也许和当时族内的人口相对稀少有比较直接的关系,而不一定是宗族实力的体现。

第九世的苏堡刘氏男丁终于突破百人界限,可是行序规律也应声瓦解。最普遍的序字(维)只能左右 21％男丁的命名。到了第十世,除了第四支强劲的表现外,最普遍的序字(万)也是仅仅影响了 20％的男丁的名字。第九世和第十世除了第四支的强化外,宗族的整体表现算是平稳而没有太大的改变。但是我们知道苏堡刘氏首创宗谱正是由第十世的子弟完成。虽然同一世代内的个别族兄弟的年龄可能相差非常远,但是我认为我们还是可以笼统地将一个世代大致上当成某一个历史时段来分析。所以第十世也正是苏堡刘氏在政治和经济上表现都不俗的年代,也是他们创修族谱以完成收族目的的年代。所以到了第十一世,虽然刘氏男丁突破了 200 人,该世代最普遍的序字(自)却为 52％的男性族人(之长辈)所遵守。人口数字的增长没有带来行序规律的进一步减弱。那么这更为强劲的表现就无疑是苏堡刘氏内部组织能力在当时有所加强的体现了。

到了十二世,苏堡刘氏的男性人口逼近 300 人,最普遍序字的使用率下降至 30％(既),但是排名第二的序字的使用率是 19％(梦)。这使得情况更为复杂。以宗族整体而言,其内部组织能力仿佛有所下降。但是其实更似次层结构上的分化,因为这两个序字基本上只为长房和第二支所遵循。情况在第十三世进一步恶化。随着男性人口突破 300 人,第十三世最普遍的序字仅分别各占 10％(秉、登)。第十四世的最普遍序字为 22％(文),回到了第九和第十世的水平。

第十五世以后的情况就需要进一步说明和分析。到目前为止,我们假设苏堡刘氏既然有编撰宗谱以收族的动作,其对于行序的要求自然也和一般宗族相同。但是在刘氏宗谱的资料中,我们掌握得到的是他们实际的命名和行序历史,却不清楚各个世代的指定序字为哪些。因此我们只能利用最普遍序字来作为分析的对象。但是在第十五世后,各个世代应该遵循的序字在宗谱中是明确列出的。

该宗谱《新谱凡例》所关注的其中一个问题就是子孙命名时没有避讳先人名字。其谓"宗谱旧例有避名讳之条。皇皇祖训,百世是遵"。当然,没有避讳的事件不少，所以"当宗谱未修以前，容有犯前人之讳者，勿得藉为口实"。现在宗谱重修完善，以后族人自然都有所参照。因此"嗣后为子孙命名，先阅世系图，考检其未有之名以命之"。而十五世后的序字也明确列出。《凡例》谓"兹选定十字，曰：衍乃以曜令、将建纪远传。自十五世起，每世用一字以立宗派之名"。如此一来，"庶几因名字而辨尊卑，因尊卑而知趋避"。①

可是实际的情况却不会因此而突然改变。洪洞苏堡刘氏的第十五世是其行序规律最为混乱的时期。此世代的最普遍序字仅占总男性人口的 9％（克）。而这个刘氏历史上最低比例的最普遍序字甚至不是宗谱明确列明的"衍"字。这个指定的序字仅有区区 3％ 的使用率。十六世的情况也不见转机。该世代的最普遍序字的比例有所回升，达 16％（钟）。但是这个回升也许是因为到了第十六世，苏堡刘氏经历了自有宗族纪录以来第一次男性族人人数的下降，而且跌幅近 30％。所以这个回升是因为宗族内部组织能力的提升，还是因为宗族人口的减少，就比较难判断了。无论如何，关键是第十六世原本应该遵循的序字（乃）的使用率和第十五世一样，只有 3％。可见个别支派的次结构组织能力纵使有所加强，宗族整体的向心力和宗族领袖执行既定家规的能力都不见改善。到了第十七世，苏堡刘氏的男性人口进一步减半，而这时最普遍序字和指定序字第一次统一起来，占 23％（以）。在宗谱世系图的记录中，第十八世的男性人数只有上一世的三分之一。而这时，也是指定序字的最普遍序字的使用率为 27％（曜）。在一定意义上，随着宗族男丁的减少，宗族领袖在行序问题上的执行能力有所增强。这或许也和他们积极希望达到行序统一的目的有关。

行序或者行辈是一个宗族辨别世代的前后尊卑的重要手段。行序能否有效执行也反映了宗族内部组织能力的强弱。中国南方普遍存在内部结构紧密，而且拥有不少共同祖产的宗族。这些宗族高度重视行序的规律，也展示执行上的能力。中国北方的宗族之情况就比较复杂。

本文的目的其实有二：一是在方法上实验利用宗谱世系图中的行序资料来考察宗族内部的组织能力；二是在内容上以山西洪洞苏堡刘氏为具体考察对象作为北方宗族的一个案例。方法上还有许多可以改善的地方，内容上则无疑比较集中。苏堡刘氏虽然也有编撰族谱以收族的努力，却绝对不是南方式的强势宗族类型。其在行序上的表现让我们发现在整体宗族的

---

① 《刘氏宗谱》，第 366 页。

表现之外,也不应该忽略宗族内次层结构的情况。同时,宗族内部组织能力的强弱也和宗族人口的多寡有着密不可分的关系。但是宗族领袖在某个时段推行的强化组织的努力,即使往往不会完全成功,却还是可以让我们看到其一定的影响力。宗族领袖主观上的意愿虽然可以对宗族的生态有所影响,但是恐怕在缺乏相应的客观环境的配合下,其局限性还是无法突破的。

（原载王岳红主编:《谱牒学论丛》第 3 辑,三晋出版社 2008 年版,第 141—152 页）

海外回响

实得力孔教会前期史简述[①]

新加坡南洋孔教会走过了一个世纪的发展历程。在创会之初，新加坡南洋孔教会的原名是"实得力孔教会"。关于孔教会的发展，是绝对有必要将之放在一个更为宏观的历史与文化的脉络中来了解的。"孔教"二字究竟是什么意思呢？所谓"孔"，自然是指中华民族两千年来以各种名目尊崇的万世师表孔夫子。然而"教"则有两个解释：其中一个是指孔子思想，那么"孔教"的意思就是"孔子之思想教化内容"；"教"的另一个意思则是带有信仰色彩的一种崇拜心态，那么"孔教"就是"以尊孔为核心表现"的组织。其实两者虽然在学理上有些许差异，但在现实中却往往是互为表里的整体。

要了解儒学在新加坡的发展，就必须先了解新加坡的百年孔教史。因此，掌握南洋孔教会的诞生、发展、蜕变的客观环境，以及参与者的经验与立场都是必要的。但是百年孔教史并不是孤立发生的一件事，想要进一步同情地了解孔教会和其参与者在一个世纪之间的种种选择、举措、坚持的话，需要以文化历史上的"孔教"作为背景参照才能够有效完成。

一、宏观的历史与文化背景

（一）历史上的孔子之教

孔子去世时，由众弟子所安葬，证据显示之后就一直存在由孔子后裔以及孔门弟子主导和参与的祭祀活动。然而这些活动的私人性质比较明显。汉代以后，孔子的地位才逐步在官方系统中得到提高。汉武帝虽然重视"表彰六经"，推崇孔子的学说，但是将孔子崇拜推至第一个高潮的则是想要篡夺汉家天下的王莽。到了东汉，朝廷祭祀孔子的制度更趋完善与尊贵，几代帝王甚至亲自到阙里孔庙祭奠。到了南北朝时期，因为不同政权在政治正统性上的竞争，在首都兴建孔庙成为必要的手段。孔子祭祀就随着政治需求扩展到阙里以外的地方。

到了唐太宗时期，李世民（598—649）在贞观四年（630）下诏命令全国的

---

① 本文是在许齐雄、王昌伟《新加坡南洋孔教会百年史》（新加坡南洋孔教会2014年版）第一章《孔教会的背景与愿景》的基础上修改的。

州和县都要设立孔子之庙,这无疑更大地扩展了孔子崇拜的范围,更为祭孔逐渐成为全国读书人的共同的重要文化活动奠定了基础。宋朝则进一步完善了孔庙的从祀制度。所谓从祀,就是在孔庙的大成殿以及殿外的东西两庑享受后人祭祀的各朝各代之主要儒者的制度。南宋理宗时期也因为从祀理学诸儒,使得以北宋程颢(1032—1085)、程颐(1033—1107)兄弟,以及南宋朱熹(1130—1200)为主要成员的理学终于取得了儒学中的合法和主流地位。到了元代,科举考试更是开始以理学为标准考试内容。

明清两代,孔子的思想,尤其是儒学中的理学传统成为所有读书人在求知的过程中所必然涉及的内容。明清两代的朝廷在选拔文官时,最主要以及尊贵的途径就是通过科举考试。而科举考试又是以理学为重要标准内容。在当时的制度下,除了首都的最高学府太学,或称国子监之外,全国各地从省会到每一个县的行政中心都设有官方的学校。而学校并不是单一的建筑,而是和孔庙组成一个称为"庙学"的整体性教育以及仪式空间的。"科举必由学校",所有要参加科举考试的人都至少要有官方学校生员,或者俗称秀才的资格。而官方的学校又是和孔庙结成一个整体的。换言之,全天下的读书人如果还没放弃做官的梦想、放弃科举考试的话,他的文化和社会生活中自然包括了尊孔、祭孔等内容。然而在现实中,和学校组成一体的孔庙并不对民间开放。作为国家官方祭祀仪式中非常重要的一环,只有官员和拥有功名的读书人才有资格参加在孔庙之内举行的祭孔仪式。明清两代五六百年之间,尊孔、祭孔,是读书人的文化生活中不可欠缺的一部分。其中,儒学自然也是在读书人的思想体系中占据着近乎无法取代的地位。但是这一切在很大程度上是依附于国家的教育和官员选拔制度的。明武宗正德四年(1509)御敕孔子后裔,说道"兹惟我国家之盛事,非独尔一家之荣也"。这虽然是在针对由孔子后裔出任曲阜知县的事,但也可以将之用来展示到了明清时期有关孔子的一切,无论是其思想的传播,还是其身后的祭祀等问题,都已经超出一家之私事,而是关乎全国的问题。①

由于孔子思想的普及化,以及儒学所处的崇高地位,"儒"作为一种价值体系,乃至作为一种身份象征,在明清时期的社会生活中同样有着令人尊重

---

① 有关孔子地位的历史发展,孔子祭祀的制度演变,以及祭孔活动和士大夫的关系,可参考以下专著:黄进兴:《优入圣域:权力、信仰与正当性》;Thomas A. Wilson, *A Genealogy of the Way: the Construction and Uses of the Confucian Tradition in Late Imperial China* (Stanford: Stanford University Press, 1995); James A. Flath, *Traces of the Sage: Monument, Materiality, and the First Temple of Confucius* (Honolulu: University of Hawaii Press, 2016)。

的元素。于是所谓的"儒医"和"儒商"就成为在获取功名的读书人场域之外,同样为世人所重视的职业与价值。"医"作为一种拥有专门知识和技术的行业固然长期为人们所重视,但是在文化的场域中,这个行业在很长的一段时间里并不是一份太崇高的选择。元代以后,更因为新的政治制度的局限与挑战,越来越多的读书人选择了从事"医者"这个行业,在人们的文化建构中也开始赋予一部分医者"儒医"的雅称。① 这使得具备一定儒学教育背景的医者在文化上和其他读书人的距离就拉近了。与此同时,明清商品经济的深化对于家族的策略安排也有深远的影响。许多家族开始让子弟在职业上分工,也就是说一部分子弟读书、考试、当官,另一部分则从事商业活动。如此一来,家族在政治和经济上的资本才会有长期的保障。这其中也包括了许多经商成功的家庭开始向"儒"靠拢。因此"儒"和"商"在现实的生活中,有着千丝万缕的关系。许多商人也利用自己的经济实力参与各种文人的文化活动,尽情地附庸风雅一番。"儒商"的说法就因此应运而生了,于是"商"就已经不再是原来"士农工商"的观念中必然地属于最低的一个社会阶层。②

(二)清末民初的文化危机

鸦片战争以后,在和世界各国角力的过程中,清朝政府和中国的读书人开始逐步意识到自己在几乎所有领域上的落后。从宏观的角度来看,为回应这"三千年未有之大变局",中国各方尝试过各种方案。军事上落后,那就推行洋务运动,通过练兵造船,追求抵御外敌的方法。经济上落后,那就继续自强,设立轮船招商局,开启煤矿、铁路、电力各种建设,希望迎头赶上。当这些努力在甲午年间随着北洋水师的惨败而显得不足以救国时,政治上的落后就必须被正视。于是以康有为(1858—1927)为首的维新派在1898年进行了短暂的政治改革。但是在解决政治落后的问题上,维新并不是唯一的选项。由孙中山领导的兴中会早在1894年已经成立,甚至在1895计划于广州举事。

而在维新派推行变法的百日之内,其中一个重要的议题就是对教育的改革。他们主张废除科举考试的八股文格式,而改为测试历史、政治、实务,以及四书五经,要求以讲求实学实政为主。废八股是变法运动中最牵动读

① 有关更多社会精英在元代选择"医者"行业以及在观念和论述上开始转变,见 Robert Hymes, "Not Quite Gentlemen? Doctors in Sung and Yuan", *Chinese Science* 8 (1987), pp. 9-76。
② 有关明清时期商人与儒家的关系,见余英时:《中国近世宗教伦理与商人精神》,联经出版事业股份有限公司1987年版。

书人之神经的一件核心议题。毕竟八股一旦废除,则"势必触数百翰林,数千进士,数万举人,数十万秀才,数百万童生之忌"。对已经在当官的读书人而言,他们当官的资格来自八股上的成功,八股被废,则他们何以安身立命?更重要的是,对于那些还没进入仕途,却已经投入无数青春岁月在准备八股考试的读书人,他们又要何去何从?

要留意的是,康有为等人虽然主张废八股,但是始终没有放弃对儒学的坚持。百日维新虽然失败了,但是由于他们所提出的许多议题都切中时代的要害,所以像科举废存一事就自然在日后重新成为需要讨论与处理的焦点。① 1900年义和团事变之后,国事日非,许多官员再次提出教育改革的主张,而废除科举也是重点之一。当时的意见是倾向于逐渐废除的。可是1904年日俄冲突所带来的刺激,促使清朝政府在1905年下诏停罢科举。废科举是现代化过程中所无法避免的选择。与此同时六百年来,具体呈现在庙学制度上的孔教和政治的结合体在制度上正式瓦解了。②

(三)孔教为宗教

科举制度无法在中国面临前所未有的挑战之新局势下继续对国家有任何正面的贡献,它的被废除是历史发展的必然。但是在晚清,"中学为体,西学为用"的精神却以不同的形式在各种主张中发挥着影响力。例如康有为虽然怀抱着在当时颇为激进的变法主张,包括了废除八股在内,但是却始终坚持对孔子思想的拥戴。早在1895年,康有为在其《上清帝第二书》中,便向清朝政府建议广设孔庙。当时,他甚至将传布孔教的事业与科举制度结合,主张设立"道学"一科,以培养传布孔教的儒生,甚至认为应该鼓励到国外宣传孔教。③ 在康有为的孔教设计中,孔教的宗教性格是十分明确的。例如他在1897年,于广西桂林与唐薇卿、岑云阶议开"圣学会"时,便首次正式提出模仿基督教宗教组织的构想。④ 其模仿的内容甚至包括仿照西方基督教定期进行诵经礼拜之举,所谓"每七日一行礼拜,自王者至奴隶,各携经

① 有关康有为和百日维新的研究,见 Hsiao Kung Chuan, *A Modern China and a New World: Kang You Wei, Reformer and Utopian*, 1858—1927(Seattle: University of Washington Press, 1975); Luke S. K. Kwong, *A Mosaic of the Hundred Days: Personalities, Politics, and Ideas of 1898*(Cambridge: Harvard University Press, 1984); Rebecca E. Karl, and Peter Zarrow ed., *Rethinking the 1898 Reform Period: Political and Cultural Change in Late Qing China*(Cambridge: Harvard University Asia Center, 2002).
② 有关中国科举制度的研究,见刘海峰、李兵:《中国科举史》,东方出版中心2006年版。
③ 康有为:《上清帝第二书》,汤志钧编:《康有为政论集》(上册),中华书局1981年版,第132页。
④ 康有为:《康有为自编年谱》,中华书局1992年版,第33页。

卷,诵读膜拜"。① 19 世纪末期,中国不仅面临政治、军事、经济、科技等方面落后挨打的局面,文化上的危机也令士人触目惊心。尤其是当掺杂着复杂的文化冲突、宗教矛盾、经济利益等元素的教案层出不穷时。于是,康有为在 1898 年,上呈《请商定教案法律,厘正科举文体,听天下乡邑增设文庙,并呈〈孔子改制考〉,以尊圣师保大教绝祸萌折》,更为系统地阐述了他的孔教思想,并且仔细地说明了创建孔教会的方案。康有为认为补救的方法就是"开教会、定教律"。而他所主张的"开教会"自然是指开办孔教会。整体的构想中包括建立全国性和地方性的孔教会组织,以解决教案所引起的事端。总之,他认为提倡孔教,尊崇孔子,便可以挽救风俗,维持人心,以达到治国兴邦的目的。②

然而真正将孔教会进一步付诸实现的是康有为的学生陈焕章(1880—1933)。1905 年陈氏负笈美国,后在纽约的哥伦比亚大学攻读政治,1911 年考获博士学位。其博士论文出版时的题目是 *Economic Principles of Confucius and His School*。在著作标写题目与作者的内页上,陈焕章骄傲地注明自己是孔历 2455 年,括号西历 1904 年的进士。毕业之后,他在次年回国,并于上海创办孔教会的主要刊物《孔教会杂志》。同年,他还撰写了分成上下两篇的《孔教论》。上篇题为《论孔教为一宗教》,立意明确。而下篇《论中国今日当倡明孔教》则主要讨论倡明孔教的办法。③ 同年的 10 月 7 日(农历八月廿七日),即孔子诞辰,陈焕章等人正式成立全国孔教总会。④ 在孔教会诸人的倡导之下,中国各地掀起了一股读经的热潮,各地的支会也纷纷成立。

中国的孔教总会也致力于将孔教定位为中国的国教,多次向参众两院请愿,希望通过相关的宪法,然而最终并没有成功。⑤ 在孔教总会的多项努力中,也包括了在 1918 年提出的"圣诞节案"。他们主张在法律上规定夏历八月廿七日为孔子圣诞节。该日各界放假庆祝,悬旗结彩。⑥ 这项提案获得了通过,当时大总统下令,曰:"国会议决圣诞节案,兹公布之此令:孔子圣

---

① 康有为:《两粤广仁善堂圣学会缘起》,汤志钧编:《康有为政论集》(上册),第 87—190 页。
② 康有为:《请商定教案法律,厘正科举文体,听天下乡邑增设文庙,并呈〈孔子改制考〉,以尊圣师保大教绝祸萌折》,黄明同、吴熙钊编:《康有为早期遗稿述评》,中山大学出版社 1988 年版,第 287—288 页。
③ 陈焕章:《孔教论》,《民国丛书》,第 4 编,上海书店 1913 年版。
④ 《孔教会杂志》,第 1 卷第 1 号,"本会纪事"。
⑤ 韩华:《民初孔教会与国教运动研究》,四川大学博士学位论文 2003 年,第 97 页。
⑥ 《圣诞节案》,《经世报》,第 1 卷第 3 号,"教史"。此处使用的"夏历"不等同于"旧历",应指阳历。

诞,即夏正 8 月 27 日,为圣诞节,应放假庆祝,悬旗结彩。"①

(四)海外的孔教会运动

学者指出早在 1894 年,新加坡的《星报》就已经转载过赞扬孔子伟大的文章,因此被视为新马华人社会知识分子对孔教产生兴趣的一个标志。② 除了新马地区之外,美国、日本、加拿大、印度尼西亚等多个地方,无不先后建立起了以尊孔保教为核心宗旨的孔教组织。颜清湟在进一步评价新马一带的孔教运动时指出,本区域的运动也是整个孔教复兴运动的一个重要组成部分。但其重要性并不仅在于对中国的运动有多大的支持,而在于刺激和影响了东南亚地区的华侨社会中其他类似的运动。③

文南飞认为新马地区的孔教运动的意识形态虽然直接来自康有为的改良运动,但是在殖民地时代,配合当地华人社会和政治的需要,新加坡的孔教发展呈现出了自己的鲜明特色。④ 这也是本文从下节起将集中讨论的主题。

二、20 世纪初的英国海峡殖民地与实得力孔教会

(一)实得力殖民地

所谓的"实得力"其实是英文"Straits Settlement"中"Straits"的音译。在殖民地时期,这就是指今天的槟城、马六甲和新加坡。实得力孔教会的英文名称即是"Straits Confucian Association"。槟城和马六甲原来就有一定数量的土生华人人口,随着新加坡的开埠,不少土生华人也由槟城和马六甲南迁至新加坡。与此同时,伴随着 19 世纪以后的政治动荡、经济萧条、社会混乱的局面,由闽、粤两省南下的移民也大量增加。1821 年,第一艘中国舢板从厦门抵达新加坡。1824 年,在新加坡的第一次人口调查中,华人占总人口 10,683 中的 31%。⑤ 1836 年之后,华人人口比例开始超越其他种族,

---

① 韩华:《民初孔教会与国教运动研究》,第 115 页。
② 颜清湟:《海外华人史研究》,新加坡亚洲研究学会 1992 年版,第 249 页。此外,参考颜清湟:《1899—1944 年新加坡和马来亚的孔教复兴运动》,林纬毅主编:《别起为宗:东南亚的儒学与孔教》,新加坡亚洲研究学会 2010 年版,第 1—29 页。
③ 颜清湟:《海外华人史研究》,第 247 页。
④ 文南飞:《新加坡实得力孔教会研究(1914—1941)》,厦门大学硕士学位论文 2010 年,第 36—37 页。
⑤ 《新加坡年鉴》(华文版),2006 年,第 38 页。

直至今日依然。① 1860 年新加坡华人总数较之 1849 年,增加了一倍。而在 1871 到 1901 年的 30 年间,新加坡华人又激增 10 多万人。②

人们习惯上将这时期以后的南来者称为"新客"。如果按照大致的籍贯来分类的话,主要有福建、广东、潮州、客家、海南五大类。各帮派或前或后都开始组织起来,并肩负起为各自群体提供坟山、教育、医疗等社会服务的责任。当然,有些公益活动是跨越方言群体的。文南飞认为在孔教会正式成立之前,儒家文化在新加坡的华人社会已经先后经历了自然传播和自觉传播两个阶段。他指出早期殖民地时代新加坡的儒家文化自然传播阶段可以有如下几个特点:第一,各个帮群自发承担本社群内部的教化功能,用传统的价值观如帮扶贫弱、尊老爱幼、奉公守法等处理内务,于潜移默化中传播中华美德;第二,华文教育以旧学为主,类同中国私塾,教学内容也是华人熟悉的传统文化,教学用语也多为方言;第三,侨校数量很少,规模也小,而且分别服务于各自的社群。因此,就某种程度而言,保留和传承中华传统文化和价值观,仍然是华人社会自己的"私事",而且不同华社内部各司其职,更多的是华人个体言传身授。③

1881 年中国领事左秉隆(1850—1924)上任。文南飞强调了左氏深切地意识到了教育与思想灌输的重要性,并肯定了他积极倡导并掀起了一股学习中华传统文化的热潮。他还断言对于早期新加坡华人社会的儒家思想传播而言,左氏居功至伟。在前辈学者的杰出研究之基础上,文南飞将左氏的主要贡献归纳如下:

其一,倡设会贤社。作为一个成人教育机构,会贤社以受华文教育的侨民为对象,每月出题征文,左氏亲自评改课业,且将自己的薪俸捐作奖学金,以昂士子。④ 而所出课题主要以儒家思想为题目,如"臣事君以忠""君子学道则按人,小人学道则易使""子以四教文""言忠信、行笃敬""满招损谦受益论""致知在格物论""人之行莫大于孝论""学而不思则罔""夫子之道忠恕而

---

① 崔贵强:《新加坡华人:从开埠到建国》,新加坡宗乡会馆联合总会、教育出版私营有限公司联合出版 1994 年版,第 10 页。
② 崔贵强:《新加坡华人:从开埠到建国》,第 11 页。
③ 文南飞:《新加坡实得力孔教会研究(1914—1941)》,厦门大学硕士学位论文 2010 年,第 17—19 页。
④ 柯木林主编:《新华历史人物列传》,新加坡宗乡会馆联合总会、新加坡教育出版公司 1995 年版,第 13 页。

已矣""兴于诗""立于礼""成于乐""志于道"等。①

其二,主催英语雄辩会。英语雄辩会专为受英文教育的侨生而设,每星期在领事馆集会一次,左氏亲任主席,提出政治、社会、文化等问题,公开辩论,从而引导侨生注意中国时事。②

其三,积极展开兴学运动,提高侨民文化水平。左氏任期内,前后兴办起来的义塾计有:(一)陈姓族人所办的毓兰书室;(二)广肇商人所办的进修义学(亦称广肇义学);(三)小坡华人公立的乐英书室;(四)颜永成独资创办的培兰书室;(五)章苑生独资创办的养正书室等。加以家塾讲帐之设,一时学校林立,弦诵之声,相闻于道。③

继左氏之后上任的黄遵宪(1848—1905)也积极推动文教。在传承上,儒家文化的精髓主要保存在儒家的经典之中,所以随着越来越多的义学和私塾不断出现,作为传播儒家思想的主要媒介和空间,教材和学堂的作用自然凸显。与此同时,诸书室、文社、学会纷纷成立,儒家思想从百姓日用之间走进学堂里,再汇聚于知识分子的文社学会之内。④

在文南飞的分析框架中,自觉传播阶段的重点是在新加坡历史上第一次大规模的儒学运动,又称"孔教运动""儒教复兴运动"或"孔教复兴运动"。学者对于这项运动的具体时间说法不一。例如梁元生以 1897 年为起点,至 1909、1910 年左右逐渐"淡出"。⑤ 颜清湟则认为始于 1899 年,1902 年有所加强,到了 1911 年达到另一高潮。⑥ 比较笼统的说法就是以 19 世纪末和 20 世纪初为这项运动的主要活动时期。文南飞指出这是一场范围广大、声势浩大、影响深远的孔教复兴运动。其涵盖范围虽然不限于新马地区,却以新马地区为核心。毕竟运动的发起者、领导者及整个运动的中心都是在新加坡。孔教复兴运动产生的原因,从内部而言,根基于左秉隆和黄遵宪的兴

① 梁元生:《宣尼浮海到南洋》,杜维明主编:《儒学发展的宏观透视:新加坡 1988 年儒学群英会纪实》,台湾正中书局 1997 年版,第 204—205 页。有关会贤社月课详情,亦可参见梁元生:《从一份名录看十九世纪后期新加坡华人社会中的士人集团:会贤社》,新加坡国立大学中文系论文 1983 年。
② 颜清湟:《海外华人史研究》,第 118 页。柯木林主编:《新华历史人物列传》,第 13 页。
③ 颜清湟:《海外华人史研究》,第 118 页。
④ 李元瑾:《从新加坡两次儒学发展高潮检视中国、新加坡、东南亚之间的文化互动》,林纬毅主编:《别起为宗:东南亚的儒学与孔教》,第 32 页;文南飞:《新加坡实得力孔教会研究(1914—1941)》,厦门大学硕士学位论文 2010 年,第 20—22 页。
⑤ 梁元生:《新加坡华人社会史论》,新加坡国立大学中文系、八方文化创作室 2005 年联合出版,第 65 页。
⑥ 颜清湟:《海外华人史研究》,第 249 页。

学运动。在 19 世纪 90 年代的新加坡华人社会中,已经产生了对中国传统文化回归和仰慕之心。当时文风丕振、华文教育机构增多、儒生南来等诸项因素都为儒学运动奠定了基础。外部的原因主要是康有为等人领导的维新变法虽然失败了,但他们在文化领域中的影响力却持续发酵。这时期保皇派尊孔崇儒的号召风靡一时,影响所及,遍于海内外。当时,各种保教思想以及兴建孔庙、建设学堂的呼声在华人社会中普遍流行,反响巨大。① 从另一个角度思考,这场运动一方面是回应康有为为了配合维新事业而发起的政治化了的孔教运动,另一方面则按照当地华人社会的需求而发展出具有文化寻根意义和社会改革目的的本土化运动。②

当时参与这场运动的个人和机构之属性和背景不尽相同。例如由邱菽园(1873—1941)创办的《天南新报》曾一度近乎是孔教复兴运动的喉舌。该报不仅刊登中国孔教复兴领袖的重要言论,还报道其他各地华侨社会的孔教复兴活动,甚至开辟社论专页以作为新马孔教的论坛。一方面,清朝驻新加坡总领事馆对新马孔教复兴运动的领导,主要体现在其曾一度公开呼吁支持孔庙的建立。而中华商务总会则发出纪念孔子诞辰的呼吁,吁请商家休业并进行庆祝活动。除了邱菽园所创报刊之外,他和当时的另外一位著名社会领袖林文庆(1869—1957),都是新加坡孔教运动的主要倡导者。在 10 多年的时间里,他们先后召集同志集会结社、捐资献地、同游演说,又多次通过中英文报章及杂志积极宣扬儒学,影响及于邻近各埠,使崇儒尊孔之风,遍及南洋。③ 另一方面,清朝政府派遣的南巡官员丘逢甲(1864—1912)、王晓沧(生卒年不详)、吴桐林(1895—?)等亦可以被视为这场运动的精神领袖。④ 这群奉命到南洋促进商业的官员,在执行任务时也发表儒教文章和演说,鼓励华人兴建孔庙和现代学堂。依照学者的分期,这场运动可以分为 2 个阶段:以运动开始到 1902 年为第一个阶段,其后到 1911 年为第二个阶段。就运动的内容而言,"运动初期集中于孔庙和现代学堂的建立。运动的第二阶段始于纪念孔子诞辰,作为一个民族节日,但到后期,孔庙和现代学堂的建立又成了主要的内容"⑤。

---

① 文南飞:《新加坡实得力孔教会研究(1914—1941)》,厦门大学硕士学位论文 2010 年,第 22—23 页。
② 严春宝:《新加坡儒家文化传承研究》,北京师范大学博士学位论文 2007 年,第 84 页。
③ 梁元生:《新加坡华人社会史论》,第 65 页。
④ 严春宝:《新加坡儒家文化传承研究》,第 89 页。
⑤ 颜清湟:《海外华人史研究》,第 249 页。此外,参考文南飞:《新加坡实得力孔教会研究(1914—1941)》,厦门大学硕士学位论文 2010 年,第 23—24 页。

(二)实得力孔教会创立之初

从文化和历史的长时段视角下观察,这是孔子之教长期作为文化主轴的一个新发展。这个新发展则是对近代史上的文化危机的一种回应。将视角拉回海外华人社会的话,则不难看到"儒家思想"从百姓日用的场域,进一步提升到文化领域和知识体系。"儒"不仅仅只是一个身份,一种立场,更是一套价值体系。"儒商"和文化在中国历史上长期存在着一种交融与相辅相成的关系。海外移民社会以商人为主要的华社领袖,当孔教运动推行到一定阶段时,更具体的组织就会水到渠成地应运而生。以商人主导的实得力孔教会正是在这样的大背景下,于 1914 年创立的。

新加坡中华总商会(原称新加坡中华商务总会)是在 1906 年成立的跨越方言帮权的商团组织。当时各个方言群体都有自己的最高权力机构。到了 20 世纪初,在新加坡的华人社会中,开始出现两种更为活跃的组织,一是像总商会这种跨越帮权的组织,一是涵盖面较之代表整个方言群体组织更小的县级组织和其他各种宗亲团体。

实得力孔教会便是由中华总商会的董事会发出公函,邀请各行各业的人士组织筹划而创立的。因此,实得力孔教会早期的会址就是设在新加坡中华总商会。实得力孔教会成立的具体日期,目前仍然无法确定。但按照文南飞的研究,在总商会的会议记录中,早在民国三年(1914)3 月 24 日下午二时召开的董事会议附议中就曾经讨论孔教会暂借会所一事。他因此推测,实得力孔教会至少在 1914 年 3 月 24 日之前已经确实成立。①

(三)愿景:实得力孔教会章程

实得力孔教会在创立之初的愿景是什么? 他们希望完成什么样的使命? 他们期许做出什么样的贡献? 最终,在计划与现实之间,哪一些任务完成了,哪一些失败了? 哪一些至今还在坚持,哪一些改变了? 要回答这些问题,本文接下来将焦点锁定在这些愿景呈现的主要模式,即实得力孔教会的章程。

1914 年的《实得力孔教会章程》是以中英文两种语言合刊在一册的。② 本文的分析以中文版本为主,适时参考英文版本。此外,原《章程》全无标点符号,为方便今人阅读,本文也将原文加以断句。《章程》共有定名、宗旨、会员、庶务、职员、经费、演说、纪念、善举、开会十条。其中《庶务》又分成礼教、

---

① 文南飞:《新加坡实得力孔教会研究(1914—1941)》,厦门大学硕士学位论文 2010 年,第 39 页。
② 实得力孔教会:《实得力孔教会章程》,新加坡中华总商会印刷科 1914 年版(原标明孔子降生二千四百六十五年),新加坡南洋孔教会资料室藏。

教育、政治三小目。第一条《定名》简单直接，一开始就说明"本会名曰：实得力孔教会"。

之后第二条《宗旨》则有 3 项，分别为：

1. 宣传及振兴孔夫子之教育、道德、文化。

2. 赞成万国和洽太平。

3. 扶助格致各种学问及善举。

实得力孔教会的宗旨开宗明义地指出最重要的第一项便是宣传和振兴孔子的教育、道德、文化。值得注意的是，无论是教育、道德，还是文化，都是针对孔子的儒家思想中的世俗价值而言，并没有突出孔子之教作为国教，甚至是宗教的意思。文化的使命和世俗的色彩展现无遗。第二项宗旨近乎一种政治诉求。第一次世界大战在 1914 年 7 月爆发，所以实得力孔教会的诉求并不是针对主要发生在欧洲，且牵动世界的那场战争。最合理的推论还是回应世界强国对许多地方的武装侵略和殖民统治而言。或许更具体地说，和中国近代史的不幸经验息息相关。其实，在殖民地经商的商人很多时候也是殖民统治的利益分享者，但无论是从民族立场出发，还是一般商人希望看到的利商的稳定局势来说，这项诉求是颇为合理的。第三项宗旨则为实得力孔教会在拓展会务，尤其和其他团体合作时，提供了可以海纳百川的高度融合性原则。所谓"格致"就是今天所讲的包含化学、物理等科目的科学。虽然这里还不是五四时期所主张的"赛先生"，但明显保留了洋务运动以来对新兴西方实用科学的重视。那么，既然是各种实用的科学性学问和善举，则这个范围实际上等同于没有设限。这样的开放性和伸缩性，既是儒家有教无类的精神，也是殖民地商人的睿智体现。

章程第三条《会员》则总共有 5 则。现列如下：

1. 同志无论何色人等，凡赞成本会宗旨，及遵照章程者，均可填明姓名、住址、业务格式纸投会。经董事会通过，即作为本会会员。

2. 凡名誉之人，或仁德之人，或振兴教化之人，或赞成本会宗旨及特别赞助本会之人，一经本会会员一名提议，及一名赞成，请举为本会名誉会员者，于本会特别大会时决议通过，则可照行，函请其人承认为本会名誉会员。

3. 会员若有反对本会宗旨，本会董事得以请其自行出会。

4. 会员有不正之行为，本会董事得以请其出会。

5. 会员遇有董事通知出会时，而又不肯照行出会者，本会董事可再议决，而后实行令其出会。

实得力孔教会是跨越方言族群的，所以在《会员》条下一开始就清楚说明"无论何色人",即不管所属方言群体,只要志同道合,便可申请入会。孔教会会员一般情况下是应该自愿而且主动加入的。但除了正常会员之外,《章程》还规定具备另外四种条件之一的人士可以由会员提名为"名誉会员",一旦特别大会通过就可以正式邀请该名人士成为孔教会的"名誉会员"。有资料称中华总商会之会员即孔教会之会员,然而《章程》中未见相关规定。① 而像孔教会这种以道德文化为己任的组织,自然也重视会员的管理问题。面对问题会员时,章程基本上授予董事会采取前后两个不同步骤处理。在逼于无奈时,孔教会还是希望顾全情面上的融洽。所以对于志不同道不合者,董事会应该请其自动退出。而面对行为不端正的会员,董事会则会请其退出,但始终避免使用开除等强烈字眼。但是如果发生会员不遵守相关决定时,董事会可以再次开会,然后强行开除。只是实得力孔教会在后来的发展之中,在会员管理上是比较无力的。主要是因为越到后来,随着会员人数下降,只有自由退会的案例,未见任何实际上的内部纪律处分。所以会员管理的具体日常步骤并不清楚。但是其设想中的志同道合者主动加入,又建立机制网络具备相关条件的人士,最终在不得不处理分道扬镳的会员时又极力希望维持一种文明的儒雅风范,则其用心不可不谓良苦。

第四条《庶务》是活动内容的核心,更可以在其《礼教》《教育》《政治》三个类目中掌握实得力孔教会的自我认识的中心价值。《礼教》目下有五则内容:

1. 定期宣布圣道,无论休息日,方便时均可举行。举行处临时定之。
2. 讨论婚礼规定。通告划一进行。
3. 讲究简便,统一祭礼。
4. 编订丧葬礼节。
5. 创设传道师范传习所,或学堂,以讲究圣贤经传、正道。

"礼"是儒家思想重要的表现形式。在这五则内容中,又可以将之分为两类,而且非常明显地看到自南宋以来的理学传统在持续发挥作用。首先是孔子思想的传播问题,和汉唐经师不同,宋代以后的理学家非常重视"讲学"活动。无论是在属于教育机构的书院中,还是属于面向士人文化网络,甚至包括贩夫走卒的讲会,许多理学家都有一种近乎布道的精神。他们要

① 盛碧珠:《南洋孔教会简史(1914—1990)》,林纬毅主编:《别起为宗:东南亚的儒学与孔教》,新加坡亚洲研究学会 2010 年版,第 232－233 页;文南飞:《新加坡实得力孔教会研究(1914—1941)》,厦门大学硕士学位论文 2010 年,第 39 页。

将自己或者自己所属学派对于儒家思想的那一套认识传播给更多人。① 所以第一项和第五项是属于这种传统的延续。前者是选择特定日期进行,后者则是要将空间固定下来,使之制度化。实得力孔教会具体进行了哪一些传播活动则是本文下一节才处理的内容。其实实得力孔教会一直有一个恐怕连他们自己都没有意识到的问题。宋代以来,不同的学者宣讲他们所认为的对于圣贤经传的正确解释,就是所谓的正道。所以才会出现不同的学派,并刺激了讲学的兴盛。而实得力孔教会到底是以何种对于儒家经典的诠释为正解呢? 因为所处的学术水平尚未提升到必要的高度,所以这个问题并没有被提出台面讨论。也许当初浮现的话,会有比较多的人自然倾向康有为的学问? 但因为这是个假设性问题,笔者始终无法在这个学术高度下分析孔教会。

另一方面,若和中国孔教总会的精神一致,在传播孔子思想的安排中,是需要模仿基督教在休息日进行礼拜的。从实得力孔教会的立场出发,则是休息日与否并不重要,可以是休息日,也可以是他们认为方便并制定下来的日子。然而这种定期讲学的设想最终也并没有完全付诸实现。此外,要有效地传播孔子思想,也同样有必要模仿基督教的神学院,对孔教的传道人员进行有系统的培训,并且从事儒家经典的研究。这一方面的设想加强了实得力孔教会在设想中的宗教性格,只是其始终也仅仅停留在设想的阶段。

另一类则以生命礼俗中的婚礼、丧礼和祭礼为主要的关注内容。宋代以来,理学家的礼制改革可以从两个方面来理解。一是汉唐经师所注解的先秦儒家经典的内容已经不适用于宋代以后的社会。一是很多人对丧葬与祭祀都是使用佛教或者道教的仪式进行,理学家希望可以引导社会回归一个儒家式的仪式传统。所以从朱熹编撰《朱子家礼》以降,各种以其为基础范本的不同礼俗书籍可谓汗牛充栋。在 20 世纪初期的新加坡,不同方言群体之间自然存在着礼俗上的差异。此外,恐怕在绝大多数时候,人们采用的不会是儒家式的仪式,而是佛教或者道教仪式。再则,过分的铺张浪费也是当时的一个现象。例如在陈嘉庚(1874—1961)的领导下,福建会馆迟至 1935 年才决议改良华侨丧仪。在一系列的活动之后福建会馆于 1936 年 7 月 30 日公布改良丧仪规约十二条。之后又于 1938 年 3 月 14 日在报刊发

---

① 有关宋明理学的研究,见 Peter Bol, *Neo-Confucianism in History* (Cambridge: Harvard University Asia Center, 2008);(中译本)包弼德著,王昌伟译:《历史上的理学》。

表新加坡福建会馆改善丧仪委员会宣言。① 可见远在陈嘉庚取得福建会馆领导权并推行一系列改革活动之前,实得力孔教会诸创会董事早在 1914 年就已经认识到相关社会议题是需要处理的。在理想中,实得力孔教会也以移风易俗为己任。只是这一方面的具体努力未有机会实施。

《教育》目下的四则提到:

1. 预备道德学课本,及宣教规则。

2. 倡办各学校,或大学堂,或专门学等类。

3. 刊发无论汉文,或他种文字之报类、书籍。

4. 设立总议论会,总讨论会,及游历会。

在《礼教》则下已经提到培训孔教会传道人员,以及每周定期主办宣布圣道的活动。这些活动是需要一定的学术资源作为其坚强后盾的。因此实得力孔教会需要编撰自己的传播孔教思想课本,以及宣传孔教所遵守的条规。更重要的硬件建设则是和传道师范传习所相呼应的各级学府。因此,从一般学校,到高等院校,到传习所,孔教会就可以成功建构一整套的完整教育系统。当然,孔教的传播并不能只是局限在知识阶层,更无需被限制在中文世界里。于是通过包括中文在内的各种语言的报章和书籍传播孔教,也是实得力孔教会希望达成的途径。关于实得力孔教会的办报努力,笔者需要另文介绍。而实得力孔教除了这些教育方针之外,也计划进行各种讨论孔教思想以及孔教会活动的大型会议,甚至准备组织朝圣活动,拜访对孔教会十分重要而且神圣的地点。

《政治》目下同样有四则:

1. 赞助道德劝诫、节欲,裨人道之实益。

2. 鼓吹、赞成万国人类太平之意义。

3. 疏通各教,互用逊让,及联络各国、各埠、各孔教会,道德社会;进行人群普及之友爱。

4. 请政府设法维持,禁止凡有阻碍人伦、风俗、种类各等之弊端。

儒家从孔子开始就有非常明确的政治关怀,从来就不是局限于书斋内或者象牙塔里的抽象思维活动。孔孟以降,后世的许多政治改革都是标榜着恢复儒家理想中的圣王之治而进行的。最著名的例子就包括了汉代的王莽(前 45—23)和宋代的王安石(1021—1086)。南宋以后,在理学家的整体构想中,除了寄望于政治上的改革,也同时重视乡里和士大夫社群的各种道

---

① 新加坡福建会馆:《波靖南溟:天福宫与福建会馆》,新加坡福建会馆 2005 年版,第 62 页。

德建设与规范活动。社会道德的管理同样是理学家完成修身、齐家、治国、平天下的步骤中不可被割裂的重要组成部分。儒家所谓的"内圣外王"之理想,并不是仅仅局限于儒者高高在庙堂之上讨论宏伟的治国方针,也包括了对社会风俗的整治与规范。① 中国孔教总会既然将孔教设想为中国的国教,则对广大人民的道德生活就不可能没有要求。

实得力孔教会在这个方面,也表现出对道德生活的推广之高度重视。所以在《政治》目的第一则并不是什么其他的政治理念或者主张,而是清楚强调对于道德上的劝诫之支持,以及对于人们不要过分纵欲的道德期许。总之所有对人类之所以为道德生命的存在,即所谓人道者,有所实在的贡献之事,都无疑是实得力孔教会将赞助支持的。至于在国际关系上的立场,基本上就和《宗旨》条中的第二则遥相呼应。毕竟在当时,亚洲多数地区与人民都处在十分被动而且弱势的处境。当然,万国人类之太平不仅仅是被压迫的民族之共同愿望,也是多数商人乐见的局面。

在对外关系上,鉴于现实客观环境的改变,实得力孔教会的主张较之儒家传统的立场是颇为不同的。从先秦儒者对"披发左衽"的疑惧,到宋明理学家中的一大部分学者对于包括佛教和道教在内的所谓"异端"的攻击,儒家长期以来均具备一定的排他性。但是儒家是复杂的,在有理学家对佛教、道教进行攻击的同时,理学家其实也从佛、道思想中得到不少启发。尤有甚者,一部分理学家提出了儒、释、道三教合一的主张。只不过在 20 世纪的语境中,处于内外交攻、疲弱不振的儒家,是没有资格固步自封的。如果依旧刚愎自用,也是不符合时代潮流的发展的。因此对于其他宗教,孔教会采取的态度是"互相逊让"。另一方面,实得力孔教会也认识到联络各地孔教会,形成网络的重要性。需要留意的是,在设想中,实得力孔教会的联盟伙伴并不局限于其他地区的孔教会,也包括了所谓的"道德社会"(即团体组织)。只要彼此的宗旨均以社会道德风气为己任,在实得力孔教会看来,都有相互联系,形成网络的可能。毕竟,无论是各地的孔教会或者其他道德社会,大家最终的一个核心目的就是普及全体人类相互之间的友爱关系。

与此同时,作为一个关注社会风气的道德团体,实得力孔教会也意识到自己在本地政治生活中所可以扮演的角色,甚至可以说是应该担负起的责任。殖民地时期,虽然殖民地政府握有行政、立法等权力,但是殖民地地区

---

① 有关宋代的社会变迁和精英活动,见 Robert Hymes, Conrad Schirokauer eds., *Ordering the World: Approaches to State and Society in Sung Dynasty China* (Berkeley: University of California Press, 1993)。

的各种团体却还是可以依照自己的立场和诉求向殖民地政府施加压力以达到目的的。因此,实得力孔教会的章程中就包括了要请政府通过立法来禁绝各种有害社会风气、人伦关系的社会弊端。虽然具体的影响力和政治活动空间有限,但是作为一种在殖民地时期特殊环境下生存的团体,实得力孔教会多少也在扮演着公民团体的角色,无论他们是否自觉地意识到这一点。

上面《定名》《宗旨》《会员》《庶务》等四条为实得力孔教会定下了组织的基本原则。接下来六条则是进一步对更为具体的组织方式进行规划。第五条《职员》主要就是提供实得力孔教会的领导团队,即其董事会的蓝图。本条共有十一则,是章程中最为详细的。

1. 正会长一员。

2. 副会长四员。

3. 董事八员(丁卯七月廿三日:开大会,改为董事无定额,于开会时定之)。

4. 名誉会员无定额。

5. 基金监,正、副二员。

6. 总书记一员,其余各助理、职事人等,一切临时由董事任用。

7. 本章程内,凡称职员亦属董事,凡称董事亦属职员。每年一次选举十六员,订期由会员投票先行公举董事,再由董事自行公举会长、基金监、总书记,各职员如上。若职员、董事任满,再有被举,亦得连任。

8. 职员及董事,至少须有五名以上之出席,可以决议、进行各事。

9. 所有会务,暨归董事办理之。

10. 正、副会长,正、副基金监,总书记,应行董事所解决之事。其所行各事,以三名出席,即可举行。

11. 董事中,遇有出缺时,可由董事会议决,临时举补。

实得力孔教会以正会长为主要领袖,下有副会长 4 人,董事若干。此外的职位包括了今天一般称为财政和文书的基金监和总书记。章程原来规定是每年进行一次选举。渐进式的选举方式是先由会员推选出 16 名董事,再由当选董事内部复选各种职位。职员和董事都没有任期的限制。章程还进一步规定,职员和董事的会议要有效举行,需要最少 5 名董事出席。中文章程比较模棱两可,按英文版的文意,在职员和董事的会议之上,其实还形成一个由正、副会长,正、副基金监和总书记组成的执行委员会(executive committee)。执行委员会应该执行董事会的决议。但是执行委员会本身开会时,只需要 3 名成员出席即可。而当执行委员会因个别董事辞职而出缺时,就由董事会开会推举替补的人选。有关实得力孔教会在 1914 年至 1942 年那 30 年间的董事会之情况,将另文作进一步详细分析。

任何团体或组织想要有效地运作,经费问题是一定要得到妥善安排的。实得力孔教会也许因为创会之初,所能够筹集和运用的资源仿佛相对有限,也还没有涉及太复杂的资产管理问题。所以第六条《经费》的三则就显得相对简单:

1. 无论何人随意之乐捐。

2. 临时之特别捐。

3. 各会员每年之年捐。每员至少须缴银一元,认多者听。

由于是开放性的团体,所以实得力孔教会并不排斥外界的任何捐款。只是不知道如果捐赠者的行为有欠或者钱财来历不明之时,孔教会是否也会来者不拒? 因为这样的情况从来没有发生过,所以就不得而知。但是想必董事会既然肩负着管理孔教会的重担,它还是会扮演监督的角色,以免组织的名声不慎被玷污吧? 此外,章程也允许孔教会在想要应付特殊挑战或者展开特殊活动时,接受外界或会员的捐款。在英文章程中,这一则是用 endowment(基金),而不是第一和第三则的 subscription(年费)。因此,这一则所设想的应该是属于金额比较大、使用性更为明确的资金。至于每一年的年费,实得力孔教会规定不能低于一元,也十分乐意接受会员支付超过此最低要求的奉献。

由于时代的挑战,环境的变迁,孔子思想需要被积极传播。儒学已经不像过去一样是士大夫读书生涯中不可或缺的环节。实际上,20 世纪已经是一个没有士大夫的时代。因此如前所述,中国的孔教总会在试图将孔教发展为中国国教时,参考了基督教的形式。而实得力孔教会虽然是在不同的条件下独立创设,却无法完全不受其影响。在上面的《教育》目之后之所以需要独立再设《演说》一条,主要是因为《演说》条针对的是对传道人员的资格管理问题。《演说》条之下有四则:

1. 凡属董事、会员等,均得担任演说。或由董事专请名誉人员,或特别人员,临时演说。

2. 传道演说员,须明孔教要旨。

3. 传道演说员,须有本会发给执照为凭。若该员未得执照以前,本会董事有权得请其当堂试验。至于合格,然后发给执照。

4. 预备编辑孔教要旨书籍、问答等书,以为演说员之用。

　　可见这里其实要分两种不同情况的演说来讨论。第一则是针对不定期的公开演讲而立的。原则上,只要是孔教会的董事和会员,自然就可以在孔教会所提供的平台上演讲。又或者由董事会邀请社会名人或者学有专长的人士前来演说。另一种情况是适用于传道演说员的管理上的。所谓的传道演说员,就是通过演说传播孔子之道的人员,而如果其传道活动是打着实得力孔教会的旗帜进行的,就自然需要获得实得力孔教会的认可和授权。对实得力孔教会来说,传道演说员最首要的条件自然是需要明白孔教的要旨。此外,他们也需要握有实得力孔教会颁发的执照。尚未领取执照的传道演说员需要在董事会的要求下,前来当场测试,合格之后才颁发执照。除了对传道演说员的素质要求之外,实得力孔教会在设想中也希望可以为这些辛勤传道的演说员进一步提供传道的资源。因此实得力孔教会计划筹备编辑和出版各种可供演说员使用的孔教要旨或问答等参考书籍。从培训传道人员,到通过执照的颁发加以管理,至提供传道人员使用的书籍,实得力孔教会可以说设想了一系列的计划。虽然具体步骤因为这些计划最终并未落实而还没有详细规划,但是其用心之良苦,以及对孔教传播事业的热忱还是值得肯定的。

　　所有的宗教都会有自己的神圣节日,孔教会自然也不例外。《章程》第八条就是以此为中心的《纪念》:

　　1. 恭祝孔夫子八月廿七日诞辰纪念及演说,并宣布孔教主义。

　　2. 纪念日应请休业一日。

　　以孔子的诞辰为圣诞,并将之定为百业休息和举国欢庆的假日是中国孔教总会最为著名的诉求之一。实得力孔教会秉持同样的精神,不仅将孔子的阴历生日定为纪念孔子和宣传其学说的重要日子,也主张那一天应该是一个公共假日。实得力孔教会的董事会主要以商人组成,由他们提出这样的主张,必然是基于对整个孔教运动真诚的支持。

　　实得力孔教会在《宗旨》中就已经提到对于慈善事业的重视。作为一个民间团体,而且是一个在组织上试图模仿主流宗教的团体,对于慈善事业的重视是不言而喻的。第九条《善举》从七个方面规划了孔教会的慈善活动之方针:

　　1. 整顿、改良,及维持、劝导各等不良习惯。

　　2. 量力实行救济贫困事宜。

　　3. 传道于应行处所。

　　4. 组织贫困小孩之游戏场,至少须一年一设。

5. 设立不分种教,及品行纯正之青年会所。

6. 维持阃范妇女之联合会。

7. 鼓吹各处设立保良社会,阻止拐骗等事。

处在不同时代的团体,在面对迥异的各种客观挑战和社会问题时,自然会按照自己的思维模式去应对他们的挑战。在保留对抽象原则的坚持之同时,具体的应对策略和主张反映了他们对自己的时代之理解与期许。所以虽然都是遵奉孔子之教,但是各个地方的孔教会在考虑具体的社会公益活动时,是没有必要,也不会同一的。例如在孔孟生活的时期,他们迫切希望处理的是恢复合理的政治秩序的问题。对于人的道德生命之追求与讲究,始终没有妨碍他们对现实政治与乱象提出解决方案的行为。实际上,后世儒者普遍认为,这两者其实正是儒家精神的核心所在。汉唐时期,由于儒家的经典知识掌握在特定的群体手上,经师们的主要工作集中在对先秦儒家经典的注解之上。到了宋代以后,随着社会结构的变化,士大夫阶层的崛起,经济的多元化发展,理学家开始重视对所身处的社会进行直接的管理与改善。所以具备在官学系统之外的学术自由之精神的书院,扮演民间备荒自救角色的社仓,肩负起乡民自我行为约束和道德精进努力的乡约,都逐渐成为理学家们的重要社会活动。明清时期,随着士商界限的进一步模糊,儒商作为一种受人敬仰的风范普遍传播,理学家和商人进行的各种社会公益事业也就更为丰富。这些具体的行为都带有明显的时代烙印。①

在 20 世纪初的海峡殖民地,创建实得力孔教会的商人们又关心什么样的社会议题呢?之前在《政治》目之下,实得力孔教会已经表示出自己可以扮演一种向政府施压,以达到通过立法建设道德社会的团体的角色。在《善举》条之下,实得力孔教会还是非常清楚地列明自己对社会风气与风俗习惯的高度重视。此外,他们也将传道事业本身视为善举的一部分,毕竟从信仰者的角度出发,将自己所遵奉的道理向更多人宣导无疑也是一件善事。实得力孔教会也表明会按照自己的能力进行各种救贫济困的慈善活动。毕竟在殖民地社会,社会低下阶层的民众往往都是要仰赖民间团体自行伸出救济的援手的。更具有时代色彩的主张分别以儿童、青年、妇女为焦点。意识到贫困儿童的成长需要感受社会的关怀,实得力孔教会原来规划每年至少为他们举办一次消闲游乐的活动。这种对儿童心理的认识,以及对儿童成

---

① 有关士大夫,尤其是理学家为应付时代变迁和挑战所做出的种种调整,可参考 Robert Hymes, Conrad Schirokauer eds., *Ordering the World : Approaches to State and Society in Sung Dynasty China* ; Peter Bol, *Neo-Confucianism in History.*

长的重视无疑都是现代化的产物。青年会所的设立,以便让青少年们可以在一个安全的场所进行各种活动,也是一个新的创举。此外,在构想中,实得力孔教会强调这个青年会所是不分种族和背景的,只要参与活动者行为端正即可。妇女的管理虽然是儒家士大夫长期以来关注的范围,但是古时候强调通过道德教育与闺范传统,于家中保障妇女行为的合理性。而在现代城市中,实得力孔教会提出的是妇女联合会的建立。理想中,在实得力孔教会照顾儿童利益,以及投资青年会所的同时,又发展妇女组织,则无疑更具备一个现代化团体的规模,而且可以将触角伸向传统上被忽略的群体。此外,广设保良所的主张也反映了妇女、女童以及婴儿贩卖是当时常见的社会现象,而实得力孔教会觉得此类行为属于不道德的范畴,应该尽一切可能保护社会中这些弱势的群体。实得力孔教会对公共慈善事业的设想不可不谓多方着手,而且力切时弊。

接下来第十条要处理的则是比较技术层面的问题了。然而在一个团体可以欣欣向荣的诸多条件中,领导层的素质是非常重要的。领导层的更新,素质的保障,乃至整个领导层的合法性都来自于常年大会。常年大会也往往是一般会员行使权力的重要场合。《开会》条共分四目:

1. 每年定期于孔夫子诞辰纪念日前一星期间,应开大会一次,并选举下届董事,宣布本年各事务,及已查验之进支各账。

2. 董事及会员,得 6 名以上请愿,具名理由书,交总书记,邀请开会者,总书记可于一星期内,传单请开特别会议。

3. 选举董事之投票,会员应自行到会投票为合格。设或欲举代表人代为投票者,须具会员中人,并具有理由书。签号于未投票前,交总书记验明,方为有效。

4. 凡《章程》中所未明晰及未备载者,遇事时,可由董事职员会临时而解决之,即为有效。再俟大会时提出讨论①。如有更改,决议后通过,即补入章程内,作为实行。

孔子圣诞是孔教会最重要的节日,实得力孔教会将常年大会的开会日期定在孔子圣诞之前的一周之内举行是有其合理性的。如此一来,新旧董事就可以在孔子圣诞的庆祝仪式上自然交接。和一般团体不无不同,实得力孔教会的常年大会也需要由肩负领导任务的董事汇报孔教会那一年的活

---

① 原件原文为"提明读会",其意思甚不可解,今按照孔教会《双庆特刊》所录《实得力孔教章程》改为"提出讨论"。见盛碧珠:《孔圣降生二五四五周年纪念、南洋孔教会成立八十周年纪念,双庆特刊》,新加坡南洋孔教会 1995 年版,第 44 页。

动,以及提出财政报告。除了常年大会之外,如果有六名以上的会员和董事联署申请的话,孔教会也必须在一个星期之内召开特别会议。《开会》条也对孔教会的会员选举权力有所规范。章程的最后一则,其实还是赋予了董事会一定的便宜行事之权。

在《章程》内容之后,附上了实得力孔教会最原始的入会格式。现将《入会格式纸式》抄录如下:

> 立志愿书人_____,现住_____街,门牌_____号,职业_____。
> 为深信孔夫子遗传道德教育,有立己立人之道,兹愿遵照贵会宗旨、章程,照章入会,并实行赞助,永膺圣教
> 孔教会董事鉴
> 民国_____年_____月_____日,请愿入会人_____立志愿书是实。

由于实得力孔教会草创之初即有意打破各种群体的隔阂,完全以遵奉孔子思想为核心条件,所以在最开始的入会表格式中并没有注明祖籍、宗教、学历等背景之必要。除了姓名和地址之外,实得力孔教会重视的倒是入会者的职业一事。在一定意义上,阶层观念极有可能尚未突破。一般劳动者无疑会是实得力孔教会服务的对象,但是对于入会者,早期的实得力孔教会不是没有潜意识的预设的。这一推论可以通过会员结构的讨论找到支持的证据,但必须另文分析。

此外,发起和响应创会的临时董事表就附载在格式之后。领衔四人为:蔡子庸、廖正兴、林秉祥、陈仙钟。其他董事包括:薛中华、陈德润、林文庆、薛武院、林义顺、谢有祥、陈延谦、洪福彰、黄瑞朝、王会仪、陈喜亭、林竹斋。①

三、结语

新加坡的实得力孔教会之创建不是一个孤立的海外移民社会的现象。要了解其宗旨与关怀,是需要将其置在中国孔教会的发展脉络之下理解的。而中国孔教会的历史又不能脱离中国儒学自身的发展轨迹。这里说的不是儒学思想的内容,而是儒学以及作为其传载者的儒家士大夫活动的空

① 本文中所有章程内容的讨论都是依据实得力孔教会所编辑的《实得力孔教会章程》。

间和制度。儒家士大夫和政治的关系是非常紧密的，所以在很长的一段时间里，祭祀孔子和传播儒学是和国家的科举制度互为表里的。另一方面，儒家士大夫在面对新的时代挑战时，每每都会调整和创新应对的策略，这使得儒家士大夫的社会生活更为合理。所以清朝末年废除科举之后，儒者需要寻找新的活动空间，而秉承变通的传统的一部分儒者，提出了孔教会的设立。

实得力孔教会的所在新加坡，是一个英国殖民地的港口城市。在接受中国孔教会运动影响的同时，实得力孔教会具体的组织和活动是有必要回应其身处的现实社会的。本文对于实得力孔教会《章程》的详细分析，就是为了重构其理想中的设想。虽然现实和理想始终存在着差距，但是读者却可以借此理解实得力孔教会创立之初的社会关怀，以及对于传统的坚持，乃至当时的社会团体的一般情况。

孔教会与 20 世纪初的新加坡社会[①]

实得力孔教会从 1914 年创立,至 1942 年日本侵略新加坡时全面暂停活动为止,总共坚持了近 30 年。这 30 年间,实得力孔教会从几个方面力求为弘扬孔子之思想而努力,也遇到不少难题与局限。这些难题与局限既是时代的挑战,也是当时新加坡的社会现实。为了叙述上的清晰,本文将按照课题进一步介绍实得力孔教会的各个面向,而不是简单地按照时序铺陈。

一、社会影响与对外关系

实得力孔教会在创办之初就获得了英国殖民地政府免除注册的优待。1914 年 5 月 15 日,《新加坡自由报》(*The Singapore Free Press*)便报道了相关的新闻,该报道同时也指出了实得力孔教会的临时会所设于中华总商会之内,所有要申请入会的人士应该按该地址向临时秘书林竹斋(Lim Tiok Chye)报名。[②] 报道之后还列举了全体临时董事的姓名。《海峡时报》在次日也有一则简短的报道。[③] 同年的 9 月 30 日,《海峡时报》也刊登了实得力孔教会将在当天傍晚 7 点,假中华总商会举行选举,以及讨论庆祝孔子圣诞的步骤之消息。原文称:

> A meeting of the Straits Confucian Association will be held at the Chinese Chamber of Commerce at 7pm today to elect office bearers for the ensuing year, and to discuss what steps will be taken to celebrate the birthday of the great sage. [④]

除了中文网络以外,实得力孔教会也同样十分重视通过英文媒体宣传他们的活动。例如在 1927 年,当第二届董事会名单出炉之后,《新加坡自由

---

① 本文是在许齐雄、王昌伟的《新加坡南洋孔教会百年史》中第二章《孔教会的努力与局限》的基础上修改的。

② *The Singapore Free Press and Mercantile Advertiser*, 15 May 1914, p. 6.

③ *The Straits Times*, 16 May 1914, p. 8.

④ *The Straits Times*, 30 September 1914, p. 9.

报》也报道了相关消息:

> Members have now been chosen by the Straits Confucian Association to carry out the Confucian propaganda. These propagandists will shortly commerce their undertakings in various localities in Singapore.[①]（实得力孔教会已经选出传播孔子教化思想的职员。这些传道者很快将开始在新加坡不同的地点展开任务。）

实得力孔教会的常年核心活动就是在旧历八月廿七日庆祝孔子圣诞，这一点是非常明确的。所以上面提到 1914 年 9 月的第一次全体大会，除了选举董事之外，关键还是共商如何庆祝孔子圣诞。由于资料并不齐全，笔者今天无法充分地了解和重构其形式、过程与规模。但按照文南飞从实得力孔教会时代的消费账单的整理，发现每年八月廿六日、廿七日的消费最为集中，并且具一定的规律性。同时，开列收据或账单的商家也相对稳定。诸如林肆安、陈怡祥汽水厂、申记兄弟、成昌号等贩卖食品或纸品香烛之类的商号经常出现。现存资料中，尤以 1931 年至 1936 年间最多，均足以支持实得力孔教会每年定期举办庆祝孔子圣诞之活动的推论。其中，1932 年实得力孔教会的账目，清楚标示八月廿七日孔诞开支为 32 元 6 角 5 分。[②]

孔子圣诞的庆祝对于实得力孔教会而言是处在核心位置的，因此孔子圣诞应该定在哪一天就是一个非常严肃的课题。中国国民政府将孔子圣诞从旧历的八月廿七日改成公历 8 月 27 日，这对于实得力孔教会的领导层而言就是一个挑战。新加坡中华总商会在 1929 年赞同使用阳历，以期与中国国内一起纪念。[③] 实得力孔教会迟至 1934 年才对这个问题进行决议，虽然动作稍缓，但是态度坚决。那一次董事会议的记录中，对于此课题的记录相对而言是颇为详细的。因此值得好好看一看。记录称:

> 孔子降生二千四百八十五年，甲戌，七月十四日，星期四，下午三时。假座中华总商会，开董事会。其议程如左:

---

① *The Singapore Free Press and Mercantile Advertiser*, 30 December 1927, p. 9.

② 参见实得力孔教会账簿，资料现存新加坡南洋孔教会资料室。此外，见文南飞:《新加坡实得力孔教会研究 (1914—1941)》，厦门大学硕士学位论文 2010 年，第 82 页。

③ 中华总商会会议记录:"民国十八年八月二日星期五己巳六月廿七日下午三时三十分开第十七届第八次职员会议。"资料现存新加坡中华总商会资料室。

（一）覆读前期议案。

（二）讨论"庆祝先师圣诞，应从国民政府或仍旧"。

（三）临时动议。

开会。主席李君伟南起立，由蔡多华宣读前期议案。

通过后，主席发言，略谓："先师圣诞，国民政府已命令全国就阳历八月廿七日为'至圣先师圣诞日'，是全国各机关于是日休业一天，同伸庆祝。本会是否可依照阳历庆祝，使臻一致？"

胡幼汀君即起立发表："至圣先师诞日，系生周灵王二十一年十月庚子，经先贤推定，系夏历八月廿七日。历代均以是日为'至圣先师诞日'。本会自成立以来，亦以是日为纪念，庆祝至圣先师。若改行阳历，实有未合。依本席意见，须仍旧，无须更改。"

徐伯良君继续起言："国民政府虽订定阳历八月廿七日为庆祝至圣先师假期，然未禁止任何日不准庆祝。且本会在国民政府废祀孔、禁读经，尚且照旧庆祝。今国民政府已知尊崇孔教，虽以阳历八月廿七日庆祝，将来再行更换夏历，亦未可定论。其他机关团体，依照国民政府，亦属无妨。若本会顾名思义，则当照旧，决不可更改。有人云新旧历书并行，甚不合。若本席认定，夏历即是国历。若阳历，乃西洋历，强称为国历，未免冠履倒置。若遵夏历，较胜于遵阳历为国历；以外国语言，代本国话，上及政府人员，下及国民大多数人，用英国语言谈话，学校教授英文，与国文同等并重。以此例彼，遵守夏历，其爱国心较切于遵外国历、说外国话。且本席始终以中国若不祀孔、读经，国家前途，实属危险。"

继徐君而起，发言者数人，咸以照夏历八月廿七日，方合于孔子"行夏之时"一语。由胡幼汀君提议，纪念圣诞用夏历八月廿七日，恭行庆祝。蔡多华附议。付表决，全体赞成通过。

后王盛治君提议，本会在会址未建之前，如有适当屋宇，不妨先行租赁，作为集会演讲孔教处所。全体同意。俟租赁定，再行开会。

讨论完结，主席即宣布散会。①

实得力孔教会的董事们选择了坚持原有的安排。主要的论点其实就是应该维持创会以来的精神。所谓精神其实不只是在说创会以来就以旧历为标准的传统，更重要的是，国民政府之前不认同孔教而推行"废祀孔、禁读

① 《实得力孔教会董事会议程》，1934 年 7 月 14 日，新加坡南洋孔教会资料室藏。

经"时,孔教会非但没有遵行,反倒知其不可而为之地积极努力弘扬孔教。这里无疑流露出孔教会董事对自己所参与的宣传孔教的事业是有高度的自觉与自信的,这种自觉与自信甚至不向政治决定俯首称臣,而是择善固执。董事会甚至认为有朝一日,也许国民政府会改用旧历。同时,董事会指出,其他团体遵守国民政府的决定也无妨,只要实得力孔教会认清自己的历史与使命即可,如此则不会和已经决定改用公历的中华总商会起任何冲突。坚持旧历,也有一定的民族情绪在背后支撑着。有董事就认为以阳历为国历,就如同以英语取代了中文。毕竟文化使命是推动实得力孔教会的种种活动之主要动力。当然,也因为实得力孔教会不在中国境内,就自然可以完全自主而无须受到政治上的干扰。

这个决定在当时是被人们注意到的。1934 年 8 月 28 日,《海峡时报》刊载了如下 "Confucius Birthday：How it was observed in Singapore"(孔诞：在新加坡庆祝的方式)的讯息：

Chinese in Singapore celebrated the birthday of Confucius yesterday by hoisting the Chinese national flag.

Although the day was declared a public holiday in China, the majority of Chinese business houses in Singapore remained open.

Meetings were held at the leading Chinese schools in remembrance of the great sage. All the schools were closed.

The Confucian Association of Singapore, however, did not join with the rest of the Chinese community in the celebration, as the association had previously decided to remember the birth of the sage on the 27th day of the Eighth moon, as has been the practice for over 2,000 years. ①

新加坡华人昨日通过悬挂中国国旗庆祝了孔夫子的诞辰。

虽然这一天在中国被定为公共假日,但是新加坡多数的华人商号照常营业。

(人们)在顶尖的中文学校举行集会纪念圣人。所有的学校都休课。

---

① *The Straits Times*, 28 August 1934, p. 13. 同日的《新加坡自由报》也有一则题为 "Schools closed in Singapore"的讯息,但是内容基本一致,见 *The Singapore Free Press and Mercantile Advertiser*, 28 August 1934, p. 9.

然而,新加坡的孔教会并没有参与华社的庆典,这是因为孔教会之前已经决定,如同两千多年以来的做法,在阴历八月二十七纪念圣人的诞辰。

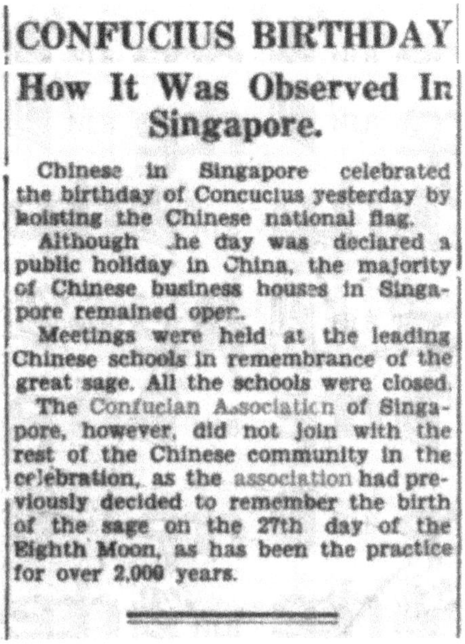

CONFUCIUS BIRTHDAY

How It Was Observed In Singapore.

Chinese in Singapore celebrated the birthday of Concucius yesterday by hoisting the Chinese national flag.

Although .he day was declared a public holiday in China, the majority of Chinese business houses in Singapore remained open.

Meetings were held at the leading Chinese schools in remembrance of the great sage. All the schools were closed.

The Confucian Association of Singapore, however, did not join with the rest of the Chinese community in the celebration, as the association had previously decided to remember the birth of the sage on the 27th day of the Eighth Moon, as has been the practice for over 2,000 years.

图1 1934 年 8 月 28 日,《海峡时报》的报道。

这则简单的报道其实传达了好几个值得留意的信息(见图 1)。一方面,虽然有张挂国旗之类的装饰活动,但是商家并没有休息。另一方面,孔子的纪念活动毕竟和文教界的关系更为密切,所以中文学校在当天休课庆祝。此外,在主要的中文学校里还举办了纪念集会。虽然不清楚这些集会是否只是由校内师生参与,但是纪念活动本身的存在倒也显示孔子圣诞是得到一定的重视的。更重要的是实得力孔教会的决定显然和主流华人社会大相径庭。不难想象在这个问题上,无论是中国国旗的张挂或者学校的休课,人们普遍上是以中华总商会的决定为主要依据。但是实得力孔教会本着自身的传统,坚持着自己的文化使命,也是值得尊重的。

实得力孔教会坚守传统的堡垒,这不仅是孔教会董事对自己的理解,也是外界人士对他们的期许。一封写于 1930 年的信透露了这样的信息。写信者是吉隆坡的赖明之,来信的日期标明是写于 8 月 5 日,来信是致"星洲孔教总会"的。事缘当时《星洲日报》在刊登有关中国国民政府规定 8 月 27 日为孔诞纪念日的报道中,所使用的语言有轻蔑圣人之嫌。例如"其文句之首则曰'孔丘'"就被赖明之所诟病。此外,《星洲日报》还刊登了题为《梦战孔夫子》的文章。这篇文章基本上是反对孔教的。所以诸如"我们应该打倒这个王八"的句子令赖明之非常恼火。在一通议论之后,赖明之觉得收信的"会长暨诸同志先生"等应该"向《星洲日报》彻底交涉"。毕竟,他们"位居总会会员"是不能够"坐视不究,袖手旁观"的。①

因此可见在新马地区,实得力孔教会的董事们是被同样关心孔教和文化的人们视为代言人的。实际上,实得力孔教会也确实曾经去函报章为孔教辩诬,相关内容本文之后还会讨论。实得力孔教会在整个孔教运动中,在一定意义上扮演了新马地区的一个中心角色。例如在 1936 年,实得力孔教会邀请接替陈焕章的香港孔教学院院长朱汝珍前来,而怡保的中华孔教总会在得知消息之后,便致函实得力孔教会询问朱汝珍来访事宜,想要邀请其北上。② 因此,实得力孔教会的枢纽角色是显而易见的。然而,除了扮演新马地区孔教运动的中心或枢纽角色之外,实得力孔教会在整个孔教运动中另一影响深远的贡献就是对陈焕章以及香港孔教学院的支持。

在整个孔教运动中,如果说康有为是理论的奠基者,而前清进士、美国哥伦比亚大学博士陈焕章则是整个运动的主要实践者。据称"1926 年,有组织国际宗教总会者函邀陈焕章博士出席在日内瓦召开的国际宗教大会。陈博士往返之川资,悉由实得力孔教会廖会长及蔡多华等董事乐助。陈氏受邀在大会上演说,深得与会代表推崇与赞赏,旋即受推为国教宗教总会之副会长。会后,陈氏且应邀至欧洲各国演讲,载誉而归"。③

到了 1930 年,因为不为当局所容,陈焕章远赴香港。按照蔡多华的说法:"国内各地、各分会,则因政府下令没收孔林,陈博士据理力争,竟至触动当局之怒,被下令通缉。陈君乃悄然至香港,坚道创设孔教学院。"④次年,陈焕章曾南来新加坡,虽具体目的不清楚,但恐怕和募捐筹建香港孔教学院有关,并且留下了和实得力孔教会部分董事如蔡多华、陈煦士等合影之珍贵照片。目前南洋孔教会资料室仍保存了五封实得力孔教会和陈焕章的往来信函。其中陈焕章来信四封,日期分别为 1930 年九月初八、1933 年三月十四、1933 年五月初一、1933 年五月廿三。另一方面,尚有李伟南复函的草稿

---

① 《赖明之致星洲孔教总会书信》,1930 年 8 月 5 日,新加坡南洋孔教会资料室藏。
② 怡保中华孔教总会《宣扬圣道》书信,1936 年 2 月 16 日,新加坡南洋孔教会资料室藏。
③ 盛碧珠:《南洋孔教会简史:1914—1990》,林纬毅主编:《别起为宗:东南亚的儒学与孔教》第 232 页。
④ 蔡多华:《孔教会创设之缘起及新加坡分会成立之经过》,第 51 页。

一份,日期为 1933 年五月十四日。①

在 1930 年的第一封信中,陈焕章致蔡多华,回复其上个月寄至北京的信。实得力孔教会当时还是将信寄到北京的孔教总会,而陈焕章回信时,人已经在香港。该信谓:

> 孔子二千四百八十一年九月初八日。
>
> 多华先生大鉴:
>
> 上月初七寄北京至。大函昨夜已由京转寄到矣。感念星洲人如此,只得暂时听之。将来再定办法乎。惟黄有渊君捐款五百元,亦由竹斋先生代收。总共存坡所有一万零七百元。来函谓零二百,殆未计黄君之款也。当时实声明建筑孔教会堂与孔教大学,两在并行,不过未便分两路劝捐,故归并为一路乎。若便中谈话,请略为分别言之声。弟于八月十二日,添得一新丁。弟本于七月十三日出京,廿日抵港。至八月廿二始接添丁之信乎。叨蒙遇爱,谨以告慰承示。泉州掌故铭感矣。似弟向来守素位而行之训,虽不敢谓乐天知命,亦颇近之。先生得翁先生之助,亦所谓天之命所助,在顺人之所助,在信自天佑之,吉无不利也。
>
> 此叩太安。
>
> 弟陈焕章顿首。②

从信中可以得知,南洋诸君为北京的孔教会堂和孔教大学两项计划总共筹得了一万零七百元,当时仍旧在实得力孔教会手上。只是为了方便,筹款名目只设一项,所以需要实得力孔教会的董事们在口头上向捐款者说明。除了孔教事业的合作之外,他们彼此的私交也看似不错。所以陈焕章才会在信中分享自己儿子出生的私事。

之后在香港的陈焕章,将孔教的建设工程之重心集中到孔教学院之上。到了 1932 年,此项工程负债两万有余,于是陈焕章多次来信,敦促实得力孔教会将当年募得的款项汇出。例如在 1933 年,陈焕章写了一封信给实得力孔教会会长李伟南。信的内容如下:

---

① 五封信函均使用旧历。
② 《陈焕章来函(1930 年九月初八)》,新加坡南洋孔教会资料室藏。

至圣先师二千四百八十四年三月十四日。

伟南先生阁下：

久违甚念。昨有潮州友人到访，谈及廖正兴先生捐款事，乃到四海通银行查询，北京孔教总会存款港银二万元，是否现存港中。然林经理答云，现尚未存港中行内。但前年弟在星洲时，先生早经划拨清楚，将此二万元港银专款存储。俾将来不受汇水涨落，而存诸港中四海通支行矣。今林经理虽云此款未存行中，然总可不受汇水之影响，而此二万元港银之数必无恙也。港中孔教学院，经于去年夏历五月交易，屋价五万元已付清。且于今年西三月七号，由港督特准注册。其章程经由林经理寄上矣。惟为负债二万七千元，自用卅层楼，别以两层楼出赁，亦可以租钱抵息。但总须还清债项，方为妥当。弟及各同人之意，此存款二万元，若蒙先生拨交孔教学院，俾偿债项，则学院即可上一匾额，大书为"廖正兴先生纪念堂"，如此方不负廖先生之苦心，而足为后人观感。学院在香港坚道，门牌一百卅一号。形势雄壮，交通便利，有目共观，实为香港中心点之中心。左邻为李耀汉之宅，右邻为沈鸿英之宅，两家皆贴近而同一墙，可以想知其胜概矣。以之纪念廖先生，最为适当。如蒙许可，即由林经理就近办理。弟对于银两一毫不经手。先生总可以大放心也。若不如此办法，则现在北京局面极难支持，依原意拨充北京孔教大学经费，尤为当务之急。谨开列两途，请先生择行其一。总之令廖先生捐助北京孔教总会之款，得为孔教总会之用。庶不负廖先生之苦心。而孔教总会亦不至受捐助之空名，而不足以应实用也。专此敬请裁夺施行，并示复为幸。

此叩大安。

实得力孔教会诸公均此。

弟陈焕章顿首。

（左）（附鸣谢广告纸略见一斑）弟目疾未愈，恕不另函。

（上）弟与多数潮帮同人均与重远先生同此意见。陈子昭签注。子昭先生现为旅港潮州八邑商会会长，焕章记。①

可见在上举第一封信之后的 1931 年，实得力孔教会总共筹得了 2 万元之捐款。而且当时的会长廖正兴也明确指定为兴建孔教总会的专款。如果

---

① 《陈焕章来函（1933 年三月十四日）》，新加坡南洋孔教会资料室藏。

考虑到 1930 年的信件,则可清楚知道这其实是包括了孔教总会和孔教大学两个项目。但是陈焕章到了香港之后,重心是先建孔教学院,所以在购置场所时负上了两万多元的欠债。在得知该款项仍然还没有汇到孔教总会名下时,陈焕章来信敦促就很自然。这时,因为廖正兴已经去世,为了鼓励实得力孔教会完成先辈的规划,也为了感念廖正兴对孔教运动的支持,陈焕章表示在收到款项之后将设立"廖正兴先生纪念堂"。由于实得力领导层的更替,加上原来捐款的名目是为孔教总会在北京兴建会所和大学,而如今陈焕章需要将捐款用在香港的孔教学院,出现名实不符之嫌的局面也在所难免。当时将捐款用在北京已经是不切实际了。所以陈焕章以退为进提出了依原意拨给北京孔教大学,或拨给香港孔教学院两个方案。在"北京局面极难支持"的现实下,选择似乎是很明确的。之后,陈焕章柔性地提醒实得力孔教会,说"令廖先生捐助北京孔教总会之款,得为孔教总会之用。而孔教总会亦不至受捐助之空名",才是对得起先辈的行为。末了,陈焕章还拉上当时的旅港潮州八邑商会会长为其背书。

实得力孔教会的回信今天已经看不到,但可以从陈焕章当年 5 月份再一次的回信中推知实得力孔教会的立场。陈焕章说:

> 至圣先师二千四百八十四年五月朔日。
>
> 伟南会长先生惠鉴:
>
> 顷接四月廿一日公函,喜悉尊处董事会议,议将廖正兴先生所捐北京孔教总会之款,计港币两万元,划一万元作置香港孔教学院之用,一万元作建筑星洲实得力孔教会之用。一则赖以巩固,一则赖以成立,一举而两善具备。命弟致函北京孔教总会诸董事赞成斯举。尊情择议之下,不胜钦佩。弟为孔教会奔走数十年,所设教会(?)多(?),无畛域之见。在港在星,何分彼此? 况星洲为南洋总汇,非有自建会所,不足以资提挈。苟专此寄人篱下,不特无(?)严展,且恐无以自存。今得诸公注意及此,(?)道其南将于是乎? 赖弟详以万分诚意,赞成斯举。现当北京危急时期,尤敢先行代表北京孔教总会全体董事,一致赞成。待事体大定后,乃由弟补形报告于北京,以求追认。此后凡关于此事与北京方面函商,统由弟负全责,无庸待函件之往来,集议之曲折,以省时日而速厥成。望即以贵会董事所表决在,迅即执行,无任盼祷。星洲既得此万元为之倡,则群策群力,自必一鼓而成。弟意以为,全钱之划拨,固毫无畛域,惟文字之声明,宜不昧来源,即此款,当表明"由北京孔教总会

拨来，廖正兴先生捐款，港银一万元"等字样也。如此，于星洲孔教会，及廖正兴先生，均毫无所损，而南北一家，中外一体之真精神与事实，均于此表现。且于既往之历史，现在之实情，将来之关系，面面皆能周到。此弟一得之愚，料诸公必表同情。如不以为然，弟亦不固执也。至若划拨孔教学院之一万元，则请先生速命香港四海通分行上拨，以还债务。而纪念廖先生，且利各种进行。此后尊处进步情形，定必一日千里。伏望时常示慰为幸，专此即复。

　　敬叩实得力孔教会诸公均安。

　　弟陈焕章顿首。

　　纪念廖正兴先生，应用"正兴"二字？抑用"杰夫"二字？便望示知。俾得遵上李佩精先生函已转交矣。因星洲会所未确定，仍记蔡多华先生转交，恐防遗失也。①

　　显然地，实得力孔教会是提议将一万元拨给香港孔教学院，另一万元留作购置自己会所之用。这样的安排是陈焕章所能接受的。为了师出有名，实得力孔教会也希望这样的安排能够正式得到孔教总会的支持。但是由于时局的关系，陈焕章不大可能到北京和孔教总会其他董事会面，于是便表示由他全权代表负责。既然对于如何使用该笔捐款已经达到共识，陈焕章自然再次敦促实得力孔教会将钱汇出。

　　实得力孔教会在收到陈焕章五月初一日的回信之后，于民国廿二年五月十三日，假中华总商会召开董事会议。第二项议题就是：议北京孔教会陈焕章先生，来函请提在港存款事。次日，实得力孔教会会长李伟南回信答复了陈焕章。今天之所以还能看到回信的底稿，相信是因为实得力孔教会觉得事关重大，所以底稿才被保留了下来。底稿谓：

　　重远老先生雅鉴：

　　昨由蔡君多华，交到五月朔日封发兰教，捧诵之下，聆悉一切。敬于十三日下午二时，召集董事会议，以便早日解决，得免锦注。是日列席诸董事共阅台函，咸称先生度，如江海明并，日月无所不容，无所不照。香江孔教学院、实得力孔教会所，均赖先生玉成。殊深钦佩。

　　故对于先生函中所论办法，均经一致赞同、通过。存案要拨一万元

_____

① 《陈焕章来函(1933年五月朔日)》，新加坡南洋孔教会资料室藏。

作捐助香江孔教学院、纪念廖杰夫先生芳名,该款经向四海通银行更换港币壹万元,汇票系实得力孔教会汇交香港孔教学院及先生之名义。票夹函中,由邮挂号奉上,至祈察收是仰。

北京总会由先生完全负责,此间诸董事亦以该款系先生南来募捐所得,现既先生以北京总会已难建筑,因时制宜,而主张拨助星港两处之孔教学院、孔教会所,况同属孔教会之事业,实无相背,又安得不乐为赞成乎?

实得力孔教会建置会所,已举定四人负责担任,或建或置,均由四人先行主张,然后提交董事会议讨论。该四人及林金殿君、杨缵文君、林树森君,及弟。现在以地价、屋价均宜,诚建置孔教会一大好之机会。如经告成,当再肃函奉达台端,俾知一切。此复。

伫候德音并颂道祺。

实得力孔教会会长

至圣先师二千四百八十四年五月十四日。①

对于这笔当年由廖正兴主导筹到的款项,实得力孔教会和陈焕章都不无一点小尴尬。就如之前提到的,原来筹款的名目是为北京的孔教总会和孔教大学集资,而今却是要用来支付香港的孔教学院之欠款。而在实得力孔教会自身而言,款项虽然主要来自新加坡,但是在这之前从来未曾将之规划为购置实得力孔教会会所之用。所以双方的妥协就造就了一个双赢的局面。因此,所谓"香江孔教学院、实得力孔教会所,均赖先生玉成","星港两处之孔教学院、孔教会所,况同属孔教会之事业,实无相背,又安得不乐为赞成乎?"等语,就不是简单空洞的应酬文字了。

到了 1933 年 5 月 14 日,实得力孔教会通过四海通银行,向香港孔教学院,划拨港币一万元。同月 23 日,陈焕章和香港孔教学院司理如数收取款项,并回信告曰:

至圣先师二千四百八十四年五月廿三日。

伟南先生大鉴:

五月十四日,公函并汇票一万元,前日经已择收。今日弟偕同学院司理,雷君荫苏,已在四海通,如数收足。计揭项正于本月廿六日到期,

---

① 《实得力孔教会回函底稿(1933 年五月十四日)》,新加坡南洋孔教会资料室藏。

此款适合还债之急需,谨先行奉覆。详情容后续报。专此。

敬叩实得力孔教会诸公均安。

弟陈焕章、雷荫苏顿。①

实得力孔教会汇去的款项正好赶上香港方面还债的日期。文南飞认为一万元港币对当时既无会堂又无学校、无产无业又寄人篱下的实得力孔教会来说,是一笔数额巨大的款项。再则,实得力孔教会诸多董事素有自建会所之心,于是在款项的处置上最终拦截一万元留待自用也就不难理解了。②无论如何,实得力孔教会在自己亦面对不少发展的难题之际,还是在一定程度上履行了自己帮助孔教总会的承诺,也确实呈现出孔教人士相互扶持、谅解的气度和精神。对于整个孔教运动而言,实得力孔教会的贡献也无意超出了"实得力"的范围。

二、宣扬孔子思想

笔者在《实得力孔教会前期史简述》讨论实得力孔教会的《章程》时,一再看到实得力孔教会希望模仿基督教的一些形式来进行宣扬孔子思想的方法。其中也包括了在休息日(星期天)定期举行活动的设想。这其实也并不是不切实际的空想,因为实得力孔教会的董事们确实有试图寻找适合的场所。在一封英文书信的底稿中,清楚反映了本来在原则上,这样的一个地方已经寻获的信息。写于 1915 年 12 月 24 日的信,以及附上的通告曰:

Dear Mr. Cheng Kee:

We have been informed by Dr. Lim Boon Keng that you have generously offered the Confucian Association the use of your "Alhambra Hall" on Sundays. May we publish the enclosed for general information?

Mr. Tan Cheng Kee has generously offered the use of the new "Alhambra Hall" to the Straits Confucian Association on Sunday afternoons for Lectures, Addresses and Social gatherings, as soon as the buildings have been completed. The Chinese of Singapore are thus

---

① 《陈焕章来函(1933 年五月廿三日)》,新加坡南洋孔教会资料室藏。

② 文南飞:《新加坡实得力孔教会研究(1914—1941)》,厦门大学硕士学位论文 2010 年,第 69—79 页。

given facilities which will be highly appreciated. The Association wished to thank Mr. Tan Cheng Kee for his invaluable offer. ①

祯基先生 台鉴：

林文庆医生通知我们您已经慷慨允许孔教会在休息日使用您的 Alhambra Hall。我们能不能发出以下通告呢？

陈祯基先生已经慷慨允诺，一旦新的 Alhambra Hall 竣工，实得力孔教会将可以在休息日下午在那里进行演讲，讨论和社交聚会。新加坡的华人因此可以享用到十分珍贵的设施。本会感谢陈祯基先生的美意。

陈祯基（Tan Cheng Kee,? —1939）是著名的新加坡富商陈恭锡（1850—1909）的长子。出生于马六甲的陈恭锡，以及他的子孙辈，都是海峡华人社群中的著名人物。这一次使用陈祯基的产业来进行活动，显然也是另一位杰出海峡华人，同时是实得力孔教会创会董事之一的林文庆医生从中安排的。在推动孔教的议题上，海峡华人和新客领袖的紧密合作又可以见到一个实例。此外，陈祯基的善举对实得力孔教会而言是适时的鼓励，毕竟位于美芝路的 Alhambra 是新加坡第一间冷气电影院。然而，定期在星期天主办活动的计划最终是否落实？推行的状况又如何？限于资料，本文无从重建。但是陈祯基、林文庆和实得力孔教会的这次接触应该也是新加坡文化史上的一段佳话。

定期的活动资料不足，那么不定期的演讲呢？实得力孔教会在 20 年代确实也曾经努力将不定期的讲经活动办得更有系统。一个重要的契机就是在 1926 年，陈焕章接受实得力孔教会廖正兴、蔡多华等人资助远赴欧洲开会前，先到了新加坡。他受邀于大成节在新加坡中华总商会讲经，众人获益不浅。受此启发，实得力孔教会计划举办更多的讲经活动。当时还留下了《孔教会征集同志小启》，其文曰：

孔教讲经会征集同志小启

孔子集群圣之大成，为万世师表。凡有血气者，莫不奉之如帝天，尊之为至圣。二千四百余年，道一以贯，而莫之违也。洎乎民国，异端曲学，争鸣于世。学校教员，以四子之书谓不必读，六经之文，谓可尽

---

① Letter to Tan Cheng Kee. 新加坡南洋孔教会资料室藏。

废。遂使全国之后生小子，不得复闻圣道。比之秦政焚书，尤为酷烈。而叔孙、武叔之遗孽，更复推波助澜，乘机窃发，以煽诱其非圣无法，非孝无亲之邪说；以致伦常乖舛，道德沦亡。斯诚古来未有之奇变。而为黄农华胄，所宜力挽狂澜，相与维持于不坠者也。兹何幸而有孔教总会会长兼任北京孔教大学校长陈焕章博士，学贯中西，意主和平，游踪到叻。曾于大成节，在中华总商会讲经，为华侨众所欢迎。际兹文未丧天，道将坠地，拟集同志仍在总商会赓续演讲。有陈博士以开其先，更得多数志士以继其后，鼓鲁壁之金丝，振夫子之木铎，将见化海滨为邹鲁，变鴃舌为弦歌，胥于此举卜之矣。如表同情，统祈签号。

孔圣二千四百七十七年九月　　日

柯鸿渐	洪神扶	林志义	廖正兴	李伟南	邹毓贤	林竹斋
王会仪	陈重远	黄幼丞	陈喜亭	邱菽园	胡幼汀	康研秋
黄振绪	陈应书	洪镜湖	薛武院	吕晓岚	郑古木	谢赞读
蔡嘉种	侯西反	欧志琼	邱国瓦	林淑恭	邱国珍	李丕树
高苍能	江炳如	车永钟	颜明德	张怡胜	黄琼瑶	王文水
陈汉恭	何乐如	陈文彬	蔡多华	颜怡园	陈煦士	柯韵清
陈智氏	施德能	邓智慧	梁星娘	王嘉禄	梁少山	许时广
王书圃	岑照临	颜逢哲	郑章任①			

据南洋孔教会前会长盛碧珠的说法："因鉴于陈博士在欧洲各国演讲，宣扬孔子之道，备受欢迎，遂决定创立孔教讲经会，征集对儒学有研究之同志担任讲席，传播儒家思想，以挽救世道人心。当时乐意讲经者，多达五十位。开讲后，听众挺多，反应热烈，足见孔子思想感人之深也。"②只是根据《小启》所云，其计划虽然确实是"拟集同志仍在总商会赓续演讲"，但最终签名的原因是"如表同情，统祈签号"。单单就文献来看，仿佛也可以理解为支持主办一系列的演讲，而不一定是指签名者自己要来担任演讲人。此外，由于欠缺资料，笔者无从得知在这之后的一系列演讲之讲员、主题或任何具体情况。

20世纪上半叶是多事之秋，时代的挑战接踵而来。实得力孔教会的讲经活动很快就被迫中止。而盛碧珠将之归咎于1928年5月3日的济南惨

---

① 《孔教讲经会征集同志小启》，新加坡南洋孔教会资料室藏。
② 盛碧珠：《南洋孔教会简史（1914—1990）》，《别起为宗：东南亚的儒学与孔教》，第232—233页。

案。对于日军在山东的暴行,海外华人社会的反应也很激烈。盛碧珠称当时"民情沸腾,反对者又乘机而起,阻挠南洋孔教会活动。为避免意外发生枝节,董事会遂中止孔教讲经会"。[①] 盛碧珠所言"南洋孔教会"自然是指当时的"实得力孔教会"。关于孔教讲经会停讲一事,尚有当时的一则公告:

> 本会自成立以来,聘员演讲,众所共知。嗣因总司理林君竹斋仙逝之后,尚无正式相当之人可以继任、负责。对于应办一切,实难周全。是以本会于五月三十一号,下午三时,开董事会公议表决,所有演讲场一律暂行停讲。俟继任得人,整理就绪,然后广聘讲员,再行分区讲演。
>
> 谨此报闻,统希联鉴。
>
> 实得力孔教会公启。[②]

文南飞指出"盛碧珠女士与公告中所云之孔教讲经会停讲理由并不一致"。[③] 这在史料的处理上是一个常见的难题。盛碧珠的叙述可能包括了作为目击者的父辈们之口述材料,也因此更接近当时的孔教会董事们所面对的困难处境。[④] 毕竟国难当前之际,许多人恐怕无法心平气和地思考孔教精神的宣扬对当下民族存亡的帮助。另一方面,作为正式的通告,那是公之于世的文献。有时候不愿将核心问题暴露出来以示其弱,也未尝不是常理之事。更何况,一直以来安排讲经活动的重任也极有可能确实都在林竹斋一人肩上。随着他的离世,自然要找人取代,但面对时局和舆论,恐怕一时之间也不容易找到挺身而出的人。于是推行了大概两年的孔教讲经会便画上了休止符。

三、《国粹日报》始末

在陈焕章的演讲启发了孔教讲经会的同时,按盛碧珠的说法:"董事诸公喜见孔教讲经会有如斯之成绩,遂进而决定创办以《国粹》为名之会报。"其目的是希望"藉以用文字阐扬孔子之学说"。如此可见,在 1926 到 1928 年之间,实得力孔教会经历了一段开拓会务,深化影响,并进一步将孔教思

---

① 盛碧珠:《南洋孔教会简史(1914—1990)》,《别起为宗:东南亚的儒学与孔教》,第 233 页。
② 新加坡南洋孔教会藏。另外,见文南飞:《新加坡实得力孔教会研究(1914—1941)》,第 84—87 页。
③ 文南飞:《新加坡实得力孔教会研究(1914—1941)》,厦门大学硕士学位论文 2010 年,第 86 页。
④ 盛碧珠的说法,也有可能是源自蔡多华。见蔡多华:《孔教创设之缘起及新加坡分会成立之经过》,载南洋孔教会《双庆特刊》,第 51 页。

想推广传播之积极岁月。

现存的孔教会资料中,有一份题为《中国今日之兴亡,匹夫不能辞其责论》的文献。[1] 这篇文献没有署名,也未标明日期。但从文字上判断,应该是一场演讲的讲稿。而从内容上推论,这篇演讲稿和《国粹日报》的兴办是有一定之渊源的。它极有可能是一次鼓励实得力董事出资入股办报的演讲稿。即便不是,其精神和逻辑却无疑和《国粹日报》是一致的。因此对其加以分析有助于了解实得力孔教会当时的想法。由于演讲稿颇长,本文只好选择性地节选以勾勒其主要论述。

《中国今日之兴亡,匹夫不能辞其责论》的一个核心论点就是将文化侵略和武装侵略加以等同,进而赋予文化救亡和武装救亡同等的重要性,再进一步说明复兴国粹是救国的重要环节。既然是匹夫有责的事,演讲者要求大家"先严为责成自己,常自检察,有习染被外人文化侵略否? 如自己有被文化侵略,即无异土地被武力侵略"。因此,如果"自己不抵抗文化侵略,即与军界不抵抗武力侵略,同一罪过"。

中国当时的落后挨打局面是如何造成的呢? 演讲者认为"今中国地大物博,国粹备且好,人民多又智。何至有今日之败衰若此? 总言之,不抵抗主义误之耳"! 演讲者强调,抵抗,从文化到武力,都是至关重要的。他说:"外人阴谋,先之以文化侵略我国民。人民无形中被文化侵略到人心。心目中但见外人件件都好。"这个过程将导致"平日之抵抗性软化了。人人之抵抗性大半消灭于无形。及到武力来侵,又安有抵抗性发现呢"? 这样的局面是"错在当初",因为"人不抵抗文化侵略,必不抵抗武力侵略也"。这两者是"同一趋势,同一病源也"。

那应该如何解救呢? 演讲者提议"今欲一反以前之非,必当正本清源,实行抵抗文化侵略,提倡中国固有之文化,然后能抵抗武力侵略也"。那应该以什么来抵抗文化侵略呢? 演讲者主张方法无非"以中国固有之文化,抵抗外来侵略之邪说而已"。换言之,"亦曰提倡国粹,复古尊经,教忠教孝,孔仁孟义而已"。其结果会是"国粹提高一分,邪说消灭一分,国家富强即多一分"。毕竟"抵抗文化侵略,即是抵抗武力侵略"。演讲者也相信"仁义国粹"和"枪炮飞机"虽然在形式上有很大的差异,但作为抵抗的武器则是一致的。所以在演讲者的心目中"古学宜振兴也,孔孟宜崇拜也",这是"尊经重德";而"仁义忠孝宜提倡也",这是"有勇知方"。此外"夏历唐衣,宜兴复也;中医

---

① 《中国今日之兴亡,匹夫不能辞其责论》,新加坡南洋孔教会资料室藏。

国技,一切中华文化,宜应有尽有以恢复也"。这么全面的文化抵抗运动"不但政界军人宜急起直追,即农工商学,亦宜正本清源"。

演讲者的计划就是"由个人发起,一报风行。能由个人实行,推之天下,人人有倡行国粹仁义决心,即是人人恢复固有抵抗性"。如此,则"十年后,中国富强,独冠全球矣"!当然,演讲者知道自己的文化立场在时局下一定会为人所诟病,但是他还是希望聆听演讲的人们能够理解他的苦心。演讲者说:"诸君以为然否?弟明知不合潮流。但顺潮流而媚世,直谅之谓何?故不忍知而不言,亦尽我匹夫有责之事云。"投身文化事业总是寂寞的,演讲者表示"尔知我罪我,余何求哉"?但还是作了"一联以明志":

> 侵略迎欧化,废经、废历、废中医,废尽抵抗性根,废到满蒙疆土
> 图强唤国民,兴孝、兴仁、兴孔教,兴复圣贤忠义,兴吾华夏精神

文南飞按南洋孔教会仍然保存着的两本完好的账册及一些零散账单,对于《国粹日报》的筹资和最终失败梳理出大致轮廓。实得力孔教会诸董事们在 1928 年发起注册成立国粹日报有限公司,并且设立两本账簿,专门登记与之相关账目。其中一本为《国粹日报有限公司民国十七年戊辰闰二月英一千九百二十八亦西历四月吉置大总部》,另一本为《国粹日报有限公司民国十七年戊辰闰二月英一千九百二十八亦西历四月吉置日清部》。《大总部》内分成诸多类别,分别记录与国粹日报有限公司的相关事项,例如股本集、四海通银行、开办费、注册费、印机集、铅字集、杂费集、津贴集、印件、告白、器具、利息、商务印书馆、绒尔公司等。而《日清部》则按照年份和日期先后,详细记录来往开支的账目等。

实得力孔教会要为《国粹日报》公开筹集资本的消息,在 1928 年 2 月 15 日的《新加坡自由报》中被报道:

The Confucian Propaganda

An elaborate effort has now been made by the Straits Confucian Association in respect of the Confucian propaganda being carried out in Singapore. Besides propagandists employed to give speeches in various localities, a publication named *China Literi* is being issued. The scheme is in process and representatives for each nationality have been selected to push sales of shares in the enterprise.①

孔教宣传

为在新加坡宣传孔教，实得力孔教会目前推行了一套方案。除了传道者在各地演讲之外，一份名为《国粹日报》的刊物也即发行。计划正在进行中，并选派了各族群的代表推销此企业的股份。

根据《日清部》账本显示，实得力孔教会的9位董事廖正兴、李伟南、陈源泉、李学启、罗道生、蔡多华、陈煦士、黄有渊、邹毓贤，于公历1928年4月9日（旧历闰二月十九日）分别出银50元，共计450元作为开办费。于是，国粹日报有限公司的筹备工作启动了。之后在同年的旧历九月初一日，由孔在勤负责，将444元5角以国粹日报有限公司之名义正式注册。②

国粹日报有限公司实行股份制，每100元定为1股。按《大总部》账本之《股本集》的记录，单单在1928年，该公司就已经筹集53笔股本，总金额为21100元整。但每笔股本多寡并不一样，从1股到30股不等。其中多者就包括了廖正兴的30股和林志义的20股。其实，仅仅廖正兴、林志义、孔天相、蔡多华、陈煦士、康绍园、孔在勤等7人的股本就已经合计达1万元。③在股本筹集到一定数额之后，国粹日报有限公司便着手购入机器设备。例如在1928年旧历十一月初十日，以5971.97元从绒尔公司购进印机一架，次年旧历二月又出资2560.20元从商务印书馆购进铅字等。④国粹日报有限公司当时尚未购置任何屋产，所以这些机器设备都寄存于福顺美货仓内。国粹日报有限公司在1929年初除了适合的印刷厂房尚未找到之外，其他基本硬件设施应该算是已经准备就绪。只是关于编辑人员等软件投入，从目前资料欠缺的情况推论，当时恐怕也还没有全盘的安排。

济南惨案爆发之后，华人社会中救亡的危机感迅速提升。例如当时由陈嘉庚领导的"怡和轩山东筹赈会"就是属于能够回应时局的现实挑战的组织与行动。⑤《国粹日报》和孔教讲经会一样，在这样的大环境中就容易成为外人诟病的对象。而实得力孔教会要推动这些项目时就难免显得力不从心了。按董事之一的蔡多华后来之回忆，曰"不料山东惨祸即于是时发生，

---

① *The Singapore Free Press and Mercantile Advertiser*, 15 February 1928, p. 10.
② 《国粹日报有限公司日清部》，新加坡南洋孔教会资料室藏，第1页。
③ 《国粹日报有限公司大总部》，新加坡南洋孔教会资料室藏，第1页。
④ 《国粹日报有限公司大总部》，第29、31页。
⑤ 新加坡福建会馆：《波靖南溟：天福宫与福建会馆》，第57页。

反对者又乘机阻扰"。当然雪上加霜的局面包括了势力的此消彼长,因为
"林竹斋、廖正兴、王会仪、林志义诸先生相继各归道山,本会之力量顿形薄
弱"。① 虽然在细节上,这段回忆有一些不精确的地方,例如廖正兴是在《国
粹日报》停办后的 1931 年才去世的。但整体而言,整个大的环境确实不利
于实得力孔教会实现其通过国粹、讲经以挽救人心,复兴国家的理想。而且
创会以来最积极投入此项事业的董事们也纷纷年岁渐长,相继谢世,内部的
动力也形成了问题。蔡多华回忆中所呈现的是一个整体的无力感。在实得
力孔教会最想投入更具体的宣道活动的那几年,恰恰是不利的客观环境和
削弱的内部动力并发的那几年。失败,既属难免,又是无奈的。

在国粹日报有限公司决定停办之后,有些股东对于取回投资款项也显
得着急。当时有一封相关的信件如下:

> 多华先生暨国粹报执委先生鉴,
>
> 启者:
>
> 据上月十八日会议,取决本报实行停办。于是理当将股本分派。
> 如以印字机件未曾卖出,然可将现存之款,先分派之。惟两星期有奇,
> 未得执委先生见示,究不知是何缘故?因此谨函示达,希祈赐覆。
>
> 顺祝台安。
>
> 十九、六、五
>
> 莫润棠(代表孔天相)、陈赞朋②

从 1928 年 4 月注册成立有限公司,到 1930 年 5 月决定派还股本,不过
两年光景,《国粹日报》便算是胎死腹中了。1930 旧历八月初八日,先开始
对半退还股本,抵除之后结欠 11140 元。③ 到了 1933 年,李伟南会长还曾嘱
托查阅《国粹日报》存款,以便结束分派,当时计存 2509.34 元。④ 各种买好
的机器只能慢慢变卖,迟至 1934 年实得力孔教会还变卖了一组印机。该收
据显示:"廿三年十月十七日,陈辉煌买孔教会印机一组,一百九十元。十月
十八日兑四海通,一百九十元。"⑤

① 蔡多华:《孔教会创设之缘起及新加坡分会成立之经过》,《双庆特刊》,第 51 页。
② 《孔天相、陈赞朋询问退还股本》,新加坡南洋孔教会资料室藏。
③ 《国粹日报有限公司大总部》,第 3—4 页。
④ 民国廿二年三月廿六日查票,委托单夹存《国粹日报有限公司大总部》账本中。
⑤ 收据单夹存《国粹日报有限公司大总部》账本中。有关《国粹日报》之始末,参见文南飞:《新加坡实得力孔教会研究(1914—1941)》,厦门大学硕士学位论文 2010 年,第 87—91 页。

文化的建设，关乎一个民族的灵魂；民族的灵魂，联系一个国家的兴衰。实得力孔教会希望通过宣扬孔子思想，以达到重建民族的文化之目的。这样的文化关怀是高尚的，但这种使命需要一段很长时间的不懈努力才能完成，而且更需要不断地面对内部的自我定义和外部挑战的冲击。孔子和整个儒家传统的地位，即便在中国历史上，也不是两千五百年前就确立定型的。除了不利的客观时局之外，实得力孔教会所面对的内部问题也很棘手，那就是其属性的问题。孔教是不是宗教？而实得力孔教会是不是宗教团体呢？这个问题虽然也是会外人士关注的问题，但对于内部的自我定义而言，这个问题更显复杂。

四、"孔教"为何"教"？

实得力孔教会的创立是和中国孔教运动息息相关的，虽然它同时也有海外华人社会推动文化建设的内在逻辑。康有为、陈焕章等人的孔教运动是有强烈的宗教色彩的，否则就不会以定孔教为国教作为核心任务之一。在他们的孔教设计上，是参考了基督教的组织形式的。而事实上，从实得力孔教会的《章程》上分析，这种模仿基督教的意图也是十分明显的。例如在星期天定期集会的计划甚至是真的曾经试图实施的。

文南飞认为可从两个方面检视实得力孔教会的宗教性格。其一是其徽章：心形，上半部分图标处蓝底，附太阳、月亮、星星图案，刻字"一贯"左右相对，中间部分刻"孝弟 忠信 礼义 廉耻"，下半部分从右至左黄底金字"实得力孔教会"，最下心形尖处白底金字"徽章"。所以可见"实得力孔教会在徽章上亦以儒家文化之精髓要求会众，倡导会员对中华文化的认同"。其二是坚持使用孔历纪年，并且以定期祭孔为主要活动。"使用孔历和定期祭孔是实得力孔教会始终保持其宗教性的重要举措"。所以他们既从"传承儒家文化入手鼓励会员保持对中华文化的认同，彰显其文化功能"，也"以祭孔仪式来加强和推广对孔子的崇拜，借以保持其宗教性"。[①]

这种宗教性的坚持对于实得力孔教会而言不是没有代价的。在蔡多华的回忆中，在谈到1930年前后的困境时，指出"当时会友，竟有相继来函，要求退出者"。与此相关联的还有"国内各地分会，则因政府下令没收孔林。陈博士据理力争，竟至触当局之怒，被下令通缉。陈君乃悄然至香港"。[②]

---

① 文南飞：《新加坡实得力孔教会研究(1914—1941)》，厦门大学硕士学位论文 2010 年，第 47－48 页。

② 蔡多华：《孔教会创设之缘起及新加坡分会成立之经过》，《双庆特刊》，第 51 页。

虽然后面一段话主要在谈陈焕章被迫到香港的事情,但是中国国民政府对孔教运动的不友善态度,却也影响了不少个人的决定和行为。就实得力孔教会而言,"要求退出者"中最为人瞩目的是同为创会董事之一的林义顺(1879—1936)。

林义顺在 1928 年去函实得力孔教会董事会,提出了退会的要求:

> 实得力孔教会诸执事先生联鉴,
>
> 迳启者:
>
> 溯当年本坡孔教会之创举,义顺亦附骥尾为会员之一。惟对于孔子欲认为宗教大家,经顺考究,至今私心实未敢附和。矧引近阅报章,国民政府已通令禁止尊孔,又大学院亦训令废止春秋祀孔,是则孔教之不能合于现世潮流也明甚。
>
> 用是函请执事等,将顺会员一份子之名注销,以还我信仰自由,为盼为切。
>
> 肃此祇候铎安。
>
> 林义顺
>
> 十七年三月廿六日①

林义顺这封简短的信函传达了好几个重要的信息。信函一开始就点出了林义顺自己也是当年创会的会员之一。然而对于孔子是否应该被理解为宗教家一事,林义顺表示在经过了自己的考究之后,他个人私下是不能够同意这样的见解的。如此可见从一开始,对于孔子是不是宗教家,以及随之而来的孔教是不是宗教,孔教会是不是宗教组织等问题,实得力孔教会内部并没有一致的共识。但是在实得力孔教会内部,以孔子为宗教家,孔教为宗教,孔教会为宗教组织的董事和会员似乎是居于比较强势的地位的。他们基本上也应该是本着这样的精神在推动实得力孔教会的活动,所以才会出现持有相反意见者要求退会的现象。此外,中国国民政府对孔教运动的不友善态度和措施,对于支持国民政府的人士,哪怕是在新加坡的商人,还是起着重要的影响的。所以这位早期便支持反清革命的林义顺,在得知中国国民政府已经正式下令禁止尊孔,而且大学也取消了对孔子的春秋二祭之后,就因此得出"孔教之不能合于现世潮流"的结论,也为自己正式退会寻得

① 《林义顺退会信》,新加坡南洋孔教会资料室藏。

动力以及合理性。最后,林义顺提到"还我信仰自由"更是凸显了在宗教认知上和实得力孔教会的南辕北辙。

对于孔教会是不是宗教组织,以及整个"尊孔"运动是不是宗教性的,外界的认知也会有很大的分歧。而从另外一位创会董事林文庆在 20 世纪 30 年代从厦门大学寄来的信件中,可以从另一个角度思考和了解其间的复杂性。其信曰:

> 伟南先生大鉴,
>
> 敬启者:
>
> 此间《华侨日报副刊》日前载有《尊孔》一则,特以奉阅。吾人观此段言论后,足征国人对于儒理,未免因时代变迁,发生误解。孔子曰"述而不作",可见孔教非孔子所发明,而含有"教"的意义。该报所登之《尊孔》一文,大概系误会孔教之名称。实则吾人所提倡者,为孔子之道理,即"儒道",亦即人人所应遵循之极则。切祈贵会加以注意为荷。
>
> 专上祇叩近安。
>
> 弟林文庆顿(首)
>
> 此外,并请注意:自耶教传入中国后,教会传道人员始用"孔教"名称。其实为"儒教"。"孔教"之名定后,始有人出而反驳,谓孔子之道不合宗教,只有哲学和道德学,故云"孔教"非宗教。近人多沿此说,反对孔子,甚至孔庙等等均在反对之列。[①]

林文庆和实得力孔教会的关系一直都很好。虽然他只担任了两届的董事,但是从早年为实得力孔教会居中向陈祯基商借场所定期举办活动,到这次从厦门特意来函表达他的意见,都无不显示他是关心实得力孔教会的发展的。这就难怪即便林文庆在 1933 年之后不再担任董事,但当他 1936 年回到新加坡为厦门大学募款时,实得力孔教会还特意在中华总商会办茶会欢迎,当时出席茶会的人士多达七十余人。[②]

林文庆在信中以《华侨日报》在其《副刊》上刊载的一篇错误理解"尊孔"的报道为契机,向实得力孔教会传达他所认识的孔教到底是怎么一回事的意见。林文庆是不是在借着辩驳《华侨日报》的误解,来试图纠正实得力孔

---

① 《林文庆书信》,新加坡南洋孔教会资料室藏。
② 盛碧珠:《南洋孔教会简史(1914—1941)》,厦门大学硕士学位论文 2010 年,第 233 页。

教会同样的误解呢？仿佛不能排除他有这种指桑骂槐的动机，但是说"骂"又过于严重，因为林文庆的笔调始终保持着儒雅风格。但如果说他借题发挥，则无疑还是可以成立的。

林文庆强调，孔子既然是"述而不作"，那么孔教自然不是孔子所发明的。也就是说孔子不是像其他著名的宗教人物一样，创立了一个宗教。所以孔教的"教"并不含有宗教的意义。因为误以为孔教是宗教，所以《华侨时报》的"尊孔"文章自然是错误百出。毕竟，对林文庆而言，孔教推动者所提倡的其实是"孔子之道"，也就是"儒道"，换言之即是人们都应该遵守的原则。林文庆希望实得力孔教会可以注意到所谓"孔教"的真正意义。林文庆自然是觉察到实得力孔教会在当时是采取视孔教为宗教的立场，所以才会如此费心地提醒。

最后，林文庆还进一步为实得力孔教会上了一堂历史课。他指出所谓的"孔教"是基督教传教士开始使用的名称。其实他们要讲的应该是"儒教"。因为"孔教"的名称被普遍接受之后，才有人开始出来反对孔子之道不是宗教，而是一种哲学和道德学。也就因为人们误解了孔教为宗教，所以连带反对孔子和孔庙等。林文庆这里所讲的基督教传教士所翻译的"孔教"即是英文的 Confucianism 一词。这个名词在 1877 年第一次被提出来指称"中国人的宗教"（the religion of the Chinese）时，也遭到许多人的反对。整个发展过程是十分复杂的，不只涵盖孔教运动史，也包括了基督教在华史，以及宗教学这门学科在西方的发展史。林文庆短短的几句话，无法交待整个背景。其目的只是希望实得力孔教会注意到"孔教"一词的复杂性，希望他们从误解中恢复过来。[1]

实得力孔教会到底是一个什么样的团体呢？20 世纪 80 年代，彭松涛编写的《新加坡全国社团大观》就将新加坡南洋孔教会（包括其前身实得力孔教会）划分为学术团体类。[2] 而徐李颖在讨论"新加坡南洋孔教会"时，自然也涉及对实得力孔教会时期的了解。她认为"虽然实得力孔教会一开始就以祭拜孔子和使用孔历表明了它的宗教性，但儒教和民间宗教还是有很大区别的。他们反对烧香烧纸等具有迷信色彩的宗教仪式，只保留与孝有

---

① 有关林文庆和孔教会的渊源，见颜清湟：《林文庆与东南亚早期的孔教复兴运动》，颜清湟：《海外华人世界：族群、人物与政治》，新加坡国立大学中文系、八方文化创作室 2017 年版，第 201—227 页。

② 彭松涛编：《新加坡全国社团大观》，新加坡文献出版公司 1983 年版，第 W—3 页。

关的礼节和习俗,重视教育,主张以文化活动取代鬼魂拜祭等"。① 另一方面,她也认为"在儒学复兴运动的旗帜下,实得力孔教会是要'宣扬与振兴孔夫子之教育道德文化',而摈弃民间宗教的迷信行为。他们将孔教与其他的民间宗教严格区分开,试图建立一个以孔教为主导宗教的华人社会"。②

实得力孔教会重视推广孔子思想,从某一个角度考察,其所肩负的文化使命使其和其他学术团体有类似之处。但学术或文化又不足以涵盖其全部。如果以民间宗教作为参照点,实得力孔教会虽然"祭拜"孔子,但确实不是民间宗教的"拜拜",所以自然和民间宗教不同。历史上的实得力孔教会,本来就不是要在那个层次上让孔子去和民间诸神竞争。实得力孔教会的宗教性是将自己置身于基督教、佛教的层次,希望恢复华人固有的思想体系与行为模式,即"以孔教为主导宗教"。

五、比较宗教研究下的"Confucianism"

上面提到林文庆所讲的基督教传教士所翻译的"孔教"即是英文的"Confucianism"一词。诚如林文庆所说,这个名词是在华的传教士所发明的。1877 年,著名的中国经典翻译者,理雅各布(James Legge,1815—1897)当时还是一名在华的传教士。他在是年于上海举办的传教士会议中首次以"Confucianism"一词来指谓中国人的宗教("the religion of the Chinese")。当时的传教士大多不认同"Confucianism"是类似基督教的宗教,所以基本抵制了他的文章。在英语世界中,长期以来的宗教研究指的是神学院中的传授。作为现代学科意义的宗教学,尤其是比较宗教研究(comparative religion)是 19 世纪末的产物。美国的芝加哥大学在 1892 年创立了比较宗教研究系。1893 年,在芝加哥召开了"世界宗教议会"(World Parliament of Religions)。当时代表中国出席议会的是驻美公使彭光誉(生卒年不详)。彭光誉当时极力说明儒教的"教"和 religion 的翻译词"宗教"之差异。他指出中国的"教"即"政","政"即"教",而"政、教皆从天子出。帝教、师教皆礼教也。礼教之外,别无立一教会号召天下者"。③ 彭光誉还认

---

① 徐李颖:《从花果飘零到香火鼎盛:新加坡儒教在民间发展的三种模式》,林纬毅主编:《别起为宗:东南亚的儒学与孔教》,第 219 页。
② 徐李颖:《从花果飘零到香火鼎盛:新加坡儒教在民间发展的三种模式》,第 217 页。
③ 干春松:《知识和信仰的分途:近代社会变革中儒学的宗教化和知识化的争论》,《中国人民大学学报》2010 年第 6 期,第 12 页。

为 religion 的对应词是"巫",而神职人员则相当于"祝"。① 可见在 19 世纪末,无论是在华的传教士,或是中国的文官,都存在着无法认同孔教为"宗教"的倾向。

但是比较宗教研究的发展并未停歇下来。另一方面,推动英国比较宗教研究的领军人物,缪勒(Max Müller,1823—1900),在 1877 年同时获得牛津大学出版社的同意,即将出版系列的东方圣典(Sacred Books of the East),翻译各种东方宗教的经典书籍。在他的设计中,"孔夫子的信徒们之宗教"也是其一。在此出版计划下,中国的宗教经典占有六部,全由理雅各布翻译。除了《道德经》和《庄子》之外,其余四部包括了《书》《诗》《孝》《易》《礼》诸部。到了 1889 年,缪勒将世界的主要宗教归纳为 8 个,孔教 Confucianism 居其一。自此以后,在比较宗教研究的知识系谱中,孔教确立为中国的一种宗教。1904 年,英国的曼彻斯特大学也正式成立了比较宗教研究系。②

六、向英殖民地政府沟通的策略:孔教是宗教

在英语世界中,孔教是一种宗教逐渐成为精英阶层所接收到的知识。留英的林文庆对此自然也是有所认识的。而实得力孔教会在和英殖民地政府沟通时,为了达到自己的目的,确实也将孔教会呈现为一种华人的宗教。实得力孔教会始终都没有自己的会所,长期以来都是借用中华总商会的场地进行活动。到了 1933 年,实得力孔教会试图向殖民地政府租赁土地以建会所。在新加坡南洋孔教会资料室现存的书信中,保留了实得力孔教会致殖民地政府的书信草稿,以及殖民地政府的回函各两封。

为了有效掌握事件的来龙去脉,也为了为学界保留南洋孔教会的这些材料,本文将完整地加以呈现其内容和提供翻译。1933 年,实得力孔教会去函当时海峡殖民地的华民政务司(Secretary for Chinese Affairs),探讨要求政府拨地以建会所的可行性。从华民政务司的回函中,我们知道这封信后来在正式发出时,其日期是 1933 年 7 月 17 日,并且是以会长李伟南的名义签署的。实得力孔教会草稿如下:

---

① 干春松:《宗教、国家与公民宗教:民族国家建构过程中的孔教设想与孔教会实践》,《哲学分析》2012 年 4 月第 3 卷第 2 期,第 11 页。

② Anna Sun, *Confucianism as a World Religion*: *Contested Histories and Contemporary Realities*(New Jersey, Princeton University Press, 2013), pp. 45-76.

我很荣幸地以实得力孔教会的会长身份以及代表孔子之教的追随者们，向阁下提出以下的议题。如蒙阁下相助，我将十分感激。

正如阁下所知，孔子之教大抵为所有华人所追随，因此可以说其构成了华人宗教的一部分。实得力孔教会于1914年在新加坡成立并且豁免注册。本会自成立以来并没有会所推广会务，并且在中华总商会的总理和董事会的善意之下，长期借用其会所以进行活动。除了对商会带来极大不便之外，该会所也并不合适。在本会是月15日的会员会议上，我们决定通过阁下向政府申请市区内的一块土地，以便兴建合宜的孔子之庙。在递交此申请之前，我期盼阁下能够惠告您个人对此申请的成功机会的意见。若阁下需要面谈，我乐意配合您的时间。①

实得力孔教会的董事和中华总商会的董事有不少重叠，因此从成立开始确实就一直使用总商会的会所进行活动。但是筹建自己的会所却一直是实得力孔教会的目标之一。同年稍早时候，实得力孔教会和香港方面取得协议，将之前筹集的两万元平分，一万元捐助香港孔教学院，其余一万元自留以筹建会所。② 因此在正式申请殖民地政府拨地之前，去函华民政务司探寻是否会得到支持。如果连这一关都过不了，那自然就没有成功的可能。

在和华民政务司交涉时，实得力孔教会将自己和孔子之教的追随者画上等号。孔教会基本上是以孔子之教的代表团体自居。而无论实事是否如此，实得力孔教会明确将孔子之教说成是为所有华人所追随的，因此是华人宗教的一部分。如此，则孔教会向殖民地政府申请拨地的资格，来自其作为一个宗教团体的定位。无论如何翻译实得力孔教会在信函中所使用的Confucian cult，其带有宗教性的信仰、崇拜成分是毋庸置疑的。

华民政务司在7月19日回复，该公函编号 C. P. 621/33。收件者注明是实得力孔教会会长李伟南（1880—1964），而地址是位于珠烈街58号的四海通银行。公函内容如下：

回复您1933年7月17日的来信，我不清楚贵会联络本司是想通过本司在新加坡市区内免费获取一块皇家土地，还是在第34条法令下拨出一地？本司希望得到相关资料，以便发表阁下之申请的成功机率

① 翻译自"Draft for Approval"，新加坡南洋孔教会资料室藏。
② 有关该事始末，见许齐雄、王昌伟：《新加坡南洋孔教会百年史》，第40—51页。

之个人看法。①

华民政务司在正式答复实得力孔教会之前,先要了解的是孔教会提出申请时的法律依据。实得力孔教会很快地便予以答复,按后来华民政务司的回函内容看,孔教会这封信是 7 月 21 日发出的。这封简短的回信草稿如下:

> 很荣幸收到阁下本月 19 日,编号 C. P. 621/33 的回信。
> 本会的目的不是申请一块免费的皇家土地。而是(探讨)是否符合在第 34 条法令下,以象征式租金拨给本会一块空置地。
> 对于阁下所能提供的建议和协助,我万分感激。②

华民政务司在 7 月 24 日就有了答复:

> 回复您 1933 年 7 月 21 的信件,我不知道海峡殖民地政府有何理由在第 34 条法令下以象征式租金拨出一块空地给贵会,或者任何其他机构、社团或协会。因此我目前困扰于如何在这件事上给与您任何协助。③

华民政务司基本上拒绝了实得力孔教会的申请。在此次尝试失败之后,实得力孔教会始终没有自己固定的会所。虽然最终没有成功,但是实得力孔教会在和殖民地政府交涉时,对于自己的认识和定位是宗教性的。本文无法断定这一策略选择是否和欧美世界越来越能够接受孔教为中国代表性宗教之一的趋势有关。但一个绝对合理的推论是:实得力孔教会在做这样的一个策略选择时,是认为如此定位自己,将能够加强其取得殖民地政府的理解和支持之机会的。

七、为孔教辩护:孔教不是那种宗教

在收到华民政务司的拒绝信之同一天,《新加坡自由报》的中国记者发表了一篇题为 The Burden on China's Women:Can Confucianism be

---

① 翻译自"Letter from Secretary for Chinese Affairs", 19 July, 1933. 新加坡南洋孔教会资料室藏。

② "Draft",新加坡南洋孔教会资料室藏。

③ 翻译自"Letter from Secretary for Chinese Affairs", 24 July, 1933. 新加坡南洋孔教会资料室藏。

Modernised?（《中国妇女的负担：孔教是否可以现代化?》）的文章。① 这篇文章关心中国妇女的地位问题，而因为作者认为中国妇女的压迫来自孔教，所以开宗明义地就将矛头指向实得力孔教会。作者问道："有鉴于新加坡孔教会会员努力复兴其学说，并且向年轻的海外华人灌输孔子的伦理学，（孔教会）在中国妇女的地位问题上所主张采取的路线将是一件有趣的事。"②

文章接着以《孟子》"不孝有三"和《礼记》的部分内容说明中国的经典教育在这个课题上是将妇女置于从属之地位的。而在阴阳的二元论中，属于阴性的妇女只能服从男性。妇女唯一提升自己地位的方法便是生育儿子，但是她始终无法脱离丈夫和子孙。因此，作者主张中国妇女的地位是孔教的产物。文章接着指出虽然在历史上偶有才女留下了文学作品，但这些是例外。作者认为绝大多数的妇女没有接受教育的机会，以致成千上万的妇女以为自己没有独立思考的能力。文章还认为整个中华民族一直以来就只在乎一个生养的问题。作者调侃说中华民族恢复元气的能力是受到世界的赞赏的。数以百万的人在战争、瘟疫、饥荒中丧命，但只要几十年的休养生息，中华民族就能复原。但是这种人口的压力只是将中国困在贫苦之中，新加坡的华人社区也是处处可见贫苦的踪迹。作者然后指出也许有人会强调中国尚有未开发的地区与资源，但作者不认为这是解决的方法。文章强调唯一的途径是在现有的宗教情况下推动激进的变化。而人口过剩地区的人们需要被吸引到需要他们的地方去。作者最后总结道："世界从来没有像今天一样需要中国人，而中国人从来没有比现在更需要世界。但如果中国要自力更生，她就一定要由新的力量来领导。孔教的伟大功绩在于曾经是建设和维护的强大力量，但已经是强弩之末了。"③

文章将中国妇女地位的问题和人口过剩所带来的贫困窘境均归咎于孔教。作者在行文中无疑将此理解为一个宗教问题，而孔教就是这个导致中国落后的宗教。要改变中国的命运就自然要和孔教切割，因此开宗明义就提及以推广孔教为己任的实得力孔教会，其针对性是非常明显的。实得力孔教会去函为孔教和自己辩护，虽然信件最终没有注销，但我们庆幸今天还可以看见其草稿。其译文如下：

> 贵报中国记者有关孔教的报道是彻底的误导。本会依然运作的事

① *The Singapore Free Press and Mercantile Advertiser*, 24 July 1933, p. 8.
② *The Singapore Free Press and Mercantile Advertiser*, 24 July 1933, p. 8.
③ *The Singapore Free Press and Mercantile Advertiser*, 24 July 1933, p. 8.

实就已经证明其结论的荒谬性。

旧经典只是最近才再次在中国南方的所有学校规定为必修课程。

至于妇女的地位问题,奉行基督教的英国之妇女不是在数十年前才争取到她们的权力和利益吗?近日各地的妇女在各方面都和男子于法律上平等。(此外)因为多数受过教育的中国男子依然在伦理和宗教上秉持旧思想,本会希望大众不要被这种从过时的欧洲传教士文献中的那些实际上已经落伍的看法中得到的带有偏见的报道所误导。

简言之,我们是一种被外国人误称为孔教的仁的宗教,亦即儒道,是早在明确宣称自己"述而不作"的孔子生前几个世纪就已经存在的。

这是唯一不会被现代科学所挑战的宗教,因为其一元的德性主义,以及所有哲学与伦理,皆完全以格致自然法则和整个文明世界的进步思想为基础。

中国人在过去,甚至今天都自然有过错误的想法,但这并不是因为我们的宗教,正如欧洲国家的过失与罪恶不能归咎于基督教义一般。①

实得力孔教会在为自己辩护的信中基本上采取了历史和宗教的两个论点。从历史上看,既然就连英国的妇女也是在近几十年内经过斗争争取到自己在法律上的平等地位,那么又怎么可以苛责中国妇女的地位尚有可以提高的空间呢?就宗教来说,实得力孔教会并没有否认自己是一种宗教。孔教会还将自己在中国和华人世界的地位,提高到基督教在欧洲国家中的地位一样核心的高度上相提并论。另一方面,实得力孔教会又要极力说明自己不是基督教式的宗教,不仅仅是因为孔教不是由孔子所创的宗教,和传教士所误解的 Confucianism 不同,更是因为孔教的整个思想体系是建立在格致自然与文明之上,意即不是以任何神明作为信仰中心和基础的。

孔教到底是不是宗教?实得力孔教会到底是不是一个宗教团体?从实得力孔教会在传道活动上的设想处处模仿基督教,以及始终坚持以夏历进行带有宗教色彩的祭孔活动来说,实得力孔教会给予人的印象是带有浓烈宗教性格的。因此才会导致无法认同孔教是宗教,无法认同祭孔活动的创会董事林义顺选择离去。另外一位创会董事林文庆善意来函提醒和指导,也是基于同一个背景之下。

不单是传道活动的设想和祭孔仪式给予人宗教的联想,实得力孔教会

---

① 翻译自"Letter to The Singapore Free Press Limited",July 1933.新加坡南洋孔教会资料室藏。

在和殖民地政府交涉时，更是明确地将自己定位为华人宗教的一部分，希望此策略可以引起殖民地政府对其建庙的土地需求之支持。策略虽然没有成功，但是将自己定位为宗教和之前给予人们的印象倒是里外一致的。尤其是在英语世界中普遍存在以孔教为中国代表性宗教之一的背景下，实得力孔教会的策略性定位是有其合理性的。

无独有偶，就在殖民地政府正式拒绝支持其土地申请的同一天，本地的英文报章刊登了对实得力孔教会极其不利和不友善的文章。实得力孔教会自然会要为自己辩护。应该注意到的是，在需要为自己的宗教性辩解时，实得力孔教会在宗教层面上所采用的论点基本上就来自林文庆的信函之中。内容强调孔教非孔子所创之宗教，突出欧洲传教士的误解，并且阐述孔教的体系是具有普世意义并且是建立在格致自然与文明的基础之上的。但是实得力孔教会由始至终并没有否认自己是宗教，它只是不是人们所以为的那种宗教。但是实得力孔教会到底是哪一种宗教呢？因为理论水平不足，实得力孔教会始终没有明确定义之。

既有宗教性格，却又不是以某种神明为信仰核心的那种宗教。可见孔教会是不是宗教的问题，在本质上和儒家思想是不是宗教的议题互为表里。在理论层次上，也许问题的关键就在于重新定义何谓宗教，或者甚至不以宗教作为讨论的框架。然而因为资料欠缺，以及当事人的理论结构并未有效建立的局限，本文的兴趣便集中在从历史的角度探索实得力孔教会的自我定位和认识。无论从行动上的设想还是努力，以及从自我的定位和标榜来看，在实得力孔教会的自我认识中，它是宗教。只不过如果要提升到理论层次，这个认识既清楚又模糊：实得力孔教会是宗教，只是它说不清楚自己是哪一种。[1]

八、结语

实得力孔教会的历史丰富而复杂，既可以从中国的孔教运动史的角度下去讨论其背景与理想，也可以从新加坡社会发展史的视角下去理解其发展与局限。实得力孔教会的历史是新加坡历史的一部分，正因为如此，作为移民社会的新加坡，其历史无法脱离原乡的论述，但又有自己的逻辑和语境。实得力孔教会的创建，不仅是在新加坡生活而依旧关心中国的新客们

[1] 以上有关实得力孔教会是不是宗教的讨论，见许齐雄：《孔教是一种什么宗教？实得力孔教会的自我认识》，《南洋学报》2014 年第 68 卷，第 119—134 页。

的产物,它同样受到海峡华人中重视文教者的关注。实得力孔教会因为新加坡的交通枢纽位置和华商的经济实力,不仅是南洋各地孔教会的非正式中心,也是中国孔教总会被迫将活动焦点撤离至香港后的最有力之海外支持。实得力孔教会在英殖民地新加坡,可以不理会中国国民政府的政令,也可以拥有不和其他华人团体保持一致的自由,坚持以旧历为庆祝孔子圣诞的日期。然而它也有不少的无可奈何。孔教讲经会和《国粹日报》都曾经是实得力孔教会想借以大展拳脚、扩大影响的途径,却因为时局的不利环境和领导层的凋零,都未能持续或实现。内部的离析力和外部的压力倒有一个共同点,就是无法认同孔教会的宗教性格。实得力孔教会在"内忧外患"之下却依旧坚持了 30 年左右,直至新加坡沦陷为止。每一个团体都有其存在的逻辑,也有式微的背景,但是在客观环境之外,参与者的自主性,往往还是可以左右团体的发展。参与实得力孔教会的创建和发展的群体是需要特别留意的。

商人与新加坡的孔教会①

一、会员籍贯与背景

新加坡的早期华人移民主要来自福建、广东、海南三省。若以大的方言区分则主要为福建、潮州、广东、客家、海南五个群体。按照实得力孔教会的《章程》规定，会员是不分籍贯的。因此实得力孔教会是一个多方言群体的组织。在《章程》中最早的《入会志愿书》中确实也没有"籍贯"这个栏目。1914年最早的《章程》展示的是一种原则，那时设计的《入会志愿书》也和这个原则互为表里。② 新加坡华人社会在当时以帮权为主要权力架构，团体中又以地缘组织为最强大。实得力孔教会这种跨越籍贯的原则，既吻合孔教作为全民族应该共有的理想，也同时予以后人不少跨帮合作的想象。

可惜时代的烙印还是非常明显的。实得力孔教会有专门的会员名录、会员住址名册，然后又进一步分潮帮、广帮、福帮对会员名录分开造册。可见方言籍贯在现实的操作中还是有其重要性的。我们不清楚实得力孔教会在分开造册之后，又采取了哪一些措施，也不清楚方言籍贯在孔教会内部起着什么作用。唯一可以肯定的是，了解和辨别会员的籍贯在战前的新加坡华人社会始终是重要的。

实得力孔教会《入会志愿书》共有三个版本，除了1914年最早的初版之外，1927—1928年和1933—1934年都各有所修改。文南飞指出三个版本"从时间上来看又恰好跟三届董事会换届选举的时间吻合。这种情况至少说明每届董事会开始之初都曾大力吸引会员入会，并对会员资料有所整理，也可以说是我们现在能够见到诸多版本的会员资料的重要原因"。③ 表面上看来，从语言的选择上而言，实得力孔教会反倒是一开始就很重视双语并用，所以《入会志愿书》初版是中英文双份，之后的两个版本则只有中文。此外，1933—1934年版本多了"介绍人"一个栏目。但真正值得引起注意的

---

① 本文是在许齐雄、王昌伟的《新加坡南洋孔教会百年史》中第三章《孔教会的人物与精神》的基础上修改的。

② 实得力孔教会：《实得力孔教会章程》。

③ 文南飞：《新加坡实得力孔教会研究(1914—1941)》，厦门大学硕士学位论文2010年，第44—45页。

是,后两个版本都新出现了要求入会者填入"原籍＿＿＿＿省＿＿＿＿县＿
＿＿＿乡"的籍贯资料。所以虽然"无论何色人等"都可以加入实得力孔教
会,但是在现实的华人社会之权力关系和习惯之中,籍贯最终还是扮演了一
定之角色。

文南飞按照现存的会员册,笼统地计算得出如果以籍贯分帮计之的话,
实得力孔教会会员中潮帮人士、广帮人士、福帮人士,共 465 人,而其中潮帮
113 人、福帮 175 人、广帮 146 人。此外,按她的计算,若是依照职业来划分,
则实得力孔教会会员大体来自社会领袖、商家、律师、医生、职员等行业,其
中又以商家为多。但很多《入会志愿书》上并没有写明职业,因此具体数目
和比例无法统计出来。[①]

二、董事与方言群体

新加坡早年华人社会中,各个方言群体都有自己的组织和领袖。从早
期的庙宇到后来的会馆,领导机构虽然有所改变,但是方言群体在组织上的
界限始终如一。这已经是近乎常识的事了。1906 年中华商务总会成立,即
后来的新加坡中华总商会。总商会一方面向所有籍贯的商人敞开大门,因
此形成了一个跨越帮派的组织。另一方面,在很长的一段时间里,总商会的
领导层又是按照帮权来分配,所以长期以来又是新加坡华人社会的帮权现
象之折射。由于其会员制的开放性,以及领导层分权制度在当时的合理性,
这个商人机构后来便成为新加坡华人社会的主要领导者。在商务总会成立
之后没几年,当时出任商会正总理的廖正兴(1874—1931)倡议成立实得力
孔教会。而实得力孔教会,如前所述,也是跨越方言群体界限的。

实得力孔教会的第一届临时董事之名单可参考《实得力孔教会前期史
简述》一文。第二和第三届董事会职员和一般董事名单如下:

表 1　实得力孔教会第二届(1927—1931)董事会

会长	廖正兴			
副会长	林志义	薛武院	李学启	陈源泉
正基金监	谢有祥			
副基金监	李光前			
总书记	林竹斋			

---

① 文南飞:《新加坡实得力孔教会研究(1914—1941)》,厦门大学硕士学位论文 2010 年,第 45 页。

续表

董事	蔡嘉种	杜荣间	薛中华	柯鸿渐	陈仙钟
	陈煦士	林秉祥	张朝聘	蔡多华	李金赐
	陈焕章	孔在勤	杨书典	陈宝三	王绍经
	李忠石	林文庆	陈延谦	李伟南	王会仪
	林树森	邱菽园	孔天相	林义顺	黄有渊
	陈辉相	陈敬亭	吴竹村	洪神扶	云茂利

表 2　实得力孔教会第三届(1933—1941)董事会

会长	李伟南		
副会长	陈源泉	李学启	薛武院
正基金监	杨缵文		
副基金监	李光前		
司理	蔡多华		
董事	蔡嘉种	蓝伟烈	陈三余	林秉祥	陈煦士
	蔡长泼	陈海筹	翁同文	林树森	邹毓贤
	李忠石	陈仙钟	陈延谦	陈文屐	邱菽园
	陈赞朋	张朝聘	林金殿	孔在勤	王绍经
	孔天相	黄廷福	梁少山	徐伯良	

　　实得力孔教会的董事们虽然来自各个方言群体,但如果按照籍贯加以进一步分析的话,会透露一个什么样的信息呢?请见表 3、图 1、表 4、图 2、表 5。

表 3　实得力孔教会首届董事会籍贯分析

潮州地区	福建地区	不详
廖正兴	林文庆	陈仙钟
陈德润	洪福彰	黄瑞朝
林义顺	陈喜亭	
蔡子庸	陈延谦	
	薛中华	
	薛武院	

续表

潮州地区	福建地区	不详
	林秉祥	
	王会仪	
	谢有祥	
	林竹斋	
85	68	58

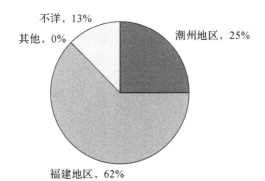

图 1　实得力孔教会首届董事会籍贯分析（百分比）

表 4　实得力孔教会第二届董事会籍贯分析

潮州地区	福建地区	不详
廖正兴	林秉祥	陈仙钟
吴竹村	薛中华	陈宝三
杨书典	陈延谦	李学启
林树森	林文庆	杜荣闾
陈源泉	薛武院	孔在勤
李金赐	王会仪	陈敬亭
李伟南	张朝聘	云茂利
林义顺	李光前	孔天相
陈焕章	李忠石	
王绍经	林志义	
黄有渊	柯鸿渐	
	蔡嘉种	
	蔡多华	

续表

潮州地区	福建地区	不详
	邱菽园	
	陈煦士	
	林竹斋	
	洪神扶	
	谢有祥	
	陈辉相	
11	19	8

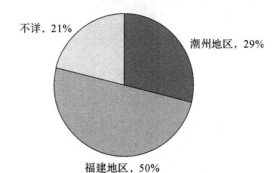

图2　实得力孔教会第二届董事会籍贯分析(百分比)

表5　实得力孔教会第三届董事会籍贯分析

潮州地区	福建地区	不详
李伟南	薛武院	蔡长泼
杨缵文	陈延谦	陈赞朋
陈三余	林秉祥	陈海筹
林树森	李光前	陈仙钟
陈源泉	张朝聘	孔在勤
王绍经	李忠石	李学启
蓝伟烈	蔡嘉种	孔天相
	蔡多华	
	邱菽园	
	陈煦士	
	林金殿	

续表

潮州地区	福建地区	不详
	徐伯良	
	梁少山	
	翁同文	
	陈文屐	
	黄廷福	
	邹毓贤	
7	17	7

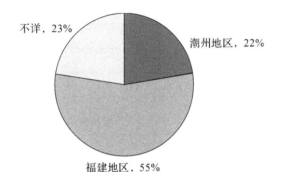

不详，23%　　潮州地区，22%

福建地区，55%

图 3　实得力孔教会第三届董事会籍贯分析(百分比)

　　如果按照各籍贯的董事人数来说的话,则实得力孔教会董事会基本上是由福建籍和潮州籍的商人所组成。福建籍的董事在三届占约五至六成不等,而潮州籍的董事占约二至三成不等。两帮人士就已经占了董事会约七至八成的人数。从福建籍占多数的角度而言,这个构成反映了新加坡华人社会以福建人居多的客观现实。更有趣的是,这个构成和闽、潮两帮在中华总商会的代表权遥相呼应。在总商会以帮权分配董事的年代,福建帮占近半,共 14 席,而潮州帮是第二大帮,占 9 席。若将两帮加起来,则中华总商会的闽、潮两帮就已经占了约四分之三。① 我们知道实得力孔教会早期和中华总商会的关系非常密切,按文南飞的统计,实得力孔教会 16 名第一届临时董事中,就有 13 人在当年同时也是中华总商会的董事。而在第二届 38 名董事中,又有 20 人是同时担任新加坡中华总商会的董事的。此外,实得

---

① Hu Ai Lan Fiona, "Singapore Chinese Chamber of Commerce & Industry", Pang Cheng Lian ed., 50 *years of the Chinese Community in Singapore*(Singapore: World Scientific Publishing Co. Pte Ltd., 2016), pp. 3-28.

力孔教会的董事中至少有 7 人曾经出任过中华总商会的会长。[①]

在实得力孔教会这样的民间团体中,领导层的角色自然是至关重要的。而在董事会内部的董事分布和当时华人社会的帮权分配如此呼应时,实得力孔教会的领导核心是否也与此现象紧密相关呢?

表 6　实得力孔教会第二届董事会职员籍贯分析

潮州地区	福建地区	不详
廖正兴	林竹斋	李学启
陈源泉	谢有祥	
	林志义	
	李光前	
	薛武院	
2	5	1
25％	62％	13％

表 7　实得力孔教会第三届董事会职员籍贯分析

潮州地区	福建地区	不详
李伟南	薛武院	李学启
杨缵文	蔡多华	
陈源泉	李光前	
3	3	1
43％	43％	14％

如果不计林金殿时期的过渡时期董事会格局,而只是将焦点锁定在第二和第三届的董事会职员上的话,我们不难发现依然是潮、闽两种籍贯背景者在发挥主要的影响。

实得力孔教会的董事除了与中华总商会关系密切之外,他们当中其实也以商人居多。孔教会董事的构成和中华总商会的构成如此相似,这不禁让人开始质疑,虽然入会者是"无论何色人等",但在领导层面,则依旧是帮权逻辑在发挥作用。此外,因为有不少孔教会董事同时是中华总商会的董事,而不少孔教会董事也同时不是孔教会的活跃人士,这又让人推想,许多名列实得力孔教会董事会名单的商人们,其实是被动植入的。此外,虽然

---

① 文南飞:《新加坡实得力孔教会研究(1914—1941)》,厦门大学硕士学位论文 2010 年,第 61 页。

《章程》规定每年选举,但实得力孔教会并没有严格执行,其董事会总共只有三届。基于上述两点,则难免会让人们推论实得力孔教会董事会是比较被动和象征式的。如果是这样,则身为领导层的职员其实就是实得力孔教会的灵魂。孔教会会务的推动,孔教会的兴衰荣辱就十分紧密地维系在他们身上。这就难怪蔡多华在回忆孔教讲经会和《国粹日报》的终结时,提到的一个重要原因便是其中几位董事的谢世。就实得力孔教会而言,除了客观环境所提供的机会或造成的限制外,在其发展的历程中,人的因素更为关键。

虽然在实得力孔教会的领导层中,福建董事占多数,潮州董事其次,而且职员基本上就来自潮、闽两帮,但是潮州领袖的角色和参与度恐怕应该更大。毕竟除了林金殿的过渡型时期之外,实得力孔教会的其他两位会长均是属于潮州籍的。其实,加入董事会是付出较少成本之参与形式,到了筹资兴办《国粹日报》时,就真的需要以实际行动来表示支持了。在《国粹日报》的211股股本中,投资的股东又是哪一些籍贯背景呢?

表 8 《国粹日报》股东籍贯分析

潮州地区		福建地区		不详	
永万隆	1	蔡多华	10	俊记	3
四顺耀记	1	蔡木豆	5	绵兴	1
南利隆	2	陈煦士	10	荣光	1
陈两顺利	1	黄琼瑶	5	源泰兴	1
陈元利	5	洪孝持	1	王海鹅	1
刘荣利	5	蔡仪卿	1	李学启	5
畲应琳	1	曾景尧	1	胡昭明	
廖正兴	30	李森兴	2	锦兴义栈	1
林树森	5	锦祥栈	1	康绍园	10
吴祥和	5	蔡嘉种	2	孔在勤	10
通合源盛	2	林志义	20	陈赞朋	5
源隆盛记	1	林金殿	2	陈炎廷	5
厚丰	1	刘和美	1	松兴利记	1
李伟南	2	王嘉禄	2	潮祥源记	1
隆盛行	3	王水斗	5	陈秋穑	2

续表

潮州地区		福建地区		不详	
黄有渊	5			孔天相	10
郭巨川	5				
南兴合记	2				
南裕	1				
杨隆发	2				
杨缵文	5				
	85	68	58		

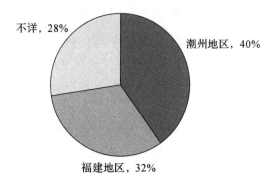

图 4 《国粹日报》股东籍贯分析(百分比)

虽然我们无法辨识所有股东的籍贯来历,但是就可以掌握的资料看来,潮籍人士的投资是占多数的,闽籍仅次之。所以,虽然福建董事人数比较多,反映了当时华人社会的帮权面貌,但是就实得力孔教会而言,无论主导会务的会长,或是投资《国粹日报》的股本,还是以潮州人士为主。所以当陈焕章来函敦促实得力孔教会将所筹得的款项汇往香港时,还特意找来旅港潮州八邑商会会长陈子昭在信后签注。这极有可能正是因为陈焕章认识到了实得力孔教会的领导核心以及资金来源的本质之故。

三、历届会长与主要董事小传

如前所述,人的因素对于实得力孔教会而言是其发展的关键之所在。为了阅读上的方便,本文再次将这些早期领袖的历史事迹做一个简单的重述。这些小传资料多数是从其他学者的研究成果中抄录或者节选出来的。① 在许多传记资料中,这些先贤们在实得力孔教会所扮演的角色往往被遗漏了。因此除了三位会长之外,本文也将提供在实得力孔教会内出任要职的先贤们之小传。

(一)廖正兴

廖正兴,又号杰夫,男,祖籍广东潮安。廖正兴年少时南来新加坡,后开设商号经营胡椒、甘密、树胶等产品,之后曾设布店,置树胶园,获利甚丰。20 世纪初开始频繁地在华人社团内展开活动。1906 年廖氏先后参与发起三个性质不同,但均具影响力的组织。其一,1905 年廖正兴与其他商人发起组织新加坡中华商务总会,1906 年正式成立,即后来的新加坡中华总商会。自 1906 年至 1931 年,廖氏长期在中华总商会任职。其中历任第六届(1911 年)、第九届(1914 年)正总理,三次出任副总理,在 1919—1931 年之间一直蝉联特别会董之职。② 其二,1906 年廖正兴与黄松亭等发起创办四海通银行,并出任该行第二届至第四届总理职位。其三,1906 年廖正兴又与蔡子庸等人共同倡办端蒙学堂,后改名为端蒙学校,担任首届总理。自1920 年起,廖氏连续十二次担任该校名誉总理。端蒙学校是早期新加坡潮州社群创办的著名学校之一。

具《潮州文史资料》载,在廖正兴领导中华总商会时,适逢第一次世界大战爆发,星洲中外人士恐惧莫名。他竭力协同英商会维持商场秩序,安定人心,厥功殊伟。故 1915 年新加坡中华总商会会长林秉祥(1973—1944)暨会董薛中华(1886—1940)在该会提议:"廖总理正兴,在会任职多年,劳绩卓著,对坡中风潮、中国义举周详考虑,慷慨输将,发本会之光荣,为侨胞所瞻仰,实商界之领袖,亦社会之导师……应有所题赠,藉表纪念。"获一致通过,此足见其声望之一斑。

廖正兴参与的社会活动还有很多:1913 年,与林秉祥等人被高等法院指派为广益银行的收盘人;1914 年,与畲连城、陈谦福、林文庆等一起当选为威尔斯太子救济基金募捐委员会委员;1914 年,与蔡子庸、林秉祥、陈仙钟发起成立实得力孔教会;1917 年,因端蒙学校缺少校舍,廖氏经手购买房

---

① 三任会长的小传已见于文南飞的论文,除了一些文字修改和补充之外,我们基本上抄录了文南飞所整理的资料。为了清楚显示出处,我们将该论文的注脚大致保留。见文南飞:《新加坡实得力孔教会研究(1914—1941)》,第 52—57 页。

② 新加坡中华总商会:《放眼四海:新加坡中华总商会九十周年纪念特刊》,新加坡中华总商会1996 年版,第 91—95 页。

屋为校舍。此外,他亦曾担任保良局、华人参事局及陈笃生医院的理事等等。①

廖正兴的杰出贡献使其获得不少荣誉。除了受封太平局绅之外,廖氏亦曾获英皇乔治五世颁赐宝星勋章。当年新加坡政府为表扬他对社会的贡献,特将一村庄命名为甘榜正兴(正兴村)。20世纪初期,廖正兴还因为帮助解决北京政府的财政危机,捐10000元办中华国民捐,获北京国务院一等爱国徽章。②

廖正兴对教育的重视和尊孔的情怀也体现在他对潮州家乡的关注。《潮州文史资料》称:"先生崇敬孔子,故以往对北平、汕头、香港的孔教总会均慨然'捐资万金'。他在故乡创办了维正学校,为发展家乡教育事业、造就人才作出了贡献。1926年,他又与杨缵文先生等人在新加坡筹募叻币九万元,由我潮知名人士杨雪立主持,建设汕头孔庙及附设时中学校。廖先生平素抚恤孤寡、赈济贫困的善举亦是有口皆碑,为人们所乐道。"

自1914年实得力孔教会成立至1931年驾鹤西归,廖正兴连续17年担任实得力孔教会正会长一职。可见廖氏对该会的影响不可谓不大。1914年实得力孔教会发起成立时,廖氏正好担任新加坡中华总商会正总理之职。也许是因为这样,所以才有"商会会员,亦即实得力孔教会会员"的现象。③也因为这一层关系,实得力孔教会成立之初就得以附设于中华总商会之会所内达二十几年。1931年廖正兴仙逝,实得力孔教会廖正兴会长时代结束。④

(二)林金殿

实得力孔教会在首届会长谢世五个月后,召开临时大会公选林金殿担任正会长。林金殿因此成为实得力孔教会历史上的第二任会长。

林金殿(1897—1944),男,祖籍福建同安。林氏幼年南来新加坡之后,继承父亲的驳船业,以此致富。后兼营树胶及汇兑等业,投资马来亚黄梨种植联合罐头制造有限公司。20世纪30年代,林金殿成为新华领导人物中的活跃分子之一。1925年资助南洋工商补习学校;1928年,任同德书报社为山东惨祸而组织筹赈游艺大会副主席,任山东筹赈财政团团员,参与组织

---

① 柯木林:《新华历史人物列传》,第203页。
② 柯木林:《新华历史人物列传》,第203页。
③ 此说为孔教会蔡多华、王梅痴、盛碧珠的看法,目前尚无其他证据。
④ 有关廖正兴的研究,亦可参考陈宛江:《廖正兴:新加坡华商领袖研究(1906—1931)》,新加坡国立大学中文系荣誉学位论文2017年。

林氏大宗祠九龙堂家族自治会;1929 年发起组织新加坡同安会馆、出任同德书报社第十九届参议员;1928—1930 年任新加坡南洋华侨中学董事、顺天宫崇正学校名誉董事;1925—1932 年连续担任第 15 至 18 届新加坡中华总商会董事;1930 年,与林树森等人发起成立南洋圣教总会;①1931—1932年,担任实得力孔教会正会长;1938 年,与人一起创办中正中学等等。② 除热心文化、教育事业之外,林氏亦热心体育事业:1931 年被选为马华运动大会选手委员会主席,1933 年当选全新华侨运动大会主席,1936 年领队参加在上海举行的中国运动大会等。③

　　1931—1932 年,林金殿担任实得力孔教会的正会长之职,可算是承前启后的人物。资料显示,在执掌实得力孔教会之前,林氏可能是迟至 1928年才加入的。④ 但从其广泛参加各类社团、积极活跃于华人社会中这样的认识出发,就不难理解实得力孔教会为何会在第一任会长亡故后公选林金殿为继任会长。1932 年 8 月实得力孔教会发出临时会议通告,定于 10月再次推举正会长,"兹定十月二日,夏历九月初三日(星期日),下午二时,假座中华总商会开会,务祈拨冗惠临,幸勿缺席为盼。议程如左:(一)推举正会长以便进行会务事。(二)临时动议,征求会员。孔圣降生二四八三年八月廿九日刊发。实得力孔教会书束"。⑤ 可见,从上一年度的农历初三至下一年度的九月初三,林氏主持实得力孔教会的时间不过 1 年 2 个月而已。

(三)李伟南

　　李伟南(1880—1964),字英豪,男,祖籍广东澄海,是新华社会公认的杰出华族领袖之一。李氏少时家贫,16 岁随祖父南来新加坡。1909 年李伟南开始任职新加坡四海通银行,1911 年升任新加坡总行副司理,至 1932 年任总经理兼董事长。李氏亦在新加坡创办再和成伟记及万益成汇兑信局,在马来亚开设海泉及海泉栈。⑥ 李伟南积极参与各类社团活动的同时,也热心教育事业。自 1919 年开始,李氏成为新加坡中华总商会董事,出任总商会第 16 届(1927 年)副会长、第 17 届(1929 年)正会长,1931—1949 年任总

①　彭松涛:《新加坡全国社团大观》,第 191 页。
②　柯木林:《新华历史人物列传》,第 130 页。
③　柯木林:《新华历史人物列传》,第 130 页。
④　林金殿会员志愿书目前仍然保存在南洋孔教会资料室,编号 No. 70,具体入会时间为民国十七年三月十五日。
⑤　《临时会议通告》,新加坡南洋孔教会资料室藏。
⑥　柯木林:《新华历史人物列传》,第 45 页。

商会特别会董。① 1930—1947 年,李伟南任潮州八邑会馆正副总理、义安公司正副总理。1938 年参与创设广东会馆,任该会馆首届会长。1940 年出任端蒙学校总理,兼任树人学校董事,在任期间竭力筹集经费改革校务,还曾创办义安女校。新加坡三年沦陷时期,李氏曾两度被捕入狱。1945 年之后,李伟南重振旧业,声望更著。②

根据实得力孔教会章程后附录名单显示,李伟南于 1927 年七月廿三日被选举为实得力孔教会董事。更有资料显示,早在 1923 年李伟南即已经被推选为实得力孔教会为香港孔圣会堂收汇款董事。按文南飞的说法,她在翻阅会员入会志愿书的时候,发现编号为 No. 82 号的李伟南入会志愿书上填写的时间为"民国十七年三月卅一日"。此外,实得力孔教会第一任会长的入会志愿书时间填写为"民国十七年闰二月初十日",编号 No. 81。③ 显然,廖氏和李氏的志愿书前后相邻。因此,可以推测 1927—1928 年实得力孔教会曾经进行过较为系统的会员资料整理工作,部分老会员的入会资料应该是在这一段时间内重新登记过的。1933—1941 年李氏出任实得力孔教会正会长之职长达九年,这一期间实得力孔教会平稳发展,会所依然暂借新加坡中华总商会之所。同时密切保持与吉隆坡、槟榔屿以及香港等地孔教会的关系。

1937 年卢沟桥事变爆发以后,面对日军的公然侵略,李伟南毅然担任潮帮筹赈分会主任,以及推销自由公债委员会主席。1942 年新加坡沦陷后,李氏两度被捕入狱。随着日军的入侵,实得力孔教会之会务也暂告停止。④

(四)林竹斋

目前在各种海外华人的传记资料中,都没有收录林竹斋(生卒年不详)的资料。但林氏在 1907 年,曾经和其他闽籍商人一样,积极倡导道南学校的创立,所以他应该也是福建籍。在晚清时期,南洋劝业会在 1910 年成立,目的是鼓励海外华商到中国投资。在正式成立之前,劝业会举办方两次派人到南洋鼓动华侨参加。他们在 1909 年 11 月 24 日首到新加坡时,得到了中华商务总会坐办林竹斋等人的热心协助。在实得力孔教会成立之前的时

---

① 《放眼四海:新加坡中华总商会九十周年纪念特刊》,第 94—97 页。

② 柯木林:《新华历史人物列传》,第 45 页。

③ 《廖正兴入会志愿书》《李伟南入会志愿书》,新加坡南洋孔教会资料室藏。

④ 有关李伟南的研究,亦可参考林欣莹:《李伟南:20 世纪上半叶新加坡华社领袖》,新加坡国立大学中文系荣誉学位论文 2015 年。

段里,上述两条资料是我们对林竹斋仅有的认识。

1914 年实得力孔教会成立伊始,在英文报章上有相关的信息。该报道提到愿意参加者可向临时秘书林竹斋报名,而提供的地址就是中华总商会。① 林竹斋在 1909 年即任中华总商会的坐办,可知总商会主要发起人廖正兴在创立实得力孔教会时,不仅使用中华总商会的会址,也同时邀请其人员参与其盛。林竹斋除了可以算是第一届董事会的秘书之外,在第二届董事会中更是正式担任总书记一职。在活动操作上,林竹斋极有可能是处在实得力孔教会内部的纽枢位置上的。以致蔡多华后来回忆实得力孔教会的活动,尤其是《国粹日报》和孔教讲经会的停滞时,也将林竹斋等人的谢世当成重要的原因之一。②

(五)林志义

林志义(? —1930),又名林露、林云龙,祖籍福建南安。实得力孔教会第二届副会长之一。林氏是著名建筑商,新加坡历史悠久的著名表演厅维多利亚纪念堂即其成果之一。1907 年,南安人的标志性庙宇凤山寺被政府逼迁,林志义是建造新庙的负责人之一。除了建筑业之外,林氏也创办福安有限公司、饼干厂、砖瓦厂等。作为那个时代的商人,他也乐于捐官,1897年捐同知衔,可戴四品花翎。1900 年,复捐福建花翎道,并改名林云龙。在新加坡的华人社会活动中,他还曾经担任南洋工商补习学校财政兼产业信托人。此外,1913 年当凤山寺重建时,他是其十总理之首。1915 年至 1925年之间出任中华总商会数届董事。1928 年撰《始建新加坡九龙堂记》。林志义子孙众多,其中最著名的是抗日英雄,国民政府军少将林谋盛烈士,为其第十一子。③

(六)薛武院

薛武院(生卒年不详),字秀岚,祖籍福建厦门。在中国出生,幼年入私塾读书。26 岁时南下荷属西里伯斯之万鸭老埠经商。6 年后与叔父在新加坡合资经营万益兴经纪行。之后又和友人合资开创华商银行。曾任中华总商会副会长,第十六届会长。薛武院是实得力孔教会的创会董事之一,之后在第二和第三届董事会中均担任副会长一职。他热心教育,曾任新加坡南洋华侨中学和道南学校财政、爱同学校副总理、南洋女子学校董事等。对于

---

① *The Singapore Free Press and Mercantile Advertiser*, 15 May 1914, p. 6.
② 蔡多华:《孔教会创设之缘起及新加坡分会成立之经过》,南洋孔教会:《双庆特刊》,第 51 页。
③ 柯木林:《新华历史人物列传》,第 125 页。

辛亥革命和云南起义等政治革命运动也多次出资赞助。①

(七)李学启

李学启(生卒年不详)连任实得力孔教会第二和第三届副会长。目前资料从缺。

(八)陈源泉

陈源泉(1887—1946),祖籍广东潮阳,在新加坡出生。主要事业为在加东创立泉成兴儿楠油制造厂,产品畅销欧美各国,为制香水、香皂等的原料。陈源泉是实得力孔教会第二和第三届董事会的副会长。他亦曾任义安公司、新加坡中华总商会、端蒙学校等董事,也是万事顺公司信托人。此外,他还出任华人参事局委员和棋樟山检疫所巡视员。陈氏是新加坡潮州社群中的活跃领袖,除了发起组织潮阳会馆之外,也参与了潮州八邑会馆的筹建。其哲嗣陈才清律师曾任新加坡立法委员和《海峡时报》董事主席。②

(九)谢有祥

谢有祥(1867—1930)为实得力孔教会的创会董事之一。他在第二届董事会内出任正基金监一职。其他资料从缺。

(十)李光前

李光前(1893—1967),原名李玉昆,别号光前,祖籍福建南安。父亲李国专曾在新加坡经商,而李光前1893年在家乡出生,1903年南来新加坡,入英华学堂,并在崇正学堂(崇正学校前身)学习中文。1909年,入南京暨南学堂。1911年初考入北京清华学堂预科,后转入唐山路矿专门学堂深造。1911年辛亥革命爆发,学堂停办,遂南返。初任教于道南与崇正学堂,兼《叻报》翻译,之后入测量专科学校学习。1914年庄希泉创办中华国货公司,邀李光前加入,负责处理英文文件。于是李光前从此步入商场。他一生中从事的商业活动非常多元。1916年,李氏受聘于陈嘉庚的谦益公司,旋升任树胶贸易部经理。1920年与陈嘉庚长女陈爱礼结婚。1927年独自创办南益烟房,开始自主经营,翌年改为南益树胶公司,1931年又组织为股份有限公司,任董事长。在这之后,其业务扩展至印度尼西亚、泰国等地,经营范围涉及胶园、胶厂、黄梨园、罐头厂,有"星马树胶及黄梨大王"之称。后又

---

① 基本资料来源:柯木林:《新华历史人物列传》,第213页。另见林文彬:《薛武院与战前新加坡华人社会》,新加坡国立大学中文系荣誉学位论文2016年。

② 基本资料来源:柯木林:《新华历史人物列传》,第95页。

经营饼干厂、南益彩印公司、东方实业有限公司,均任董事长,并投资合办华商银行,任董事会副主席。1932 年该行与和丰、华侨两银行合并为华侨银行,仍任董事会副主席;1937 年至 1964 年出任董事会主席。战后,李光前积极向多元化企业发展,先后开办南益树胶、南益黄梨、南益饼干、南益油厂、南益种植、南益彩印、炎方土产、炎洲贸易、义成联合、安顺、南亚船务、德美行、福东、福利、新加坡工业、木材工业、新立、半岛、新加坡实业、东方人寿保险等公司,成为富甲一方的企业家。

1941 年赴华盛顿参加国际树胶会议,旋因日军南侵新马,遂滞留美国至抗战胜利。在此期间,曾应邀作为讲师在美国哥伦比亚大学为同盟国军政人员主讲东南亚政治、经济、地理概况。李光前热心文教事业,长期担任新加坡南洋华侨中学董事主席。除捐助常年经费和特别费外,另捐建 30 万元建课室、操场和教员宿舍,并捐建"国专图书馆"以纪念其父。在 1953 年至 1957 年间,李光前独捐 120 万元作为南洋大学基建费。1949 至 1951 年曾捐 50 万元予新加坡马来亚大学(新加坡大学前身)。1952 年设立约有 2 亿资产的李氏基金会,资助新马两地教育及公益事业。从 1952 年至 1967 年去世前,该基金会共捐过一千余万元。1957 年捐建新加坡国立图书馆。1958 年马来亚大学授予名誉法学博士学位。1962 年 1 月 1 日,被聘为新加坡大学首任校长。1965 年 11 月因病退职,并捐款 100 万元设立国大医药研究所。

除了各种捐赠之外,李光前也在多个团体任职。他在实得力孔教会第二和第三届董事会中蝉联副基金监一职。1938 年至 1940 年之间,任新加坡中华总商会会长。战后回国,又于 1946 年当选为会长。李光前还历任新马中华总商联会主席、华侨银行董事会主席、同济医院主席、树胶公会会长、《南洋商报》董事长、中华游泳会主席、新加坡福利协会主席等。1957 年 9 月,柔佛苏丹授予拿督荣衔,1964 南马来西亚最高元首封予丹斯里(PMN)勋衔。1967 年 6 月 2 日因病逝世。被誉为"当代新加坡、马来西亚,以及整个东南亚地区杰出的华人企业家、教育家和慈善家"。[①]

(十一)杨缵文

杨缵文(1881—1967),华社领袖。原名杨诗籍。祖籍广东省潮安县。祖先三代均获清朝奉直大夫衔。自幼好学。17 岁南来从商,创设永元成

---

① 　基本资料来源:柯木林:《新华历史人物列传》,第 43—44 页。另见曾嫌惠:《李光前:新加坡中华总商会第 22 届会长研究(1939—1941)》,新加坡国立大学中文系荣誉学位论文 2016 年。

号,经营土产生意。后再设成美庄,兼营黄金首饰。1905年与同乡陈云秋、廖正兴、蔡子庸等人共同发起创办潮州公立端蒙学堂。1919年又与陈嘉庚等人创办新加坡南洋华侨中学,连任该校主席及董事长。1955年南洋大学创办时,任该校大学理事。又曾任义安女校董事长及新加坡华校董教联合会主席。杨缵文也是新加坡中华商务总会(1917年改称新加坡中华总商会)发起人之一。该商会成立后,连任议员和董事。至1931年,出任第十八届副会长,继而当选为特别董事暨名誉会长。此外,在1928年至1930年间,与华社领袖林义顺和李伟南创办潮州八邑会馆及义安公司,还协助创立马来亚潮州公会联合会和广东会馆。1938年,英国殖民地政府委任他为华人参事局委员。1950年和1964年两度获得政府颁赐荣誉奖章。① 杨氏曾任实得力孔教会第三届董事会正基金监,二战结束之后出任更名为"南洋孔教会"的孔教会第三任会长(1953—1959)。②

(十二)蔡多华

蔡多华是孔教会任期最长的会长。吴鸿业(1922—1998)从一个南安人的角度,对这位乡贤的生平进行了很详细的介绍:

> 蔡多华先生别号道济,原籍中国福建省南安县卅五都官桥洪邦乡,生于清光绪戊子年八月(公元一八八八年),其先考蔡膺依别号博爱公,进邑库生第三名,以明经终老。其先批张氏宽娘,出身望族,善事翁姑,和睦妯娌。先生幼时从父读经书,日耕夜读,焚膏继晷,无恭所生。且心怀济世益民之志向,常以横渠先生"为天地立心,为生民立命,为往圣继绝学,为万世开太平"之言为诚。癸卯年,先生年仅十六,因母患疾,延医诊治皆罔效,乃决意学医,志在读医书以明医理治法,先读《内经》《金匮》再读《伤寒》以及集各家医书十余种参考研习,经十个月钻研苦读乃有心得,自即开方以治母病,母服之而病愈,由此可见先生行孝心切,且以母病已愈,而对医学亦感兴趣,立意为人诊病不受酬,贫者无钱买药则资助其费,仁爱之风,诚可嘉矣。
>
> 辛亥年(公元一九一一年),武昌革命军兴,各地亡命之徒乘机蠢动,结党成群,各自树旗立号,雅称民军实以占地盘而鱼肉良善,先生见此乌合之众,毫无纪律而任意耀武扬威,夜郎自大,实难以理喻,而决避

---

① 柯木林:《新华历史人物列传》,第59页。
② 许齐雄、王昌伟:《新加坡南洋孔教会百年史》,第207页。

地为良,免与相仇,乃恳求慈亲恩准暂离膝前,决心出洋南渡,是年暮春南渡先抵达星洲,后被亲友故旧邀往吉兰丹州合资经营小商业,未数月因初次从商经验不多,又与合股人旨趣相左,宁愿吃亏而自行退出返星洲拟转往槟城再作别计。岂料在关丹之姻戚数次电请先生前往任其商店经理,先生以姻娅情谊,不便推辞,趁船往关丹任职,经数年后再折回返星洲与友人合资在星洲经营业务,先生在南洋一带经多年之辛苦奋斗,沐雨栉风,勤俭积蓄,终于丁丑年(公元一九三七年)自创顺昌行,以"顺天者昌"为营业之宗旨,先经营土产,后转为洋行代理商,并在马来西亚数地设立分行。顺昌自经营后一切皆顺利,至辛巳年冬(公元一九四一年)倭寇南侵,星马沦陷,总分行之货物有被倭寇攘夺,有被盗匪乘机打劫,有被店移盗卖,货物之损失几近百万元。先生气节坚强,不愿与倭寇合作,在此幽阴四年时期,顺昌总分行停业。丙戌年(一九四五年)光复后先生重营旧业,一九四七年改顺昌为有限公司,营业至今。

蔡先生一生笃信儒家学说,尊奉孔孟,历任南洋圣教总会及南洋孔教会会长。早在公元一九二八年,陈焕章博士出席日内瓦世界宗教和平大会,先生即集孔教同志慨赠旅费新币六千余元。陈博士旋被推为副主席,并在大会朗诵《礼运大同章》,沛然德教,溢乎四海,孔教在世界地位,由是益崇。一九三零年,先生与星洲孔教会诸董事倡捐港币五千元,为香港加路连山孔圣堂建堂费。一九六三年,香港孔教学院筹建大成中小学,先生复慨捐万元,建"陈焕章博士图书室"。据前任新加坡中华总商会秘书王梅痴先生云:"南洋孔教会赖以生存至今日,全靠蔡多华会长之大力支持,蔡会长如此高龄,仍然主理会务,中流砥柱当之无愧。"近十余年来为加强宣扬孔教,每年举行现金奖征文比赛,应征者极为踊跃,除新加坡外,马来西亚、文莱、印度尼西亚,远至香港,亦有鸿文巨制寄来,择其优者,汇为选编付梓,分赠热心卫道人士及各文化机关学校。每年定于夏历八月廿七日庆祝孔诞时,由会长颁发征文优胜者奖金,最后宴会,仪式简单而隆重,应邀赴会者包括文化界人士、大专教授、中学校长及社会名流等,一切费用皆由蔡会长支付。

蔡先生自奉极俭而待人则甚丰,星马各地之宗乡会、学校、佛堂、慈善机关、施诊所,若有募捐者,先生莫不慷慨解囊,乐助厥成。光复后先生联合菲律宾诸邑人汇巨款回故里洪邦乡兴建星辉小学校舍,俾桑梓子女有就学机会。

蔡先生生前为本会馆名誉主席，对本会馆之贡献不仅捐助会馆大厦落成，重修凤山寺，继后且为发动本会馆建立福利基金，慨捐一万元为首倡。辛酉年正月廿五日清晨（公元一九八一年）老先生一时因顽痰忽涌起，塞住呼吸，竟归道山，享寿九十又三，噩耗传出，海内外亲友闻讯均表哀悼，痛失良贤。①

另外，针对蔡多华对孔教会的贡献及其言行，卢国洪也有很扼要的介绍：

蔡多华先生福建望族，早岁创业南洋。商务遍新加坡、马来西亚，亿则屡中，履道尤诚，历任南洋圣教总会及南洋孔教会会长。洪丁未八月游星，得恭与该会祝圣大典，存饩羊于三献，端上国之衣冠，仰庙貌之庄严，喜斯文之未丧，众星北拱，吾道南弘，则知此中实有大力者焉！先生执信弘笃，居与恭忠，任己以仁，助人以义，一九二八年先师重远博士出席日内瓦世界宗教和平大会，先生集孔教同志慨赠旅费坡币千余元，博士旋被推为副主席，并在大会朗诵《礼运大同章》，沛然德教，溢乎四海，孔教在世界地位，由是益崇。一九二三年至一九二七年五年间先生与星洲孔教会诸董事共捐出叻币三万三千零二十七元八角，为香港加路连山孔圣堂建堂费。一九六三年除博士所创办之香港孔教学院，兴建大成中小学，先生复慨捐港赘篇元，为设立"陈焕章图书馆"之费用。陈博士与家严同属康南海门人，家严尊敬教劝学之师训，著有启蒙书三种，莫俭溥李长近复为之注解，孔教学李院主席梁端卿学长署其封曰《经训读本》，先生见而喜之，即独捐资重印五千册，将以分赅在学，并寄赠世界各大学图书馆及文化机构，以广流传。先生之言曰："《经训读本》，可谓集孔道之大成，金声而玉振之者也。是书此时或少问津，他日必洛阳纸贵，以圣道之昌明，为期不远，礼运大同，终当实现，长夜漫漫，剥极必复，匡时卫道，乃吾人应负之责而不容旁贷者。"

噫！仁义之人，言蔼如而利溥，是书重印之意，尽于是矣！

夫大德必得其寿，作善降之百祥，况障狂澜，保文化，拨尼山之雾

① 新加坡南安会馆编委会编：《新加坡南安先贤传》，新加坡南安会馆编委会1998年版，第166—168页。

鬻,开万世之太平,惟此时为更不容缓者乎! 用略记述一二,以彰盛德。①

蔡多华一生对孔教会做出的贡献难以尽言。先是出任实得力孔教会第三届董事会司理。战后出任南洋孔教会第四任会长。②

四、领袖的哀荣与替补

笔者多次提到在实得力孔教会的会务发展中,人的因素居关键地位。毕竟在任何一个团体中,领袖的号召力是很重要的。但是领导层的更替也何尝不是同等要紧的事。领袖得人,形势大好时,团体就可以大展鸿图;领袖得人,形势险峻时,团体尚可以坚守维系。若领袖不得人,大家不过尸位素餐、虚应故事,这个团体迟早都会被淘汰。

在人类社会中,如何应对死亡是一个共同的课题。就华人的民间习惯和民间团体的运作而言,应对死亡更是一件不许掉以轻心的事。现存的实得力孔教会资料中,最早的一次应对死亡事例,是1930年时任副会长的林志义的去世。当时实得力孔教会发出了《紧要传单》,召开临时会议:

《实得力孔教会·紧要传单》

谨订夏历己巳十二月初四日,拜五,下午四时半,假座中华总商会,妥议一切事宜。敬请大驾惠临出席为盼。

另者本会会董林君志义于前月十一日弃世。定本月初六日殡葬。凡我会友,务于是日,齐集丧居,以便执绋,而尽友谊。又应如何表示相当敬礼,亦希公议。

民国十九年己巳,十二月初二日 刊发。③

除了鼓励孔教会会友出席送殡之外,孔教会还希望进一步讨论表达敬意的方式。由于开会传单是鼓励所有会友前去送殡,所以应该是召开了临时会员大会,而不只是局限于董事会内部。大约一年多之后,实得力孔教会创会会长廖正兴谢世,孔教会董事会前后发出了三则通告。第一则是召集

① 卢国洪:《已故会长蔡多华老先生对南洋孔教会之伟大贡献》,盛碧珠编:《孔圣降生二五四五周年纪念、南洋孔教会成立八十周年纪念,双庆特刊》。
② 许齐雄、王昌伟:《新加坡南洋孔教会百年史》,第208－212页。
③ 《紧要传单》,新加坡南洋孔教会资料室藏。

讨论应对事宜：

> 兹订民国二十年三月十一日（星期三），下午三时，假座中华总商会
> 特开董事会议。集议本会会长廖杰夫先生仙逝，本会同人应如何举行
> 相当敬礼事宜。届时务祈台驾惠临，共襄一切。幸勿缺席为荷。
> 实得力孔教会启。二十（年），三（月），九（日）。①

这一次显然是董事会先行召开会议讨论如何向廖正兴表达敬意。之
后，便是通告所有会员有关公祭的安排：

> 兹订夏历辛未二月初四日（星期日），上午十时半，为本会公祭本会
> 会长，廖杰夫先生之日。凡我同人，务祈于是日上午十时，齐到甘冥实
> 得力，即甘公毛六甲，门牌五号，聊宅丧居，公同致祭，藉表哀思。统希
> 注意，依期早临，幸勿吞玉是仰。切切此布（丧服）长衫短褂，或便服。
> 孔子降生二四八二年辛未二月初二日。
> 实得力孔教会公启。②

实得力孔教会除了安排公祭之外，当然也要鼓励会内同人送殡。于是
便发了第三则通告：

> 敬启者：本实得力孔教会，廖会长杰夫先生，于本三月廿九日，即
> （辛未二月十一日，星期日），十点出殡。凡我会董、会友，务于是日齐集
> 丧居，以便同行执绋，以尽友谊。统希依期，拨冗早临为荷。
> 孔子降生二四八二年辛未二月二十一。
> 实得力孔教会公启。③

虽然通告日期和出殡日期有小误，但这并不影响通告的基本内容。随
着廖正兴的谢世，实得力孔教会需要另举领导人。在其领导层中，副会长之
一的林志义已于2年前仙逝，但还有三位副会长。可是孔教会在5个月之
后召开的临时大会上，并没有直接委任三位副会长中的一位接任会长一职。

① 《特开董事会议通告》，新加坡南洋孔教会资料室藏。
② 《公祭廖正兴通告》，新加坡南洋孔教会资料室藏。
③ 《为廖正兴送殡通告》，新加坡南洋孔教会资料室藏。

相反地,他们通过公选,决定将重任委托予林金殿。此外,孔教会总书记林竹斋恐怕也是在先前就过世了,因为在同一天的会议上,实得力孔教会公选蔡多华出任司理(即原总书记)一职。两份委任书的草稿目前都由南洋孔教会保留。①

1931年的临时大会委任了新会长和新司理。但是同年内,实得力孔教会的正基金监(财政)也同样出现了更替。目前仍然可以看见在1931年2月份发给四海通银行,通知前基金监谢有祥去世,而新任财政是杨缵文的书信草稿。应该是因为财政一职至关重要,尤其需要及时通知银行,所以并没有等到临时大会的召开,便已经由董事会委任当时甚至不是董事的杨缵文接任。② 为什么实得力孔教会董事不是从现有的董事中加以挑选适合的人选呢? 其实董事会当时是将重任委托董事陈煦士的,但为其所谢绝了。陈煦士谢绝委任的书信目前也依然保存着。③

从1930年前后,几位主要领导人相继去世所带来的挑战看,读者不仅可以了解到蔡多华回忆中对于那几年间孔教会领导层忽然面临花果飘零的无力感,也可从中窥知一些信息。实得力孔教会会务的推动应该真的就维系在几个人身上。我们看见财政去世之后,现有董事谢绝接任的情况,又看到当临时大会在1931年随着会长离去而不得不召开后,会长和司理的职务都不是由当时的董事替补,而是委托当时董事会以外的人士。先前接任的财政之前也不在董事会。这一方面也许是因为之前的第二届董事中许多人,尤其是原来的创会董事年岁已高,所以无法接任,另一方面也意味着第二届的新董事也许并不够投入。无论如何,1931年围绕着林金殿的实得力孔教会职员和董事,和之前相比时,仿佛不是一个太稳定和积极的团队。所以很快地,实得力孔教会在1933年便召开正式大会,并且公选出以李伟南为中心的新团队。

这个新团队的新陈代谢过程却因为随着新加坡的沦陷,实得力孔教会便停止了活动而无从窥知。20世纪初的实得力孔教会和当时新加坡的许多华人团体一样,都是由商人扮演领导者的角色。战后,原有董事再次复兴孔教会活动,改名南洋孔教会并重新出发,可见他们对此使命的执着。这份执着基本上还是继承了实得力孔教会的精神。毕竟,实得力孔教会活跃的那三十年间,新加坡不太平,南洋不太平,中国不太平,乃至全世界均不太

---

① 《林金殿委任书》《蔡多华委任书》,新加坡南洋孔教会资料室藏。
② 《通知四海通银行更替财政书》,新加坡南洋孔教会资料室藏。
③ 《陈煦士辞任财政书》,新加坡南洋孔教会资料室藏。

平。但是儒家重视知其不可而为之,既然是文化使命,就尽其在我地去担当。虽然不合潮流,逆水行舟,但匹夫之志不可夺也。这和历史上无数次复兴儒家传统的先贤们是一脉相承的,但和历史上无数次窃取、利用儒家思想的政客们是泾渭分明的。